CW01664763

Edito

Quai François 1er - Le Tréport - © G. Godet

Pour ce nouveau millénaire, le Petit Futé s'est mis en quatre pour vous préparer une version plus pratique et plus concrète de son guide célèbre. Grâce à une nouvelle organisation des rubriques et à des informations toutes fraîches, vous réussirez à coup sûr votre balade normande.

Percevoir l'âme de cette région, qui comme son nom l'indique, bénéficie d'une forte influence maritime, est chose aisée. Du vert de ses prairies et de ses forêts, au blanc de ses falaises et de ses plateaux crayeux en passant par le roux délicat de son cidre, tout ici invite à la douceur de vivre.

Le dépaysement est certain, il suffit pour cela de découvrir les facettes attachantes de ce coin de France. Blotti entre la Manche et la Seine, bercé par la rumeur des vagues et le roulement des galets, tout commence par des histoires de marins, de pêches et de bateaux. Les ports du littoral racontent tous à leur façon ce même passé, riche d'explorations, de conquêtes et d'aventures. Les corsaires ont disparu, mais leur allant est toujours présent sur les quais qui résonnent encore des claquements de voile. Dans l'intérieur des terres, sur les plateaux, d'autres secrets se livrent, des invasions, des batailles, des hommes courageux qui défendent leur identité et leur patrimoine.

Guider vos pas dans cet environnement est pour nous un plaisir. Nous vous proposons des rencontres, des lieux incontournables, des visites historiques, des activités sportives, créatives, mais aussi des lieux de séjour accueillants, des restaurants discrets et exquis, des lieux de sortie, des promenades douces… Chaque rubrique est une mine d'informations glanées, répertoriées et livrées avec passion et pour votre satisfaction.

De l'ivresse des paysages marins, à la sérénité des méandres gracieux de la Seine en passant par les bocages, les routes escarpées menant à des points de vue époustouflants, la Seine-Maritime vous attend. Alors, entrez en Seine et surtout pour garder le cap, n'oubliez pas le guide !

Bonnes rencontres, bonnes découvertes et bonnes vacances.
Les auteurs Ariane Duclert & Arielle Mayer.

Port du havre

Table des matières

Suivez le guide...

THÉÂTRE GALLO-ROMAIN LILLEBONNE
Visite libre.
Prendre la clé au musée municipal ou au café de l'Hôtel de ville.

MUSÉE VICTOR HUGO VILLEQUIER
Ouvert de 10 h à 12 h 30 et de 14 h à 18 h (17 h en hiver*). Dimanche de 14 h à 18 h 30 (17 h 30 en hiver*).
Fermé le mardi.

MUSÉE INDUSTRIEL DE LA CORDERIE VALLOIS
Ouvert tous les jours de 13 h 30 à 18 h.
Fermé le mardi.

MUSÉE PIERRE CORNEILLE PETIT-COURONNE
Ouvert de 10 h à 12 h 30 et de 14 h à 18 h (17 h en hiver*). Dimanche de 14 h à 18 h 30 (17 h 30 en hiver*).
Fermé le mardi.

MUSÉE DES ANTIQUITÉS ROUEN
Ouvert de 10 h à 12 h 15 et de 13 h 30 à 17 h 30.
Dimanche de 14 h à 18 h.
Fermé le mardi.

TOUR JEANNE-D'ARC ROUEN
Ouvert de 10 h à 12 h 30 et de 14 h à 18 h (17 h en hiver*).
Dimanche de 14 h à 18 h 30 (17 h 30 en hiver*).
Fermé le mardi.

MUSÉE DES TRADITIONS ET ARTS NORMANDS MARTAINVILLE
Ouvert de 10 h à 12 h 30 et de 14 h à 18 h (17 h en hiver*).
Dimanche de 14 h à 18 h 30 (17 h 30 en hiver*).
Fermé le mardi.

ABBAYE ST-GEORGES ST-MARTIN-DE-BOSCHERVILLE
Ouvert de 9 h à 12 h et de 14 h à 19 h (17 h en hiver*).

PARC ZOOLOGIQUE DE CLÈRES
De mars à novembre : ouverture de 9 h 30 à 18 h (fermeture de 12 h à 13 h 30 en hiver).
Fermé de décembre à mars

COLOMBIER DE BOOS
Visite libre le samedi et le dimanche de 9 h à 20 h.
En semaine, prendre la clé à la mairie (ouverture mairie de Boos de 9 h à 12 h).

*hiver du 1er octobre au 31 mars.

Musées Départementaux de la Seine-Maritime

Photos : A.T.A.R., HUON, François DUGUÉ, Yohann DESLANDES (M.D.S.M.)

SAGACITÉ OUEST RCS B 342 400

CONSEIL GÉNÉRAL
SEINE-MARITIME
MUSÉES DÉPARTEMENTAUX

Le Petit Futé 2001 de Seine-Maritime

Dépôt légal : 1er trimestre 2001

Le Petit Futé a été fondé par Dominique Auzias. Il est édité par Les Nouvelles Editions de l'Université 18, rue des Volontaires - 75015 Paris. ✆ 01 53 69 70 00 - Fax 01 42 73 15 24. SARL au capital de 600 000 euros RC PARIS B 309 769 966.

Site Internet : www.petitfute.com

ADMINISTRATION

Gérant : Jean-Paul Labourdette

Responsable d'édition : François Mamier

Auteurs : Dominique Auzias, Ariane Duclert, Valérie Kuhn, Jean-Paul Labourdette, Arielle Mayer, Maud Sandot.

Directeur Administratif et Financier : Gérard Brodin

Directrice des Ressources Humaines : Dina Bourdeau

Secrétariat : Sandra Dos Reis, Carine Bianco

Comptabilité : Olivier Evenisse, Ronan Martin

Recouvrement : Fabien Bonnan, Josselina Soares

PUBLICITE / COMMUNICATION

Directeur Commercial : Luc Régnard, assisté d'Alain Ruiz et Sylvain Sotto

Directeur Régional Grand Sud-Est : Pierre Oudot, Christian Roche

Régie Nationale : Stanislas Leblanc-Bontemps, Cendrine Ryez

Directeur des Ventes : Patrice Evenor, assisté de Pascal Mayot, Olivier Azemard, Yannick Belléculée, Carla de Sousa, Marina Simoni

Responsable Partenariat Presse-Médias : Jean-Mary Marchal

Service clientèle : Nathalie Thénaud, assistée de Patricia Carvalho

FABRICATION

Direction du studio : Françoise Dekowski, assistée de Jacky Lagrave

Responsable de la Collection City-Guide : Jean-François Pissard

Secrétaire d'édition : Romain David assisté de Myriam Kuhn

Création maquettes et montage : Sandrine Mecking, Laurent Mullot

Magasinier : Grégory Dacheux

Couverture : Christophe Blin, Ad Litteram

Crédit photos : © G. Godet

Impression : Corlet

Au départ de l'Aéroport de Deauville Saint-Gatien

Il est toujours plus commode de partir en voyage lorsque l'avion décolle au pied de sa porte ou presque...

De Février à Novembre des vols directs au départ de Deauville Saint-Gatien pour des séjours vacances.

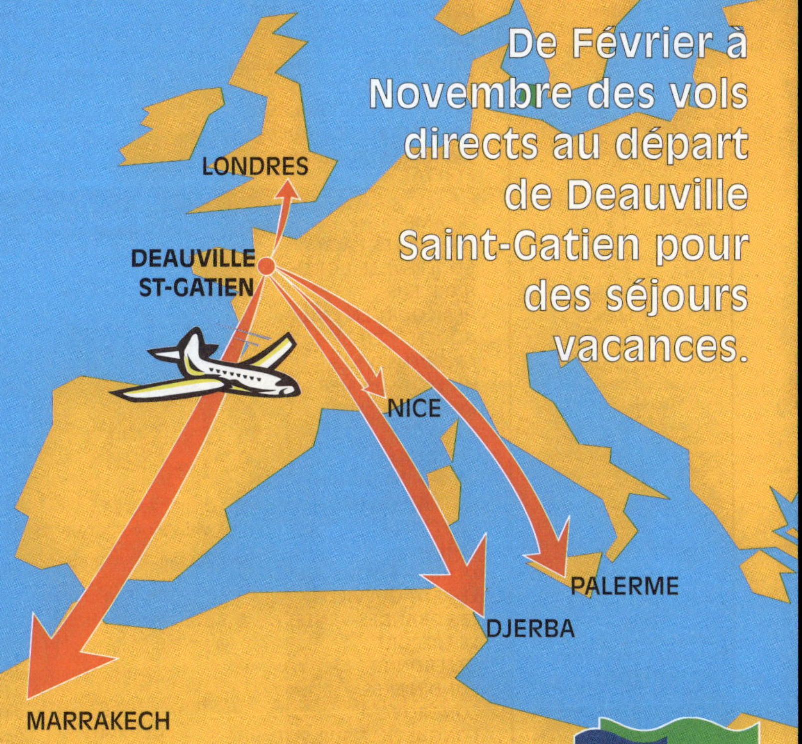

RENSEIGNEMENTS AUPRES DE VOTRE AGENCE DE VOYAGE

CCI PAYS D'AUGE

Hotels ** (1)
Les Gens de Mer
HOTEL RESTAURANT
LES GENS DE MER
• Les meilleures localisations portuaires
• L'accueil chaleureux
• Les tarifs sympathiques
• La cuisine de qualité à petit prix
AGISM
22 ter, 24 rue d'Annam
75020 Paris
Tél. 01 43 49 07 07
Fax 01 43 49 69 43
e-mail : agism.asso.fr
HOTEL-RESTAURANT
LE HAVRE • 44, rue Voltaire
Tél. 02 35 41 35 32 • Fax 03 35 43 26 21
DUNKERQUE • BOULOGNE-SUR-MER • LE HAVRE • BREST • CONCARNEAU • LORIENT • LA ROCHELLE • MARSEILLE
(1) en cours de classification.

AUTOROUTE FM 107.7

1re radio autoroutière

française

l'info trafic en temps réel

7 jours/7, 24 h/24

avec

LE

PETIT FUTE

Gonfreville l'Orcher
une ville de créations
l'émergence de créations <
contact > Hôtel de Ville / BP 95 / 76700 Gonfreville l'Orcher / tél. 02 35 13 18 00
"La culture ne se mérite pas, elle se conquiert."
André Malraux

Avec les cartes AVIS Club, bénéficiez toute l'année de conditions préférentielles... et du service AVIS !

Pour connaître la carte la mieux adaptée à vos besoins, appelez au 0 820 05 05 05 (0,78 F TTC/mn) ou www.avis.fr

AVIS recommande Opel

AVIS

Amièges

Carnet de route

★ Seine-Maritime, les sites immanquables

Mers-les-Bains
le Tréport
Vers Abbeville
Eu
Mesnil-Val
D314
Incheville
Gamaches
Vers Abbeville
Criel-sur-Mer
Touffreville-sur-Eu
D49
Bresle
Penly
D925
Centrale EDF
Cuverville-sur-Yères
Blangy-sur Bresle
Derchigny
Bois des Moustiers
Château Musée Manoir d'Ango
Dieppe
Miromesnil
Château
Envermeu
D149
Yères
D49
Arques-la-Bataille
St-Nicolas-d'Aliermont
Tourville-sur-Arques
D920
St-Léger-aux-Bois
D1
Béthune
Londinières
Longueville-sur-Scie
D915
A28
D920
Aumale
Vers Amiens
Château
Mesnières-en-Bray
N27
Neufchâtel-en-Bray
N29
Haudricourt
Auffay
Bellencombre
St-Maclou-de-Folleville
Beaumont-le-Hareng
A29
Tôtes
N29
St-Saëns
Etaimpuis
Grigneuseville
Sommery
Clères
Forges-les-Eaux
Zoo
D919
Buchy
D6
Montville
la Ferté-St-Samson
Bois-Guilbert
Argueil
St-Jean-du-Cardonnay
A28
A151
Notre-Dame-de-Bondeville
Blainville-Crevon
Brémontier-Merval
Nolleval
Gournay-en-Bray
le Héron
Maromme
N31
Martainville-Épreville
Vascœuil
ROUEN
Neuf-Marché
Vers Beauvais
Petit-Couronne
Hautot-sur-Seine
Vers Pontoise
Vers Gisors
Orival
Vers Paris
Elbœuf
Seine
0
20km
Reproduction interdite
Jean-Baptiste Nény

Les sites immanquables

Cathédrale de Rouen

L'ABBAYE DE JUMIEGES

Au cœur de la vallée de la Seine se trouve la route des abbayes. Celle de Jumièges est en mauvais état, mais conserve une présence très forte malgré l'abandon et les dégâts successifs. Surnommée Notre-Dame la "plus belle ruine de France", elle a conservé deux grandes tours et une nef ouverte sur le ciel. Sa création en 634 par saint Philibert est due à la générosité de Clovis II, fils de Dagobert. Elle connut de multiples mésaventures. Les Vikings l'ont détruite au IXe siècle. Elle fut reconstruite au siècle suivant. Depuis cette époque, elle ne fut plus modifiée. Elle subit la guerre de Cent Ans et ses ruines furent vendues pendant la Révolution à un homme indélicat qui l'exploita en vendant ses pierres. Elle comprend une église romane, un parc à l'anglaise, une salle capitulaire et un logis abbatial. Modalités de visite dans l'article la concernant.

L'ABBAYE SAINT-MARTIN DE BOSCHERVILLE

La première sur la route des abbayes et non la moindre. On l'aime pour sa simplicité (rare pour une abbaye bénédictine), son élégance tranquille. Sa restauration engagée il y a 20 ans, touche à sa fin ce qui permettra au public d'apprécier avec d'autant plus de plaisir à la fois l'édifice et le jardin replanté.

L'ABBAYE DE ST-WANDRILLE

Fondée en 649, l'abbaye de Saint-Wandrille est l'un des plus anciens témoins de l'implantation religieuse en vallée de Seine, aujourd'hui occupée par une communauté de moines se rattachant à la congrégation de Solesmes. On peut visiter néanmoins les parties les plus intéressantes de l'abbaye.

LA BOUILLE

Surnommé "La perle de Seine", cet ancien port du fleuve propose une promenade sur la rive gauche et des ruelles pavées typiques avec des maisons à pans de bois. Tout ici est charme et authenticité. Pour découvrir cette petite ville, il faut prendre le bac de Sahurs pour un court voyage sur les flots et surtout un point de vue sur cette perle inoubliable. Blotti au pied de la falaise qui descend marche par marche vers la Seine, on regarde les bateaux passer inlassablement sur les eaux calmes devant une tasse de café ou un plat d'une excellente cuisine. La patrie d'Hector Malot est le joyau des boucles de Seine et a reçu la visite de grands artistes qui ont fait sa renommée. Même si certains lui refusent ce titre, l'atmosphère qui règne ici est celle d'un musée de plein air que l'on visite à son gré.

LA CATHEDRALE DE ROUEN

Ouvert tous les jours de 8h à 18h, sauf jours fériés et lundi matin (ouverture à 14h). La cathédrale ne se visite pas pendant les offices (notamment le dimanche matin jusqu'à 13h). Sa façade est une vraie dentelle de pierre dont on n'a jamais fini la restauration ! Construite à partir de 1150, la cathédrale s'est enrichie de toutes les époques jusqu'au XIXe siècle qui l'a dotée de la plus haute flèche de France (150 m). C'est ce qui fait son charme si particulier.

Cathédrale de Rouen

LE BOIS DES MOUSTIERS

Ouvert tous les jours du 15 mars au 15 novembre. Accès billetterie de 10h à 12h et de 14h à 18h. Parc ouvert sans interruption de 10h à 19h30. Situé près de Varengeville sur Mer, c'est l'un des plus beaux jardins de Normandie et même de France, réputé surtout pour ses massifs de rhododendrons. Propriété de la famille Mallet, héritiers de Guillaume Mallet (1859-1945) qui fit construire la maison, le parc fut dessiné au début du siècle et planté d'une multitude d'espèces venant de pays lointains ce qui en fait à la fois le charme et l'originalité.

LE CHATEAU DE MESNIERES-EN-BRAY

Ouvert de 14h30 à 18h30 de Pâques à la Toussaint, tous les week-ends et jours fériés et du 6 juillet au 31 août tous les jours. S'il faut retenir de votre visite en Seine-Maritime un ou deux châteaux, celui-ci en fait partie. Avec ses tours imposantes qui rappellent par certains côtés les châteaux de la Loire, son escalier en queue-de-paon, Mesnières, près de Neufchâtel-en-Bray, est le château Renaissance type. Plusieurs salles sont à découvrir à l'intérieur et la célèbre galerie des cerfs. Le château est également environné d'un beau parc à la française.

LE CHATEAU DE MIROMESNIL

Ouvert du 1er mai au 15 octobre tous les jours, sauf le mardi, de 14h à 18h. Connu en général pour avoir été la première demeure de Guy de Maupassant (mais seulement pour trois ans !...), le château de Miromesnil, près de Dieppe, est aussi un petit bijou de l'architecture classique. Il renferme quelques souvenirs de l'écrivain et est environné d'un beau parc contenant un potager où l'on cultive encore le gros choux de Saint-Saëns.

Château de Tancarville

LE CHATEAU DE TANCARVILLE

En partie ruiné, le château campe majestueusement sur la falaise dans un site merveilleusement romantique et mystérieux et qui lui a valu d'inspirer l'imagination de nombreux artistes, peintres ou écrivains.

LE CHATEAU MUSEE DE DIEPPE

Des activités spécifiques sont nées du commerce de ces produits rares et la plus importante est la sculpture de l'ivoire. Le château-musée de Dieppe propose depuis 1923 un musée de l'ivoire. C'est le témoignage d'une époque terminée même s'il reste encore deux artisans ivoiriers à Dieppe. Des milliers d'objets comme des voiliers, des maquettes de bateaux, des médaillons, des éventails, des statues religieuses, des boîtes, des tabatières qui montrent le savoir-faire de ces artisans du passé. Cette collection d'ivoires (morphi) du XVIe au XIXe siècle, due à un artisanat local très productif, est accompagnée dans ce musée de peintures datant du XVIe au XXe siècle, oeuvres d'artistes célèbres comme Carpeaux, Braque, Renoir, Pissarro… Une autre salle est dédiée au musicien Saint-Saëns qui a offert ses meubles, ses bibelots à ce musée. Avant la visite, l'extérieur de ce musée offre un panorama sur la mer, exceptionnel !

LE CHENE CHAPELLE

Une curiosité incontournable de la Seine-Maritime vieille de 1200 ans. Ce n'est ni un monument ni une œuvre d'art ou alors peut-être un peu des deux. Il s'agit d'un chêne, un arbre si vieux qu'il a vu passer à son pied des générations de Normands à pied, à cheval et en voiture. Situé dans le parc de Brotonne, il est la fierté d'une petite commune Allouville-Belfosse. Il fut aussi le témoin de tempêtes, coups de vent et autres colères de la nature et a tenu bon quand bien d'autres ont lâché prise. Pendant plusieurs siècles, il se contenta de profiter du sol sans se poser de question. Mais cette vie facile allait prendre fin, il doit ces changements à un prêtre qui décida de mesurer la profondeur du tronc en y faisant entrer les enfants du village. Quarante enfants rentrèrent dans ce creux. Pour l'ecclésiastique, la preuve était faite et il décida d'y aménager une chapelle dédiée à Notre-Dame de la Paix. Dans la partie supérieure, une chambre fut construite. D'une hauteur de 18 mètres et d'une circonférence de 9,79 mètres, le chêne a traversé les époques tant bien que mal avec de temps en temps un aménagement supplémentaire. Mais cet arbre a subi tant de choses qu'une partie importante de son tronc mort s'est détériorée obligeant la municipalité à faire appel à des spécialistes. Cet arbre vaut le coup d'œil et attend sagement les visiteurs.

LE GROS HORLOGE DE ROUEN

Comme Paris a sa tour Eiffel, Chartres sa cathédrale, Rouen a son "Gros Horloge". "Le Gros" comme on dit ici. Lieu de rendez-vous de tous les Rouennais et promesse d'un sacré torticolis pour le touriste en balade. On peut rester des heures à contempler le cadran, mais aussi la voûte sculptée qui le supporte et le beffroi.

Le gros horloge, vieux Rouen - © G. Godet

LE MANOIR D'ANGO

Ouvert tous les jours de mars à novembre de 10h à 12h30 et de 14h à 18h30. A Varengeville-sur-Mer, ce très beau manoir Renaissance a été construit pour le puissant armateur Jehan Ango, grande figure locale, gouverneur de Dieppe et conseiller maritime de François Ier. On peut voir notamment la galerie, travaillée dans le plus pur style italien et le magnifique colombier XVIe siècle avec son décor polychrome et ses quelque 3 000 boulins.

LE PALAIS DE LA BENEDICTINE DE FECAMP

Ouvert tous les jours du 5 février au 17 mars de 10h à 11h15 et de 14h à 17h, du 18 mars au 30 juin de 10h à 12h et de 14h à 17h30, du 1er juillet au 3 septembre de 9h30 à 18h, du 4 septembre au 12 novembre de 10h à 12h et de 14h à 17h30, du 13 novembre au 31 décembre de 10h à 11h15 et de 14h à 17h. Fermé du 1er janvier au 4 février et le 25 décembre. Le prototype de la réussite commerciale et déjà vieille de plus d'un siècle. On apprend comment d'Alexandre le Grand (!) à aujourd'hui, la Bénédictine est née, a grandi et prospéré… Car sa réputation n'est plus à faire et même au-delà de nos frontières…

LE PONT DE NORMANDIE

Pour permettre et surtout faciliter les échanges routiers entre la Seine-Maritime et l'Eure, la conception d'un ouvrage d'exception a été envisagée. La première pierre fut posée par Jacques Chirac en mars 1988. La construction de ce pont à haubans qui était le plus haut du monde a pris 6 ans. Il fut inauguré en janvier 1995 par Edouard Balladur. En quelques chiffres voilà les caractéristiques de ce pont impressionnant que l'on découvre de loin. Des pylônes de plus de 200 mètres de haut, une longueur de 856 mètres et des prouesses techniques enviées par le monde entier. Les Japonais qui envisageaient la construction d'un pont à l'identique sont venus l'étudier à plusieurs reprises. Cette démarche a même abouti à une collaboration étroite entre les deux agglomérations concernées. La visite de ce monstre est possible à pied par une voie piétonne prévue à cet effet. Surplombant l'estuaire de la Seine, le panorama y est inégalable. Le passage en voiture est payant mais tout aussi mémorable.

LE PARC DE BROTONNE

A cheval sur le département de la Seine-Maritime et celui de l'Eure, le parc naturel régional de Brotonne couvre environ 60 000 ha de terres où se trouvent préservées de nombreuses espèces caractéristiques de la faune et de la flore du département. On peut obtenir tous les renseignements sur ce parc, les circuits, les routes touristiques (route des fruits, route des chaumières)... à la Maison du parc de Notre-Dame de Bliquetuit (02 35 37 23 16).

LE PONT DE TANCARVILLE

Dépassé depuis en gigantisme par le pont de Normandie, personne ne lui retirera au moins son rôle de pionnier. Quand on pense, qu'avant lui, il n'y avait que le bac pour traverser la Seine. Tout de même, cela mérite bien un peu de respect... D'ailleurs, il suffit de se placer sous son tablier pour être encore et toujours impressionné et le spectacle de son câblage dans le soleil couchant est toujours aussi émouvant.

LE PORT DE ROUEN

Le port de Rouen est l'un des plus gros ports français et le premier port céréalier en Europe. On peut visiter ses installations à bord de la vedette Cavelier de la Salle, de l'île Lacroix jusqu'à Grand-Quevilly (durée 1h15) et jeter un coup d'œil aux ponts de Rouen. Départ quai de Boisguilbert, à l'embarcadère Jean Ango, rive droite (à la hauteur de la direction du port autonome). Renseignements et billetterie à l'office de tourisme. Pour une première visite (virtuelle) du port, on peut aussi se connecter sur le site web : www.rouen.port.fr/

LE PORT DU HAVRE

Ce port, appelé aujourd'hui la "Porte océane", né en 1517, a eu pour instigateur François Ier. Depuis il a subi des aménagements successifs et des domaines d'activité qui ont varié avec les époques et les mœurs. Ces domaines allaient du transport des émigrants en partance pour des contrées lointaines, des échanges commerciaux concernant des produits rares, de l'activité militaire avec des navires

Port du Havre

de guerre… Aujourd'hui, le port du Havre accueille des navires de taille et de fonctions différentes qui vont du petit bateau de pêche au pétrolier. Il a une activité diversifiée qui repose sur des secteurs comme le transit des marchandises et de conteneurs, des matières énergétiques, d'agroalimentaires, de produits industriels. Autre intérêt de ce port, le transport des passagers amène paquebots et ferries lors d'escales ou de lignes régulières desservant l'Angleterre. La réparation navale occupe également plusieurs cales qu'elles soient à flot ou sèches. Elles peuvent recevoir des bateaux allant jusqu'à 300 000 tonnes. Ce port qui subit la concurrence d'autres ports européens comme Anvers, Rotterdam dispose d'infrastructures de qualité, avec un réseau ferroviaire important. Le Havre offre aussi ses services aux plaisanciers avec 1 100 anneaux. Le réaménagement de ce port est un projet d'ampleur qui porte le nom de Port 2000, cela permettra d'augmenter encore la capacité d'accueil du port et de réhabiliter des zones de priorité écologique. Ce port est un lieu à visiter et tout est mis en œuvre dans cette commune pour vous offrir une visite de qualité.

LE MUSEE VICTOR HUGO DE VILLEQUIER

Ouvert de mars à octobre de 10h à 12h et de 14h à 18h. De novembre à février de 10h à 12h et de 14h à 17h. Fcrmé lc mardi et le dimanche matin. On connaît le drame qui frappa la vie de Victor Hugo : la noyade de sa fille Léopoldine. Eh bien, cela s'est passé ici, à Villequier, à deux pas de la maison Vacquerie où est installé aujourd'hui le musée Victor Hugo. Il rassemble de nombreux souvenirs de l'écrivain et quelques objets évoquant la mémoire de Léopoldine.

LES FALAISES D'ETRETAT

Mondialement connues, immortalisées par de nombreux artistes de passage (Maurice Leblanc en a même fait un roman, "L'Aiguille creuse"…), les falaises, par un curieux phénomène géologique, ont forgé le caractère d'Etretat. A marée basse, on peut suivre la promenade qui les longe en contrebas et découvrir ainsi tour à tour la falaise d'amont et la falaise d'aval.

Falaise d'Etretat

Le gros horloge à Rouen

LES CENTRALES NUCLEAIRES DE PALUEL ET DE PENLY

Visite gratuite sur réservation 24h à l'avance tous les jours, sauf dimanches et jours fériés et sur présentation d'une carte d'identité ou d'un passeport. On sait que la Seine-Maritime est un département très actif sur le plan industriel et doté notamment d'un pôle énergétique important. Ainsi, le littoral de la Côte d'Albâtre possède deux sites nucléaires majeurs : les centrales de Paluel (4 réacteurs) près de Veulettes-sur-Mer et de Penly (2 réacteurs) près de Dieppe. Pour des raisons de sécurité, on ne visite pas la partie nucléaire bien sûr, mais le bâtiment qui abrite les turboalternateurs.

LE SITE DE LILLEBONNE

Le plus bel ensemble de vestiges romains du secteur. Depuis la découverte récente de l'ancien forum (au pied de l'église Notre-Dame), un parcours touristique doit être mis en place pour aider le public à se repérer. Il intègre bien sûr le théâtre romain, les thermes et le forum ainsi que le nouveau musée gallo-romain installé dans l'ancienne mairie. Renseignements à l'Office de tourisme (02 35 38 08 45/02 35 38 06 36).

LE ZOO DE CLERES

Au milieu de la campagne cauchoise dort une halte touristique très visitée, le zoo de Clères. C'est à Jean Delacour, botaniste et ornithologue que la Seine-Maritime doit ce parc. Racheté, redessiné et réaménagé, ce lieu propose à ses visiteurs une rencontre avec la nature. Des arbres venus des quatre coins de la planète mais aussi des plantes, des oiseaux, des mammifères... Sur 13 ha, les gibbons, les paons, les kangourous, les antilopes, les grues, les flamants roses et tous les autres vivent en semi-liberté et en parfaite harmonie.

Séjours à la carte

Maison à colombage (Rouen)

Découvrir la Seine-Maritime à travers une passion, la marche, l'équitation, le sport, le plaisir de la table ou le plaisir de ne rien faire, le plaisir de se faire plaisir : voilà tout un programme qui se méditera longtemps à l'avance. Quelques pistes pourront vous aider à mûrir votre projet :

POUR UN SEJOUR GASTRONOMIQUE

La Seine-Maritime ne manque pas de bonnes adresses, de petits restaurants sympathiques et de produits locaux qu'on a envie de ramener chez soi. En feuilletant ce guide, les idées ne devraient pas vous manquer ! Mais voici déjà quelques pistes à explorer :

Les produits du terroir

En s'appuyant sur le guide ou parfois au hasard des routes, on peut être amené à rencontrer quantité de petits producteurs tout prêts à partager leur métier qu'ils exercent souvent avec talent. Ce sont des fermes à visiter avec goûters, dégustations, ventes de produits et tour de l'exploitation. On peut se renseigner auprès de la chambre d'agriculture de Seine-Maritime à Bois-Guillaume (02 35 59 47 47). Ce sont aussi les ventes directes de poisson à quai qui ont lieu dans beaucoup de villes du littoral au retour de la pêche (se renseigner auprès des Offices de tourisme locaux). Ce sont enfin les marchés. Souvent très colorés, ils représentent encore le meilleur endroit pour faire ses emplettes et trouver de la vraie crème au lait cru, des volailles de ferme ou des fruits de la région. Quelques marchés très animés sont à signaler à Yvetot (le mercredi matin), à Buchy (le lundi matin), à Neufchâtel (le samedi matin), à Saint-Valéry-en-Caux (le vendredi matin), à Forges-les-Eaux (le jeudi matin).

Les routes

Plusieurs routes à thème sillonnent la Seine-Maritime. La route de la pomme et du cidre fait découvrir la pomme de Normandie et la fabrication artisanale du cidre (fermes fruitières et fermes cidricoles, musée de la pomme et du cidre...). Renseignements auprès du comité départemental du tourisme (02 35 12 10 10).

La route des fruits qui part de Notre-Dame de Bliquetuit et qui va jusqu'à Duclair longe en même temps qu'une boucle de la Seine les vergers de cerisiers, de pommiers et de pruniers (contacter le parc de Brotonne - 02 35 37 23 16). Enfin, en pays de Bray, la route du fromage nous emmène voir les curiosités du pays neufchâtelois. (Renseignements à l'Office de tourisme de Neufchâtel - 02 35 93 22 96).

POUR UN SEJOUR HISTOIRE/ARCHEOLOGIE

Les passionnés de vieilles pierres ont de quoi se régaler. Les châteaux sont en grand nombre (et non des moindres...), les églises aussi, les manoirs et de multiples musées retracent l'histoire et les coutumes du département. Le comité départemental du tourisme édite d'ailleurs un guide très complet sur le patrimoine de la Seine-Maritime.

Pour les passionnés d'archéologie

La visite du site de Lillebonne s'impose bien sûr, mais d'autres endroits plus modestes sont aussi à découvrir. Il existe sur le département de nombreuses associations très actives dans le domaine de l'archéologie (organisation de chantiers de fouille l'été, randonnées archéologiques...). On peut contacter entre autres : le Groupe archéologique du Val de Seine à la Maison du parc de Brotonne (président : Alain Huon - 02 35 96 11 65), l'Association des baronnies de Jumièges et Duclair (président : Bruno Penna - 02 35 37 23 16), l'Association Archéo 27 à Bernay (président : Jean-Luc Montaggioni - 02 35 66 37 41) ou toute autre association par le biais du service régional de l'archéologie (12, rue Ursin-Scheid - 76140 Le Petit-Quevilly - 02 32 81 99 00).

Les routes du patrimoine

La route des Colombiers cauchois proposée par le CDT forme un circuit touristique en boucle traversant entre autres Grainville-la-Teinturière, Gerponville, Angerville-Bailleul, Bennetot, Oherville...) et propose de découvrir une des spécificités architecturales de la Seine-Maritime.

La route des chaumières qui traverse le parc de Brotonne. Le sentier de la Gribane à Caudebec-en-Caux.

Contacts utiles : Comité départemental du tourisme (02 35 12 10 10), Maison du parc de Brotonne (02 35 37 23 16).

POUR UN SEJOUR NATURE

On découvre en Seine-Maritime une grande richesse de paysages. Du plateau cauchois aux vallons verdoyants du pays de Bray, des falaises arides de la Côte d'Albâtre aux horizons plus paisibles de la vallée de Seine. Quatre grandes forêts attirent aussi les randonneurs : La forêt de Brotonne sur le parc naturel régional de Brotonne, la forêt de Roumare aux abords de Rouen, la forêt d'Eawy près de Saint-Saëns et la forêt d'Eu vers la vallée de la Bresle. On peut consulter le guide des randonnées édité par le comité départemental du tourisme.

Quelques conseils pour découvrir la nature :

A cheval

Pour les itinéraires équestres et la liste des centres équestres sur le département, on peut s'adresser à l'Association régionale de tourisme équestre et d'équitation. (Président : François Lebaume - 02 32 49 20 48).

Pour connaître les itinéraires équestres en forêts domaniales, contacter l'ONF - Division de Rouen, (02 35 12 24 24). ou la Maison du parc de Brotonne (02 35 37 23 16). En outre, deux dépliants existent également sur le département, disponibles dans les Offices de tourisme et au CDT "A cheval et en attelage" sur les vallées de la Bresle et de l'Yères et "Vivez la Seine à cheval".

Pour les itinéraires praticables en attelage, on s'adressera à l'Association d'Attelage de Seine-Maritime à Jumièges (02 35 74 36 38).

Contacts utiles pour des randonnées accompagnées : Association promenades équestres à Etretat (02 35 29 41 97), Club équestre La Cavale Merens - Hameau de Calvaille - Cany-Barville (02 35 97 76 26). Ferme équestre de la Boisette aux Grandes Ventes, randonnées accompagnées et hébergement (02 35 83 47 13), La Sauvagère au Tilleul (près d'Etretat), randonnées et hébergement (02 35 27 04 22).

A pied

Plusieurs sentiers de grande randonnée traversent la Seine-Maritime. On peut retenir en particulier le GR2 qui relie Le Havre à Rouen par la vallée de la Seine et le GR21 qui suit la côte du Havre au Tréport. En outre un sentier de grande randonnée de pays, part sur les traces du chasse-marée (de Rouen à Dieppe). Renseignez-vous auprès du comité départemental de la randonnée pédestre. (Président : Claude Quimbetz - 02 35 31 05 51. Fax : 02 35 38 15 37). E-mail : claude.quimbetz@wanadoo.fr. Web : perso.wanadoo.fr/cdrp76/ vous informe sur les circuits, les manifestations (23 et 27 mai : le Tour du pays de Caux sur 5 jours/225 km, les 16 et 17 juin : journée de la randonnée en vallée du Cailly, les 15 et 16 septembre : 24h autour de Rouen), les associations, les journées "open". De plus, il existe de nombreux petits circuits balisés et en "boucle" à effectuer en famille. Demandez auprès des offices de tourisme concernés les dépliants "petites randonnées" qui vous permettront de découvrir avec un autre point de vue le patrimoine de chaque secteur (les falaises d'Etretat, la route du neufchâtel...). A noter que certaines communes sont aussi le point de départ de sentiers nature, écologique ou découverte ou itinéraires ville, comme au Tréport ("Le Tréport en flânant"). Le Havre propose aussi des itinéraires qui vont à la découverte des escaliers de la ville avec une petite curiosité, le funiculaire. On peut également se joindre à un groupe, profiter de randonnées accompagnées : les guides qui ont une excellente connaissance du terrain vous orienteront vers les sites intéressants.

Pour les visites guidées en forêt : dans les forêts de Brotonne, de Roumare, verte, du Trait-Maulévrier, Londe-Rouvray, contacter l'Office national des forêts - division de Rouen (02 35 12 24 24). En forêt d'Eu : Office de tourisme d'Eu (02 35 86 04 68).

Découvrir la nature sous la conduite d'un guide local en juillet et août. Des circuits accompagnés sont organisés par les Offices de tourisme (02 35 97 00 63), découverte des fossiles du littoral, faune et flore de l'estran, promenades botaniques... Le Groupe ornithologique du parc (02 35 96 06 54) propose également des sorties à la découverte des oiseaux. Enfin, certaines bases de loisirs peuvent organiser des sorties (par exemple la base de l'étang Sainte-Marguerite (03 22 30 91 65) propose des marches et courses d'orientation avec animateur, ou des sorties pêche).

N'hésitez pas à contacter les offices de tourisme locaux. Nombreux sont ceux qui organisent des sorties randonnées comme à Ry, par exemple : un samedi par mois au départ du village, des randonnées de 10 km à 12 km avec visite et goûter à la ferme (syndicat d'initiative des trois vallées - 02 35 23 19 90). Le CDT propose aussi des week-ends randonnées. (02 35 12 10 10) Et l'on peut le contacter par ailleurs pour connaître la liste des abris "randonneurs".

Enfin, les pêcheurs pourront s'adresser à la Fédération des APP de Seine-Maritime (10, rue d'Harcourt - 76000 Rouen - 02 35 07 57 28) pour connaître les associations et les lieux de pêche.

A vélo

Visiter le pays et prendre son temps : c'est toute la philosophie du randonneur cyclotouriste. La véloroute du littoral cauchois permet de relier désormais le Havre au Tréport en traversant les principaux hauts lieux touristiques et en empruntant des routes peu fréquentées. On peut se procurer en général auprès des offices de tourisme concernés les portions de véloroute qui vous intéressent.

Pour le détail et les autres itinéraires, les possibilités de location de vélos, on peut contacter le comité départemental de cyclotourisme-VTT-randonnée. Présidente : Mlle Saint-Martin (02 35 44 37 07). Une autre adresse à connaître sur le département : le centre VTT à Fécamp (02 35 10 40 95 ou 02 35 28 51 01) est un véritable centre d'accueil pour les cyclotouristes (documentation à disposition, conseils, réparation du matériel...). Enfin, la base de l'étang Sainte-Marguerite (03 22 30 91 65) propose des VTT en location pour sillonner la belle forêt d'Eu. A noter, le CDT organise aussi des week-ends vélos avec animateurs.

POUR UN SEJOUR FAMILLE

Contacts utiles pour trouver un hébergement :

Les Gîtes de France. ADTER - Chemin de la Bretèque - 76230 Bois-Guillaume (02 35 60 73 34). Gîtes clair à Forges-les-Eaux (02 35 90 47 62) et VVF à Veules-les-Roses (02 35 97 68 04). Pour les locations saisonnières, le mieux est de se renseigner auprès des offices de tourisme concernés. Les brochures "Le guide du Caux maritime" et "Bienvenue en pays de Bray" proposent également une sélection.

Sur place, de nombreuses animations sont destinées aux enfants :

Sur les plages en saison (notamment à Saint-Valéry-en-Caux, un pôle d'animation du front de mer propose un programme d'activités manuelles, jeux de plage, concours, etc., les week-ends d'avril à juin et tous les jours en juillet et août).

Et la campagne normande se prête à toutes sortes de sorties en famille :

Visites de ferme : la Ferme au fil des saisons à Amfreville-les-Champs (02 35 56 41 46) invite les enfants à découvrir la ferme et faire un tour avec l'âne Ernest. La ferme aux escargots à Maniquerville (02 35 29 25 93) visite et dégustations, vente de produits.

Activités poneys : Poney-Club de Bois-Guilbert - Ferme équestre des enfants (02 35 34 42 51). La Sauvagère au Tilleul (près d'Etretat) organise des sorties en carriole (02 35 27 04 22).

Minigolf : (à Veulettes-sur-Mer, Caudebec-en-Caux, Le Mesnil-sous-Jumièges, Etretat, Dieppe...).

Parcs de loisirs : parc de loisirs des Roches à Etretat (02 35 29 80 59), balançoires, piscine, pédalos, château gonflable, minigolf. Le lac de Caniel près de Cany-Barville (02 35 97 40 55), pédalos, plage. Parc de loisirs du Colombier à Offranville (02 35 85 40 42), tennis, minigolf ou cheval. On peut aussi louer des vélos 4 places "Rosalies". Parc Ludibulle (02 35 85 84 84) à Saint-Martin-en-Campagne, piscine avec toboggan, bains bouillonnants et saunas. Rêve de bisons à Muchedent (02 35 04 15 04), visite de l'élevage de bisons, randos 4x4, location de tipis indiens. Parc du Bocasse, près de Clères, jeux, manèges, spectacles (02 35 33 22 25). Le Canyon Park à Epretot, jeux, manèges (02 35 20 42 69). Parc zoologique de Clères (02 35 33 23 08).

Promenades découvertes : (voir : Séjour nature). Initiation à l'astronomie avec La grande promenade du système solaire à Saint-Martin-du-Bec. Renseignements à la mairie (02 35 20 21 89).

POUR UN SEJOUR SPORTIF

Les vacances, c'est aussi fait pour bouger ! Week-ends randos, sports extrêmes, détente loisirs : il y en a pour tous les goûts. Renseignez-vous avant de partir auprès du CDT ou des offices de tourisme sur les formules existantes. On peut aussi contacter :

Les bases de loisirs : gérée par l'UCPA au Mesnil-sous-Jumièges. 25 ha de verdure en bordure d'un grand plan d'eau aménagé pour pratiquer : tennis, golf, tir à l'arc, voile, planche à voile, escalade, canoë, kayak, etc. (02 35 37 93 84), à Saint-Aubin-le-Cauf. Centre de la Varenne : Voile, planche à voile, canoë-kayak, tir à l'arc, VTT, rando (02 35 85 69 05). Le lac de

Caniel, luge d'été, téléski nautique, (02 35 97 40 55). A Longroy-Gamaches, base nautique de l'étang Sainte-Marguerite école de voile, location de canoë-kayak, dériveur, planche à voile, location de VTT (pour sillonner la forêt d'Eu), marches et courses d'orientation avec animateur, pêche. (03 22 30 91 65).

Quelques adresses de clubs : Canoë : Canoë-Club normand à Rouen (02 35 89 09 12). Canoë-Nature à Saint-Saëns (02 35 34 87 40). Sports aériens : aéroport de Saint-Aubin-sur-Scie (02 35 84 81 97). Parachutisme vol libre, aérodrome de Saint-Valéry-en-Caux, vols d'initiation (02 35 97 10 33). Sainte-Adresse : parapente, club Viking (02 35 51 37 16). Rouen-Boos : aéroclub de Rouen Normandie (02 35 79 18 26). Aéroport Octeville-Le Havre (02 35 54 65 00), pilotage, ULM. Kart : Normandie Kart-In, à côté du bac de Petit-Couronne (02 35 34 98 16), circuit de kart. Equitation, marche, VTT (séjours nature), alpinisme : Club alpin français de Bois-Guillaume (02 35 60 32 32).

Pour un séjour mer : du Havre au Tréport, toutes les occasions sont bonnes pour jeter ou... lever l'ancre ! Après tout, on est en Seine... Maritime !

Les Ports de plaisance : Dieppe (02 35 40 19 79), Fécamp (02 35 28 13 58), Le Havre (02 35 21 23 95), Saint-Valéry-en-Caux (02 35 97 01 30) Le Tréport (02 35 86 27 67).

Ceux qui organisent des promenades en mer : Bateau-ville de Fécamp (02 35 28 99 53). Promenades sur des vieux gréements : La Tante fine à Fécamp (02 35 29 78 01), L'Albarquel à Saint-Valéry-en-Caux (Office de tourisme : 02 35 97 00 63). Promenade côtière, pêche en mer, plongée, scooters des mers : M. Lacheray à Fécamp (02 35 28 94 58). Sortie en baie de Seine au départ du Havre (02 35 42 01 31). Pêche en mer à Dieppe (M. Legros : 02 35 84 82 85 - M. Mercier : 02 35 82 07 22 - M. Yaya : 02 35 84 01 25), à Saint-Valéry-en-Caux (AVAP : 02 35 97 34 99), au Tréport (M. Masson : 02 35 50 38 87).

Les clubs nautiques

Au Havre Club Nautisme et Plaisance (02 35 21 27 85), à Etretat Voiles et Galets (06 10 56 69 67), à Saint-Valéry-en-Caux (02 35 97 25 49). Centre nautique du littoral de Caux à Veulettes-sur-Mer (02 35 57 97 00), stages : dériveurs, catamarans, planches à voile, kayak de mer, cours particuliers, location de matériel, animations nautiques, parcs à bateaux... A noter aussi que la ville de Fécamp est depuis cette année Station Voile avec de nombreuses activités autour du nautisme : jardin des mers pour les enfants (première approche de la navigation), base nautique municipale, stages de dériveurs, croisières, pêche en mer... Pour plus d'informations, contacter la Maison du tourisme de Fécamp (02 35 28 51 01).

Des week-ends "voile" sont organisés au Havre par l'office de tourisme sous forme de forfaits. Aventure : location d'un voilier et chasse au trésor. Pêche : pêche en mer, visite du port et de l'espace maritime. Voile : deux jours de croisière en baie de Seine... Une brochure est éditée par l'office de tourisme du Havre et indique des prix qui comprennent l'hébergement. Se renseigner sur les fêtes de la mer. Pour se plonger dans la tradition maritime du littoral cauchois, la curiosité vous invite à assister à une fête de la mer : elles ont lieu en général aux alentours du 15 août et sont célébrées en l'honneur des marins (messe, procession, sorties de bateaux...). Renseignez-vous auprès des offices de tourisme. A noter également que l'étape numéro 2 du Tour de France à la voile aura lieu cette année à Dieppe (2 au 4 juillet).

Pour un séjour farniente. A défaut d'avoir toujours le soleil, la Côte d'Albâtre ne manque pas de petites plages familiales bien sympathiques pour se laisser aller à rêvasser en contemplant la ligne blanche des falaises. Entre autres, on conseillera : Etretat, Dieppe, Sainte-Marguerite-sur-Mer, Veules-les Roses et Yport.

Centres de remise en forme

Club Med à Forges-les-Eaux : centre de remise en forme, espace beauté forme, etc., (02 32 89 50 40) et domaine du Pavillon de Joinville à Eu (02 35 50 52 52). Centre Tapovan à Anneville (02 35 29 20 21) cures d'ayurveda, techniques de massage indiennes, alimentation biologique…

Les piscines

Quelques-unes sont vraiment bien équipées et, en particulier, on signalera celle de Notre-Dame-de-Gravenchon.

Chiner : il serait difficile de dresser ici la liste des brocantes car rares sont les communes qui n'en sont pas pourvues et le plaisir est aussi de chercher et de fouiner. Pour vous aider, vous pouvez vous procurer auprès du CDT le dépliant "Antiquaires, brocanteurs et métiers d'art" et ensuite, à vous de jouer…

POUR UN SEJOUR JET-SET.

La Seine-Maritime n'a peut-être pas Deauville et Trouville, mais elle a Dieppe, Etretat, Forges-les-Eaux, des lieux plus discrets, plus intimes mais au charme certain où l'on prendra plaisir à passer une vraie lune de miel.

Contacts utiles pour un séjour "prestige" : Le château des Aygues à Etretat (02 35 28 92 77). Pour s'offrir une lune de miel dans l'une des 2 chambres d'hôtes du château : chambre simple à 650 F ou la suite royale à 1 250 F ! Le Donjon à Etretat, route de Fécamp (02 35 27 08 23), hôtel-restaurant 3 étoiles dans un vrai donjon et dominant Etretat, château de Sassetot-le-Mauconduit (02 35 29 20 21), hôtel-restaurant : sur les traces de Sissi l'impératrice, excellente table et chambres tout confort avec lit à baldaquin, balnéo, etc.

Pour se distraire

Les Casinos : Dieppe (02 32 14 48 00), Etretat (02 35 27 00 54), Fécamp (02 35 28 01 06), Forges-les-Eaux (02 32 89 50 50), Saint-Valéry-en-Caux (02 35 57 84 10), Le Tréport (02 35 86 35 45), Veules-les-Roses (02 35 97 64 33), Veulettes-sur-Mer (02 35 57 93 00), Yport (02 35 28 77 36). Les golfs : à signaler tout spécialement ceux de Dieppe (02 35 84 25 05), Etretat (02 35 27 04 89) Le Havre (02 35 46 36 50) et Rouen - Mont-Saint-Aignan (02 35 76 38 65).

Croisière sur la Seine : sur "Le Guillaume le Conquérant", croisières entre Rouen et Vernon. (Renseignements 02 35 78 31 70), Le Normandie, bateau hôtel de prestige : propose des croisières de 8 jours entre Paris et Honfleur – étapes à Rouen, Caudebec-en-Caux. Hôtel et restaurant gastronomique à bord. (Renseignements Aqua Viva Croisières fluviales à Paris 01 45 75 52 60), Le Douce France Bateau Hôtel entre Paris et Honfleur. (Renseignements 03 88 76 40 66).

Pour un séjour technique : pour ceux qui sont curieux des métiers, des savoir-faire locaux, des procédés industriels, voici quelques suggestions à découvrir en Seine-Maritime :

Les fabrications artisanales : cidrerie du Duché de Longueville, visite commentée en juillet et août (02 35 04 63 72), saurisserie du Tréport (02 35 86 29 36). Le palais Bénédictine à Fécamp (02 35 10 26 10).

Les ports : visite du port de Rouen (02 32 08 32 40) et du Havre. Visite du port du Tréport (remontée des salmonidés 02 35 86 27 67).

La vallée de la Bresle. Musée de la verrerie à Blangy-sur-Bresle et visite du musée des traditions verrières d'Eu et de la verrerie de Saint-Gobain (renseignements office du tourisme d'Eu : 02 35 86 04 68).

Pôle énergétique : les deux centrales nucléaires de Paluel (02 35 57 69 99) et Penly (02 35 40 60 30).

www.petitfute.com

Présentation des pays

Mers-les-Bains

Pour bien connaître la Seine-Maritime, il est important de percevoir les différences et les spécificités de chacun des pays qui la composent. Même si les "pays" dans leur définition régionale sont sortis de notre langage de citadin, quand on s'enfonce un peu dans les villages ou dans les zones moins peuplées, cela veut encore dire quelque chose. C'est une partie de région qui se distingue des autres par des caractéristiques géologiques, géographiques ou agricoles. Le seul problème, que pose ce genre de découpage géographique particulier, est la situation exacte de ce pays. Ses limites sont plus souvent floues que certaines. Chacun de ces pays a une physionomie différente et qui lui est propre. Illustré brillamment par un homme de la région, le concept du "horsain", induit par la définition des pays, provoquait, il y a quelques décennies, un rejet. Cet étranger, né dans le pays voisin qui était peut-être situé à 10 km, est décrit de façon remarquable par le père Bernard Alexandre dans son ouvrage "Le Horsain". Heureusement, les mentalités ont bien évolué depuis. Pour être tout à fait exact, les limites du pays de Caux sont très controversées, car certains vont même jusqu'à définir des pays de Caux. Le pays de Caux comporterait un Caux intérieur, un Caux maritime, un bec de Caux et un petit Caux. Un autre découpage plus facile à appréhender se fait comme suit : le pays de Caux ou Caux intérieur, la Côte d'Albâtre, le pays de Bray, la vallée de la Seine et la vallée de la Bresle. Les habitations traditionnelles y étaient constituées de torchis (argile et paille mélangées) dont on remplissait les intervalles qui séparaient les pans de bois. Les toits de chaume (paille de seigle ou de blé) étaient très répandus même s'ils demandaient un changement régulier et présentaient de forts risques d'incendies. Les constructions particulières comme les colombiers ont gardé un attrait historique et touristique. La raison est simple, les seigneurs avaient seuls le droit de posséder des élevages de pigeons, source de viande renouvelée. Ils étaient l'illustration de la richesse du seigneur et un signe de sa puissance. Certains, gigantesques, accueillaient plus d'un millier de pigeons et sont encore une curiosité.

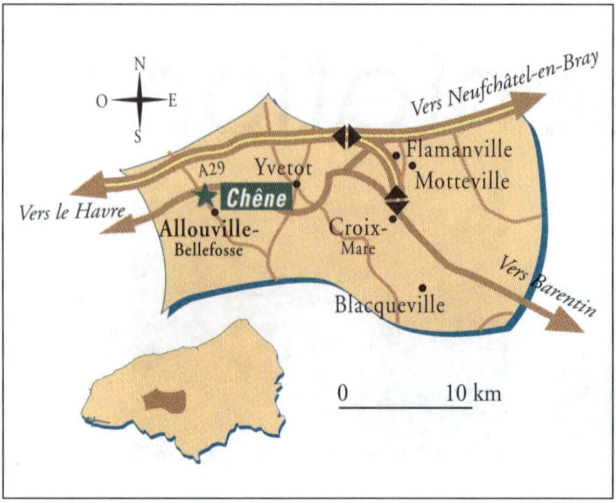

LE PAYS DE CAUX

On reste sûr que l'élément principal de ce pays de Caux est le plateau cauchois. Même si l'affirmation est sans surprise, Caux vient du latin "calx" qui signifie craie. Celui-ci est formé d'un vaste plateau crayeux qui surgit des eaux au secondaire. La glaciation provoqua le dépôt de couches d'argiles parfois épaisses de trois mètres. Après un retour au calme climatique des tornades déposèrent des limons qui font la richesse de l'agriculture locale. Le plateau cauchois présente de légères ondulations entrecoupées de quelques vallées sèches qui ne drainent plus de cours d'eau. D'autres vallées comme celle du Commerce, de la Lézarde, du Cailly, de l'Austreberthe en font également partie. Vers le nord, on trouve d'autres cours d'eau au nom pittoresque comme la Scie, la Durdent, la Valmont, la Saane. Il s'étend d'Harfleur à Yvetot, de Barentin à Lillebonne et englobe des villes comme Bolbec, Cany-Barville, Yerville, Tôtes et même dans d'autres découpages Le Havre, Duclair, Blainville-Crevon, Aumale et les communes du littoral qui sont reprises ici dans la Côte d'Albâtre. L'agriculture se consacre à l'élevage sur ces terres lourdes qui permettent le bon rendement des prairies. Elle tire profit de la richesse en limons du pays de Caux et cultive l'orge, le blé, le maïs, le lin, la betterave, le colza, la pomme de terre... Il impose sa domination aux autres pays et marque de son empreinte la vie normande. Le parler cauchois est réputé même s'il a subi les affres des directives gouvernementales du début du siècle visant à supprimer les langues locales. Il reste pourtant un des ancêtres de notre français contemporain.

Le Cauchois le plus célèbre est sans doute André Raimbourg plus communément appelé Bourvil. Né en 1917 à Prétot-Vicquemare situé à 20 km d'Yvetot, il fit ses débuts à la radio puis au music-hall et enfin croisa le succès qu'on lui connaît après la guerre avec le cinéma. Cet homme touchant et drôle fut le digne ambassadeur de son pays cauchois. Mais en regardant plus loin, Guy de Maupassant, né à Tourville sur Arques en 1850, a mis dans ces ouvrages des éléments de ce pays, de cette région. Quelques villes de ce pays de Caux, que l'on connaît peut-être moins, sont intéressantes à visiter. Allouville-Bellefosse avec son chêne millénaire qui est une curiosité à ne pas manquer. Arques-la-Bataille et les ruines de son château qui dégage encore une telle puissance, attendent les promeneurs à quelques kilomètres du littoral. Auffay, avec ses jacquemarts qui sonnent les heures, est à voir. Clères, avec son parc zoologique, offre une halte intéressante. Tourville-sur-Arques invite à la flânerie dans le parc du château de Miromesnil. Les manifestations agricoles sont nombreuses car elles sont présentes dans chaque ville et chaque village. De la fête de la moisson à la foire aux bestiaux, ce qui faisait la vie sociale du début du siècle, fait aujourd'hui le bonheur des gens qui visitent le pays de Caux.

LA COTE D'ALBATRE

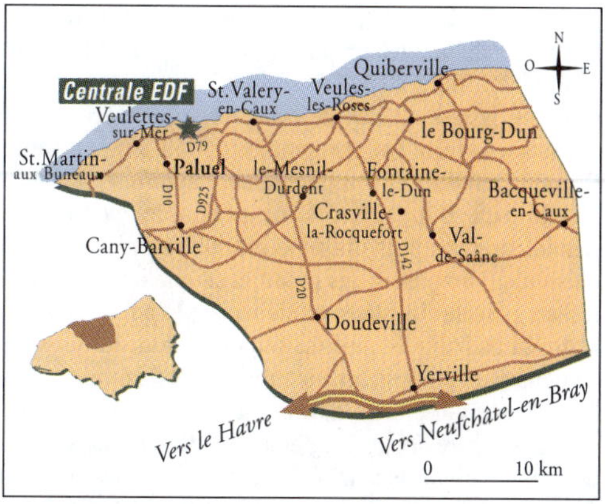

Est-il encore besoin de présenter les falaises de la Côte d'Albâtre ? Appelée aussi la grande muraille cauchoise, elle s'étire sur 140 kilomètres du Tréport à l'estuaire de Seine montrant cette paroi abrupte et fragile qui subit sans cesse les assauts des marées et de l'érosion. Vertigineuse ouvrage de la nature, elle est l'un des emblèmes de la Seine-Maritime et de la Normandie. Cette masse faite de craie blanche à silex creusée par de multiples valleuses accueille des villes portuaires qui ont été et sont encore le fleuron de la marine française. Le Havre, Fécamp, Dieppe mais aussi Yport, Saint Valérie en Caux sont des entailles dans la muraille qui s'élève jusqu'à la hauteur respectable d'environ 100 mètres et continue de s'élever doucement d'un centimètre par siècle. Les altitudes varient beaucoup des quais de Fécamp qui sont à 6 mètres du niveau de la mer à Notre Dame du salut qui atteint 110 mètres. Elle recule cédant aux éléments quelque cinquante centimètres par an à certains endroits par un processus simple. Les marées attaquent et fragilisent la base en la creusant par la force des vagues, quand la base ne soutient plus la partie haute, c'est l'effondrement. Des parties plus solides que les autres ont donné à ces falaises des allures de sculptures gigantesques comme l'aiguille d'Etretat chère à Maurice Leblanc, à son héros légendaire Arsène Lupin et ses arches. Mais d'autres villes de cette côte ont leur particularité. Le Havre appelé aussi la "Porte Océane" avec son port et son agglomération, qui est la plus importante du département, a connu un développement commercial, industriel et touristique avec sa ligne de ferries. Fécamp avec sa côte de la Vierge et sa chapelle, mais aussi, son port de plaisance, son musée des Terre-Neuvas et de la pêche, sa spécialité locale : la Bénédictine et son palais du même nom. Saint Valéry en Caux avec son port de plaisance et sa falaise, est une station balnéaire réputée qui offre de jolies promenades. Dieppe est une ville intéressante avec son musée de l'ivoire, son musée de la mer, un front de mer très bien aménagé, un port de plaisance, une activité commerciale et maritime importante. Les ports de la côte d'Albâtre furent le point de départ de nombreuses conquêtes maritimes, expéditions et découvertes de terres lointaines.

Les corsaires, les armateurs comme le Dieppois Jehan Ango et les marins ont fait les beaux jours de ces ports. L'introduction du commerce avec l'Afrique, l'Amérique leur a donné un essor considérable. Une autre facette des activités maritimes est la pêche. Occupant encore beaucoup de marins même si elle a connu un déclin, son histoire ne peut être séparée de celle des Terre-neuvas. Aussi appelés les bagnards de la mer, ces hommes extraordinaires, depuis le XVIe siècle, vont pêcher la morue dans les eaux froides de l'Atlantique Nord. Les personnages célèbres nés sur ces rivages marins sont nombreux. Raoul Dufy né en 1877 au Havre, René Coty président de la république né au Havre en 1882, Raymond Queneau écrivain né au Havre en 1903… mais aussi d'autres personnalités connues comme les peintres impressionnistes et d'autres artistes célèbres, Jean-Paul Sartre, Simone de Beauvoir, Alain qui venaient chercher l'inspiration sous cette lumière particulière ou simplement le repos. L'autre pôle est énergétique.

La côte d'Albâtre compte deux centrales nucléaires fonctionnant à l'uranium enrichi Penly et Paluel. Elles produisent environ 13 % de l'électricité française et ces activités sont génératrices d'emplois depuis l'ouverture des chantiers de construction. D'autres villes ne possèdent pas de port, mais, sont accueillantes et surtout tournées vers le tourisme. La côte est fréquentée tout au long de l'année grâce à son climat tempéré. Pourville sur mer et son panorama magnifique, Cany-Barville, Veulettes sur mer, Saint Martin aux Buneaux... Pour parler de gastronomie mise à part la légendaire Bénédictine, les produits de la mer ont attiré un grand nombre de professionnels de la cuisine qui proposent des produits de qualité avec une activité qui ne se limite pas à la saison estivale. La marmite dieppoise, le pot au feu de la mer, la soupe de poisson, les plateaux de fruits de mer, les coquilles Saint Jacques, les huîtres, les moules mais aussi de nombreux plats du terroir venant plus du pays de Caux ou du pays de Bray sont servis dans les restaurants de la côte. L'activité économique est liée au tourisme. Le charme de cette côte opère depuis longtemps et attire de plus en plus en multipliant les équipements et les animations de qualité. Du festival de blues de Sainte-Adresse, à la fête de la mer de Dieppe en passant par les nombreuses régates et les courses à la voile du Havre, les amoureux de la mer trouvent ici leur bonheur.

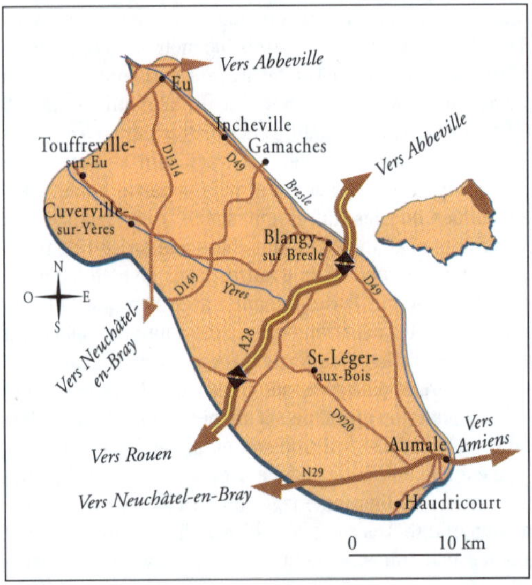

LA VALLEE DE LA BRESLE

Incluse parfois au pays de Bray, cette vallée, suivant le cours de la Bresle et de L'Yères, a une physionomie particulière. Des étangs nombreux se rattachent aux cours d'eau. Occupant une position importante dans l'histoire de France, la vallée de la Bresle a reçu une attention royale soutenue. D'Eu à Aumale en passant par Blangy sur Bresle, Foucarmont, Cuverville sur Yères, Grandcour, le Tréport, s'étend cette vallée majestueuse qu'occupe la forêt d'Eu depuis des siècles. A la frontière de la Picardie et de la Normandie, ce site était occupé dès l'Antiquité. Des fouilles ont mises à jour les vestiges d'un village gallo-romain en forêt d'Eu. Cette forêt a une place primordiale dans le développement de la vallée tout comme la mer toute proche. Eu, avec son passé glorieux, est une ville très visitée pour son patrimoine tant historique que naturel. Les familles royales qui se succédèrent sur le trône de France avaient fait de cette ville, un endroit de villégiature. Le Tréport, embouchure de la Bresle, associé souvent à la côte d'albâtre, a accueilli les têtes couronnées françaises et d'autres pays. C'est aujourd'hui une station balnéaire familiale qui offre de belles falaises et des plages de galets typiques. Aumale, ville frontière entre le pays de Bray et la vallée avec ses halles et ses rues pittoresques. Blangy et son musée du verre témoignent d'une économie florissante et d'une grande tradition verrière encore présente à proximité d'Eu. Cette activité s'établit ici tout naturellement du fait des ressources naturelles.

Le bois de la forêt d'Eu qui servaient au chauffage et la présence de sables alluviaux ont motivé cette implantation. Le verre fut le fer de lance de la prospérité de la vallée. Même si l'activité a décliné, elle est encore active dans des domaines comme la fabrication de flacons de parfumerie. Cuverville sur Yères et la vallée verdoyante de l'Yères offre un visage serein avec des villages charmants et des coins tranquilles où il fait bon s'arrêter pour regarder la rivière serpenter. La forêt d'Eu offre de nombreux sentiers de randonnées ou de promenades et des parcours botaniques pour découvrir sa riche végétation. Il serait aussi possible d'y découvrir des carcahoux, cabanes de branchages fabriquées par les bûcherons pour s'abriter pendant leur période de travail si elles n'étaient pas victimes de vandalisme. Aujourd'hui axée sur le tourisme, la vallée de la Bresle est plus que jamais dynamique et des manifestations de qualité, souvent communes à plusieurs villes, sont à son programme comme le camp Vikings, le festival francophone du printemps de Bresle ou les dîners de rue avec des tables géantes.

LA VALLEE DE LA SEINE

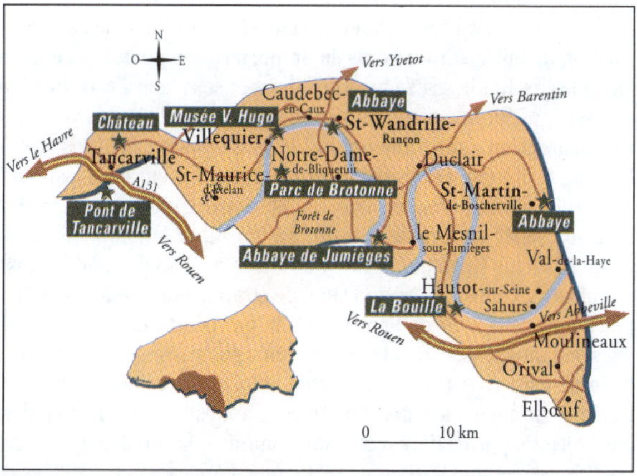

De Rouen à la mer serpente un ruban gris dans un écrin de verdure bordé de falaises et d'escaliers crayeux qui s'enrichit au passage des flots de l'Oison, de l'Autreberthe et du Cailly. La Seine trace des méandres sinueux larges parfois de 12 kilomètres dans une vallée creusée par elle dans le plateau depuis le quaternaire. Elle a usé les falaises laissant des abruptes et des terrasses qui descendent en paliers dont les plus hauts atteignent une altitude de 70 mètres. De ces transformations subsistent des zones humides qui bordent le fleuve, des marais, des tourbières, des marnières. Chaque courbe est garnie d'une forêt, Roumare, Jumièges, Brotonne… La rive gauche est presque exclusivement propriété de l'Eure, la rive droite appartient uniquement à la Seine-Maritime. Certains endroits sur les hauteurs offrent des panoramas exceptionnels (côte Sainte-Catherine, côte des deux Amants). Grâce à la protection des falaises, le climat est ici un peu plus clément. Moins de pluies, moins de gelées et quelques degrés de plus, les pommiers de la Vallée de la Seine fleurissent les premiers. La végétation est très fournie et l'agriculture est surtout consacrée à l'élevage avec de nombreux herbages, à la culture de céréales et des vergers qui ont donné naissance à la route des fruits. Il s'agit d'une partie de la vallée de Seine où l'on achète aux producteurs locaux à la barrière des fruits et d'autres produits dérivés miel, confiture, cidre… L'activité fluviale est très développée et de nombreux navires sillonnent la Seine. Au XVIIIe siècle, le trafic de voyageurs est très actif même s'il faut alors près de 9 heures pour aller du Havre à Rouen. Les paquebots à roues assuraient la liaison jusqu'à cinq fois par semaine. Le val de Seine est un lieu riche de monuments : forteresses, châteaux, abbayes qui avaient tous une utilité spécifique et qui restent aujourd'hui un témoignage d'un passé florissant.

Le val de Seine eut une vie spirituelle intense et compte plusieurs abbayes : Jumièges, Saint Georges de Boscherville, Saint Wandrille. Les abbayes étaient des lieux de labeur et de prière. De la lecture à la copie de textes religieux à la reliure et à l'enluminure, le travail ne manquait pas. Il fallait aussi assurer le quotidien en tissant des vêtements, fabriquant le pain, jardinant... Des personnages célèbres nés dans cette vallée sont nombreux : Pierre Corneille, Boieldieu, Hector Malot, Montalent mais aussi plus récemment Jacques Anquetil. De Rouen à l'estuaire, les communes sont nombreuses et offrent leurs particularités au regard de leur visiteur. Rouen et ses trésors historiques, ses monuments, ses ruelles, est une étape touristique obligatoire. Canteleu ou plutôt Dieppedalle où vivait la famille Flaubert. Grand Quevilly est une zone d'activité économique importante. Elbeuf, ville dynamique et commerçante avec ses draperies. La Bouille, ville des artistes et ancien port de Seine, est la patrie du regretté Hector Malot, auteur de "Sans famille". Elle mérite un détour et offre de nombreux attraits comme les ruelles et les berges de Seine. Saint Martin de Boscherville est une petite ville qui abrite l'abbaye Saint Georges de Boscherville et ses jardins.

Saint Pierre de Varengeville et Duclair séparées l'une de l'autre par une très jolie forêt. Duclair, installée sur les bords de Seine, possède un bac qui emmène sur l'autre rive. Le Mesnil sous Jumièges, sa base de loisirs et ses plans d'eau. Jumièges avec son abbaye et sa poste qui fut la maison du père de Maurice Leblanc. Le Trait possédait des chantiers de construction navale aujourd'hui fermés et garde de belles maisons à pans de bois. La forêt de Brotonne, avec ses arbres magnifiques, qui est aussi établie dans l'Eure. Saint Wandrille accueille encore dans son abbaye des moines bénédictins. Caudebec-en-Caux, avec son passé historique propose un musée de la marine de Seine. Villequier, cher au cœur de Victor Hugo qui devait y être enterré à sa demande, mais qui, hélas, n'a pas vu sa volonté exhaussée. Notre Dame de Gravenchon qui a une activité pétrolière intense. Lillebonne port actif de l'époque romaine montre encore des vestiges de cette époque dans son musée des arts et des traditions populaires. Tancarville et son pont franchissant la Seine gardent les vestiges du château. Pour la cuisine, la spécialité remarquable de la vallée de Seine est le canard de Duclair qui est croissement de deux races et s'associe à une recette particulière celle du canard à la Denise (au sang). D'autres produits spécifiques comme les larmes de Jeanne d'Arc (amandes grillées caramélisées enrobées de chocolat), les sucres de pommes qui existent depuis le XVe siècle. Pour le poisson, la pêche en Seine avait presque disparu du fait de la pollution. Les poissons étaient vendus aux chefs des restaurants des bords de Seine ou sur les marchés de la région comme les poisons blancs, la carpe, la brème, la perche, le brochet et le plus noble de tous le saumon. L'écologie qui a pris aujourd'hui une place importante a permis de revenir à une amélioration de la qualité de l'eau et à une reconquête par les espèces du fleuve. Des bateaux proposent des croisières sur la Seine pour découvrir ce milieu fluvial au plus près de ses réalités. Les mascarets, phénomènes maîtrisés par les progrès de la technique étaient des vagues provoquées par les marées très importantes. Ils remontaient le fleuve sous la forme de vagues de plusieurs mètres de haut qui dévastaient les rives, les digues et hantaient l'esprit des marins de la Seine qui les redoutaient. Les aménagements faits dans l'estuaire ont supprimé le phénomène et ses conséquences désastreuses. Cette vallée aux charmes nombreux a subi quelques aménagements humains comme l'approfondissement du fleuve pour permettre le passage de bateaux plus importants. Il est impossible de séparer la vie du fleuve de la vie de sa population attachante et Maupassant, qui pratiquait assidûment le canotage sur le fleuve en compagnie de ses amis, en est l'illustration. La vie rythmée par les activités fluviales reste proche de ce pôle d'attraction. Les manifestations qui se déroulent sont souvent motivées par le fleuve comme l'Armada qui se déroule tous les cinq ans, ou les 24 heures nautiques de Rouen.

LE PAYS DE BRAY

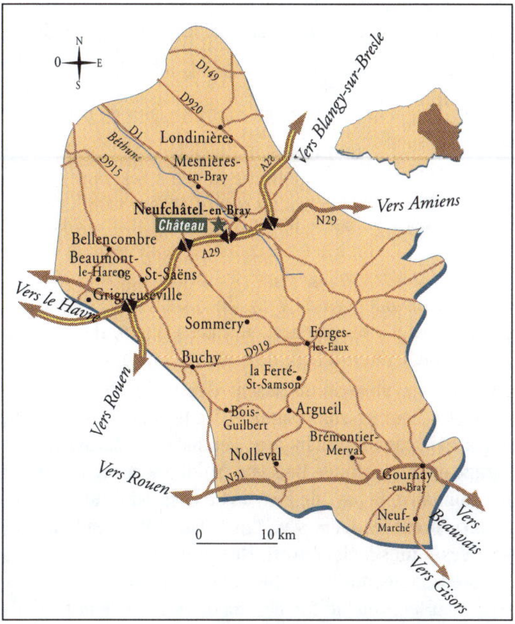

Au commencement du pays de Bray était un dôme causé par des plissements de terrain de l'époque tertiaire. L'érosion fit son œuvre facilement sur cette craie plus tendre et mit à jour des couches constituées d'argile, de marne et de grès ferrugineux. Une fosse fut creusée par l'érosion à cet endroit où les roches étaient plus friables. En raison de son allure géologique, le pays de Bray est surnommé la boutonnière. Ce creux en forme d'amande large en son milieu de 14 km et long de 40 km est fermé au nord et au sud ce qui justifie son appellation. Le paysage brayon est donc fait de marais, de forêts, de vallons, de bocage (prés entourés de haies d'arbustes), de rivières et de pâturages qui lui valurent le surnom de petite Suisse normande. Même si en matière de localisation géographique, le pays de Bray se partage entre trois départements. L'histoire du pays de Bray est peuplée de tribus et d'invasions comme le reste du département. Des traces des Celtes et des Gaulois ont été remises à jour lors de défrichement de travaux de construction de route. Il reste également dans les noms de communes, de hameaux et de nombreux sites, des racines qui montrent le passage d'hommes venus d'ailleurs dans cette région. Il y eut aussi les Romains et leurs voies romaines puis les Francs qui arrivent ici en l'an 400 et s'y installent. C'est le tour des Normands qui viennent commettre des pillages et resteront puisqu'ils se verront attribuer ces terres par le traité de Saint-Clair-sur-Epte. Il y eut ensuite une période de calme et de prospérité pour ce pays qui avait connu beaucoup de tourments. Mais la guerre de Cent Ans et les attaques anglaises mirent fin au calme et les guerres, révoltes et autres faits historiques marquants ont forgé le pays de Bray tel qu'on le connaît aujourd'hui. Trois villes moyennes occupent cet espace : Forges-les-Eaux, Neufchâtel-en-Bray et Gournay-en-Bray. Forges a perdu sa particule "en Bray", en 1635 pour une raison simple : le développement croissant de ses eaux ferrugineuses, de ses bains et de ses thermes. Les rivières qui coulent en pays de Bray sont sinueuses et ont donné leur nom à la vallée qui les borde. Les vallées de l'Andelle, de l'Epte, du Thérin, de la Béthune, de la Varenne et de l'Eaulne sont les éléments d'un réseau de drainage efficace. Les points culminants sont Ne-Hodeng (la montagne 237 m), la côte de Mainnemare (231 m), Beauvoir-en-Lyons (229 m) et encore bien d'autres panoramas qui permettent de découvrir le pays. Les caractéristiques géographiques et géologiques sous-tendant l'activité et le développement économique ne sont pas négligeables. Les sols sont constitués d'une part de sable, assez pauvre favorisant l'installation de forêts, comme celle de Lyons ou d'Eawy, et d'argile imperméable propice à l'établissement d'herbage et donc au développement de l'élevage. En pays de Bray, l'agriculture occupe plus de 20 % de la population active.

Les productions sont le lait et ses dérivés, la viande bovine et dans de moindres proportions l'élevage porcin, les volailles, lapins. La production de pommes de cidre et des dérivés ainsi que le tourisme rural, de la visite à l'accueil à la ferme sont aussi très répandus. Les spécialités du pays sont le fromage comme le neufchâtel en forme de cœur qui bénéficie d'une appellation contrôlée donc de normes strictes de fabrication. Le cidre est l'autre spécialité qu'il faut absolument déguster chez le producteur, car très différent de ce que l'on peut trouver dans la grande distribution. En très grand nombre par le passé, les vergers producteurs de pommes avaient connu une défection considérable. La tendance actuelle est à la reconquête de cette culture qui a fait la réputation de la Normandie. D'autres dérivés comme le pommeau, le calvados sont très prisés et vendus souvent dans les villages par les producteurs locaux. L'accueil à la ferme est très développé dans le pays de Bray. De la visite avec dégustation à la chambre d'hôte ou au gîte, tout est pensé pour accueillir dans la pure tradition gastronomique normande avec des petits-déjeuners à base de fromages, de tartes aux pommes et de gâteaux maison.

Les villes les plus connues sont Gournay-en-Bray où est né le petit-suisse en 1850, Forges-les-Eaux et son casino, et Neufchâtel. D'autres villes moins célèbres ont aussi leur attrait comme Buchy avec ses halles et sa marre pavée. Beuvreuil, Beaumont-le-Hareng et son jardin de Bellevue, Saint-Saëns, Sommery sont des passages obligés pour bien connaître le pays de Bray… Ce pays est celui du temps de vivre et des marchés du terroir. Forges-les-Eaux a vu l'installation de population pour l'exploitation du minerai dans des mines à ciel ouvert. Une autre activité a occupé beaucoup d'ouvriers dans de nombreuses manufactures, il s'agit de la faïence de Forges. Célèbre et très prisée, elle s'est exportée, vendue dans le monde entier. Aujourd'hui, il reste à Forges un musée qui présente des pièces magnifiques. Il existait deux sortes de faïence, l'une faite à base d'argile blanche mélangée à du silex calciné broyé très finement avec laquelle on fabriquait de la vaisselle décorée de motifs naïfs. Une autre faïence moins délicate portait le nom de cul noir puisque la face cachée de la pièce était recouverte d'un vernis noir. Des manifestations intéressantes ont lieu dans cette partie de la Seine-Maritime avec une importance plus ou moins grande : de la fête du cheval, événement important de l'agenda de Forges-les-Eaux, aux petites fêtes locales de la pomme, du cidre ou du fromage.

Maison du Havre

Seine-Maritime en toutes lettres

Maison au Havre

A comme Autrefois

Ou l'on pourrait dire A comme Aventure. Les Normands ont ça dans le sang. L'esprit de conquête qui a soufflé ici pendant dix siècles leur a forgé le caractère. La campagne normande est comme l'eau qui dort : il ne faut pas s'y fier. Le réveil est toujours brutal, comme la suite d'une histoire qui n'est pas un long fleuve tranquille… On n'épiloguera pas sur l'époque des bifaces : ici comme ailleurs les hommes ont commencé par gratter la pierre, inventer le feu et construire des mégalithes. Mais faisons un bond dans l'histoire jusqu'au Ier siècle avant J.-C. L'ancêtre de la Seine-Maritime commence déjà à se dessiner. A l'ouest, ce sont les Calètes (le pays de Caux), à l'est, les Véliocasses, des peuplades celtiques qui vivent en bonne harmonie. Jusqu'au jour où les Romains débarquent : la Seine-Maritime vient d'entrer dans l'ère de la civilisation ! Aussitôt ils imposent leur système d'organisation : deux grandes cités commencent à émerger : à l'ouest, c'est Juliobona (Lillebonne) qui devient le grand port romain. A l'est, Rotomagus (Rouen) est bientôt promue capitale de ce que les Romains (en bons gestionnaires) ont répertorié comme la province de la IIe Lyonnaise. Entre les deux, on trace les routes, de Rouen à Lillebonne, de Rouen à Dieppe : les grands axes du département sont en place. Et comme les Romains ont horreur du vide, la campagne à son tour s'aménage autour de vastes domaines ruraux : les "villae", ces fameuses villes qui nous ont donné NormanVILLE, GoderVILLE, VarengeVILLE et autres QuiberVILLE : tous toponymes qui deviennent un véritable casse-tête pour qui n'est pas Normand. A partir du IIIe siècle, débute la christianisation qui s'accélère au VIIe siècle avec une grande figure, Saint-Ouen, archevêque de 641 à 684. C'est sous son ministère que sont fondées les premières grandes abbayes : au vallon de Fontenelle (aujourd'hui Saint-Wandrille) et l'abbaye de Jumièges, dont on sait quel sera leur rayonnement.

Mais voilà qu'au IXe siècle, un vent de panique saisit brusquement les habitants qui croyaient enfin être tranquilles : bravant les hautes falaises, des hordes sauvages remontant le fleuve sèment la terreur.

On a beaucoup glosé sur la folie sanguinaire de ces barbares qu'on imagine le couteau entre les dents, harnachés de peaux de bête et des reliques de leurs victimes pendant à leur ceinturon. Même sous les traits d'un Kirk Douglas, planté fièrement à la proue d'un navire, les Vikings (c'est le moins que l'on puisse dire) n'inspirent pas la sympathie. Pour autant étaient-ils aussi barbares qu'on le prétend ? Une chose est sûre en tout cas, c'est bien sur un coup de force qu'est née la Normandie. Ce fameux traité de Saint-Clair-sur-Epte en 911 n'est ni plus ni moins qu'un abandon du roi Charles le Simple face à une situation qui le dépasse. En fait de compromis, la terre en question est acquise (dans les faits elle l'était déjà d'ailleurs) à Rollon dit "Rolf le marcheur" (parce que dit-on, il devait aller à pied étant trop grand pour être porté par un cheval !) en échange de quoi, ce dernier devra mater ses troupes et rentrer dans le rang. Et voilà comment un guerrier païen devient duc et baptisé et à quel prix la Normandie est née ! Le sauvage a laissé place au gestionnaire : la prospérité revient, le pays est pacifié, il va bientôt connaître son heure de gloire. Cent cinquante ans seulement après sa naissance, le duché de Normandie annexe l'Angleterre, brandissant sa deuxième figure emblématique : Guillaume le Bâtard (car né d'une liaison illégitime de Robert le Magnifique), plus obligeamment rebaptisé Le Conquérant après sa victoire à Hastings en 1066 contre l'Angleterre. A son tour, le pays conquis est parti à la conquête et ne tarde pas à en récolter les fruits : le commerce explose. Ce qui hier était le talon d'Achille, la façade maritime : porte d'entrée pour les envahisseurs, devient un atout. Intégré dans cet ensemble plus vaste qu'est la Normandie, le pays oppose au roi de France une résistance aussi farouche que désobligeante. Et ce n'est pas le mariage d'Henri II de Plantagenêt avec Eléonor d'Aquitaine, qui ajoute le sud-ouest à sa zone d'influence, qui est de nature à arranger la situation. La reconquête de la Normandie par les Français sera longue et acharnée mais finalement couronnée de succès quand Philippe Auguste l'arrache tant bien que mal à Jean sans Terre en 1204. Pour autant les Normands n'oublieront jamais cette indépendance qui fut la leur, haussant le ton quand il le faut, ils sont jaloux de leurs prérogatives. Ainsi en 1315, Louis X le Hutin finit par leur concéder une "charte aux Normans" qui reconnaît en particulier l'identité de la province et le pouvoir de décider des impôts (déjà un point sensible !). Quant aux Anglais, ils ont du mal à avaler la pilule. Dans leur esprit, la Normandie est toujours leur terre et tant qu'à faire, autant pousser les revendications jusqu'à la couronne de France. C'est ce que fait Edouard d'Angleterre et en 1340 le conflit qui sourd déjà depuis quelques années éclate. Il durera un siècle pendant lequel le pays est mis à feu et à sang. En 1415 le nouveau roi d'Angleterre Henri V persiste et signe et entame la reconquête de la terre perdue. Il met le siège devant Rouen qui tombe finalement entre ses mains en 1419. Mais les Français n'ont pas pour autant abandonné la partie : encore trente ans et Charles VII entre à son tour vainqueur dans Rouen. Batailles sanglantes, épidémies, révoltes : la guerre de Cent Ans laisse le pays exsangue. Les Français ont fini par bouter les Anglais dehors, certes, mais et les Normands dans tout cela ? Entre les deux pays de quel côté leur cœur balance ? Ils veulent la paix c'est un fait, mais ils n'ont rien contre l'Angleterre, au contraire. Le commerce avec les Anglais est florissant et dope des villes comme Dieppe ou Rouen (n'oublions pas que ce sont les grands bourgeois de Rouen qui ont brûlé Jeanne d'Arc !). Mais personne ne se plaindra de voir le calme revenu (pour combien de temps ?). D'autant que la Normandie est plus que jamais la Normandie, en 1499, l'Echiquier de Rouen est reconnu comme cour souveraine et en 1514 devient le parlement de Normandie. Avec les Français ou avec les Anglais, les Normands ont toujours eu l'âme ailleurs. Ce n'est donc pas un hasard si l'on compte parmi eux quelques grands explorateurs : dès le XIVe siècle : des Dieppois ont mis le pied en Guinée, initiant le commerce de l'ivoire et au début du XVe siècle un autre explorateur Jean de Béthencourt s'aventure dans les îles Canaries. Mais la figure la plus connue ici, maintenant placardée à chaque coin de rue, c'est bien sûr celle de Jean Ango (1490-1551) riche armateur dieppois qui participa au financement de nombreuses expéditions maritimes. De Dieppe ou de Fécamp, on s'embarque pour toutes les terres du monde, à la recherche d'épices ou de teintures (utilisées dans l'industrie drapière) et bientôt pour les besoins de la pêche avec la grande épopée des Terre-Neuvas. Au début du XVIe siècle, on accueille un nouveau venu sur le littoral : François Ier. Celui-ci vient de décider la création d'un grand port qui deviendra Le Havre et dont les travaux débutent en 1517 pour s'achever seize ans plus tard. L'objectif au départ est militaire. Il s'agit de créer une base d'embarquement pour les expéditions au long cours, en même temps qu'un camp retranché pour la flotte. Mais comme souvent les enjeux économiques prennent le dessus, Le Havre constitue une merveilleuse porte d'entrée pour l'accès des marchandises, à quelques kilomètres en aval de Rouen, alors la deuxième ville du royaume après Paris avec 100 000 habitants (à peu près autant qu'aujourd'hui !).

La Normandie (ou plus exactement la partie qui nous intéresse) est donc sur sa lancée. Bien sûr elle subira d'autres périodes troublées : la Réforme au XVIe siècle qui pénètre le pays avec un certain succès mais au prix de violentes querelles avec les Catholiques, en particulier à Rouen. Quant à la Révolution, elle laisse peu de traces en Haute-Normandie excepté (fait notable) la création du département de la Seine-Inférieure en 1789, délimité en gros par le pays de Caux à l'ouest et le pays de Bray à l'est, la vallée de la Bresle au nord et celle de la Seine au sud. Mais si elle n'est pas trop sanglante, la Révolution frappe en revanche durement l'économie qui n'attend pourtant qu'un signal pour rebondir. Le port du Havre est devenu la plaque tournante pour les épices, le café ou le coton dont le commerce est savamment orchestré par les grandes compagnies dont la prestigieuse compagnie des Indes : ouvert sur le monde et au seuil de la vallée de la Seine, cette grande saignée dans le territoire qui conduit jusqu'à la capitale, le fleuve par lequel chemineront l'obélisque de Louqsor (en 1833) et les cendres de Napoléon sur La Belle-Poule (1840). On comprend que Le Havre et plus largement le département aient des atouts.

Carte postale / Caudebec-en-Caux / Le Mascaret

Ceux nécessaires en tout cas pour réussir sa révolution industrielle. La mer, le fleuve et deux grands ports, une ligne de chemin de fer qui relie bientôt Rouen à Paris (inaugurée en 1843) et des traditions notamment dans le textile (on fabriquait la laine puis le coton depuis le XVIIIe siècle, Elbeuf était réputé pour ses draps et Rouen pour ses fameuses "rouenneries", des pièces tissées en coton). Grâce à des travaux de dragage importants, Rouen devient le deuxième port français et sert de base de ravitaillement pour Paris. Le Havre se tourne plutôt vers le transport touristique et se lance dans l'aventure des grands transatlantiques. Enfin, Fécamp se fait une réputation dans le domaine de la pêche à la morue. Comment imaginer plus belle locomotive pour tirer le département vers le haut ? Sans compter qu'il devient vite "à la mode" : madame la duchesse de Berry étant venue, sous la Restauration, faire un petit séjour du côté de Dieppe et naturellement les fans suivent la star. L'étape "bain de mer" est maintenant du dernier chic et toutes les communes du littoral rêvent à leur tour à leur promenade, à leur casino et à leurs belles villas anglo-normandes. La machine touristique est lancée. Les Normands aiment leur pays et n'ont pas peur de le montrer.

Et pourtant jamais de mémoire de Cauchois on ne les aura autant vu faire la fête que cette année 1911. Ca danse, ça hurle, ça gesticule et Rouen est aux premières loges pour célébrer "le Millénaire Normand". Courses cyclistes, feux d'artifices, joutes et représentations théâtrales (on a même fait venir Rollon et son drakkar !) tous les Normands sont au rendez-vous et se répandent dans les rues comme un fleuve joyeux. De l'histoire, on ne veut retenir que cette date d'un fameux traité qui posa sur le papier le nom de Normandie. Il fallait se réjouir un bon coup car la menace gronde de nouveau : relativement épargnée par la Première Guerre mondiale (où elle sert plutôt de base arrière), la Normandie est en revanche en première ligne durant la Seconde Guerre mondiale. On pense aussitôt au mur de l'Atlantique et aux plages du débarquement, mais la Seine-Maritime a eu aussi son lot de désolation. A Rouen, tout le centre-ville situé entre la cathédrale et les quais est ravagé par le feu dès 1940 et les bombardements alliés de 1944 donnent le coup de grâce, engloutissant aussi sous les gravats l'ancienne ville du Havre. La cathédrale de Rouen est miraculeusement sauvée du feu qui l'embrase mais au Havre, tout est à refaire, tâche qui incombera à l'architecte Auguste Perret. Maintenant qu'on a touché le fonds, on sait que les lendemains seront sûrement meilleurs. Dans la prospérité revenue, la Seine-Maritime tire son épingle du jeu. Plus que jamais, la Seine constitue le grand axe de développement : les superpétroliers qui accostent depuis 1972 au port d'Antifer alimentent les quatre grandes raffineries de la région qui avec la centrale thermique du Havre et les deux centrales nucléaires de Paluel et Penly est bien placée sur le plan énergétique. Mais la vallée de Seine est également en pointe sur d'autres secteurs : complexe pétrochimique, papeterie (avec la Chapelle-Darblay à Grand-Couronne), industrie de bien de consommation (Renault, Moulinex, Sidel...). Pourtant depuis quelques années, les Normands s'interrogent sur leur devenir. La fermeture récente des Ateliers et Chantiers du Havre, symbole glorieux s'il en est de la grande époque de la construction navale a marqué les esprits. La Seine-Maritime doit se diversifier dans le tertiaire et trouver de nouveaux débouchés. Une histoire à suivre donc…

B comme Bacs

Pour passer d'une rive à l'autre, les bacs sont les moyens les plus anciens et les plus pittoresques. A l'origine, ces embarcations étaient de tailles et d'utilisations différentes. Ces bacs, flettes et bachots étaient conduits par des

Château de Cany Basille

passeurs d'eau. Le bac de grande taille comportait deux tabliers arrière pour éviter les demi-tours difficiles nécessaires au déchargement. Il servait au transport du gros bétail, des chariots et des carrosses et autres charges lourdes ou encombrantes. La flette équipée d'un seul tablier arrière avait une fonction proche de celle du bac. Le bachot était une simple barque utilisée par les bateliers et les pêcheurs. Ils y transportaient des voyageurs en petit nombre, les produits de la pêche, quelques moutons, des volailles… Les passages se commandaient de l'autre rive par le tintement d'une cloche qui attendait là à cet usage. A cette époque, la rame était la seule méthode utilisable. La modernisation et le progrès apportèrent d'autres modes de propulsion qui évoluèrent au fil du temps. Pour remplacer la traversée qui se faisait à l'aviron ou à la voile, vint la vapeur qui fit apparaître deux types de bacs l'un à roue et l'autre à hélice. L'étape suivante est l'arrivée du moteur. Cette innovation fit sa première apparition à Caudebec-en-Caux en 1960. Les passeurs d'eau sont aujourd'hui devenus des marins professionnels qui assurent la traversée de la seine quotidiennement et par tous les temps grâce au radar. La sécurité est maintenant totale. Par temps de brouillard, les ancêtres de nos bacs étaient guidés par la voix des passagers attendant sur l'autre rive et par les cornes de brume. L'autre danger, maîtrisé aujourd'hui, est le mascaret (grande vague due aux marées importantes) qui remontait la Seine. Il ne reste que 8 bacs pour assurer le franchissement contre 19 à la fin du XVIIIe siècle. La construction des ponts de Tancarville, de Brotonne et de Normandie a causé l'arrêt de certains bacs. Le futur verra sans doute un autre pont naître et en réaction un bac s'éteindre. Mais espérons que ce soit dans un futur assez lointain. Pour l'instant, ils sont accessibles aux piétons, vélos, cyclomoteurs, voitures et tous véhicules de moins de 3,5 tonnes. Le plus récent de ces bacs se trouve à Duclair, il peut même transporter des charges plus importantes. Sa taille est imposante puisqu'il mesure 56 m de long et 19 m de large, il est propulsé à l'électricité, écologie oblige. Il y est arrivé en octobre 1999. Celui de la Bouille vous emmène sur la rive gauche pour y croiser les traces d'Hector Malot, enfant de la ville. Ces embarcations font partie du patrimoine de la région et de son histoire. En économisant les kilomètres supplémentaires pour passer sur la rive opposée, cette courte expérience de la navigation amuse grands et petits. Abandonnant la voiture un instant, la traversée se fait pour les plus téméraires debout sur le pont. Même si vous n'avez pas le pied marin, vive l'aventure !

C comme Cuisine

Dire qu'on mange bien en Normandie est un euphémisme. Au pays du beurre et de la crème, on ne lésine pas sur les calories. Même si la tradition est un peu plus "bas normande", on n'est pas cauchois, si on n'a pas quelque part dans son frigo sa crème et son petit pot de beurre… Et on en met à toutes les sauces (c'est le cas de le dire !). Avec la viande, le poisson, les carottes ou la tarte aux pommes et même nature : tant pis pour le régime ! Fidèle à la tradition normande, la Seine-maritime a aussi son fromage : le cœur de Neufchâtel. Moins célèbre que son voisin de Camembert, il n'a rien à lui envier question odeur (attention, choisissez-le bien affiné) et fait toujours son petit effet. La traditionnelle interrogation étant : pourquoi le neufchâtel a-t-il la forme d'un cœur et la réponse qui suit aussitôt non moins traditionnelle évoquant les fermières du pays de Bray qui l'auraient modelé ainsi pendant la guerre de Cent Ans pour plaire aux occupants Anglais dont elles étaient tombées amoureuses. Voilà donc bien le premier fromage qui aurait été inventé pour séduire ! Mais le pays de Bray est aussi réputé pour sa viande de bœuf même si le phénomène "vache folle" a frappé ici comme ailleurs et accessoirement pour son foie gras et ses escargots. Enfin, quand on dit que les bébés naissent dans les choux, on ne croit pas si bien dire ! En tout cas, ils auraient pu se loger à l'aise dans un chou de Saint-Saëns ! Cette variété locale se distingue par ses feuilles légèrement cloquées, tirant sur le bleu et surtout par sa taille (son envergure peut atteindre jusqu'à 1,30 m !). Sauvé in extremis (la production avait quasiment disparu), on le dit succulent et les meilleures tables du département sont parmi les clients les plus assidus. Autre plat de choix (mais à déconseiller aux âmes sensibles !) le canard au sang est cette fois une spécialité de Rouen et de ses environs. Le procédé est un peu barbare, mais il faut bien l'avouer plutôt convaincant. Le plat est d'ailleurs réputé à l'étranger comme l'un des grands classiques de la cuisine française. Mais attention, pour réaliser cet exploit, trois conditions : le canard doit venir impérativement de Duclair, la recette être suivie à la lettre, et le canard une fois cuit mis sous presse : tout un cérémonial donc qui se pratique dans les restaurants les plus chics de la région (et de Paris). Et sous le contrôle vigilant de la

Falaises de Saint-Valéry-en-Caux

confrérie des Canardiers ! Veaux, vaches, canards et escargots font donc de cette campagne normande une région d'élevage en tout genre, mais on pense peut-être moins spontanément aux richesses (pourtant nombreuses) de son littoral. Dieppe reste un port de pêche encore très actif et fournit les bons poissonniers des environs.

Sur place, on peut déguster bien sûr la célèbre marmite dieppoise, une sorte de bouillabaisse "bien d'chez nous" traduisez : avec de la crème et des épices, curry, fenouil et poivre de Cayenne (n'oublions pas que Dieppe a été le point de départ de nombreuses expéditions maritimes). En revanche, la sole normande (autre grande tradition) est plus un classique des livres de cuisine et semble peu pratiquée. Huîtres, moules, champignons et queues de crevettes sont mélangés dans une sauce à la crème dont on nappe ensuite la sole : l'exemple parfait du plat qui vous reste sur l'estomac. On dit d'ailleurs que la sole normande n'aurait pas été inventée par un Normand mais par un Parisien ! Rendons donc à César, ce qui appartient à César et contentons-nous de nos beaux poissons nature. A Dieppe on pêche aussi le turbot, la lotte ou la barbue (Ah, la fameuse barbue au cidre !). Et surtout la coquille Saint-Jacques qu'on voit se déverser en vrac sur les marchés dès le 1er octobre et jusqu'au mois de mai (la coquille Saint-Jacques se reproduit en été).

Enfin la Normandie, ce sont aussi les vergers et bien sûr la reine des fruits (ici, le fruit n'est pas défendu au contraire !), la pomme. Autour de Jumièges, on la cultive depuis le Moyen Age à partir de greffons venus d'Espagne. Aujourd'hui, les variétés locales sont "le bénédictin" ou le "bailleul" qu'on peut cuire en "douillon" (la pomme est emprisonnée dans un chausson de pâte). La pomme en Normandie, c'est un peu comme la crème, on a envie d'en mettre partout et dans tout : le boudin noir aux pommes, la tarte aux pommes et pour les petits gourmands : le sucre de pomme. On trouve ce dernier dans toutes les bonnes confiseries de Rouen : en forme de bâtonnet (il existe en 10 tailles différentes), cette délicieuse friandise fait le régal des petits et des mamies qui se frottent les mains à l'idée de se l'offrir rien que pour retomber en enfance. Les vergers regorgent aussi de prunes et surtout de cerises (les cerises de Jumièges sont très réputées) même si beaucoup de variétés ont aujourd'hui disparu (au début du siècle, on pouvait encore trouver une quarantaine de variétés de prunes différentes), pour des questions de rentabilité ou d'uniformisation des goûts. A mentionner également pour ceux qui aiment fouiner, une curiosité du pays de Bray : la poire de Fisée. Une toute petite poire qu'on voit apparaître sur les marchés autour de Forges-les-Eaux aux environs de la Toussaint (mais sa diffusion est assez confidentielle !). Traditionnellement, on doit la faire confire dans du vin avec toutes sortes d'épices et la déguster en tourte ou entière accompagnée d'une glace au miel ou au pain d'épice. Enfin, ce serait dommage de quitter le département sans avoir testé son cidre, son pommeau et son calvados. Les gens du cru connaissent les bonnes adresses et se les réservent mais en insistant un peu… L'autre grande vedette, c'est la Bénédictine. On raconte que ce serait un négociant de Fécamp, Alexandre le Grand (à ne pas confondre avec l'autre) qui, au siècle dernier, aurait découvert la recette rédigée par des moines, dans un vieux grimoire. L'histoire est peut-être trop belle pour être vraie, mais en revanche ce qui est sûr c'est que la Bénédictine (héritée ou non des Bénédictins) et sa légende ont fait le tour du monde. A grands renforts de campagnes publicitaires, certes, et appuyées par la construction d'un palais abbatial pastiche (qui abrite aujourd'hui le musée), la Bénédictine est le prototype de la réussite commerciale. De là à être la boisson préférée des Normands.

D comme Drakkar

Depuis que la Normandie s'appelle Normandie, on nous parle de drakkars. Ces fameux navires scandinaves (qui dit-on) tiraient leur nom d'un dragon ornant généralement la proue. Mais les mythes ont la vie dure et curieusement le drakkar semble être plus connu des Français que des Scandinaves eux-mêmes. Le terme serait en fait apparu dans la langue française au XIXe siècle seulement, reprenant un terme de vieux nordique : drekar, pluriel de dreki qui signifie effectivement dragon. Pourquoi lui a-t-on rajouté un “k” de plus au passage ? Mystère… Aujourd'hui ces bateaux (dont la période de construction s'échelonne entre 700 et 1000 ans après J.-C.) de forme plutôt longue (en général une vingtaine de mètres) et étroite assuraient une grande fiabilité et une grande stabilité sur l'eau. On comprend mieux dès lors qu'ils aient passé leur temps à sillonner les mers du monde en général et le littoral normand en particulier. Et, c'est pourquoi ces navires, taillés pour la vitesse (dotés en principe de 15 ou 16 paires d'avirons, qui se déplaçaient toujours en flotte), étaient tant redoutés sur leur passage.

E comme Estuaire

L'estuaire de la Seine est un lieu plein de richesses, il se trouve sur la route migratoire des oiseaux d'Europe de l'Ouest. Ils sont environ 100 000 chaque année à faire halte dans cet estuaire qui s'étend de Tancarville au Havre. Il est constitué d'un estuaire d'amont de Tancarville à Honfleur et d'un estuaire d'aval de Honfleur au Havre. L'estuaire est l'endroit où un cours d'eau rencontre la mer. Estuaire vient du mot latin "aestuarium" qui signifie mouvement des flots. La racine latine est conforme à la réalité. L'embouchure a cette particularité qui fait que ses eaux sont un mélange d'eau douce et d'eau salée. La vie y est conditionnée par trois éléments : les marées, les vagues et le débit du fleuve. L'eau douce plus légère passe au-dessus de l'eau salée et de ses courants, elle crée alors un contre courant. La conséquence de ce mélange est la soumission entière du milieu naturel à l'influence des marées. Elles conditionnent la salinité de l'eau et la circulation des nutriments. On remarque dans ces endroits la prolifération des espèces aquatiques qui favorise le développement de la faune et de la flore. Un grand nombre d'espèces trouvent dans ce milieu de vasières, de roselières et de prairies halophiles, les bases de leur alimentation. Les vasières (slikke) sont des milieux saumâtres qui subissent l'assaut continuel des marées. Dans la partie basse facilement renouvelée, des organismes vivent comme des petites crevettes, des mollusques, des crabes et des larves. La végétation y est constituée de plantes halophiles qui ne s'installent que dans les milieux salés. Les herbus (schorre) sont des zones rarement recouvertes par les eaux. Les roseaux y sont à leur aise et servent d'abri à des oiseaux venus nicher comme les busards des roseaux, les butors étoilés, les mésanges à moustaches et les fauvettes aquatiques. Une expérience écologique a installé en amont du pont de Normandie une vingtaine de chevaux camarguais. Le choix de la race était délicat car les conditions de vie sont rudes. Il y a aussi des prairies humides. Ce sont de vastes zones plates, découpées par un réseau de drainage d'eau plus ou moins salée. Des mares aménagées artificiellement (gabions) y servent à la chasse aux canards. Des passereaux, des rapaces et des grands échassiers viennent s'y nourrir et s'y reproduire. Cet espace naturel est doublé d'un espace artificiel que l'homme aménage en fonction des besoins de ses industries et de son commerce. Cette zone privilégiée, point de jonction entre le transport fluvial et le transport maritime a connu plusieurs phases de développement. L'évolution des aménagements est motivée par un facteur naturel incontournable qu'est l'envasement (accumulation des sédiments). Si au début de notre ère, les villes se sont installées en amont, l'envasement a rendu l'accès à ces zones portuaires de plus en plus difficile. La construction de digues et l'aménagement de chenaux ont favorisé la navigation. Mais l'industrialisation a posé un nouveau problème lié à la taille croissante des navires. Il a donc fallu créer des ports en aval qui permettaient l'accostage de bâtiments. Pendant cette période, l'environnement n'a pas été la préoccupation majeure des bâtisseurs. L'écologie fait son entrée avec le choc pétrolier qui entraîne une restructuration globale du site de l'estuaire de Seine.

La phase la plus récente est la construction du pont de Normandie qui enjambe le fleuve entre Tancarville et Le Havre. Les particularités naturelles de l'estuaire ont été les vecteurs de métiers artisanaux découlant de l'exploitation des richesses du milieu. Les coupeurs de roseaux exploitent 1 000 ha des roselières de la baie de Seine, dans le marais du Hode. Ils fournissent les chaumiers de la région. Le classement d'une partie de l'estuaire en zone d'intérêt écologique est l'un des apports du projet Port 2000 qui connut de grands débats publics au Havre. Les vasières seront remises en état et protégées pour veiller au maintien des espèces.

F comme Fêtes, Folklore

Attention, la Normandie n'est pas la Bretagne et les Fest Noz, ce n'est pas le genre de la maison. Le mot d'ordre, ce serait plutôt pour vivre heureux, vivons caché. Les Normands sont attachés à leur folklore, c'est indiscutable. Ainsi, il existe comme dans d'autres régions, plusieurs groupes folkloriques qui s'efforcent de perpétuer les danses anciennes et les savoir-faire ancestraux ("Dansons sous la Rouvre", "Association le bois d'Ennebourg" autour de Rouen, "La Villotte" à Montivilliers...). Mais ne leur demandez pas de vous faire une démonstration de pas de branle (la jambe est lancée en arrière), de sortir les coiffes ou le costume de moissonneur. Là, c'est niet. Pour le touriste, il réserve l'inévitable fête de la pomme : on installe le pressoir, parfois même le cheval, on fait des dégustations : ça permet au moins de vendre quelques bouteilles ! Sur le littoral, on fête plutôt la mer, souvent le 15 août. La côte est encore peuplée de vieilles familles de marins qui sont très attachées à ces coutumes ancestrales : processions, bénédictions de la mer et des navires. L'ambiance est joyeuse mais toujours sobre et digne. D'autres événements attirent en revanche plus de monde.

Mers-les-Bains - © G. Godet

A Rouen, c'est la foire Saint-Romain qui a lieu chaque année à l'automne et dure un mois, attirant tout de même quelque deux millions de fondus qui s'agitent, vocifèrent et en redemandent ! Ca remue, ça secoue dans tous les sens. Mais si les forains à sensation et les stands de barbe à papa ont aujourd'hui investi la place, il n'en a pas toujours été ainsi. La foire Saint-Romain est l'une des plus importantes et les plus anciennes foires en France. A Rouen, on connaissait Saint-Romain surtout pour son courage à avoir en 626 (et avec l'aide d'un prisonnier) terrassé la gargouille, horrible monstre qui semait la terreur auprès des habitants. Depuis, on a décidé de fêter le héros chaque année le 23 octobre : quant à être noyé au milieu des flonflons, des "chichis" et autres croustillons, il aurait de quoi se retourner dans sa tombe ! La capitale normande accueille aussi chaque année les fêtes Jeanne d'Arc avec colloque, marché médiéval et grandes cérémonies officielles qui drainent inévitablement les foules mais qu'on ne s'y trompe pas : le culte qui entoure aujourd'hui Jeanne d'Arc n'a d'égal que l'ignorance dans laquelle elle fut longtemps laissée (Rouen aurait-elle gardé mauvaise conscience de l'avoir brûlée ?). Heureusement, le temps atténue les passions... A Dieppe, on a plutôt les yeux rivés vers le ciel et les cheveux dans le vent. Tous les deux ans a lieu au mois de septembre, le Festival du cerf-volant. Une manifestation qui a pris aujourd'hui une ampleur internationale et est considérée comme l'un des trois plus grands rassemblements dans ce domaine au monde. Rien à voir avec le cerf-volant de plage qu'on a tous un jour fait danser au bout de sa ficelle. A Dieppe, c'est plutôt la pointure au-dessus, de vrais mastodontes qui sillonnent le ciel de la station et se mesurent aux concurrents dans toutes les disciplines : concours de cerfs-volants acrobatiques, présentations artistiques et même combats de cerfs-volants (le but du jeu étant de couper le fil de son adversaire ou de le capturer pour le ramener dans son camp !). Une trentaine de pays sont en général représentés et l'Asie, avec son savoir-faire est souvent bien placée.

G comme Grande muraille

La grande muraille cauchoise déroule ses falaises blanches pour défendre la Seine-Maritime contre les assauts de la Manche sur 140 km. Elle porte le nom de Côte d'Albâtre et offre du Tréport à Sainte-Adresse des terres de hautes altitudes (80 m à 120 m) qui continuent de s'élever lentement (1 cm par siècle). Formé par l'accumulation de sédiments pendant près de cinquante millions d'années, ce rempart a été sculpté de façons diverses et étonnantes par le temps et les précipitations. La porte d'Aval et l'aiguille creuse d'Etretat qui accueillait "Arsène Lupin" en sont d'incontournables illustrations. Ici c'est la solidité accrue de la roche qui a permis le maintien de ces excroissances sortant des eaux. Cette muraille, constituée de couches entrelacées de craie et de silex, est entrecoupée de valleuses. Ces petites vallées ouvertes sur la mer se terminent par des abrupts. Elles ont été les emplacements accessibles à l'installation des populations. Dieppe, Etretat, Saint-Valéry-en-Caux, Fécamp en sont de parfaits exemples. Mais la géante est fragile. Elle cède par endroits jusqu'à 50 cm par an à la force des marées et au ruissellement des pluies. Le pied de ce mur vertical rongé petit à petit laisse des parties hautes sans appui et c'est l'effondrement. Les plages de galets naissent ainsi. Jusqu'en 1985, les pêcheurs de galets vivaient des revenus de leur ramassage et les vendaient comme matière première servant à la décoration des façades, à la fabrication de la faïence, d'abrasifs. L'utilisation la plus inattendue est sans doute celle qu'en a fait la NASA. L'aire de lancement des fusées de Cap Canaveral doit beaucoup aux galets normands. Les grands peintres du XIXe siècle sont venus planter leur chevalet sur ces falaises et sur ces plages. Ils venaient y apprivoiser des nuances uniques de lumière. Ils y trouvaient aussi sans doute une quiétude et un apaisement nécessaire à leur œuvre. Qu'il est bon de se laisser bercer, à l'ombre des falaises, par le roulement sonore des vagues qui bousculent ces pierres arrondies par des siècles de polissage !

H comme Horsain

Celui qui s'est fait un jour en province taxer de “parisien” sait le contenu de cette injure suprême. Ici le “Parisien” (traduisez le non-Normand) ou plus exactement le non-Cauchois, qu'il soit de Rouen, de Paris ou de Tombouctou, c'est le Horsain, l'étranger. “Des gars venus d'ailleurs, inquiétants par définition puisqu'ils n'étaient point de chez nous” comme le décrit si bien Bernard Alexandre dans son livre "Le Horsain" avec comme sous-titre évocateur : “Vivre et survivre en pays de Caux”. Un vrai manuel à l'usage du "Géo trouve-tout" de la campagne cauchoise. Car il ne faut pas croire : s'y plonger relève d'une véritable expédition Pas pour la boue qui vous colle aux chaussures mais plutôt pour la moue qui leur colle au visage. Le Cauchois n'est pas réputé pour sa jovialité, loin s'en faut jusqu'au moment où il vous ouvre sa porte et partage avec vous le calva : alors c'est gagné. Simplement, il faut être patient et apprendre à parler pour deux ! Un autre truc donné par Bernard Alexandre “Avant tout, vous devez exclure le mot “vite” de votre vocabulaire. Vite n'est pas cauchois. On ne tire pas les poireaux par la queue pour les faire pousser… comme on dit ici. Le temps, toujours le temps… “Prendre” son temps… Patience ! Patience ! Nos gens vivent lentement, heure après heure, au rythme des saisons : on ne voit pas grandir un arbre…”. Vous voilà donc prévenu ! Mais avec un peu de persévérance et à condition de proscrire l'allure touriste, on découvre une terre fondamentalement attachante et hors du temps. La réalisatrice Ariane Doublet en a même fait un film récemment, un vrai morceau d'anthologie “Les Terriens” dans lequel elle dépeint avec humour la petite société de Vattetot-sur-Mer : “Quand on s'promène en ville, on voit bien qu'on est des paysans.

On n'est pas pareil. Rien qu'à la marche, on marche pas comme les gens des villes”. Mais les Terriens, ils n'ont pas seulement les pieds dans la terre, ils ont aussi les pieds sur terre. La sagesse et le bon sens paysan, voilà donc tout ce que le Cauchois des champs a à apprendre au Horsain des villes !

Falaises de Saint-Valéry-en-Caux

I comme Ivoire

Pendant plusieurs siècles, Dieppe fut en France le principal centre de travail de l'ivoire. Le port de Dieppe eut aux XVe et XVIe siècles un rôle considérable dans l'histoire de la navigation. Les équipages dieppois partaient à la découverte du monde, plus particulièrement ceux des navires de l'armateur Jean Ango (1480-1551). Sans jamais avoir pris la mer, il fut à la tête de nombreuses entreprises commerciales et guerrières. Les frères Parmentier menèrent l'expédition la plus célèbre qui les amena jusqu'à Sumatra en 1529. Le port normand vit très tôt importer de grandes quantités d'ivoires (morphi) et cela donna l'envie aux Dieppois de travailler cette noble matière. Les navires de la Compagnie du Sénégal faisaient escale en 1628 sur la côte de Guinée. Ils rapportaient l'or, le poivre et l'ivoire d'éléphant. L'artisanat lié à l'ivoire connut un essor important. Malgré les règles du corporatisme qui régissaient les professions de l'époque, la sculpture sur ivoire était pratiquée librement. Au XVIIe siècle, des noms d'ivoiriers apparaissent au moment des recensements organisés pour réprimer la montée du protestantisme. Après l'incendie de 1694, un décompte des diverses professions est effectué. Les chiffres obtenus indiquent la présence de 12 maîtres ivoiriers et 250 ouvriers. En 1731, 262 personnes sont donc occupées à travailler l'ivoire. Pierre Graillon le plus connu d'entre eux (1807-1872) fut d'ailleurs ivoirier mais également graveur, modeleur et sculpteur sur pierre, sur bois et terre cuite. Le travail de l'ivoire demandait d'immenses qualités de précision dans l'exécution des gestes. Les outils spécifiques comme les "grêles, burins, écouanes, drilles" permettaient la production d'objets d'art finement ciselés. Des contraintes financières ont conduit à la production de somptueuses miniatures. L'ivoire d'éléphant par son faible diamètre permettait rarement de réaliser de grandes choses. Contrairement au prix de la main-d'œuvre, celui de la matière première était élevé, les artisans ont eu le souci d'en économiser et d'en utiliser la moindre parcelle. Les sujets d'inspiration ne manquaient pas du galant au religieux en passant par l'anecdotique. Ils ont donné naissance à un grand nombre d'objets divers par leur forme et leur usage. Bas-reliefs ajourés, manches d'ombrelle, gravures, râpes à tabac, tabatières, boîtes, nécessaires à couture, statuettes sont des objets nés du savoir-faire de nos ivoiriers. Les motifs décoratifs étaient empruntés à la mode de l'époque et à l'art. Un autre sujet s'impose de lui-même : la mer. Les ivoiriers racontaient avec leurs ivoires une histoire de marins, de port et de bateaux celle de Dieppe. Les navires d'ivoire que sculptaient ces artistes avaient et ont tout du chef-d'œuvre. Leurs techniques et leurs prouesses ne pouvaient rester dans le silence de l'Histoire. Le château-musée de Dieppe expose ces objets d'art, plus d'un millier datant du XVIe au XXe siècle. Les collections du musée ne possèdent qu'un seul objet datable du XVIe siècle, mais dont l'origine n'est pas attestée. C'est sans doute la plus belle collection d'Europe. Cela vaut bien une escale.

J comme Jardins

La Seine-Maritime dédie aux promeneurs avertis des splendeurs infinies orchestrées par de savants artistes. Cet art subtil ne dort pas à l'ombre des murs d'un quelconque musée. Il naît en plein air au détour d'un chemin ou au cœur d'une ville comme un havre de paix. Au fil du temps, les jardiniers ont engendré jour après jour, par leur patience et leur respect de la matière vivante, des lieux qui ont tout de petits coins de paradis. Qu'ils soient d'eau, de floraison, de collection ou de quatre saisons, ces morceaux d'éden sont des sculptures vivantes et changeantes au gré de l'année. Chacun a sa particularité. Dans les jardins du Moyen Age siègent arceaux et volières. Dans d'autres on croise des petits pavillons et des kiosques. Nées de l'imaginaire fertile d'hommes et de femmes passionnés, ces constructions végétales aux influences diverses marient l'harmonie des couleurs, des espèces et des parfums. Des prouesses botaniques aux folies romantiques, tout est possible à force de persévérance et de savoir-faire. Clères, joyau de la renaissance, vous convie à d'étranges entrevues dans son parc zoologique. Il accueille la plus riche collection ornithologique d'Europe. Miromesnil, berceau de Maupassant, à quelques pas de Dieppe, nous montre ses allées aux mille déclinaisons où se marient dans une mosaïque éclatante les légumes et les fleurs. Le jardin d'Angélique à Montmain vous offre ses vivaces, ses arbres, ses arbustes d'ornement et surtout ses centaines de variétés de roses. Le jardin des plantes de Rouen est encore un passage obligé pour les amateurs de jardin avec ses serres tropicales et sa collection de plantes médicinales. C'est à chaque fois une rencontre avec la beauté des savants mélanges entre poésie et éphémère. Tout ici est matière à jardin. D'ailleurs, la Normandie n'est-elle pas le plus grand d'entre eux ! A chaque pas, l'œil s'étonne et rencontre le plaisir dans la communion avec la nature. Bien d'autres jardins vous attendent, les animations diverses (contes, concerts, spectacles...) qui s'y déroulent sont un attrait supplémentaire pour ces lieux magiques. Ouvrez bien l'œil ! Le bonheur vit ici en toute liberté.

K comme Kat (mots de Cauchois)

Le patois cauchois n'est pas comme on pourrait le croire une altération du Français. C'est au contraire un des ancêtres de notre langue. Certains de ces mots sont des descendants directs de la langue d'oïl ou du roman. A part ses racines romano-latines, le cauchois prend sa source dans les pays nordiques. Quelques particularités sont faciles à comprendre d'autres sont un peu plus abstraites. Le son CHE est remplacé par le son QUE, ainsi attacher se dit "attaquer". Le son EUR laisse sa place au son EUX, alors le voleur devient un "voleux". Le son EAU devient le son IAU et fait du couteau un "coutiau". Les contractions sont aussi nombreuses et encore pratiquées dans les petites communes. On notera "al" pour à la, "am" pour à moi, "as" pour à sa. Les accents de cette langue oubliée par la France font toujours partie du patrimoine de la Seine-Maritime et du pays de Caux. Après cette guerre menée dans nos écoles pour sortir des lieux les langues locales jugées corrompues, le patois accède aujourd'hui à une nouvelle reconnaissance sans doute favorisée par l'essor du projet européen. Il est regrettable que la transmission orale n'ait pu se faire dans les générations précédentes.

Quelques écrits subsistent, mais sont difficilement trouvables. Les amoureux d'authenticité et de diversité auront plaisir à découvrir ces quelques expressions savoureuses. "Emporter le chat" signifie quitter la maison sans dire au revoir. Le coup à cheval ou coup debout est notre dernier verre. Enfin, si vous êtes deurible (matinal), levez-vous à l'heure où sort le vigneau (l'escargot). Embrassant votre famille n'oubliez pas les bessons (jumeaux), l'besot (petit dernier) et la jappette (femme un peu bavarde) et profitez de l'hâlitre (air très sec) pour partir. Chemin faisant vous rencontrerez peut-être un cabaleu (intrigant, fourbe) ou une arsouille (personne aux mauvaises mœurs). Poliment dites un simple boujou (bonjour) et passez donc votre chemin. Ces gens-là ne sont pas de mémoire cauchoise des gens honnêtes.

L comme Lin

Il fait bon battre la campagne quand par ces belles journées du mois de juin, fleurit le lin. A perte de vue, les champs ont déroulé le tapis bleu, mais regardez-le bien, car dans quelques heures, les fleurs seront déjà fanées. Le lin, on le cultive ici depuis le XIIIe siècle, c'est dire si on en a acquis l'expérience ! Mais autrefois chacun faisait sa petite culture dans son coin et les femmes étaient priées de tisser à la maison pour confectionner nappes, draps et autre beau linge de maison. Depuis, le lin est devenu l'un des plus importants débouchés agricoles du département : avec 15 000 ha plantés, la Seine-Maritime est le premier producteur national et bien placé au niveau européen. Il faut dire que les conditions sont propices : un sol riche (le lin est très gourmand) et juste ce qu'il faut d'humidité. Attirés par la région, beaucoup de Belges ont quitté le plat pays pour prendre racine en pays de Caux. Mais, ils n'y sont pas dépaysés. Ils ont racheté les terres et apporté leur savoir-faire ancestral. La fabrication du lin demande en effet une technique très précise : l'étape cruciale étant celle du "rouissage" : le lin est mis à tremper de façon à séparer les fibres. Pour obtenir une fibre de qualité, il ne doit être ni trop mouillé, ni trop sec, une phase un peu délicate donc. Autrefois, le rouissage se faisait dans des bacs, ce qui permettait de contrôler parfaitement le processus, mais pour des questions de rendement, on le laisse désormais "rouir" dans les champs, le livrant du même coup aux caprices de la météo. Quand le rouissage est terminé, on ramasse le lin pour le teiller (la fibre est séparée de la paille et des poussières) puis peigné, filé, et tissé (malheureusement il n'existe plus de filature en Seine-Maritime). La transformation du lin est un métier vraiment passionnant et très visuel. Certaines coopératives organisent au cas par cas des visites et cela vaut vraiment le déplacement. Mais le mieux est encore de se rendre à Doudeville où le lin a établi son QG pour obtenir toutes les bonnes adresses et pourquoi pas, saisir l'occasion de faire quelques petites emplettes. Il existe en effet de nombreux produits à base de lin : ainsi pour l'anecdote, vous apprendrez que l'on fabrique du pain au lin, du pâté au lin ou des quiches au lin ! Mais aussi tous les articles en lin classiques (peut-être le dernier tissu vraiment 100 % naturel !). Considéré comme une matière noble et chic, agréable à porter (on dit que les médecins du Moyen Age conseillaient aux lépreux de porter des vêtements en lin pour atténuer les effets de la maladie !), il est souvent utilisé par la haute couture (en mélange avec d'autres fibres pour perdre une partie de sa froissabilité). On le retrouve également dans le linge de maison (draps et nappes, textile

Carte postale / Caudebec-en-Caux / Le Mascaret

d'ameublement). Ou dans des utilisations beaucoup plus inattendues : ainsi, avec du lin, on fabrique des billets de banque, du papier à cigarettes, du fil chirurgical, de la toile à tableaux, des sacs postaux et même des tuyaux à incendie ! Avec les déchets de paille, on fait des panneaux agglomérés et la graine est donnée au bétail ! Aucun déchet donc. Pour en savoir plus, une exposition sur le lin se tient chaque année à Doudeville (du 19 au 24 juin 2001). "La ferme au fil des Saisons" située à Amfreville-les-Champs propose également une exposition permanente sur le lin (02 35 56 41 46).

M comme Mascaret

Ce n'est plus qu'un vieux souvenir, mais dieu sait s'il a marqué quelques générations. Imaginez tout d'un coup une vague haute de 2,50 m venir se fracasser sur le pont neuf ! C'est bien ce qui se passait chaque année, aux grandes marées d'équinoxe. On épiait le moment où un roulement de tonnerre annoncerait l'arrivée du flot. De partout, les badauds accouraient vers les berges de la Seine, s'amusant à se faire peur, "c'est le mascaret, c'est le mascaret !" entendait-on clamer. Et brusquement la vague surgissait devant les regards médusés, fouettant les rives dans un vacarme assourdissant. Parfois les badauds s'approchaient d'un peu trop près et alors il n'était pas rare qu'un accident arrive. A chacun de ses passages, le mascaret laissait aussi derrière lui son lot de noyades (dont l'une des plus célèbres serait celle de Léopoldine Hugo.) et de bateaux échoués, de champs inondés et de dommages matériels. Mais d'où venait donc ce phénomène ? L'explication géographique est toute simple : le courant de la marée montante (le plus important aux équinoxes) rencontrant le courant descendant du fleuve, il en résultait une onde de choc d'autant plus forte que l'estuaire faisait entonnoir. Il ne restait pour la vague ainsi formée qu'à remonter le fleuve jusqu'à mourir doucement. Le mascaret n'était d'ailleurs pas propre à la région et le mot lui-même serait né sur les bords de la Garonne. Aujourd'hui, on ne voit plus le mascaret. Les travaux qui ont permis de réguler le cours de la Seine (canalisation progressive, mise en place des barrages) l'ont sérieusement atténué et la construction du nouveau chenal en 1963 a achevé de le tuer. Dommage, diront certains qui aimaient son pittoresque ou imaginent qu'ils l'auraient aimé ! Car tous ceux qui l'ont vécu s'en souviennent comme d'un phénomène terrible et angoissant. On peut en avoir un aperçu au travers d'une vidéo présentée au musée de la Marine en Seine de Caudebec-en-Caux. Et de nombreux témoignages. Aujourd'hui, le mascaret n'est plus qu'un souvenir mais chaque année aux grandes marées d'équinoxe, les habitués vous diront qu'on peut encore sentir le flot entrer dans le port de Rouen, même si bien sûr l'amplitude n'a plus rien de comparable.

N comme Nature

Grâce à ce territoire remarquable qu'occupe la Seine-Maritime, la nature trouve ici des ressources inépuisables qui favorisent la diversité. Les cultures et les herbages, la forêt, les falaises, la vallée de la Seine, l'estuaire sont des milieux différents qui ont permis l'installation d'une faune et d'une flore qui leur est spécifique. Certains éléments sont déterminants dans l'orientation de cette installation comme la nature des sols, leur inclinaison, le climat, l'irrigation, l'influence de la population et des aménagements qu'elle réalise. La culture et l'herbage tiennent une place primordiale dans la région (60 % des terres). Le bocage (prairies coupées de haies vives ou d'arbres) accueille les vaches, les moutons et les chevaux, animaux domestiques qui servent à l'élevage. Qui ne connaît pas ces sempiternelles cartes postales montrant une paisible vache normande dans le bocage ?

D'autres visiteurs s'y promènent volontiers les corbeaux freux, les étourneaux, les faisans, les choucas, les corneilles, les faucons, les crécerelles au vol stationnaire repérable, les hulottes, les lièvres, les lapins de garenne ainsi que les mulots, les campagnols et les taupes. La forêt s'est installée sur des terres de faible intérêt agricole comme les éboulis, les argiles à silex et les alluvions. Elle occupe environ 16 % des sols. Elle se compose principalement de hêtres (26 %) et de chênes (46 %) mais aussi de châtaigniers, peupliers, noisetiers, charmes, frênes, aulnes, saules, érables, bouleaux et ormes. Depuis le début du XIXe, des résineux sont présents dans la forêt haute normande comme les pins Douglas et les sapins. Les ifs y sont installés depuis plus longtemps. Les sous-bois abritent des "anémones Sylvie" à la blanche corolle, des "jacinthes des bois" sous forme de tapis mauve au printemps, des lamiers jaunes qui ressemblent beaucoup à l'ortie. La faune y est dense et il n'est pas rare en empruntant une route forestière de croiser quelques animaux en balade. Les cerfs et les biches, les sangliers et leurs petits, les blaireaux et les renards se remarquent aisément. D'autres habitants sont plus discrets comme l'écureuil, le pic noir et le grimpereau des bois. Victime de sa grande fréquentation, elle mérite une attention particulière.

Des promeneurs indélicats oublient parfois que le respect de ces endroits est une priorité. Le littoral avec ses falaises d'une longueur de 140 km subit l'érosion. Elles sont la résidence favorite des goélands argentés ou bruns, des mouettes rieuses et des grands cormorans qui s'approprient le moindre morceau de corniche. Les faucons pèlerin et les choucas des tours y ont aussi établi leur nid. Les végétaux y sont aussi les bienvenus, mais, attention certains sont protégés comme la cambre (choux marins) et le séneçon blanchâtre. La Seine, ses rives et son estuaire constituent des milieux exceptionnels. Les grandes vasières et les roselières abondent de plantes halophiles (aimant le sel) comme la spartine, le roseau et l'aster maritime. Ils sont peuplés de crevettes, de coques, de couteaux, de crabes et d'étoiles de mer. Les tourbières et les bords de Seine sont dotés de plantes rares comme la fougère géante, l'ophrys abeille (petite orchidée) ou l'anémone pulsatile. La plupart de ces espaces sont inventoriés et protégés sous forme de "zones naturelles d'intérêt écologique". Riche de près de 270 espèces, la faune normande est pourtant en régression. L'estuaire de la Seine est le lieu de ponte privilégié d'un grand nombre d'oiseaux dont de nombreuses espèces de canards (colvert, sarcelles). Quelques oiseaux menacés d'extinction y nichent encore comme l'avocette et le râle des genêts, d'autres y séjournent temporairement comme la barge à queue noire, la spatule blanche. Les rivières et les ruisseaux sont fréquentés par des goujons, des truites, des poules d'eau, des musaraignes aquatiques et des campagnols amphibies. Exceptionnellement on y aperçoit des écrevisses et des saumons. Grâce à des mesures antipollution, le fleuve se repeuple peu à peu. La nature a été généreuse avec la Normandie. Ces richesses sont à la portée de tous. Espérons que la sauvegarde de ce patrimoine inestimable sera le maître mot des décennies à venir !

O comme "O mon bateau"

Comment parler de la Seine-Maritime sans parler de mer, de navigation et de bateaux. L'histoire du département est pleine d'arrivées et de départs, de marins et de corsaires. Coincé entre la Manche et la Seine, il est le meilleur endroit pour un rendez-vous avec le passé glorieux où les voyages se faisaient avec pour seuls bruits le rugissement des vents, le claquement des voiles et le clapotis des vagues. Ce rendez-vous s'appelle l'Armada. Elle se déroule à Rouen tous les 5 ans, la prochaine est pour 2004. L'Armada du siècle (1999), dernier rassemblement du millénaire, a subjugué la foule après les Voiles de la Liberté en 1989 et l'Armada de la Liberté en 1994. Les plus beaux voiliers du monde se rassemblent à cette occasion. Ils sont rejoints par de prestigieux navires de guerre et de splendides navires de croisière. Le succès croissant de cette manifestation déplace un public assidu qui n'hésite pas à faire le trajet parfois des quatre coins de l'Europe. Le pont Guillaume le Conquérant habitué à une fréquentation des quais moins abondante n'en est pas encore revenu. Pour une brève période, le fleuve se pare de près de 40 grands bateaux faisant revivre les grandes heures de la marine à voile. L'accès aux quais gratuits a sans doute une part importante dans la réussite de cette opération d'envergure. D'autres manifestations liées à l'Armada sont proposées pour la plus grande joie du public. La visite des navires est l'événement le plus attendu. A en juger par le nombre de promeneurs qui s'arment de patience aux pieds des passerelles, cela vaut le détour. L'Europe est très bien représentée puisque la plupart de nos voisins ont délégué les joyaux de leur patrimoine maritime. De nombreux voiliers légendaires ont aussi traversé l'Atlantique venant du Venezuela, du Mexique ou d'Argentine. Les noms des embarcations font autant rêver que leur allure. Le "Simon Bolivar" superbe trois-mâts barque vénézuélien, “L'Aphrodite” navire hollandais, "La Belle poule" goélette française et "Le Capitan Miranda" trois-mâts uruguayen affichent dans leur dénomination l'histoire qu'ils illustrent magnifiquement. Pour la plus grande joie des matelots, l'hospitalité leur est offerte par les Normands friands d'aventure. Privés d'escale depuis leur départ et de vie familiale, les hommes d'équipage profitent de moments de détente et de chaleur même si la barrière de la langue reste un obstacle. Le soir tombé, le charme est encore plus grand. L'éclairage des bateaux et les feux d'artifice organisés sur le fleuve ajoutent à l'atmosphère romanesque qui règne sur les quais. Des dizaines d'animations sur la Seine, de grands concerts gratuits sont organisés par la ville de Rouen et ses partenaires. Le nombre de bateaux participant à la fête est croissant. C'est la meilleure preuve de la réussite d'une telle manifestation. La clôture de cette gigantesque fête ne pouvait être que grandiose. Le dernier jour est sans doute le plus émouvant. Un à un les bateaux quittent les quais. Ils regagnent la mer formant une grande parade sur la Seine. Sur les berges, des milliers de gens attendent des heures pour profiter du spectacle. Ces magnifiques voiliers, témoins d'une autre époque, glissent lentement sur les eaux du fleuve pour laisser le temps à leurs admirateurs de profiter du cadeau. Les équipages en tenue de parade ajoutent encore à l'émotion. Debout sur le pont, sur les vergues ou en haut des mats, les marins saluent la foule et lui offrent des chants de leur pays. Cet adieu aux navires marque la fin du rassemblement. L'Armada terminée, sa présence est encore constante en Seine-Maritime.

Les expositions, les souvenirs, les photos et autres posters fleurissent un peu partout. Il est alors temps pour Rouen de préparer la prochaine entrée en Seine.

Port du Havre

Statue de Rollon à Rouen

P comme Personnages

On connaît la route des écrivains, on pourrait aussi faire celle des peintres, des grands explorateurs ou même des sportifs tant la Seine-Maritime a porté en elle de personnages célèbres. Et puisqu'il faut bien commencer l'énumération, on citera en premier Pierre Corneille né à Rouen en 1606, une des gloires de la langue française, dont il nous reste pour mémoire la maison natale et un grand lycée qui porte désormais son nom. Descendons le cours du temps pour arriver jusqu'à Flaubert, lui aussi un grand habitué de la capitale haut-normande, qui a donné son nom à un musée réputé non pas de littérature mais d'histoire de la médecine, le métier de son père.

C'est dans un petit village à une trentaine de kilomètres à l'est de Rouen, Ry alias Yonville-l'Abbaye qu'est née l'histoire de Madame Bovary. Un musée d'automates retrace son souvenir, les bonheurs et les malheurs de mademoiselle Delamare qui fit à l'époque scandale et pour le promeneur épris de littérature, on peut aller voir la maison, l'étude de maître Guillaumin, l'ancienne pharmacie et la tombe de la regrettée défunte. Et Victor Hugo qui nous a laissé cette fameuse "ville aux cent clochers", morceau choisi répété inlassablement sans qu'on sache ni le début ni la fin du poème ni le recueil dont quelqu'un a eu un jour la cruauté de l'extraire. Harfleur, Villequier, Caudebec, la saga Hugo a planté ses racines dans le département pour le meilleur et aussi pour le pire (la mort de Léopoldine). Enfin, comment ne pas citer Guy de Maupassant et ses incomparables plongées dans l'univers cauchois. Si le paysan normand est devenu un cliché, le parangon du cul terreux, retord et près de ses sous, bourru jusqu'à la méchanceté, c'est bien à Maupassant qu'il le doit ! Pas une de ses lignes qui ne respire la campagne profonde ou n'évoque les paysages familiers. Le Havre a aussi inspiré les écrivains : Pierre Dumarchey de son nom de plume Mac Orlan (1882-1970) a décrit les quais du Havre comme nul autre et Jean-Paul Sartre s'inspirera du Havre des années 30 pour écrire "La Nausée". A Fécamp, c'est Jean Lorrain qui dans son roman "Les Lépillier" décrit avec une certaine férocité la bourgeoisie fécampoise.

Dans un style un peu différent, Maurice

Statue de Gustave Flaubert à Rouen - © M. Chenais

Statue à Rouen

Leblanc, né à Rouen en 1864 a pris pour cadre la Seine-Maritime pour faire évoluer son célèbre gentleman cambrioleur, Arsène Lupin. Et Hector Malot (1830-1907) à La Bouille a fait pleurer des générations de petits Normands avec son héros orphelin de "Sans famille", Rémi. Mais avec ses lumières, ses ciels changeants, ses ombres fluides, ses plats paysages et ses cassures abruptes, la Seine-Maritime est encore plus le paradis des peintres. C'est là qu'est né le courant impressionniste, d'une émotion de Monet devant les brumes du port du Havre dont il a fait son célèbre tableau "Impression au soleil levant" (1874). On connaît la suite et en particulier la série des cathédrales de Rouen (40 versions au total) que les Américains s'arracheront à prix d'or (il en reste tout de même encore une version au musée des beaux-arts de Rouen !). Tous les recoins, tous les sentiers de la Côte d'Albâtre, Monet les a explorés, ses innombrables variations lumineuses, il les a toutes captées. En février 1918, une ancienne danseuse étoile du music-hall décède dans l'indifférence la plus totale. Après le déclin, elle avait tenu une boucherie au Havre et dans les dernières années de sa vie un hôtel meublé à Rouen. Triste fin pour ce personnage au nom pourtant célèbre et célébré : la fameuse Goulue immortalisée par Toulouse-Lautrec ! Les inévitables Cassandres qui ne voient dans la Seine-Maritime qu'un vaste pot de chambre ont bien tort : les peintres nous ont démontré que c'était au contraire le pays de la couleur. Au XXe siècle, le pays a bercé dans ses limbes, deux des plus grands coloristes : Georges Braque, père du cubisme et Havrais, enterré dans le cimetière marin de Varengeville-sur-Mer et Raoul Dufy, également né au Havre en 1877, inimitable dans le choix de sa palette. Preuve aussi qu'on peut être Normand et non-conformiste : les trois Duchamp, nés d'une famille de Blainville-Crevon ont révolutionné leurs arts respectifs : l'aîné, Jacques qui se fera connaître sous le nom de Jacques Villon, le second Raymond Duchamp-Villon, grand sculpteur et auteur du célèbre Cheval Majeur et enfin Marcel Duchamp, artiste inclassable, avant-gardiste limite provocateur qui lança le courant du "ready-made".

A plusieurs reprises, la Seine-Maritime a su se montrer sur la scène nationale : en politique, elle a engendré quelques personnalités Félix Faure (surnommé "Double Six" pour son style "très dandy"), Havrais et élu à la présidence de la République en 1896, René Coty, autre Havrais, élu (plus laborieusement) en 1953 à la présidence de la République ou encore le fameux "Dents blanches", Jean Lecanuet, candidat malheureux à la magistrature suprême mais tout de même maire de Rouen pendant près de 30 ans ! Enfin, elle a eu son lot de grands sportifs comme Jacques Anquetil qui à 19 ans remportait le grand prix des nations, le navigateur Havrais Paul Vatine disparu tragiquement pendant la transat Jacques Vabre et aujourd'hui la nouvelle coqueluche du pays de Bray : David Douillet, couronné aux J.O. de Sydney et qui a fait grimper en flèche les ventes de kimonos…

Q comme Queneau

Raymond Queneau est né au Havre en 1903 de Joséphine Mignot et d'Auguste Queneau, mercier de profession. Après des études de philosophie, il entre chez les surréalistes aux côtés d'André Breton en 1924. Il participe activement aux publications. Le service militaire le conduit au Maroc et en Algérie en 1925 et 1926. Il se marie en 1928 avec une jeune femme nommée Janine Kahn qui est la belle-sœur de son ami Breton. Un an après, il rompt avec les surréalistes, mais gardera de cette période un amour des jeux de langage et de l'humour. Dans son premier livre "Le chiendent" en 1933, il fait naître un monde dérisoire et lugubre où s'animent des personnages insolites. 1934 est l'année qui voit naître son unique fils. Il entre chez Gallimard en 1936 et devient secrétaire général de ces éditions en 1941. Il entretient dans ses écrits une relation entre la rigueur mathématique et l'innovation qui donne une dimension humoristique à son œuvre.

Ce sont ses "Exercices de style" qui lui donneront la renommée qu'on lui connaît encore. En 1956, sa carrière prend une dimension supplémentaire quand il devient directeur de "l'encyclopédie de la Pléiade". Trois années passent et voilà que naît "Zazie dans le métro". Raymond Queneau y raconte l'histoire d'une petite provinciale qui ne parvient pas à prendre le métro parisien. Son dernier livre "Morale élémentaire" sort en 1975. L'écrivain normand nous quitte un an plus tard. Raymond Queneau nous a laissé un grand nombre d'écrits, de jongleries verbales où il a abordé des genres différents comme le roman, la poésie, le théâtre. Il alliait l'écriture maîtrisée et la sensibilité.

Sa volonté principale fut de rompre avec le côté conventionnel de l'écriture. Pour lui, il y avait deux types de langage. Le premier portait le sceau de l'Académie française et de la norme intellectuelle, l'autre langage avait pour source la parole et renfermait des richesses de vie et de diversité. Il fut aussi peintre, mais qui s'en étonne car de la poésie à l'art pictural, il n'y a qu'un pas que Queneau a aisément franchi.

R comme Raimbourg

Quand on dit que les Normands sont revêches celui-là au moins n'engendrait pas la mélancolie. André Raimbourg alias Bourvil était pourtant un Cauchois pur et dur. Né le 27 juillet 1917 à Prétot-Vicquemare entre Dieppe et Fécamp, il passe le plus clair de son enfance à quelques kilomètres de là, au village de Bourville. Et très tôt, c'est le genre d'enfant qui fait un bras d'honneur quand on lui parle de discipline. A défaut de cartonner dans les études donc, il sera commis boulanger. Mais ce n'est pas en sifflotant “Salade de fruits, jolie, jolie, jolie...” qu'on fait de bons gâteaux monsieur Raimbourg. Virage à 90° donc : le jeune André deviendra musicien. Il fait les bals de campagne et le cornet à pistons pour la fanfare. Mais il excelle surtout dans le rôle de l'amuseur public. Grand admirateur de Fernandel, parfait comme idiot du village, avec son rire de cheval et ses yeux de faux benêt, il a le chic pour déchaîner partout où il se produit l'hilarité générale. Après avoir échoué à l'école, puis dans la boulangerie, tenté la chansonnette, le comique et même l'opérette, Raimbourg (devenu pour le grand public Bourvil, témoignant ainsi de son tendre attachement au pays de son enfance) va-t-il toucher aussi au cinéma ? L'aventure le tente, très vite couronnée de son premier succès en 1956 dans le roman de Marcel Aymé porté à l'écran par Claude Autant-Lara, “La traversée de Paris”, désormais un classique parmi les classiques. Inoubliable Bourvil et sa mine de grand dadais, l'air de rien, pas bien malin mais pas méchant pour un sou.

Pour son interprétation de Marcel Martin, Bourvil obtiendra le prix d'interprétation au festival de Venise. Sa carrière de comédien est lancée. On le découvre dans des rôles plus insolites quelques années plus tard avec les films de Jean-Pierre Mocky Un drôle de paroissien (1963), La grande frousse (1964), La grande lessive (1968) et L'étalon (1969). Plus attendus dans la série tout public des Gérard Oury Le corniaud (1964), La grande vadrouille (1966) et Le cerveau (1969) où il donne la réplique à Louis de Funès. Avec une cinquantaine de films à son actif et sa bonne bouille de franchouillard, Bourvil reste à jamais notre Bourvil national, et pour ce petit coin de pays de Caux, la fierté d'avoir donné un de ses fils à ce qu'on peut appeler l'aristocratie des comédiens.

S comme Saisons

Un dicton local dit avec poésie et ménagement la réalité d'un climat changeant sous les assauts de l'influence maritime : "Ici, il y a trois cents jours de soleil et trois cents jours de pluie et même souvent les deux à la fois".

Toutes les variations climatiques de la Seine-Maritime peuvent se résumer ainsi. Mais les microclimats sont ici légion. La vallée de Seine se démarque des autres avec ses températures plus douces et ses brouillards matinaux. Le littoral plus ensoleillé offre souvent ses rayons qui font parfois défaut à l'intérieur des terres. C'est l'influence de l'air océanique qui a d'abord laissé un peu de sa douceur sur l'Angleterre qui explique les différences visibles à seulement quelques kilomètres. Le plateau, fréquenté par le noroît venant de la mer, est venteux et le gel y est courant en hiver. La pluviométrie mensuelle relevée varie entre 50 mm et 80 mm tout au long de l'année, les mois les plus pluvieux étant ceux de l'hiver (de novembre à janvier). La côte Atlantique qui bénéficie d'une réputation meilleure (sans doute surfaite) reçoit pourtant autant d'eau que la Seine-Maritime. Alors, le parapluie, ustensile normand de prédilection, se revend très bien même s'il est en mauvais état. En contrepartie, le normand a le droit de déposer devant la cheminée à Noël ses bottes de caoutchouc. Elles trônent fièrement là où d'autres Français moins chanceux déposent des chaussures à crampons (gel oblige). C'est l'avantage d'un climat moins sujet à l'influence du froid continental. Alors, si vous hésitez encore ! Sachez que chez nous les incendies de forêt sont rares, et qu'en été la casquette achetée pour protéger du soleil sera aussi utile pour faire office de capuche. Le Normand en bon économe fait d'une pierre deux coups ! D'autres économies en perspective : la crème solaire indispensable aux vacanciers prévoyants ne s'achète pas en bidon d'un litre, mais en plus faible quantité. Le soleil (aux UV dangereux) a pitié du Normand. Cet humour à la sauce normande est un vaccin contre les grincheux qui prétendent qu'en Normandie il pleut toujours. Alors que l'été normand est clément. Il suffit pour en juger de passer le nez au-dessus des palissades, les piscines fleurissent dans la région comme les pommiers. Et que personne ne dise que c'est pour collecter l'eau de pluie ! La Seine-Maritime tire de ses particularités climatologiques des richesses naturelles inestimables. Le vert est partout présent. La flore et la faune ont adopté les modèles climatiques et varient d'un bout à l'autre du département. Pour vous convaincre de l'intérêt du climat normand, il faut ajouter que contrairement aux régions plus au Sud, ici, on vous fait grâce de la sieste et de la chaleur accablante. Que de temps gagné pour profiter pleinement des vacances ! Météo au 08 36 68 08 76. (Source des moyennes et des records de température : Météo France Seine-Maritime).

T comme Trousseau

Ici, on aime le beau linge et surtout l'armoire qui va avec. La fameuse "normande" généralement en bois de chêne, le cadeau empoisonné par excellence, la bête noire des cages d'escalier et des appartements parisiens. Et pourtant difficile de s'en séparer. Même si elle ne transporte plus le beau linge, elle véhicule toute une histoire, cette armoire et on s'y attache, forcément. Elle rentre dans les mœurs surtout au XIXe siècle, mais ce n'est pas un meuble comme les autres. Elle trône toujours en bonne place dans la pièce principale de la maison et l'on peut dire qu'on la bichonne. C'est l'héritage de la maîtresse de maison, celle qu'on a confectionnée avec amour pour le jour de son mariage avec le bois abattu le jour de sa naissance (on était prévoyant !). On y range tout ce qu'on a de plus précieux, ses petites économies et les papiers du notaire et on ne l'ouvre que rarement. Plus l'armoire est décorée, plus on a affaire à une famille aisée, un signe extérieur de richesse en somme… Plus volumineuse qu'en Basse-Normandie, l'armoire du pays de Caux se distingue en général par sa corniche en chapeau de gendarme, ses volutes et son décor exubérant. Sous l'influence de la proche Picardie, elle est plus fruste en revanche dans le pays de Bray. Mais tous les motifs sont parfaitement codifiés, inspirés souvent du monde rural : épis, gerbes de fleurs, fruits, couple de tourterelles, symbolisent tour à tour la fertilité du jeune couple, la fidélité et l'amour. Une armoire se lit comme un livre. On y retrouve aussi le métier du père ou ses centres d'intérêts au travers des armes, instruments de musiques ou autres représentations relatives aux métiers de la mer. Enfin, le pélican symbolise le père qui assure la cohésion de la famille. Il faut aller au musée des Arts et Traditions normands de Martainville, pour voir quelques-uns des plus beaux spécimens de la région. Malheureusement on en ressort avec des envies. Et pour ceux qui n'ont pas eu la chance d'hériter de l'arrière-grand-mère, il ne reste plus qu'une solution : faire la tournée des salles des ventes. Elles sont très actives, à Rouen mais aussi sur tout le littoral et qui sait, on peut toujours faire une bonne affaire…

U comme Uranium

Le sujet est un peu tabou, mais a tout de même créé des emplois. Alors en bons Cauchois (pas trop contestataires dans l'âme) les gens d'ici ont fini par s'en faire une raison. Leur pays abrite aujourd'hui deux des 57 centrales nucléaires existant en France : la centrale de Paluel près de Saint-Valéry-en-Caux, mise en service en 1984 après 10 ans de travaux, est la plus ancienne. Elle a été la première usine électrique dotée de réacteurs d'une puissance de 1 300 MW construite dans le monde. Un véritable monstre de technologie capable d'alimenter la consommation totale en électricité d'une ville comme Paris. L'un des plus gros chantiers du siècle sur lequel jusqu'à 5 000 personnes ont travaillé ! Celle de Penly, près de Dieppe fonctionne depuis 10 ans. Dans un cas comme dans l'autre, le choix de l'emplacement s'est fait naturellement. On n'est pas loin de Paris et du Nord de la France, grosse région consommatrice d'énergie électrique et on trouve ici (et pour cause) de l'eau en quantité pour alimenter les circuits de refroidissement (45 m3 d'eau par seconde sont nécessaires pour refroidir les installations de chaque unité !). Enfin, il fallait trouver un site éloigné des agglomérations et la bordure de falaise joue bien son rôle d'écran et en même temps accessible pour l'acheminement des matières premières. Et pour le retraitement des combustibles, l'usine de la Hague n'est qu'à quelques encablures… Au total donc, 6 réacteurs (dont 4 pour Paluel) de 1 300 MW chacun fonctionnent et fournissent un peu plus de 10 % de la consommation nationale.

Bref, ici on ne vit pas à l'ombre des chevalets mais plutôt des relais EDF qui zèbrent le ciel à l'approche du littoral : à chacun son paysage. Et contre toute attente, loin de jouer les repoussoirs, les deux centrales attirent le public, 40 000 personnes environ, s'y rendent chaque année pour visiter les installations.

V comme Vert

Le vert de la forêt. Elles sont nombreuses en Seine-Maritime et… majestueuses. Souvent plantées de hêtres au tronc lisse, reflétant la lumière, droits comme des "i" et filant vers le ciel. Au nord, la forêt d'Eu s'étend sur près de 10 000 ha entre la vallée de la Bresle et de l'Yères. De quoi se faire quelques belles balades et peut-être croiser des chevreuils, des sangliers ou la cabane d'un bûcheron (ou carcahoux)… Les sentiers quadrillent le territoire et invitent le promeneur à persévérer dans sa marche. Un parcours botanique contribuera même à aiguiser son sens de l'observation (on a pensé à tout…). Plus au sud, c'est bien sûr la belle forêt d'Eawy (on prononce "euavi") sur plus de 7 000 ha. Pour en avoir un premier aperçu, on peut emprunter la route forestière des Limousins, tirée au cordeau sur 12 km ! Pour le reste, ça monte et ça descend au gré des vallées et les idées de promenade ne manquent pas. On peut aussi en profiter pour faire un saut à Ardouval, au site du val Ygot qui présente en plein air la base de lancement des V1.

En vallée de Seine, ce sont les forêts de Brotonne et du Trait-Maulévrier qui encadrent le fleuve d'un paisible écran de verdure, riche en beaux points de vue sur la vallée et ses abbayes. Autour de Rouen, les forêts de Roumare (on peut visiter son parc animalier), de Rouvray, de la Londe et bien sûr la forêt verte où se donnent rendez-vous les joggeurs du dimanche matin. De nombreux sentiers, circuits à thème, parcours nature les rendent très accessibles au public à pied, à cheval ou en VTT. Et si une nuit, vers le mois de novembre, vous ne savez pas quoi faire, vous pouvez toujours vous joindre à l'un de ces groupes qui partent furtivement se tapir dans la forêt pour écouter le brame du cerf : franchement ça vaut le déplacement ! Renseignements à l'ONF (02 35 12 24 24).

W comme Web

Au moment de cette explosion de la formidable communication Internet, la Seine-Maritime vous invite sans équivoque au voyage et à la flânerie. Rivalisant de beauté et de charme, les sites qui étalent les richesses normandes fleurissent comme pommiers au printemps. Alors pour vous aider à les trouver et à admirer les paysages qui font le quotidien normand : les falaises, la vallée de Seine, le bocage mais aussi les monuments, l'histoire, la gastronomie… Tout un programme dont voici quelques jalons. Commençons par un moteur de recherche 100 % normand : www.EHOUI.com/. Il possède d'autres services que la recherche comme la météo, l'horoscope, les petites annonces. Pour toutes vos recherches sur les villes, les lieux à voir, les produits locaux enfin tout ce qui fait le bonheur d'être en Seine-Maritime, il dénichera pour vous ce que d'autres ont du mal à trouver. Ensuite quelques adresses de villes de Seine-Maritime avec des visites virtuelles, des caméras panoramiques www.mairie-dieppe.fr/, des photos www.aumale.com/fr/aumale.html/, des informations touristiques www.ville-lehavre.fr/, des renseignements sur l'histoire de la ville www.ville-forges-les-eaux.fr/.

D'autres sites proposent des explications sur l'évolution géographique ou géologique www.cote-albatre.fr/ et des renseignements sur l'histoire de la région, des vues du ciel des falaises d'Etretat www.presse-havraise.com/mon_pays_vu_du_ciel/accueil.htm/ et d'autres hauts lieux de renom.

D'autres sites sont plus généralistes comme celles des institutions régionales du tourisme www.normandy-tourism.org/fr/ ou www.cg76.fr/, on y trouve des informations très complètes sur les attraits touristiques, les adresses utiles, la gastronomie, les loisirs et bien d'autres choses à découvrir. De nombreux établissements scolaires ou des particuliers proposent des informations diverses sur la région, sur ses artistes et sur ses particularités comme www.ac.rouen.fr/colleges/ ou www.maupassant.free.fr/. A l'heure du virtuel, cette source inépuisable d'informations en tout genre n'est pas à négliger.

X comme XXIe siècle

Eh oui, il est temps de le savoir, les Normands mangent autre chose que de la crème, ils n'ont pas tous les cheveux roux, il y a d'autres rues à Rouen que celle du Gros Horloge et la campagne n'est pas seulement peuplée de vaches ! Le moment est venu de se tourner vers le futur. Quel sera demain le visage de la Seine-Maritime ? Le passage à l'an 2000 a permis à chacun d'aller de son refrain sur les atouts et les handicaps du département. Dans la zone d'influence de Paris, mais trop près de la capitale, une grande région industrielle mais qui s'interroge sur son avenir, deux de plus grands ports français mais qui doivent adapter leurs infrastructures. Les projets ne manquent pas : au Havre, “Port 2000” est sur les rails, à Rouen, on parle du sixième franchissement sur la Seine, l'autoroute des estuaires qui relie Calais au pont de Normandie a contribué à désenclaver le pays de Caux. On parle aussi d'implanter dix éoliennes (pour une production de 18 millions de KW) sur les falaises entre Fécamp et Senneville-sur-Fécamp avec la création, en partenariat avec l'université du Havre d'un pôle de recherche universitaire sur les énergies renouvelables.

Mais ce projet, porté par la chambre de commerce et d'industrie du Havre rencontre de nombreuses réticences dans le milieu associatif. Le Havre n'aime pas beaucoup Rouen et Rouen n'aime pas beaucoup Le Havre, on le sait, mais les deux frères ennemis ne ménagent pas leurs efforts pour tenter de se réconcilier. Comme chacun sait l'heure est surtout à l'aménagement du territoire, la dépollution des sites, la préservation de l'estuaire, la sauvegarde du patrimoine. La Seine-Maritime n'a plus sa réputation à faire dans le domaine touristique mais à conserver. Les accros du bain de mer ont déserté les plages de galets, c'est un fait, mais la mouvance "peace and love" a fait des rejetons. Aujourd'hui on ne va plus élever ses chèvres dans le Larzac mais on passe ses vacances “au vert” et la Seine-Maritime est en bonne place sur le sujet. Avec ses vieilles bicoques à retaper en gîtes ruraux, ses circuits touristiques (routes des épices et de l'ivoire, route des colombiers du pays de Caux, route des fruits...) à en perdre son cauchois, elle dispose de sérieux atouts et devrait pouvoir compter sur des lendemains qui chantent.

Y comme Yole

Maupassant a aimé sa Normandie natale, il a même fait de cette région le décor de certains de ses romans (Une vie dans le pays de Caux, Bel-Ami dans la campagne rouennaise). Il a aussi utilisé les personnages qui lui étaient familiers. Les paysans normands sont des acteurs importants de ses écrits. Il décrit leur misère et leur pingrerie. Un autre élément important de sa vie à trouver place dans son œuvre : la yole. Il la met en scène dans sa "Partie de campagne" mais aussi dans "Les dimanches d'un bourgeois de Paris" ou dans "La femme de Paul". L'existence de l'homme de lettre est souvent monotone et routinière. Les veillées à la lueur artificielle d'une lampe et les longues heures passées derrière le bureau où l'on oublie toute notion de temps laissent peu de place à la détente. Pour conserver l'équilibre moral et physique, il faut à l'écrivain un dérivatif, un plaisir quotidien ou hebdomadaire. Maupassant, en bon Normand, s'est trouvé une activité surprenante et qui tranche radicalement avec la morosité : le canotage. A cette époque, la pratique du canotage est très répandue. Ce gaillard a gardé de son enfance le goût de l'action. Alors en bon capitaine de sa yole "L'Étretat" qui porte le nom de sa ville natale, il rame et longe les berges fleuries de la Seine. Il se ressource au courrant calme de ce fleuve qu'il aime tant. A l'approche de la belle saison, le travail souffre un peu des escapades nautiques. Mais Maupassant profite largement de ces heures de détente et de griserie que lui procure cette activité. En compagnie de ses amis, il se dissipe sur les bords de Seine. A son aise dans le monde des canotiers qu'ont peint Renoir et Monet, il fréquente les guinguettes. La yole est une embarcation légère propulsée par l'aviron de forme étroite qui sert à la navigation en eaux plates. Elle accueille de 2 à 6 rameurs et a un tirant d'eau très faible. Ce canot de plaisance pouvait donc être très rapide et servir à la course.

Z comme Zigzags

Au cœur d'une vallée ample (12 km) ondule un grand serpent d'argent, un fleuve : la Seine. Au début du quaternaire, il y a deux millions d'années, les méandres de la Seine étaient petits et nombreux. Ils étaient au même niveau que les autres terres. Puis la nature a changé les données du paysage. Le soulèvement de la région a amené le fleuve à s'enfoncer. C'est alors que les petits méandres se sont élargis gagnants peu à peu en amplitude. L'eau a emporté doucement le sable et l'argile qui couvraient la craie commençant son travail d'érosion. La troisième phase de l'évolution est l'abaissement du niveau marin.

La pente du fleuve augmentant celui-ci a intensifié l'usure de son lit. Il charriait les silex qu'il arrachait à la craie. La remontée des eaux est l'étape finale, qui nous a donné la Seine telle que nous la voyons aujourd'hui. Cette transformation a abouti à l'accumulation de limons et de tourbe dans la vallée. Les tourbières témoignent de ce passé proche. Les chemins détournés, creusés dans des endroits plus friables, ont conduit à la formation d'îles et ont augmenté les distances parcourues par les eaux. A Rouen, la mer se trouve à 70 km à vol d'oiseau. Pourtant, le fleuve serpente sur 125 km en partant de cette ville pour atteindre la mer. Cet encaissement du fleuve donne un contraste étonnant entre le lit du fleuve sage et les abrupts crayeux qui le bordent. Il reste des traces des anciens méandres plus petits, ils ont laissé de petites dénivellations en gradins qui descendent des plateaux vers la Seine. Bien à l'abri du plateau, le climat de la vallée est plus sec et plus doux de quelques degrés, les gelées précoces ou tardives y sont plus rares. La reprise de la végétation au printemps y est en avance sur le reste du département. Mais le brouillard y est fréquent. Brusquement, il se lève libérant le paysage de son voile de brume. C'est sur les sommets de ces protubérances blanches que les hommes ont construit leurs forteresses. De là-haut, elles veillent sur le fleuve redevenu sage. Plus récemment y ont été aménagés des points de vue plongeant sur la Seine comme la côte des Deux Amants, la côte Sainte-Catherine. Des villes bénéficient de leur implantation aux deux niveaux avec une partie haute et une partie basse comme Rouen, Duclair ou Canteleu. Ici comme dans d'autres endroits de la région, le paysage est une synthèse de la nature modelée par l'action humaine tout au long de l'histoire et de lieux restés intacts. C'est ainsi que sont nés ces endroits merveilleux qui font la particularité de cette région. Les boucles de Seine serpentent doucement dans la verdure comme ces routes qui amènent sur les plateaux. Le spectacle offert, au hasard d'un virage, est digne des tableaux que nos meilleurs artistes peintres. Ils y ont posé leur chevalet, honorant ces endroits comme il se doit de leur savoir-faire et de leur regard. Ces méandres témoignent du passé de ce fleuve majestueux qui fut, en ces temps reculés, moins docile qu'aujourd'hui.

Château de Cany Basille

De lieux en lieux

Quai de Rouen

De lieux en lieux

ALLOUVILLE-BELLEFOSSE

1 007 Allouvillais. A proximité d'Yvetot. Mairie 02 35 96 01 65. Gare SNCF. Marché artisanal deux mardis par mois l'été.

La ville est charmante et accueillante avec son patrimoine surprenant et déroutant. Allouville a un passé historique fort puisqu'elle a vu naître Pierre Belain-d'Esnambuc (1585-1637), elle a aussi un passé écologique avec son chêne et son musée de la nature. Des têtes couronnées en visite, un explorateur qui colonise des contrées lointaines comme Saint-Pierre et la Martinique. Les habitants sont habitués à tenir le cap comme leur ancêtre mi-aventurier, mi-homme d'affaires. Il luttait contre les flots et leur violence maintenant c'est contre la pollution que certains luttent ici. Profitons de l'occasion qui nous est donnée ici pour adresser nos remerciements à ces hommes de courage qui se battent contre la bêtise et l'irresponsabilité.

A VOIR ET A VISITER

LE CHENE CHAPELLE. Comment ne pas aller rendre une petite visite à cet arbre vieux de 1200 ans qui vieille sur cette bourgade depuis tant de siècles, qui a vu passer les guerres, les révoltes, les révolutions, les famines et autres catastrophes humaines ou naturelles. Haut de 18 m et large de 9,79 m, il présente un tronc creux qui fut aménagé en chapelle et en chambre d'ermite en 1696 par l'abbé de la paroisse. La chapelle, dédiée à Notre-Dame de la Paix, et son refuge échappèrent de peu à la colère des révolutionnaires venus l'incendier. Malheureusement l'arbre montre des signes d'asphyxie et est l'objet des soins attentifs de spécialistes. Il comporte des parties vivantes et des parties de bois mort soutenues par des armatures métalliques. Aujourd'hui ses jours semblent comptés malgré tous les efforts entrepris pour la sauvegarde de ce chêne hors du temps. Souhaitons qu'il nous étonne encore pendant de longues années.

MUSEE DE LA NATURE © 02 35 96 06 54. *Du 15 mars au 15 octobre, ouvert du lundi au samedi de 9h à 12h et de 14h à 19h, les dimanches et jours fériés de 10h à 12h et de 14h à 19h. Du 16 octobre au 14 mars, ouvert les mercredis, samedis et vacances scolaires de 9h à 12h et de 14h à 18h, les dimanches et jours fériés de 10h à 12h et de 14h à 18h.* Le CHENE (centre d'hébergement et d'études sur la nature et l'environnement) a ouvert ses portes en 1980. L'ornithologue et taxidermiste Jean-Pierre Jacques son fondateur l'a installé dans une vieille maison normande. En plus du musée de la nature, sont développées ici des activités de sauvetage de la faune sauvage. On y soigne entre autres les nombreux oiseaux mazoutés victimes de pollution plus ou moins volontaires. Les chouettes, cygnes, canards, cormorans, goélands et autres oiseaux sont les principaux pensionnaires du centre. Une toute nouvelle clinique est ouverte, avec la possibilité d'observer le nettoyage des oiseaux. Des mammifères y trouvent aussi une place comme des chevreuils, les renards ou les ratons laveurs. Des dioramas sonorisés sur les animaux de ferme, la faune des zones humides, des forêts et du littoral sont également présentés. L'accent est mis sur les ravages de la pollution et des accidents survenus récemment ainsi que sur les conséquences directes de telles catastrophes sur le littoral et sur ses habitants.

EMPLETTES

THERESE JULIAN © 02 35 56 65 80. Pommes croquantes, poires fondantes, fruits rouges juteux, l'endroit est un paradis pour les amateurs de fruits et de bonne humeur. Pour faire le plein des paniers avant les pique-niques.

YVETTE DELAHAYE © 02 35 96 01 89. Des produits de qualité, des spécialités du terroir et un canard aux pommes à se damner. Comment voulez-vous résister à un tel savoir-faire. Pour les gourmands et pour les autres aussi.

ARDOUVAL

137 Ardouvalais. Altitude : 200 m. Située dans le pays de Bray. Mairie : 02 35 93 15 08.
Ancienne base de lancement de V1 D99- Le Val Ygot © 02 35 83 90 66/02 35 93 15 04
Accès : depuis Pommeréval, prendre la D99 en direction de Bellencombre. Le site est juste à droite après l'entrée dans la forêt (parking et panonceau). (Site indiqué sur la carte IGN Top 25 2009 OT). Visite libre. Possibilité de visite guidée sur rendez-vous. Le petit village d'Ardouval a été occupé dès le 18 juin 1940 par les Allemands. Cet endroit fut choisi par l'état-major allemand pour faire partie du dispositif rassemblant des centaines de rampes de lancement de V1 (l'ancêtre des missiles). D'abord cette arme secrète fut construite au val Ygot en 1943, puis ce fut le tour d'une autre base dite légère au lieu-dit "le Châtelet". Le but était de détruire la capitale anglaise. Fort heureusement, le site sera bombardé en 1943 et 1944, et la base lourde, pratiquement achevée, n'aura même pas eu le temps de commencer sa basse besogne, à la différence des bases légères qui se révéleront beaucoup plus meurtrières. Récemment aménagé, le site se visite librement, au cours d'une promenade sous les sapins de la forêt d'Eawy où l'on est vraiment saisi par l'ampleur de ce témoignage historique : une atmosphère lugubre étreint le promeneur autour des différents bâtiments en béton. Pour mieux comprendre des panneaux explicatifs détaillent les différentes fonctions de ces bâtiments. Au fil des pas, on croise sur les 3 ha du site 13 d'entre eux, comme le réservoir à carburant, l'atelier de montage, les bunkers, l'abri de stockage des détonateurs, l'abri des officiers. Le point d'orgue de la visite est la rampe de lancement tournée vers Londres et surmontée d'un V1 reconstitué en grandeur nature (il a été ramené d'Angleterre). Il y a aussi le bâtiment amagnétique, surnommé "la cathédrale" par les Allemands du fait de ses deux grandes arches de béton. Il était construit sans aucun métal ferreux et destiné à régler le compas des V1. Un témoignage poignant de notre histoire récente.

OU MANGER ET DORMIR ?

G. ET J. SANSON 1, place de l'Eglise © 02 35 93 15 00. *2 épis. Animaux acceptés. Table d'hôtes (repas 70 F). Chambres d'hôtes 1 personne : 150 F, 2 personnes : 170 F, 3 personnes : 210 F, 4 personnes : 240 F.* Vous serez logés dans une maison de maître du XVIIIe siècle, près de l'église du village et pourrez prendre vos repas en compagnie de vos hôtes dans une ambiance conviviale. Le séjour est à disposition ainsi que le logement pour chevaux. Forêt d'Eawy à proximité.

FERME-AUBERGE D'EAWY 2, place de l'Eglise © 02 35 93 02 42. *Fermé du dimanche soir jusqu'au jeudi midi. Service jusqu'à 13h et 20h. Repas de groupe uniquement et sur réservation. Menus 110 F, 120 F.* Dans cette ferme-auberge, nichée dans un cul-de-sac derrière l'église d'Ardouval, on trouve des poulets, pintades, canards et lapins qui sont élevés par l'exploitant. Il s'adonne également à la culture du lin. A votre disposition, une salle de 25 couverts et des repas servis sur réservation, pour découvrir en toute convivialité des spécialités comme le poulet au calvados, le canard ou le lapin au cidre, la tarte normande... réalisés par Marie-Françoise et Philippe Alard. Pour savourer la convivialité, la douceur de vivre et la cuisine traditionnelle.

ARQUES-LA-BATAILLE

2 565 Arquais. Altitude : 14 m. Située dans le pays de Caux, à proximité de Dieppe. Mairie : 02 35 85 50 26. Dans cette commune, les témoignages historiques sont nombreux : le château féodal, le manoir d'Archelle, l'église, l'ancien bailliage et les habitations anciennes. C'est dans des temps anciens que la ville a vu le jour comme en attestent les découvertes faites lors de travaux de voieries. Une voie romaine traverserait le village, à ce qu'il paraît ! (rue de la Chaussée). La plus majestueuse trace est visible de loin et étonne par la force qui émane encore de ces vestiges. Le château est abandonné depuis longtemps. Le lieu est propice à la promenade avec ses plans d'eau, sa forêt domaniale d'un millier d'hectares et à l'escalade pour découvrir le château. Les espaces de pique-niques ont été aménagés dans des endroits accessibles à pied ou en vélo sur le territoire d'Arques.

POINT ACCUEIL TOURISTIQUE Place Pierre-Desceliers © 02 35 04 43 95.

A proximité de la mairie sur une petite place très agréable se trouve ce point accueil où les renseignements sur les sites remarquables des environs, sur l'hébergement (hôtels, campings) et bien d'autres informations indispensables sont dispensés et distribués avec le sourire.

A VOIR ET A VISITER

CHATEAU FORT. *Entrée et visite libre. Dépliant disponible au point accueil touristique.* Bâti au XIe siècle par Guillaume d'Arques, le premier château était le point principal d'un dispositif défensif, quand la ville d'Arques érigée en comté, lui fut offerte par Guillaume le Conquérant. Offrant une vue panoramique sans pareille sur les vallées, l'observation et le contrôle y étaient renforcés. La construction était entourée d'un grand fossé. Le donjon et les courtines sont construits en 1130 et l'ensemble de la structure fut régulièrement amélioré jusqu'au XVIe siècle, date à laquelle sera ajouté le bastion d'artillerie qui sert d'entrée. Six fois assiégé, le château ne concéda aucune reddition. La dernière bataille qui éprouva le château fut menée par Henri IV, qui n'était pas encore roi et ses troupes contre celles de la Ligue. C'est de cet épisode guerrier que date le nom définitif de la ville auquel vint s'ajouter "La Bataille".

Henri IV, vainqueur en 1589, est représenté sur un bas-relief de 1689, restauré et apposé en 1845 au dos de la grande porte médiévale. C'est après cette période glorieuse que le château fut laissé progressivement à l'abandon. En partie en ruine, l'édifice qui surplombe la ville d'Arques est un lieu de visite et de spectacles historiques. Façon éphémère de rendre au lieu ses échos passés. Du haut des murailles, une très belle vue sur la vallée et sur ses alentours s'offre aux grimpeurs courageux. Il subsiste d'autres vestiges souterrains qui ne se visitent qu'à l'aide d'un éclairage de poche avec de solides batteries comme les passages creusés dans la citadelle permettant des sorties discrètes par les fossés et des salles enfouies. Pour cette visite médiévale, il est prudent de se vêtir chaudement.

ANCIEN BAILLAGE ROYAL Place Desceliers. Cet édifice situé place Desceliers fut érigé au XIIIe siècle et fut lourdement endommagé en 1472 par les troupes de Charles le Téméraire. La reconstruction de ce très beau bâtiment eut lieu sous le règne de Louis XI. Il s'agit de l'unique bailliage intact montrant la présence royale de Henri II Plantagenêt (roi d'Angleterre et duc de Normandie entre 1150 et 1189) de François Ier et d'Henri IV. Il servit de lieu de justice et d'administration jusqu'aux remous de la Révolution.

EGLISE NOTRE-DAME DE L'ASSOMPTION. *Demandez la clé au presbytère.* Cet édifice religieux est un bel exemple de l'architecture du gothique flamboyant (XVIe et XVIIe). Incendiée par Charles le Téméraire et ses troupes, elle fut remise en état par Louis XI en même temps que le bailliage. L'inégalité de la construction fait qu'on peut admirer à l'extérieur un arc-boutant ajouré caractéristique. L'extérieur est pourvu de gargouilles et montre d'immenses vitraux. Le mobilier riche comporte des lambris sculptés, une pierre tombale du XVIIe et un jubé de style renaissance qui serait l'œuvre de Philibert de l'Orme et son escalier. Depuis peu, l'orgue de Jubé revenu à Arques permet à la commune d'organiser un festival annuel de musiques classiques aux alentours du mois de mai.

MANOIR D'ARCHELLES. Le manoir qui comporte plusieurs parties est situé le long de la D1. Construit au XVIe siècle, de briques et de pierres, avec un avant-corps fortifié et deux petites tourelles sur le côté, il était la résidence des gouverneurs du château. Il appartient à la famille qui en est propriétaire depuis 30 ans. Le travail qui a été accompli ici est un travail considérable. Transformer en restaurant et en hôtel, ce lieu d'histoire accueille chaleureusement ces hôtes qui pour une nuit peuvent jouer les châtelains.

OU MANGER ET DORMIR ?

AUBERGE D'ARCHELLES D1 - Route de Neufchâtel © 02 35 85 47 55. *Fermé le dimanche soir, le lundi soir et une semaine en février et en août. Service jusqu'à 14h et 21h. Menus : 85 F (menu du jour terroir) 98 F, 130 F (spécial canard), 150 F, 188 F (gastronomique). Hôtel 5 chambres : 180 F à 300 F.* C'est dans une grande salle chargée d'histoire où trône une superbe et imposante cheminée que vous serez accueillis avec le sourire pour un repas dans la pure tradition du terroir à base de pommes, de fromages, de crème et de légumes maison qui poussent à deux pas du restaurant. Certains jours des grillades sont cuites dans l'âtre de cette salle. Le foie gras maison (qui est aussi en vente à emporter sur commande), le poisson, le canard sont des mets qui méritent toute l'attention du gourmet du passage. Des plats végétariens pour répondre aux demandes croissantes ont vu le jour cette année. La terrine de laitue ou la charlotte de cabillaud suivie d'un pavé de canard sont de petits exemples du savoir-faire du chef de cuisine. La charlotte de fruits de saison ou la soupe de fruits frais sont deux des délices que l'on sert ici l'été. L'hôtel vous accueille dans les communs de ce manoir du XVIe siècle à côté du restaurant. Une étape de qualité.

AUBERGE DE LA FORET 15, route de la Forêt © 02 35 85 53 06. *Fermé le dimanche soir et le lundi. Menus : 45 F (enfant), 55 F à 65 F (sauf le week-end et le soir), 80 F (sauf samedi soir, dimanche et fériés), 110 F, 140 F + carte.* Ce restaurant situé dans un emplacement de choix au pied de la forêt d'Arques sur la route de Saint-Nicolas-d'Aliermont propose une cuisine traditionnelle à base de produits très frais. L'ardoise vient compléter la carte en raison des approvisionnements journaliers en poissons ou en gibier l'hiver. Cette auberge gourmande, où l'accueil de la patronne est souriant et dynamique propose des formules semaine pour une clientèle d'affaire nombreuse et d'autres menus gastronomiques. La salle du bar se prolonge par celle du restaurant décorée de photos vinicoles de Peter Knaup, bercée par les accords d'une musique jazz. Les plats directement issus du terroir sont présents comme la tête de veau ou l'andouillette maison. En entrée, le saumon fumé sur place est remarquable. En dessert, l'aumônière de pommes est un classique à ne pas manquer. Les vins sont aussi servis au verre à un prix abordable et le tout dans une ambiance bon enfant. Une adresse à retenir.

RESTAURANT

Auberge de la Forêt

M. et Mme NASSET

15, route de la Forêt - 76880 Arques-la-Bataille
à 6 km de Dieppe direction St-Nicolas d'Aliermont

Réservation © **02 35 85 53 06**
Fax 02 35 85 08 87

SE DETENDRE

BASE DE PLEIN AIR DE LA VARENNE Saint-Aubin-le-Cauf ✆ 02 35 85 69 05. Accessible tout au long de l'année cette base propose des activités nautiques comme la voile, le canoë-kayak, le catamaran et la planche à voile sur une superficie de 19 hectares. Pour ceux qui n'ont pas envie de se mouiller, la location de VTT, le tir à l'arc ou la balade sont à ajouter au programme. Il y a une école de voile sur place.

PECHES ARQUES-LOISIRS 4, place de Lombardie - ARQUES-LA-BATAILLE ✆ 02 35 85 87 79. *Ouvert tous les jours. Ouverture 1re catégorie : du 8 mars au 21 septembre, ouverture truites de mer et saumons du 30 avril au 31 octobre. Etangs et 2e catégorie : toute l'année.* Pour les adeptes de l'asticot, de la mouche ou du vif, l'endroit est parfait. La région d'Arques-la-Bataille offre aux pêcheurs de carnassiers, mais aussi aux amateurs de salmonidés (truites de mer, truites fario) un lieu de pêche hors du commun. L'Arques coule ici après la réunion des trois rivières la Béthune, l'Eaulne et la Varenne dont elle est l'union. C'est la 2e rivière de Haute-Normandie, les truites de mer y sont présentes. Les AAPMA de Dieppe et d'Arques gèrent 35 km de parcours sur ce secteur dont 3 km spécialement réservés à la mouche. La pêche au brochet poisson redoutable s'il en est fait le bonheur du pêcheur averti. Il y a sur place plus de 100 ha de ballastières et d'étangs locaux. Arques la bataille, Saint-Aubin-le-Cauf et Saint-Germain-d'Etables (truites à la journée ou 1/2 journée - fermé le mardi et le jeudi - 02 35 85 94 50) en sont des exemples dignes d'intérêt.

PISCINE ✆ 02 35 85 52 96. *Activités selon la saison.* La piscine attend les baigneurs à proximité du lac toute l'année. Mais en été, elle ouvre son toit pour favoriser la bronzette et le farniente à la terrasse aménagée à l'extérieur avec des jeux pour les bambins qui ont encore quelques appréhensions avant de se jeter à l'eau de l'eau.

AGENDA

Festival de musique classique en mai à l'intérieur de l'église.

AUFFAY

1 904 Altifagiens. Altitude : 100 m. Située dans le pays de Caux entre Rouen et Dieppe. Mairie : 02 35 32 81 53. Marché le vendredi matin. Gare SNCF (02 35 32 81 25, ligne Paris-Dieppe). Cette charmante petite ville à mi-chemin de Dieppe et de Rouen est située en plein cœur de la Vallée de la Scie. Elle possède des halles de bois de 1775 où le marché s'abrite chaque semaine. Les rues accueillantes sont abondamment fleuries et cachent des curiosités étonnantes. Auffay est la seule commune de Seine-Maritime à posséder des jacquemarts (automates). Elles ne sont que 16 en France. Ils sont la fierté de la bourgade et valent le déplacement.

SYNDICAT D'INITIATIVE Mairie ✆ 02 35 32 81 53

Des brochures très complètes, des informations à la pelle et un accueil avenant, tout pour ravir le voyageur curieux.

A VOIR ET A VISITER

CHATEAU ET PARC DE BOSMELET ✆ 02 35 32 81 07. *Ouvert du 1er mai au 15 octobre, tous les jours, sauf le lundi et le mardi, de 13h à 19h (dernière entrée à 18h). Visite commentée pour le château, libre pour le parc.* Construit en 1632 dans une architecture de style Louis XIII, ce château reste depuis lors la propriété de la même famille. Les dégradations subies pendant la Seconde Guerre mondiale ont été importantes.

Il a retrouvé depuis son allure et sa prestance. La visite est double : les intérieurs se visitent et accueillent réceptions, séminaires et manifestations prestigieuses, à l'extérieur les jardins vous attendent. Le parc, quant à lui, a été planté en 1718 et sur plus de 2 km selon les projets de Colinet, premier jardinier du célèbre Le Nôtre. On y admire l'avenue où s'alignent les tilleuls, la chapelle, le colombier et l'orangerie. Plus d'un millier de plantes vivaces sont présentes dans ce potager assez original d'un hectare de superficie. Il se décline selon les couleurs de l'arc-en-ciel : grenat, ivoire, ambre, saphir… Il offre au regard des fruits et légumes ordonnancés par la baronne Laurence de Bosmelet, autour de bordures redessinées par le paysagiste Louis Benech en 1996.

JACQUEMARTS ET COLLEGIALE. L'attraction du lieu est surprenante. Un couple d'automates en costume du XVIIIe siècle qui sonne les cloches pour annoncer les quarts d'heure. Leurs noms excentriques n'arrangent rien à l'affaire car l'histoire de ces personnages est floue. Houzou Bénard et Paquet Sivière fument la pipe et frappent leur cloche respective en se tournant l'un vers l'autre. Ils se trouvent à l'abri du clocher de l'ancienne collégiale Notre-Dame, construite à partir du XIe siècle. Certains prétendent qu'ils seraient les remplaçants de deux huguenots punis d'avoir outragé la religion catholique et obligé de sonner les cloches pour se racheter. Ils auraient été installés là après la mort des deux hommes pour prolonger cette coutume. Ils furent restaurés en 1867 à la suite d'un grave incendie. Ces jacquemarts sont à voir.

OU DORMIR ?

CHEZ A. DELAIRE 2, place de la Gare ✆ 02 35 34 33 70. *Chambres d'hôtes. Ouvert toute l'année.* Dans un cadre romantique, cette belle maison de style est un ancien moulin, installé le long d'une rivière. Une seule chambre double pour profiter du calme en couple avec coin salon et salle de bains privative. Pour un week-end en amoureux, c'est l'endroit idéal. Canoë et vélos sur demande.

SE DETENDRE

FERME EQUESTRE DE LA CORBIERE ✆ 02 35 32 82 82. Tout est prévu pour les cavaliers en herbe avec des leçons, des stages ou des promenades tranquilles et pour les confirmés avec de l'attelage, des cours et des randonnées en selle. Cette belle ferme ancienne (chapelle à l'entrée, colombier dans la cour, ancien pressoir du XVIIe) propose aussi un gîte de groupe jusqu'à 26 personnes. Les goûters à la ferme sont aussi de la partie. Pour une halte ou pour un séjour plus long.

AUMALE

2 675 Aumalois. Altitude : 130 m. Située dans la vallée de la Bresle. Mairie 02 35 93 40 50. Marché le samedi matin. La ville d'Aumale, cédée à la Normandie et à son duc Richard Ier au Xe siècle, est installée à flanc de coteau. La ville a été un moment possession de la maison de Lorraine. Elle offre au visiteur ses rues paisibles, pour la plupart possédant encore leur cachet ancien. La balade vous fait découvrir des rues et des places qui valent leur pesant de souvenir. Ne manquez pas de parcourir la rue des Soupirs, celle de la Poterie et des Procureurs. Mais Aumale se distingue surtout par ses nombreuses maisons à pans de bois que vous pourrez contempler sur la place des Marchés (au-dessus de l'église). Cette place qui s'allonge originalement en se poursuivant par la rue du Bailliage : aux belles halles couvertes et aux maisons recouvertes de bois, s'ajoutent des boutiques aux vitrines à l'ancienne, à l'image de la bijouterie Delaruelle. Aux portes de la Somme, ce village normand ne renie pas son histoire. Elle mérite bien son label de station verte de vacances. Cette commune accueillante et dynamique a ouvert récemment un site Internet : www.aumale.com/fr/

OFFICE DE TOURISME Rue Centrale ✆ 02 35 93 41 68

A VOIR ET A VISITER

EGLISE SAINT-PIERRE-SAINT-PAUL. *Ouvert de 8h30 à 17h, sauf le dimanche après-midi.* Cette église attire le regard par son allure et sa tour renaissance. Remplaçant un édifice plus petit, détruit lors de l'entrée à Aumale de Charles le Téméraire, la construction de la nouvelle église durera tout au long du XVIe siècle. Dédie aux deux Saints, elle abrite des curiosités comme un buffet d'orgue de 1550, des fresques dont une représentation du jugement dernier. Une ancienne tradition rapporte que le berger du Bois-Robin (ancien hameau devenu ferme) et ses deux chiens avaient la première place dans l'église d'Aumale à la messe de minuit… et passaient même avant le duc d'Aumale !

HOTEL DE VILLE. La ville a fait l'acquisition en 1752 de ce beau bâtiment du XVIe siècle remanié, parfaitement restauré dans le style de l'époque, dont on remarquera surtout la tour octogonale. On y trouve une collection de faïences. Deux manufactures y étaient installées au premier quart du XIXe siècle.

POUTRES SCULPTEES RENAISSANCE Rue du Vieux-Bourg et 8, rue du Vieux-Cimetière. Ces deux poutres, qu'il faut dénicher, se trouvent pour la première sur la façade d'une banale maison, pour l'autre dans la cour intérieure d'un bâtiment. Les deux sont datées du XVIe. Celle de la rue du Vieux Bourg est sans doute la représentation d'un fabricant de raquettes de jeu de paume. La poutre située rue du Vieux-Cimetière faisait partie de l'ancien Hôtel du Lion d'Or, comme en témoigne une tête de lion sculptée dans le bois. A ne pas manquer !

OU MANGER ET DORMIR ?

AUBERGE DU MOUTON GRAS 2, rue de Verdun © 02 35 93 41 32. *Fermé le lundi soir et le mardi (sauf férié). Service jusqu'à 13h30 et 21h. Menus : 50 F (enfant), 100 F, 140 F, 240 F + carte. Hôtel Logis de France, 6 chambres 200 F à 350 F. Petit déjeuner 40 F Parking. Chiens admis.* L'endroit est bien choisi pour déguster fruits de mer et poissons ainsi que des spécialités du terroir normand. Les plateaux de fruits de mer pour le plus grand plaisir des gastronomes sont servis dans un décor traditionnel. A part, ces spécialités, le carré d'agneau, de l'andouillette flambée au calva, vous seront servis avant la traditionnelle et immanquable tarte aux pommes flambée. Les vieilles assiettes en faïence et les outils transformés en lustres, tout comme l'enseigne qui se balance à l'entrée, ajoutent encore au charme de l'endroit. Une halte s'impose !

CAMPING LE GRAND MAIL © 02 35 93 40 50. *Ouvert du 1er avril au 30 septembre. Avec accès handicapés.* Ce camping caravaning 2 étoiles, très récent est installé en bordure de forêt et surplombe la vallée de la Bresle. Un endroit paisible pour l'été !

EMPLETTES

LE MOULIN SAINT-DOMINIQUE 1, rue Saint-Dominique © 02 35 93 40 21. *Ouvert le vendredi, samedi, dimanche et lundi de 14h à 18h.* On déniche dans la boutique de cet antiquaire des objets de qualité. Des meubles picards et normands d'époque, de la peinture ancienne et moderne, des objets d'art et de curiosité, des faïences qui se reposent un peu dans cet ancien moulin des XVIIIe et XIXe siècles en attendant l'acquéreur éclairé.

TIEF - PATES DE VERRES Boulevard des Fontaines © 02 35 93 47 20. Dans l'antre du créateur qui est aussi grossiste fabricant, vous découvrirez de très beaux objets en pâte de verre. Des flacons et tulipes aux couleurs changeantes en passant par les lampes rococo tout est à admirer et à vendre à des prix inférieurs à ceux des commerçants revendeurs. Vous pouvez prendre rendez-vous pour visiter le show-room.

SE DETENDRE

ETANGS DE RIVERY Hameau Rivery © 02 35 93 37 46. *Ouvert 7j/7 en saison (1er avril au 15 novembre).* On pratique ici la pêche à la truite sans permis, à la demi-journée ou à la journée. La location d'étangs y est aussi possible. On peut y attraper avec un peu d'adresse et de patience de plantureuses truites. La place parfaite pour les amis pêcheurs, tranquillité et nature font de cet endroit un petit paradis.

OFFICE DE TOURISME Rue Centrale © 02 35 93 41 68. La location de vélos est faite par l'Office du tourisme. Location de vélo : 30 F/jour, 50 F/week-end, 150 F/semaine (caution 200 F). Location de VTT : 60 F/jour, 100 F/week-end, 300 F/semaine (caution 800 F).

AGENDA

Fête de la Saint-Guignolet en août. Rien ne manque à cette fête, feu d'artifice, manèges, défilé de chars et même course cycliste le lendemain. Aumale sait s'amuser.

Salon des antiquaires fin octobre et début novembre. Organisée par le syndicat d'initiative, cette manifestation a acquis ses lettres de noblesse.

Salon des arts et métiers en octobre regroupe un bon nombre d'artisans et la possibilité d'acheter des spécialités régionales. On y voit des souffleurs de verre, des artisans du bois, des travaux d'aiguille…

Salon de la carte postale et papiers de collection le 1er week-end de novembre. Une réussite pour les amoureux de cartes postales. Renseignements par lettre adressée à monsieur François - 35, rue du Bailliage.

BARDOUVILLE

583 habitants. Située dans la vallée de la Seine à 20 km de Rouen. Marché le dimanche matin tous les 15 jours. Mairie : 02 35 37 07 44. C'est face à l'abbaye Saint-Georges de Boscherville qu'est installé ce village. Avec un peu de courage, on marchera jusqu'à la lisière du bois afin d'observer un chêne pluricentenaire qui nous rappellera que la nature est souveraine. L'église bâtie au XIe siècle ravira les amateurs de lieu de culte. Elle subit plusieurs modifications au XIIe et XIXe. On se consolera en lisant la légende du Corset Rouge conté dans un dépliant que l'on vous remettra sur simple demande. La pêche est aussi au menu. Alors à vos lignes.

OU DORMIR ?

LA PEUPLERAIE Beaulieu © 02 35 37 47 00. *Ouvert toute l'année, en morte saison (novembre à mars) fermé le soir sauf week-end.* Dans cet étang en bord de Seine, la pêche à la truite se pratique à la journée (140 F) ou à la demi-journée (70 F). La Peupleraie c'est aussi un restaurant dont le menu est à 60 F et un plat du jour à 45 F en semaine. On y cuisine bien sûr la truite de diverses façons, elle se déguste en salle ou en terrasse. Pour les enfants sont prévus, un minigolf et un parc de jeux.

LE VAL SARAH Beaulieu © 02 35 37 08 07. *Chez Micheline et Jean Lefebvre. 3 épis. 3 chambres pour 7 personnes. 210 F pour 2 personnes. Ouvert toute l'année. Animaux non autorisés.* Les chambres d'hôtes qui sont proposées se situent dans une maison indépendante près de la Seine. Chacune dispose d'une salle d'eau, de toilettes et d'une télévision. Les équipements communs sont, la cuisine équipée avec lave-linge, le salon, le jardin. De nombreuses activités y sont possibles : tennis, ping-pong, pêche, sans oublier le marché certains dimanches matin.

BARENTIN

13 125 Barentinois. Située à 15 km de Rouen. Mairie 02 32 94 90 20. Marché le samedi après-midi. Cette ville est le produit d'une évolution historique. Elle a pour fondement l'installation de manufactures et l'essor commercial dans une zone propice à cette activité. Cela a conduit, il y a quelques années, à la construction dans la partie haute de la commune d'un grand centre commercial. Longtemps, ville industrielle avec son activité drapière, Barentin est aussi un pôle culturel attractif avec un théâtre et des animations de qualité. Cette ville est surtout comme son surnom le prouve "ville musée dans la rue" un musée urbain qui fourmille de trésors de la sculpture bercée par les gazouillis de la rivière coulant au centre de la ville.

A VOIR ET A VISITER

CHAPELLE SAINT HELIER Rue Saint-Hélier. Cette chapelle ancienne datant des XIVe et XVIe siècles est celle de l'ancien château de Barentin détruit lors de la guerre de Cent Ans. Elle est construite à base de silex, de pierre blanche et de pans de bois. Cette construction est un montage en damier de ces trois types de matériaux. Elle se trouve en contrebas du viaduc et s'offre au regard des voyageurs de la ligne de train venant du Havre.

EGLISE SAINT MARTIN. Cette église de construction récente (1855-1860) surplombe le centre-ville de Barentin. Les architectes Désiré Martin et Charles Robert en sont les maîtres d'œuvre. L'édifice domine la ville et s'illumine la nuit augmentant encore son aspect romanesque. D'inspiration néoromane, elle marque la volonté de ses auteurs à faire référence à l'abbaye de Saint-Martin de Boscherville toute proche. Si son intérieur reste sans surcharge, elle offre des vitraux récents confectionnés selon des dessins de Georges Mirianon dont "La mort", "Le baptême", "saint Martin partageant son manteau" mais aussi d'autres œuvres comme "saint Joseph à l'Enfant" de Bouret la "Descente de la croix" de Drivier ou "Notre-Dame-de-Lourdes" de Paul Niclause. Elle se visite librement de 9h à 18h (fermeture des portes).

LES SCULPTURES. L'histoire de ces œuvres d'art livrées à la rue à commencer avec un homme hors du commun André Marie (1897-1974), maire de la commune de Barentin mais aussi président du conseil, garde des sceaux, ministre de la justice, de l'éducation de la quatrième République. Cet homme a tenu au plan national un rôle important. Il a osé une autre approche de la culture plus naturelle, une conception plus proche de la population qui sort du froid et de la pénombre des musées. Ces sculptures proviennent des musées nationaux qui les ont prêtées ou vendues et trouvent place ici auprès de l'homme de la rue, dans les bruits et les rythmes de la vie quotidienne de cette ville. C'est au gré d'une promenade que vous les découvrirez au détour d'une rue, dans un parc et pour certaines réfugiées là pour cause de moindre résistance aux agressions extérieures dans des bâtiments publics comme le théâtre, l'église, le collège ou la mairie. Quelques titres d'œuvres pour mettre les curieux en appétit : "Le taureau bondissant" et "Le lion" d'Alfred Jeanniot dans le jardin public, ainsi que "Les deux femmes aux vases" rue Aristide-Briand, la fontaine "La jeune Aurore" de Nicolas Coustou et "La femme à la stèle" de Drivier place de la Libération ou "La muse de Pierre Corneille" de Paul Belmondo et tant d'autres œuvres qui parsèment la ville et font d'elle une cité hors du commun. La plus récente de ces œuvres est "La liberté" de Bartholdi qui trône carrefour de la Liberté au milieu du centre commercial.

Petite histoire de la "Liberté"

Cette statue conforme à sa grande sœur new-yorkaise a trouvé refuge à Barentin. Elle avait été exécutée pour les besoins d'un film célèbre "Le cerveau" dont les acteurs principaux étaient Jean-Paul Belmondo, Bourvil et David Niven. Elle devait selon les plans être détruite peu après la fin du tournage. Pourtant cette statue de polyester est aujourd'hui une des fiertés de la commune. Oubliée pendant des mois, elle fut rachetée par André Marie en 1969. La dame installée dans ses nouveaux quartiers, au bout d'une dizaine d'années, avait souffert des assauts climatiques et des oiseaux qui profitaient de la moindre faille pour nicher. Alors fut décidée la réfection de cette demoiselle de 13,50 m de haut et de 4 tonnes. Le transport fut scabreux. Des experts prirent en charge les opérations qui remirent à jour un millier de faux billets laissés là après le film et attendant patiemment dans un recoin de la statue d'être découverts pour le plus grand bonheur des collectionneurs. Comme preuve du défi que cela représentait, la découpe d'un bras fut nécessaire pour mener à bien l'opération. Il fut replacé ensuite. La liberté a retrouvé sa place et crée la surprise du nouveau venu qui ne connaît pas l'histoire de cette splendide jeune femme.

USINE BADIN. Les manufactures ont occupé une grande place dans l'économie de Barentin. Il reste aujourd'hui de ce passé économique glorieux l'usine Badin encore en activité. On remarque aussi à proximité les maisons ouvrières qui abritaient le personnel des usines de textile.

VIADUC. C'est après l'effondrement inattendu en 1846 du pont précédent au moment même de sa construction que fut entamée la réalisation du viaduc tel qu'on le voit encore aujourd'hui. Cet ouvrage impressionnant est l'œuvre de l'ingénieur anglais Joseph Lockes qui réussit le tour de force de la construction en moins de 6 mois. Il se compose de 27 arches de 33 m de haut. Il a subi des dégradations sérieuses au même titre que la ville en 1944 mais fut reconstruit à l'identique après la guerre. Il est le lieu de passage des trains assurant la ligne Rouen-Le Havre et enjambe magnifiquement la vallée de l'Austherberte.

OU MANGER ?

AUBERGE DU GRAND SAINT PIERRE 19, avenue Victor-Hugo © 02 35 91 03 37. *Fermé le dimanche soir, le lundi et le jeudi soir ainsi que trois semaines en août. Menus 95 F, 145 F, 185 F.* C'est à quelques pas de la gare que cette auberge accueillante est installée. Dans une ambiance douce et au coin du feu, vous dégusterez des plats composés de produits du terroir cuisinés avec passion, de poissons et d'huîtres. Offrant une restauration plus rapide pour une nombreuse clientèle d'affaire en semaine, l'auberge accueille également les gourmands à la recherche d'une cuisine typique. La salade tiède de poissons, suivi d'un filet de bœuf ou d'un couscous de poisson laisseront peu de place pour la légendaire tarte normande. Un endroit agréable et une halte de qualité.

AUBERGE DE LA PORTE OCEANE 115, avenue de la Porte-Océane © 02 35 91 22 07. *Fermé le dimanche soir et le lundi et du 1er au 21 août. Menus à 68 F en semaine uniquement et 98 F, 138 F, 175 F.* L'Auberge de la Porte Océane attend les voyageurs dans un endroit difficile d'accès en venant du centre. Il faut laisser son véhicule rue Hector-Malot et prendre la direction de la gare sur 50 m. En venant d'Yvetot prendre la voie rapide direction Rouen, l'Auberge fait face à la gare. Dans un cadre classique sont proposés des menus variés qui sont le résultat du travail des produits de la mer et de viandes. Le foie gras maison et la papillote de Saint-Jacques sont deux entrées en matière intéressantes, ensuite le filet de sole au coulis de homard ou le feuilleté de la porte océane puis en dessert la feuillantine au chocolat chaud et la crêpe aux pommes marque l'attachement du chef de cuisine pour la cuisine traditionnelle. Une adresse à noter.

SE DETENDRE

PISCINE GEORGES VALERY Rue du 19-Mars-1962 © 02 35 91 16 50. *Fermée le lundi et le dimanche après-midi. Ouverte de 12h à 14h et de 15h à 19h du mardi au vendredi, le samedi de 15h à 18h et dimanche de 9h30 à 12h.* A proximité du centre commercial, la piscine accueille les baigneurs toute l'année. Elle propose un grand bassin et un plus petit pour les enfants. Elle est également équipée d'un sauna.

OU SORTIR ?

THEATRE MONTDORY Rue du Général-Giraud © 02 35 92 23 15. Construite en 1959, cette salle de spectacle est la plus grande des environs et eut pour instigateur André Marie. Ce lieu de culture doit son nom au comédien Guillaume Montdory qui fut le premier interprète du Cid de Corneille. L'autre attrait de l'endroit est la présence de peintures sur glace provenant de l'ancien paquebot transatlantique "Liberté" et de sculptures comme "L'homme qui marche" d'Auguste Rodin. Des spectacles de qualité y sont organisés tout au long de l'année ainsi que des séances de cinéma. Concerts, conférences, expositions de peinture, pièces de théâtre, films s'y succèdent tout au long de l'année. Le programme est disponible en mairie.

AGENDA

La schoule est une fête foraine qui se déroule pendant deux semaines entre fin mars et début avril.

BEAUMONT-LE-HARENG

192 Beaumontais. Altitude : 169 m. Située dans le pays de Bray. Mairie 02 35 33 84 93.

A VOIR ET A VISITER

LA FERME DE L'ANGORA © 02 35 33 35 54. *Ouvert toute l'année sur réservation par téléphone. Portes ouvertes 3 jours à Pâques et le dernier dimanche de septembre. Visite individuelle guidée : 15 F (adulte), 10 F (enfant). Visite plus goûter 40 F/personne, visite plus petit déjeuner 35 F/personne.* Cet endroit intéressant par l'originalité de son élevage vous accueille pour des visites de l'exploitation et des achats éclairés. Les lapins angoras produisent une laine d'une douceur incomparable, Albert Lecoq la transforme en fils à tricoter et confectionne avec ce fil des chaussettes, des écharpes, des gants... Le cuniculteur (éleveur de lapins) a une autre activité qui est la présentation de races anciennes de volailles normandes. Les articles sont vendus avec d'autres produits de la ferme sur place et sur les marchés des alentours comme Dieppe, Gournay, ainsi que sur les marchés fermiers du pays de Bray. Après la visite de la ferme, à vous la chaleur et la douceur envoûtante de l'angora. Les goûters et petits-déjeuners vous permettent de déguster des produits maisons comme les terrines, les confitures, le neufchâtel, la tarte aux pommes. Avec une telle collation et une telle garde-robe, l'hiver n'a qu'à bien se tenir !

JARDINS DE BELLEVUE © 02 35 33 31 37. *Accès fléché depuis Beaumont-le-Hareng. Ouvert tous les jours de 10h à 18h. Visite libre. Tarifs : 35 F, gratuit jusqu'à 12 ans. Pépinières sur place : vente de plantes, arbres et arbustes.* En face de la forêt d'Eawy, ce jardin vous accueille toute l'année et vous offre à l'abri dans ses serres ou dans les massifs qui le composent des collections nationales de méconopsis d'origine himalayenne, turque, chinoise. Mais aussi des capucines, hellébores orientaux, un très beau pavot bleu fleurissant de janvier à mars avril. C'est également un arboretum où croissent des hêtres de l'hémisphère Sud, des cornus, des magnolias, des viburnums...

Martine Lemonnier

Les Jardins de Bellevue
6 ha de bonheur

Plantes vivaces, arbustes et arbres rares

Chambres d'hôtes de qualité au cœur des jardins
76850 BEAUMONT LE HARENG - **Tél. 02 35 33 31 37**

Parfaitement acclimatées, toutes ces plantes venues des quatre coins de la planète s'exhibent fièrement pour le plus grand plaisir des visiteurs. Au cœur du jardin, les passionnés de flore et les partisans de la sérénité trouveront sur place des chambres d'hôte installées dans une petite maison construite au milieu de ces harmonies florales. La pépinière permet à ceux qui veulent poursuivre le rêve d'acheter des plantes et des arbustes maison. Un endroit à voir.

OU DORMIR ?

LA COUR CORMONT © 02 35 33 31 74. *Chambres d'hôtes avec table d'hôte sur réservation. 3 épis. Ouvert toute l'année.* Au calme, sur un site superbe dominant deux vallées, dans une chaumière authentique, une étape de caractère attend le promeneur en quête de bonne table et de repos. Les étables et les écuries de cette ancienne ferme de la fin du XVIIIe ont été transformées pour pouvoir également accueillir les groupes (à partir de 15 personnes) à quelques kilomètres de la belle forêt d'Eawy. Les formules sont diverses du petit déjeuner (35 F) au goûter (40 F) en passant par la location simple. Elles vous seront servies avec le sourire cidre, confitures maison, cake maison, fromage de Neufchâtel et autres spécialités régionales. Dans un écrin de verdure, on héberge les chanceux dans 4 chambres avec pour 2 d'entre elles : entrée indépendante, cuisine et séjour privatif, (1 personne : 280 F, 2 personnes : 300 F, 3 personnes : 350 F). Pour une récréation champêtre, ou une halte apaisante.

BELLENCOMBRE

666 Bellencombrais. Altitude : 83 m. Située dans le pays de Bray. Mairie : 02 35 93 95 18. Marché le mardi matin. Ce village résulte du regroupement depuis 1813 des communes de la Heuze, de Saint-Martin et des Authieux. Il a connu depuis la période gallo-romaine jusqu'au XVIIe siècle une forte activité d'extraction du fer et de travail de ce minerai.

SYNDICAT D'INITIATIVE DU PAYS NORMAND © 02 35 33 35 54

A VOIR ET A VISITER

CHAPELLE DU PRIEURE DE TOUS-LES-SAINTS D154 - Saint-Martin. Ce qui subsiste de l'ancienne chapelle du prieuré du même nom fondé au XIIe siècle par le seigneur de la Grande Heuze est aujourd'hui dans la cour de cette ferme. Elle était destinée à accueillir les lépreux. A la Révolution, le lieu a perdu sa destination ecclésiastique et les bâtiments ont été transformés en locaux à usage agricole. La nef est alors détruite, et le clocher également, en 1810. Les vestiges, recouverts d'un toit de fortune laissent apparaître de belles ogives (rebouchées).

OU DORMIR ?

CAMPING LE VAL DE BURES D97 © 02 35 93 90 15. C'est dans un lieu calme et serein à l'abri dans ce petit vallon entouré par la forêt d'Eawy que se trouvent 6 emplacements de camping (du 1er avril au 31 octobre) à occuper dans la chèvrerie de M. et Mme Bazin, avec la possibilité de prendre le petit déjeuner, une collation ou un goûter. De nombreuses activités et animations sont proposées liées directement au fonctionnement de la ferme et à ces spécificités.

EMPLETTES

FROMAGES DE CHEVRE - CHEVRERIE DU VAL DE BURES D97 - Le Val de Bures © 02 35 93 90 15. *Accès : sur la D97 à partir de Rosa et en direction de Pommeréval. Vente à la ferme tous les jours. Présent sur les marchés de Dieppe le samedi, et de Rouen (place Saint-Marc) le dimanche. Visite individuelle ou de groupes tous les jours sur rendez-vous. Petit déjeuner, collation ou goûter sur réservation. Camping à la ferme. Aménagement des accès et des lieux de visite pour les handicapés.* Vous découvrirez dans cet endroit des informations et des démonstrations sur le fonctionnement de cette chèvrerie. Prenez le temps de visiter les salles, le hâloir, et de côtoyer ce troupeau de chèvres espiègles élevé pour son lait. Avec à la clef, différentes sortes de fromages de chèvre (frais, semi-sec, sec), à emporter ou à déguster sur place via une solide collation servie sur réservation (55 F) à base de rillettes, pâté, cidre, fromages de chèvre et gâteau au lait de chèvre. Vous pourrez également observer la fabrication du pain à l'ancienne et la cuisson dans un four du XVIIe siècle. Les poneys et l'équitation sont aussi de la partie, l'attelage et une approche moins académique de l'animal sont proposés. Les amateurs de camping à la ferme apprécieront la tranquillité du lieu (6 emplacements du 1er avril au 31 octobre).

LE GRENIER DE LA HEUZE - FLEURS SECHEES © 02 35 93 90 02. *Visite de l'atelier toute l'année le mercredi et le samedi ou sur rendez-vous.* Cette visite du champ fleuri, en juin et juillet, du grenier de séchage des fleurs et de l'atelier vous montrera l'essentiel de l'activité qui va de la culture de plus de 40 variétés de végétaux (fleurs, graminées et autres plantes) servant à la fabrication de compositions florales. A 2 mn de Bellencombre, le hameau de la Heuze dissimule au fond d'un jardin fleuri un atelier de composition artisanale. Laurent et Line Varin sont des spécialistes des fleurs séchées et réalisent des compositions de lin, seigle, chardons bleus, hélipterums, delphiniums, pavots, statices... Des milliers de teintes à découvrir, pastel en été et plus cuivrées en automne... Possibilité d'apporter un objet à décorer.

BLAINVILLE-CREVON

1 130 Blainvillais. Altitude : 94 m. Située à proximité de Rouen. Mairie : 02 35 34 01 60.

A VOIR ET A VISITER

CHATEAU FORT Route de Buchy. Les ruines de châteaux établis à cet endroit entre le XIe et le XVIIe siècle ont repris du service grâce aux efforts de bénévoles passionnés. Depuis 1977, ce site médiéval accueille "l'Archéo-Jazz". Ce festival de jazz qui se déroule chaque année fin juin est désormais plus célèbre que le lieu lui-même. C'est un régal de profiter de la chaleur et de la musique en plein air.

COLLEGIALE. *Ouvert de mai à septembre, le samedi et le dimanche de 14h30 à 18h30, le reste de l'année sur demande à la mairie.* Jean d'Estouteville en 1489 fit construire cette collégiale qui abrita un collège de 12 chanoines. Ces ecclésiastiques priaient pour les âmes de leur donateur et de son épouse de même que pour les rois qu'il avait servis. Dédiée à la sainte Trinité et à saint Michel, la collégiale abrite des stalles de bois et une imposante représentation de Saint-Michel terrassant le dragon (fin XVe), haute de plus de 3 m et sculptée en bois de noyer doré.

AGENDA

Festival de jazz en juin dans les ruines du château. Les artistes qui se sont produits à l'occasion de ce festival sont internationalement connus Johnny Clegg, Nougaro, Michel Pétrucciani, Michael Jones, Broadway's Gospel Group... Rien que des grands pour un festival à la hauteur ! Pour le programme de cette année s'adresser à la mairie. Du plaisir pour les amateurs de bonne musique.

Fête médiévale accompagnant les journées du patrimoine. Avec la visite de l'endroit sont proposées des animations sur l'époque médiévale.

BLANGY-SUR-BRESLE

3 488 Blangeois. Altitude : 49 m. Située dans la Vallée de la Bresle. Mairie 02 35 93 50 05. Marché le dimanche matin. Blangy vous accueille si vous venez de Rouen par l'autoroute. Cette étape est la première des nombreuses évocations du verre. Dans le cadre historique du manoir de Fontaine, aujourd'hui espace culturel se trouve les preuves du passé de la fabrication verrière. Blangy fut quasi entièrement détruit en 1940 et porte encore les traces de ce passé : son église en affiche les stigmates, puisqu'il ne subsiste que la façade d'époque (XIIIe-XIVe) et le portail de 1920. On côtoie dans ce village les différentes époques de son histoire.

OFFICE DE TOURISME 1, rue Chekroun © 02 35 93 52 48

Fermé en décembre. Ouvert du mardi au samedi, en janvier février de 10h à 12h, en mars avril de 10h à 12h et de 14h à 16h. Location de vélos : 30 F la demi-journée, 50 F/jour (caution 150 F).

A VOIR ET A VISITER

MANOIR DE FONTAINE - MUSEE DE LA VERRERIE © 02 35 94 44 79. *Ouvert du 1er mars au 30 novembre, les mercredis et samedis de 10h à 12h et de 14h à 18h, le dimanche de 14h à 18h. Visite guidée de 45 minutes (10h30, 14h30, 15h30) ou libre. Tarif : 25 F, tarif réduit (enfants de 6 à 16 ans) 10 F.* Construit par l'abbé du Tréport au XVIe siècle, ce manoir en briques accueille aujourd'hui un musée. La magie du verre s'expose ici, cette production marque la région depuis l'époque gallo-romaine. Le musée présente les différentes compositions chimiques qui donneront le verre et le cristal, avec un atelier de verre à froid, la présentation des techniques artisanales, mécaniques ou semi-automatiques, la (re)cuisson. Plus d'un millier de flacons de parfum et d'objets en cristal produits dans la vallée de la Bresle sont présentés au public. Un souffleur de verre est présent sur place à certaine période. A cette présentation s'ajoutent quatre expos permanentes : paroles d'objets nègres, avec l'ambiance recréée d'un village africain (images, sons et parfums), un petit musée de la géologie (minéraux et fossiles), le musée du matériel de ferme et celui des instruments de musique. La variété des thèmes abordés ajoute encore à l'intérêt de la visite. Des animations particulières s'ajoutent à la visite le 1er week-end de juillet avec un "sons et lumières" et le 2e week-end du mois d'août avec la fête du verre.

OU DORMIR ?

CAMPING MUNICIPAL LES ETANGS Route des Etangs © 02 35 94 55 65. *Ouvert du 15 mars au 15 octobre, 59 emplacements, accessible aux handicapés.* Ce camping 3 étoiles est situé à 2 km de Blangy dans un endroit très tranquille, entouré d'étangs où l'on peut pêcher et à proximité de la forêt d'Eu. A 25 km du Tréport, le bord de mer est à portée raisonnable. Vous pourrez trouver un minigolf, deux courts de tennis et un jardin d'enfants. On trouve aussi des parcours VTT pour les amoureux de sensations. Un lieu où l'on se sent bien.

AGENDA

Fête du verre au musée du verre. Pendant 3 jours se déroulent des animations et les démonstrations des souffleurs de verre.

BOIS-GUILBERT

282 habitants. Altitude : 190 m. Située dans le pays de Bray à 30 kilomètres de Rouen. Mairie : 02 35 34 43 08. A noter que Marthe Le Pesant de Bois-guilbert était la mère de Pierre et Thomas Corneille.

A VOIR ET A VISITER

JARDINS DE BOIS-GUILBERT © 02 35 34 86 56. *Ouvert du 1er mai au 31 octobre de 15h à 18h, le samedi, dimanche et jours fériés. Visite libre 15 F, visite guidée (sur rendez-vous) 50 F, 35 F pour les adhérents de l'association. Programme d'expositions, conférences, concerts sur demande.* Le château a reçu des hôtes célèbres comme Pierre et Thomas Corneille, Fontenelle ou encore Charlotte Corday. Autour de ce château bâti en 1775 en briques de Saint-Jean, une variété d'un très beau rouge ocre, le jardin de 7 ha, aménagé selon l'imagination du sculpteur paysagiste Jean-Marc de Pas offre un vaste espace de poésie. Ici se mêlent l'art, l'histoire et la nature, à travers différents thèmes : les Saisons, les Quatre Eléments, les Etoiles, le Soleil, les Vents. Ainsi peut-on traverser un étonnant labyrinthe de buis qui nous conduit à la contemplation d'arbres (mélèzes, hêtres pourpres, chênes...), du cosmos... La visite de l'atelier de l'artiste et des salles où sont exposées certaines de ses sculptures est un étonnement constant. Les œuvres présentes se nomment "La femme africaine" ou "La Vierge à l'Enfant" Elles vous attendent dans le parc. A voir aussi pour l'insolite mur du potager, datant de 1831, où sont enchâssés à intervalles réguliers des os longs de mouton, servant à fixer des arbres fruitiers cultivés en espaliers. On peut, si on le désire, s'initier au modelage et assister aux soirées culturelles le dernier samedi de chaque mois, de mai à octobre. Une promenade dans l'harmonie.

SE DETENDRE

PONEY-CLUB ET FERME EQUESTRE DE BOIS-GUILBERT ✆ 02 35 34 42 51. Thierry de Pas vous accueille avec environ 200 poneys. Ce poney-club (le plus grand d'Europe) s'étend sur 250 ha de bois, de cultures et de prairies. Ce sont des poneys dociles, sélectionnés depuis deux générations pour leur calme et leur équilibre. La joie des enfants est d'aller chercher les poneys chaque matin dans leur pâture et de les y ramener le soir, après une journée bien remplie. Stages vacances pour les 5/16 ans, poney "découverte" avec la classe et poney "évasion" le mercredi et le samedi pour les individuels. Et tous les équipements pour bien apprendre (manège, carrière, terrain de cross...) dans le cadre d'une ferme familiale du XVIIe siècle. Mais aussi promenades et randonnées, enfin tout pour les cavaliers en herbe !

BOLBEC

12 801 Bolbecais. Située dans le pays de Caux. Mairie : 02 32 84 51 00. Marché "franc" le samedi matin et grand marché le lundi matin. Gare SNCF. Chef-lieu de canton.

Du nom de la rivière qui naît et coule ici, Bolbec fut fondée vers le XIe siècle. Cette ville protestante fut ruinée après la révocation de l'édit de Nantes, mais sut se redresser. Après deux graves incendies détruisant complètement la ville en 1583 et 1676, elle s'est encore relevée. Bolbec sera à nouveau dévasté par un incendie un 14 juillet 1765. En 1792 le temple protestant actuel est construit, grâce à l'aide de Jean Guillemard, protestant bolbecais réfugié à Londres. L'essor de la ville se fait grâce au textile avec des fabriques de mouchoirs, de siamoises de toiles de lin, de coton, d'impression d'indiennes. A tel point que de 7 000 habitants en 1820, la ville passera à 11 100 habitants en 1876. Mais l'histoire allait faire encore du bruit. Pendant la crise et les conflits sociaux qui agitèrent la région, la troupe tira sur les manifestants qui réclamaient du travail et du pain tuant six personnes. Malgré de tels événements, l'industrie textile permit une telle prospérité dans la région qu'on appela Bolbec "la reine de la vallée d'or". La crise du XXe siècle vint à bout des fabriques de textile qui fermaient leur porte l'une après l'autre. Le personnel qualifié fut alors employé dans les usines pétrochimiques de la région (Port-Jérôme) et à l'usine Renault de Sandouville. Pendant la Seconde Guerre mondiale, Bolbec reçut bien involontairement Goering qui séjourna au château des Lions (détruit en 1965). Au moment de la libération, un énorme camp de prisonniers allemands (jusqu'à 60 000) fut installé dans la ville à l'endroit où se trouve le nouveau cimetière. Aujourd'hui, cette jolie ville blottie dans la vallée offre des balades charmantes au long de ses ruelles. Riche encore de quelques belles maisons, de monuments du XVIIIe siècle, dont un impressionnant calvaire de 4 m, du château des Tourelles et du manoir de Calletot, monument historique du XVIe siècle (privé). Bolbec est aussi la patrie du général François-Amable Ruffin, comte sous l'Empire, du général de brigade Richard Blondel qui fit la guerre de Crimée sous les ordres de Mac-Mahon et, plus récemment, du poète Jacques Prevel. Cette ville fleurie sait attirer les regards en offrant tous les ans, un rendez-vous culturel estival, au val au Grès.

ℹ OFFICE DE TOURISME 4, place Desgenétais ✆ 02 35 38 81 82

C'est face à l'église que se situe l'Office du tourisme dans l'ancien relais de la poste, au fond de la cour. Cette demeure à colombages est déjà un avant-goût de ce que vous découvrirez si vous suivez à la lettre la plaquette "balade des ruelles". Des brochures intéressantes sur l'histoire y sont aussi disponibles.

A VOIR ET A VISITER

CHATEAU DU VAL AUX GRES. Au XIIe siècle une léproserie était bâtie à cet endroit. Elle était divisée en quatre parties aux destinations distinctes : le domaine des chanoines, celui des lépreux, celui des lépreuses et le bâtiment des infirmières. Après plusieurs changements de propriétaire et beaucoup de modifications, il ne reste qu'un château de pierre blanche, de brique et de grès qui abrite le service culturel de la ville. Des expositions, des concerts, des représentations théâtrales sont organisées dans cet espace. On remarquera la belle salle Maupassant. L'environnement boisé du château est très agréable et comporte même un terrain de jeux pour les enfants. Par curiosité, jetez un coup d'oeil sur la poterie géante exposée sur le rond-point.

EGLISE SAINT-MICHEL. Un incendie ayant ravagé l'édifice religieux construit ici en 1765, il fut reconstruit en pierre, brique et grès selon les plans d'un architecte parisien. Elle a subi les assauts des révolutionnaires venus lui prendre ses cloches. Elle se caractérise par un perron très haut et présente deux autels à retable finement sculptés dont l'un (du XVIIe siècle) provient de l'abbaye de Saint-Wandrille.

JARDINS DE L'HOTEL DE VILLE ET JARDIN PUBLIC. Descendant en gradins vers l'hôtel de ville du XIXe siècle, le jardin public offre une vue panoramique de la ville et une végétation avantageuse. L'endroit donne aux amoureux de la nature de bonnes raisons de flâner dans les allées de ces jardins.

MOULINS. On comptait 11 moulins au XIe siècle et ces moulins ont eu beaucoup d'importance dans le développement économique de la commune. Ils servaient alors à moudre le blé. Au XIIIe siècle, on les utilisait pour fouler les draps et parfois pour la fabrication de l'huile de lin. Ils accompagnèrent le développement de l'industrie textile. Quelques moulins restent encore comme témoin d'une époque terminée : celui de la ruelle Papavoine (voir Promenades), celui du Vallot avec la petite cascade qu'y fait le Bolbec. Ce dernier moulin connut bien de la peine, il fut utilisé pour le blé, l'impression des textiles, une scierie, puis de nouveau pour le blé. Depuis, il a droit à un repos bien mérité et sert juste de "moulin d'agrément" s'offrant au regard des passants.

STATUES DE MARLY. Provenant du parc royal de Marly, deux statues ornent le square du maréchal Leclerc. La première "Diane chasseresse" en marbre blanc fut offerte à la ville à la fin du XVIIIe siècle. L'autre statue "Les Arts relevés par le temps" également de marbre blanc fut acquise à la même période par la ville.

OU MANGER ET DORMIR ?

LE P'TIT BOLBECAIS 12-14, rue des Martyrs-de-la-Résistance © 02 35 31 91 60. *Fermeture le soir du lundi au jeudi. Menus à 59 F, 88 F, 137 F, carte, carte spéciale pour les enfants de moins de 12 ans, crêperie.* Situé sur le parcours du circuit "vert" de la balade des ruelles, ce restaurant propose dans un cadre élégant une restauration traditionnelle et une activité de crêperie avec ses galettes. La cuisine classique est servie dans d'honorables proportions et élégamment présentée. Dans une ambiance agréable, vous pourrez aussi profiter des photos anciennes de la ville. La carte des vins est abordable avec des crus intéressants à des prix accessibles. Alors pourquoi ne pas faire une halte dans cet endroit où l'accueil est souriant et attentif.

HOTEL DE FECAMP 16, rue Fauquet © 02 35 31 00 52. *Demi-pension 180 F, pension complète 230 F. Petit déjeuner : 22 F. Animaux non autorisés.* Cet hôtel ouvert toute l'année propose 25 chambres de 140 F à 210 F. Vous trouverez des chambres confortables à prix doux dans cet hôtel 2 étoiles, bien tenu et qui a fait l'objet de travaux en ce début d'année. Une adresse au calme.

OFFICE DE TOURISME
4, place Desgenétais
76 210 BOLBEC

TÉL : 02 35 38 81 82
FAX : 02 35 39 74 20
www.ot-bolbec.fr

SE DETENDRE

BALADES DES RUELLES. Vous trouverez des plans de balades à l'Office du tourisme. Il existe deux trajets, "vert et bordeaux," qui se bouclent tous d'eux approximativement en 1h. On s'arrêtera plus particulièrement au moulin de la ruelle Papavoine, agréablement agencée avec ses encorbellements de fleurs et le charme du cru. D'autres choses attendent le promeneur comme la fresque sculpturale de la "Mémoire viking" réalisée par l'Association d'Insertion AIR. Certains passages plus difficiles que d'autres peuvent être contourné pour arriver au même endroit. Les montées et descentes des ruelles Manicher et du Calvaire, la montée de la ruelle des Degrés conduisent le flâneur à découvrir un superbe panorama sur le centre-ville (on surplombe l'église).

LES AUTRES BALADES. En parcourant les rues à l'ambiance pittoresque comme la rue Selle ou la rue de la Fontaine avec ses vieilles maisons bâties à flanc de coteau, vous découvrirez qu'ici tout est prétexte à promenade. De l'escalade de l'escalier du Réservoir qui offre une vue admirable sur l'autre versant de la vallée ou du panorama de la rue de Selle, le spectacle est réservé aux grimpeurs courageux. Et si ce dernier veut jouer les touristes littéraires, il pourra par-là rejoindre la sente de la Commune où vivait la mère du poète Jacques Prevel. Cette petite sente, très agréable n'a guère changé depuis 1951, année de la mort de l'écrivain.

LE BOIS DU VIVIER. Il existe dans ce bois, un sentier que l'on parcourt en 1h. Il permet de découvrir dans le bois jalonné du Vivier 18 panneaux représentant la faune, la flore et le relief du site. Ces indications sont précieuses pour une promenade enrichissante sur l'environnement. Les amateurs de promenade instructives y trouveront leur bonheur.

LE BOLBEC. C'est au pied des ruines du château de Fontaine-Martel (120 m d'altitude) que cette rivière prend sa source. Elle a donné son nom à la ville. Et pourtant ce nom change au fil du parcours. A la sortie de l'abbaye du Valasse, elle devient la Rivière Noire. En quittant Lillebonne, cette rivière deviendra la rivière du Commerce. Elle finira sa course 17 km plus loin en se jetant dans la Seine en face du phare de Quillebeuf.

EMPLETTES

MALEJAC 59, rue de la République © 02 35 31 14 67. *Ouvert de 9h à 12h30 et de 15h à 19h30. Fermé le lundi.* Un magasin où l'accueil est agréable et où l'on s'offrira quelques entorses au régime habituel. Pâtisseries, chocolats, confitures artisanales (de pommes et de quetsches à l'anis et à la vanille)… Tout pour le bonheur des gourmands.

AGENDA

Fête de la Saint-Laurent. Cette fête qui se déroule en général le 2e dimanche du mois d'août est importante. Elle regroupe une fête foraine et un départ de montgolfières référence à l'histoire de la commune.

Le 1er septembre, le semi-marathon de la ville attire plus d'un millier de participants. Il est organisé en souvenir de Pierre de Coubertin.

AVIS
Plus de 500 agences à votre service
Informations et réservations N° Indigo 0 820 05 05 05 ou www.avis.fr

BOSC-ROGER-SUR-BUCHY

657 Rogérois. Altitude : 204 m. Située dans le pays de Bray. Mairie : 02 35 34 40 63.

A VOIR ET A VISITER

JARDIN DE VALERIANES Ennecuit © 02 35 34 35 90. *Accès : suivre Ennecuit depuis Bosc-Roger. Ouvert du 1er mai au 30 septembre, du mercredi au dimanche et les jours fériés, de 10h à 12h et de 14h à 18h. Le mardi sur rendez-vous. Tarifs : 25 F, enfants jusqu'à 12 ans 10 F. Parking. Accès handicapés.* Ce petit jardin à l'anglaise a été créé dans la campagne bucheoise. Il abrite sur 4 000 m² une rocaille, un bassin, des haies et pergolas variées et plusieurs centaines d'espèces de plantes décoratives, fleurissant au fil des saisons : rhododendrons, azalées et primevères en mai, roses et plantes vivaces en été, feuillages d'arbustes ornementaux en automne. Ce spectacle harmonieux est l'œuvre d'un jardinier professionnel. Ici, l'artiste a enveloppé sa demeure dans son tableau.

OU DORMIR ?

K. PRETERRE RIEUX Le Château © 02 35 34 29 70. *Chambres d'hôtes. 3 épis. Fermé en décembre, janvier et février.* Dans ce château de 1852 sont installées 2 chambres d'une capacité d'accueil allant jusqu'à 6 personnes. Dans une tourelle, la vie de château à portée de main avec ces chambres très agréables et un accueil convivial au possible le tout dans le cadre superbe d'un parc planté d'arbres tricentenaires. (1 personne : 260 F, 2 personnes : 370 F, 3 personnes : 450 F, 4 personnes : 500 F, tarifs dégressifs selon la durée du séjour). Salle de jeux, salle de gym et salon à disposition, billard français, vélos.

BREMONTIER-MERVAL

486 Brémontois. Altitude : 181 m. Située dans le pays de Bray. Mairie : 02 35 90 71 56. Cette commune est le résultat de la fusion entre Brémontier, Merval et Bellozanne.

A VOIR ET A VISITER

CHATEAU ET DOMAINE DE MERVAL © 02 35 90 03 34. *Ouvert toute l'année en semaine de 9h à 17h. Visite libre des extérieurs. Visite guidée s'adresser au régisseur. Tarifs : 20 F. Vente à la ferme le vendredi de 13h30 à 18h.* C'est en 1629 que fut construit le château de Merval selon la volonté de Louis de Bucy, alors seigneur de Gournay. Il s'organise autour d'un corps de logis encadré par deux pavillons et s'étale sur un lit de verdure de 122 ha. On remarque un colombier et une orangerie et ses fenêtres cernées de briques rouges. Son allure majestueuse et son architecture en font un endroit fascinant. Il abrite un lycée agricole depuis que sa dernière propriétaire l'a légué à l'Etat en 1943. La visite est complète le château avec ses salles (la salle boisée, la salle de dégustation et la salle d'honneur), son parc séculaire (arboretum où poussent des érables du Japon, des pins de l'Himalaya...), les communs et la ferme de Merval avec son verger conservatoire entretenu par les élèves, sa cidrerie (vente de calvados, cidre, pommeau…) et ses vaches. Il est possible d'assister à la traite du soir. Un endroit à voir, à déguster et qui amusera toute la famille.

EGLISE SAINT-MARTIN. *Clé sur demande à l'ancien presbytère à côté de l'église.* Cette église de construction récente (XVIIe-XVIIIe) fut édifiée à l'emplacement d'un ancien prieuré mérovingien. Elle offre un bel intérieur avec un plafond voûté en forme de coque de navire, parsemé d'étoiles, de croix et de cœurs transpercés de glaives. Dans la nef, impressionnant groupe sculpté en bois représentant la Mort, sa faux à la main et les six vertus se trouvent des statues et boiseries datant du XVIIIe provenant de l'ancienne abbaye de Bellozanne aujourd'hui disparue.

EMPLETTES

CIDRE-CALVADOS-POMMEAU Château de Merval © 02 32 89 96 60. *Vente au château le vendredi de 13h30 à 18h et sur commande.* Le château de Brémontier qui est présenté plus haut abrite un lycée agricole. On y perpétue la tradition dans un verger conservatoire abritant des espèces de pommes bien normandes. La vente des produits issues de la cidrerie du château se fait sur place. Vous pouvez acheter du calvados, du cidre et du pommeau de Normandie, du vinaigre de cidre, du jus de pomme et même du miel. La présence de 70 vaches normandes sur la propriété explique que l'on trouve aussi du fromage neufchâtel. Pour les moins courageux ou les plus éloignés, on peut passer commande, la vente par correspondance étant assurée.

FERME DU MANOIR Route d'Elbeuf © 02 35 09 83 80. *Ouvert tous les jours de 9h à 19h, sauf le dimanche après-midi.* Une visite plaisante suivie de démonstrations de fabrication où l'on peut selon le choix de chacun manger des produits locaux comme le neufchâtel ou des produits plus divers allant du gâteau aux fromages en passant par les confitures maison. Tout un choix de produits de la ferme à découvrir chez ce producteur de fromage de Neufchâtel et pour s'approvisionner par la même occasion en poulets, pintades, canards, œufs ou produits laitiers. On visite sur rendez-vous et en groupe (à partir d'une dizaine de personnes) selon deux formules : visite, démonstration et dégustation pour 20 F ou visite démonstration et goûter pour 45 F. Et avec le sourire !

BUCHY

1 253 Bucheois. Altitude : 192 m. Située dans le pays de Bray. Mairie : 02 35 34 40 25. Marché le lundi matin.

A VOIR ET A VISITER

EGLISE NOTRE-DAME. Au cœur du village, cette église de style néogothique fut reconstruite entre 1860 et 1863. Il ne reste du XVIe siècle que le chœur. On y trouve de beaux vitraux Renaissance représentant la bête de l'Apocalypse, la grande Babylone et une représentation du Jugement dernier.

HALLES Place de la Mairie. Accueillant le visiteur comme une large haie d'honneur devant la mairie, les halles du XVIIe siècle ont belle allure. Le marché hebdomadaire du lundi matin y trouve refuge échappant de surcroît aux assauts imprévus de la pluie. On apprécie ces très belles halles, construites en bois de chêne et dont une est pavée de briquettes. Le véritable marché fermier qui s'y déroule prolonge le droit accordé à la commune par Louis XIV, en 1675, d'y "bâtir telles halles et estaux que besoin sera pour le commerce de toutes denrées et marchandises licites". La halle principale se double de deux autres, dites "halle aux bouchers" (avec étals et crochets) et "halle aux volailles". C'est ici que l'on trouve sans chercher beaucoup de petits producteurs locaux qui proposent aussi bien les légumes de leur jardin que des lapins, volailles ou même les fromages typiques. Dégustations et bonne humeur sont gratuites.

MARE PAVEE Route de Rouen. Longtemps abreuvoir des montures des voyageurs qui chevauchaient en ces lieux, cette mare au fond pavé est entourée d'un petit muret de pierre. Les jours de marché ou de foire, l'affluence y était grande. Une autre utilité moins amusante était l'approvisionnement en eau en cas d'incendie. Ils étaient difficiles à maîtriser.

OU MANGER ?

AUBERGE BUCHEOISE Grande-Rue © 02 35 34 41 22. *Ouvert tous les midis, et les vendredis et samedis soir. Fermé le mercredi. Services jusqu'à 14h et 21h30. Menus : 58 F (du lundi au vendredi midi), 74 F, 105 F, 132 F et à la carte. Repas de cérémonie.* Le "pub buchois" comme le surnomme les habitués d'outre-manche est facile à trouver. Face à la poste, ce bar-auberge accueille les gourmands dans un décor tout neuf et une ambiance conviviale. Ici viennent se rassasier en toute simplicité les commerçants après le marché du lundi tout au long de l'année ! Pas de panique, en cas d'affluence, on vous installera en bas, à côté des joueurs de dominos et dans la salle du bar, au rythme de la vie bucheoise. La cuisine basée sur le travail des produits du terroir est abondement renouvelée pour sortir de l'ordinaire. La formule à 74 F très abordable donne un bon rapport qualité/prix. La terrine de queue de bœuf et le moelleux au chocolat accompagné de glace vanille vous laisseront baba !

AGENDA

Foire à Pâques et à la Pentecôte avec fête foraine.

CANTELEU

15 430 Cantiliens. Altitude : 128 m. Située à proximité de Rouen. Marchés le samedi (place d'Armes) et le mercredi (Cité Rose). Canteleu est une ville double qui occupe un morceau des hauteurs et un autre de vallée. Sa partie basse, même si l'industrie y est très présente offre des atouts : Dieppedalle, le Croisset et le long de la Seine valent le détour. Sa partie haute, n'a que peu d'intérêts touristiques. Les constructions qui s'y trouvent sont récentes. Mais surplombant la falaise, la très belle forêt de Roumare est aussi à voir. Juste en dessous de l'église, on trouve un beau panorama sur Rouen et la zone portuaire, que décrit par Maupassant dans Bel-Ami en 1885. Cette vue plongeante est un endroit indiqué pour les amoureux au soleil couchant. Romantisme assuré.

A VOIR ET A VISITER

CHAMPIGNONNIERES DE DIEPPEDALLE Cavée de Dieppedalle - Rue Hardel © 02 35 36 61 82. *Ouvert le dimanche de 15h à 18h.* Située à flanc de falaise, l'accès à la champignonnière ressemble à l'entrée d'une carrière. Revenue à la vie en 1997, après 40 années d'inexploitation, la champignonnière vous surprendra : la production de champignons est totalement artisanale, profitant du climat stabilisé et de la pénombre de ces anciennes carrières des XIVe et XVe siècles. La construction de Rouen et de ses murailles a trouvé ici beaucoup de ses pierres qui font le charme des rues et ruelles rouennaises. On découvre un travail qui ne laisse aucun répit à l'exploitant : à 47 m sous terre toutes les saisons se ressemblent ! Préparation du compost (le mélange de fumier de cheval, d'urée et d'ammoniaque doit monter en température jusqu'à 60 °C à 70 °C), désinfection régulière des caves qui craignent les microbes (vous pataugerez dans un bain désinfectant à l'entrée des grottes), récolte : des techniques surprenantes où l'on assiste aux différentes étapes de la pousse des champignons. La vente de champignons sur place fait des heureux (champignons de Paris : 20 F le kilo environ, champignons à farcir). Alors à vos paniers car il y a ici de quoi tirer son chapeau !

COUVENT TROGLODYTIQUE SAINTE-BARBE 75, quai Gustave-Flaubert - DIEPPEDALLE-CROISSET © 02 35 33 61 52. *Ouvert tous les dimanches et jours fériés, de Pâques au 3e dimanche de septembre. Visites guidées (environ 1h) de 14h à 18h. Tarifs : 15 F, enfants de 14 à 18 ans.*

Dans la paroi crayeuse, on aperçoit des fenêtres et des portes. Face à la Seine, une construction insolite semble avoir creusé la falaise. Au XVe siècle des moines franciscains vinrent s'établir dans ce qui était déjà d'anciennes carrières gallo-romaines et y construire un monastère. Ce monument unique dans la région fut lieu de culte troglodytique durant près d'un siècle et demi comme le montrent les nombreux graffitis sur les murs de la chapelle souterraine. Devant la falaise, une construction d'un autre genre abrite le couvent. Sa construction commença en 1610. Il n'est pas ouvert à la visite, car il abrite aujourd'hui l'oeuvre "Normande des Mères". La visite concerne uniquement les grottes aménagées au XVe siècle. Le site est sonorisé et illuminé. Un lieu original à découvrir.

CHATEAU DES DEUX LIONS 7, route de Sahurs. *Ouvert en juillet et en août, tous les jours, sauf dimanches et jours fériés (sur demande écrite), de 14h30 à 18h30.* Devant le château, deux lions en pierre se font face et montent la garde. Cet édifice du XVIIe siècle qui est attribué à Mansart, fut remanié au XIXe. Il dispose d'intérieurs ayant été remis au goût d'alors, celui du style gréco-romain. A découvrir aussi : une curieuse collection d'oiseaux exotiques naturalisés, une collection constituée au... XVIIIe siècle, ainsi qu'une statue d'Henri IV, qui trône devant le château. Pour l'anecdote, le château est occupé depuis plus de deux siècles par la famille Elie-Lefebvre, dont l'un des membres fut anobli par Louis XVI.

PAVILLON FLAUBERT 18, quai Gustave-Flaubert - DIEPPEDALLE-CROISSET ✆ 02 35 36 43 91. *Fermé le mardi et le mercredi matin. Ouvert de 10h à 12h et de 14h à 19h.* C'est dans ce petit pavillon Louis XIII qu'habite aujourd'hui les souvenirs de Gustave Flaubert. Arrivé en 1844 au Croisset situé sur le territoire de la commune de Canteleu Achille-Cléophas, Flaubert avait l'acquisition d'une superbe propriété dont il ne reste à ce jour que le pavillon qui était situé au bout du parc. A l'époque, l'endroit était résidentiel comme en témoignent les quelques maisons de style encore debout aujourd'hui. Gustave Flaubert y vécut une bonne partie de sa vie et y écrivit la plupart de ses romans ; il y reçut également de nombreuses visites, comme celle de Georges Sand, Tourgueniev, Maupassant, Zola ou Alphonse Daudet. Vendue après la mort de l'écrivain en 1880 avec le mobilier, cette construction dominant le fleuve a été rachetée par les Amis de Flaubert en 1906. Le musée expose des objets qui entourèrent l'écrivain au cours de sa vie : écritoire, coupe-papier, encrier, plumes, fauteuils et autres souvenirs. La vue sur la Seine qu'offre la fenêtre a dû faire le bonheur de l'écrivain. La mairie de Canteleu détient la bibliothèque de Gustave Flaubert : plus de 1 600 ouvrages dont quelque 500 éditions originales, conservés dans quatre imposants meubles-bibliothèques (visite sur demande à la mairie 02 32 83 40 00).

SE DETENDRE

HARAS DU LOUP Route de Sahurs ✆ 02 35 36 49 37. Voisin du château des deux lions avec accès sur la superbe forêt de Roumare, cet élevage de chevaux de selle dispose d'un environnement de choix. Le poulinage, la pension et l'organisation de sorties en concours font l'essentiel de l'activité du haras. Location de terrains de concours pour entraînement.

PISCINE DE CANTELEU Avenue de Buccholz ✆ 02 35 36 51 51. *Ouvert tous les jours. Tarifs : se renseigner. Pièce de 10 F nécessaire pour les casiers (récupérable). Shorts et bermudas interdits.* Tout pour s'amuser et se détendre en famille : plusieurs bassins dont un pour les petits, toboggan, canon à eau, parapluie d'eau, geyser et bains bouillonnants.

CANY-BARVILLE

3 425 Canyais. Chef-lieu de canton. Marché le lundi matin. La commune était autrefois composée de deux fiefs : Cany-Barville et Cany-Caniel aujourd'hui réunis. En plein cœur de la vallée de la Durdent, ce petit bourg très actif est surtout visité pour son imposant château. Mais on y découvre aussi d'autres richesses et on prend un vrai plaisir à se balader dans ses rues.

OFFICE DE TOURISME DE LA VALLEE DE LA DURDENT **Place Robert-Gabel © 02 35 57 17 70**
Dans la cour carrée de l'hôtel de ville, les hôtesses vous réserveront un très bon accueil et vous proposeront un large choix d'activités sportives, promenades découvertes, etc.

A VOIR ET A VISITER

CHATEAU DE CANY © 02 35 97 87 36. *Ouvert du 1er juillet au 31 août tous les jours de 10h à 12h et de 15h à 18h, sauf les vendredis et le 27 juillet. Entrée : 30 F, 16 F pour les enfants de plus de 7 ans.* C'est incontestablement l'un des plus beaux châteaux de Seine-Maritime. Majestueusement campé sur ses douves (alimentées par les eaux de la Durdent), d'un classicisme élégant au milieu de son parc soigné, il a été construit en seulement 6 ans (de 1640 à 1646), ce qui explique sa grande unité de style (on attribue ses plans à François Mansart). Il appartient aujourd'hui à la famille de Dreux-Brézé. A l'intérieur, le château a conservé une bonne partie de son ameublement ancien (belles boiseries Régence). A l'extérieur, on appréciera son parc à l'anglaise redessiné vers 1830 et ses nombreuses dépendances. Fête du château le 3e dimanche de juillet.

CHAPELLE DE BARVILLE. Au bout d'une impasse, à proximité du château, dans un endroit champêtre bordé par un bras de la Durdent, la chapelle XVe siècle est un petit joyau. Au XVIIIe siècle, elle appartenait aux Grimaldi de Monaco.

EGLISE SAINT-MARTIN. On peut y admirer un clocher-porche et un baptistère datant du XIIIe siècle ainsi que deux bas-reliefs en bois d'époque Renaissance.

PLACE DU MARCHE. Cette grande place carrée est bordée par de longs bâtiments qui sont les anciennes halles à blé. Elle s'anime surtout le lundi, jour de marché.

ECOMUSEE SAINT-MARTIN **Rue de l'Abreuvoir © 02 35 97 59 71.** *Ouvert du 1er avril au 30 octobre en semaine et le 1er dimanche de chaque mois de 14h à 19h. En semaine sur rendez-vous.* Un musée consacré aux métiers disparus avec près de 400 machines et outils exposés (depuis peu on peut également visiter un véritable moulin du XVe siècle). On y découvre un siècle de vie rurale en pays de Caux.

Entre Dieppe et Fécamp (Cany-Barville)

Restaurant - Base de loisirs

Dans le cadre exceptionnel de la vallée de la Durdent, ne manquez pas le Lac de Caniel.
Vous pourrez vous y détendre pour une journée de plaisirs au grand air. Sur place, restaurant, bar, brasserie avec vue panoramique sur le lac.

Lac de Caniel
c'est ma nature !

LOISIRS Toute l'année : parcours nature autour du lac (2,5 km) avec panneaux pédagogiques, modélisme, pêche, pétanque, espace roller, terrain multisports, aire jeux enfants.
D'avril à fin octobre : téléski nautique, luge d'été (2 pistes à travers bois), pédalos, barques, kayaks, canoës, planches à voile, stages de ski nautique, plage (surveillée en juillet et août).

RESTAURANT Ouvert toute l'année. Menus de 95 à 155 F + carte.
Formule brasserie à partir de 40 F. Bar et terrasse au bord de l'eau.

Contact : Société du Lac de Caniel 76450 Cany-Barville
Tél. 02 35 97 40 55 - Fax 02 35 97 40 73 E-mail : lacdecaniel.fr

OU MANGER ET DORMIR?

AUBERGE DE FRANCE 73, rue du Général-de-Gaulle © 02 35 97 80 10. *Fermé le mardi. Menus 89 F (en semaine), 136 F, 176 F, 182 F et 250 F (menu gastronomique).* La spécialité de la maison, ce sont plutôt les produits de la mer (brochettes de coquilles Saint-Jacques à l'estragon, farandole de poissons…), mais on peut aussi y apprécier (quand c'est l'époque) de très bons gibiers. La carte change d'ailleurs tous les 2 mois pour coller à la saison. Côté dessert, c'est tout maison avec des aumônières aux pommes ou un gâteau Amadeus aux deux chocolats. On peut se laisser tenter par le menu gastronomique avec 8 petits plats différents pour goûter à tout et se régaler, et nous on adore le bar 1900 de l'entrée.

LE LAC DE CANIEL © 02 35 97 40 55. *Menus 95 F, 125 F et 155 F.* Un restaurant traditionnel avec une très belle vue sur le lac. Viande ou poisson, on a le choix, à marier avec des petits légumes de saison. Le restaurant peut accueillir les groupes (jusqu'à 300 personnes) pour des réceptions ou séminaires. Et pour ceux qui sont pressés d'aller patauger dans le lac : formule brasserie (plat du jour à 40 F, menus à 50 F et 60 F), servie en salle ou en terrasse.

CAMPING MUNICIPAL © 02 35 97 70 37. *Ouvert du 1er avril au 15 octobre. 100 emplacements.* Le camping (3 étoiles) est ouvert aux touristes uniquement en saison et l'hiver accueille les saisonniers de l'usine de Paluel. Les emplacements sont spacieux et le camping est plutôt bien situé (à 1,5 km de la base de loisirs, le lac de Caniel, à 10 km de la plage de Veulettes-sur-Mer…). Bar, restaurant et commerces à proximité.

SE DETENDRE

LA CAVALE MERENS Hameau de Calvaille ✆ 02 35 97 76 26. A la carte : promenades, initiation au dressage ou à l'obstacle et attelage avec moniteur diplômé d'Etat. 75 F l'heure pour un adulte et 70 F pour un enfant.

LAC DE CANIEL ✆ 02 35 97 40 55. *Ouvert en saison tous les jours, de 10h à 19h. Hors saison d'octobre à avril, le mercredi et le week-end, ou sur réservation pour les groupes.* C'est LE grand pôle touristique et sportif de la région avec des activités originales telles que luge d'été, téléski nautique, etc., ou moins périlleuses comme le pédalo, la voile la barque ou… la bronzette puisqu'il y a même une plage ouverte en juillet et août (et surveillée !). On peut se restaurer sur place (voire rubrique Brasserie) ou apporter son pique-nique. Et pour digérer, on peut aller jeter un coup d'œil au tout nouveau bowling.

TENNIS Route de Veulettes ✆ 02 35 97 76 76. *Tarif : 40 F l'heure. Cours individuels : 140 F.* 3 terrains couverts, 7 en extérieur dont 4 en terre battue, comme à Roland Garros, il y a de quoi se faire plaisir (et l'on peut prendre des cours en vacances, sans faire partie du club). Egalement club-house et cafétéria.

AGENDA

21 et 22 juillet : Concours national d'attelages au château de Cany-Barville.

Du 10 au 15 août : Foire aux antiquités.

CAUDEBEC-EN-CAUX

2 382 Caudebecquais. Chef-lieu de canton. Située dans la vallée de la Seine entre Rouen et le Havre. Mairie : 02 35 95 90 10. Marché le samedi matin.

Caudebec, ville majeure du val de Seine n'a pas grand-chose à envier aux autres villes qui l'entourent. De la préhistoire à nos jours, son passé est pleins de faits importants et de personnages célèbres. De César aux Vikings, le nom de cette ville a changé en fonction de l'occupant. Calidu, cité des Calètes puis "kald bekkî" cette commune est fortement influencée par le fleuve qui la borde. Avant-port de Rouen et embarcadère pour la traversée du fleuve en bac, Caudebec devient rapidement l'escale entre Rouen et l'estuaire pour les bateaux qui remontent ou redescendent la Seine. En 1449, Charles VII visite la ville qui vient d'être libérée des Anglais. Un Caudebecois célèbre Thomas Basin (1412-1491) a laissé des traces écrites de ses convictions : évêque et chroniqueur, auteur de l'histoire des règnes de Charles VII et de Louis XI, rédacteur du mémoire (1453) pour la réhabilitation de Jeanne d'Arc. Le caudebec, chapeau en feutre très en vogue devient célèbre dans le pays. Madame de Sévigné lui donne même une reconnaissance inestimable en faisant de ce mot un nom commun. La pêche et le commerce se développent et la cité accueille le grand bailliage de Caux. L'édit de Nantes (1685) porta un coup à l'activité de la ville avec la fuite des artisans protestants. Heureusement Caudebec garde ses charmes qui en font une ville très touristique. Le 9 juin 1940, les bombardements visant à détruire le bac, incendient la ville qui est ravagée à 80 %. Il ne reste du passé de Caudebec que l'ancienne prison, la maison des Templiers, quelques maisons ou hôtels, les vestiges des tours des Fascines et d'Harfleur et surtout, bien sûr, l'église Notre-Dame ! Son petit port de plaisance de 8 bouées est gratuit (voir l'Office de tourisme). Mentionnons que des tables de pique-nique sont à votre disposition à l'entrée de la ville, en venant de Villequier par la Seine.

OFFICE DE TOURISME Place du Général-de-Gaulle ✆ 02 32 70 46 32

Site de la fédération nationale : www.tourisme.fr/. Point d'informations, incontournable, cet Office attend les touristes et les promeneurs en veillant sur la Seine. Des guides, des brochures, des conseils éclairés rien ne manque pas même la gentillesse. Il est possible d'y louer du VTT pour faire des randonnées dans la région.

Logis de France

Le Cheval Blanc

Tél. 02 35 96 21 66 Place René Coty Hôtel
Fax 02 35 95 35 40 76490 Caudebec-en-Caux RESTAURANT

A VOIR ET A VISITER

ANCIENNE PRISON. Une vieille ville pleine de charme que l'on parcourt aisément. On y rencontre l'ancienne prison au niveau des remparts. Elle fut construite pendant le règne de Charles V dit le sage et accueillit le grand bailliage de Caux au XVIIIe. Elle sert de temps à autre de lieu d'expo.

EGLISE NOTRE-DAME. Son édification dura plus d'un siècle (1426 et 1539). Son style gothique flamboyant avec sa façade et ses pierres finement sculptées est très intéressant. Les personnages (333) qui y figurent ont demandé un travail considérable au sculpteur. Elle est l'oeuvre de l'architecte Guillaume le Tellier dont le corps repose dans la chapelle. Surnommée à juste titre par Henri IV “la plus belle chapelle du royaume", elle fut restaurée après la guerre. D'une hauteur de 50 m, le clocher possède une flèche à triple couronne en forme de tiare. L'intérieur comporte une nef gothique, de magnifiques vitraux de maîtres verriers de l'école flamande du XVIe siècle. Dans ce lieu sont organisés des concerts d'orgue qui font vibrer l'été les quelque 3 000 tuyaux d'étain qui le composent, ils sont suspendus pour cause de restauration.

LA MAISON DES TEMPLIERS Place Thomas-Basin © 02 35 56 96 06. *Ouvert en avril et en mai, les week-ends de 15h à 18h. De mi-juin à mi-septembre, tous les jours, sauf le lundi de 14h à 18h.* Cette maison fut celle des templiers représentant d'un ordre militaire et religieux, elle accueille aujourd'hui un musée. L'architecture du XIIIe siècle de ce bâtiment classé monument historique porte les témoignages de ce passage comme la croix située dans la cour du manoir. Le musée Biochet-Bréchot montre divers objets, poteries, vêtements, dessins, gravures et lithographies découverts entre autres sur le site du Calidu. Cet ancien grenier à grain des moines de Saint-Wandrille témoigne du passé archéologique et historique de la ville. Une visite instructive.

LE MONUMENT DU LATHAM. A la mémoire d'hommes courageux morts en portant secours aux passagers d'un dirigeable échoué dans l'océan Arctique, on érigea ce monument. A bord de leur hydravion, ils sont partis le 16 juin 1928 pour rejoindre Spitzberg et ne sont jamais revenus. Les passagers du dirigeable l'Italia ont survécu. Le destin est parfois capricieux. Ce monument rend hommage à l'équipage de cet avion construit à Caudebec.

★★★ Restaurant
★★ Hôtel
Logis de France
Le Normandie

Messieurs Tanguy et Olivier Loisel
Mesdames Delphine et Nathalie Loisel
19, quai Guilbaud
76490 CAUDEBEC-EN-CAUX
Tél. 02 35 96 25 11 - Fax 02 35 96 68 15

LA CHAPELLE DE BARRE-Y-VA. Les sentiers de la vallée de Seine sont nombreux. Caudebec offre plusieurs balades intéressantes. L'Office du tourisme propose une brochure qui les concerne. Ils permettent de découvrir des choses moins connues du fait de leur situation. Le sentier de la Gribane nous transporte dans le passé de la ville vers Notre-Dame-de-Barre-y-Va. Surplombant la Seine, la chapelle Notre-Dame-de-Barre-y-Va du XIIIe siècle, dédiée au culte de la Vierge, est une ravissante bâtisse, un endroit charmant à découvrir. Le nom de "barre y va" vient du surnom du mascaret, vague imposante qui remontait la Seine avant l'aménagement de l'estuaire et que les marins redoutaient. Non loin de la chapelle, on peut observer la grotte de l'Ermite qui fut occupée jusqu'au XVIIIe siècle.

LE MUSEE DE LA MARINE DE SEINE **Avenue Winston-Churchill © 02 35 95 90 13.** *Ouvert tous les jours en saison de 14h à 18h30. Hors saison, fermé le mardi.* Même si cela surprend aujourd'hui la Seine fut et reste un fleuve très fréquenté. Ce musée parle de cette marine fluviale trop souvent méconnue. Il raconte l'histoire d'un fleuve dans 13 salles aussi riches en découvertes les unes que les autres. On y apprend ce qui caractérise le mascaret, sorte de vague déferlante de la Seine qui se manifestait pendant les grandes marées. On y rencontre des objets divers appartenant aux marins et aux pêcheurs qui nous plongent dans l'univers maritime de la Seine. Loin d'être ennuyeux, ce musée est vivant et passionnant. Dans le hangar attenant au musée, une dizaine de bateaux sont regroupés, dont la dernière gribane, Le Joble, prédécesseur de la péniche.

LE PONT DE BROTONNE. Ce pont fait peut-être un peu pale figure face à ses deux petits frères qui ont des caractéristiques extraordinaires. Ce pont est quand même un ouvrage intéressant et très utile. Le trafic est très important entre Caudebec-en-Caux et Saint-Nicolas-de-Bliquetuit. Avec ses 1 280 m de long et ses 56 m de hauteur, il rend service à la population locale autant qu'aux touristes. En longeant la route de Rétival, on arrive près du manoir où la vue sur le pont de Brotonne est imprenable. Un lien efficace entre les deux départements.

PANORAMAS. Les panoramas sur la vallée de Seine sont nombreux et émouvants. Celui-ci n'échappe pas à la règle. On s'y rend en empruntant la route de Rétival puis la Cavée Saint-Clair au nord, la promenade de la Vignette mène à un superbe panorama sur la vallée de la Seine. C'est un coin splendide pour les balades en tête-à-tête et les jolis couchers de soleil. A l'ouest, le site du Calidu où ont été réalisées des fouilles archéologiques offre un joli point de vue.

LES TOURS D'HARFLEUR ET DES FASCINES. Souvenirs des anciennes fortifications qui protégeaient Caudebec, ces deux tours datent des XIVe et XVe siècles. Enjambant les deux petites rivières Sainte-Gertrude et Ambion, elles rappellent le passé mouvementé de cette ville. Construite à côté de la tour d'Harfleur, la salle de la Tour d'Harfleur accueille des expositions.

OU MANGER ET DORMIR ?

LE CHEVAL BLANC 4, place René-Coty © 02 35 96 21 66. *Formule à 80 F : un plat et un dessert ou une entrée et un plat. Menus de 120 F à 180 F dont un menu terroir à 148 F plus carte. Chambres de 195 F à 360 F et une familiale pour 5 personnes à 600 F. Petit déjeuner : 38 F. Demi-pension : 190 F à 240 F (si 2 personnes par chambre). Animaux acceptés. Fermé le dimanche soir, sauf veille de jour férié.* Le changement de chef qui s'est effectué en février à modifier les prestations culinaires du restaurant dans le sens d'un renfoncement de la qualité gastronomique. Des mets savoureux sont proposés sur la toute nouvelle carte comme le foie gras avec ses petits oignons confits et sa gelée de pommeau ou les ravioles de saumon avec légumes croquants et au jus de coriandre en entrée. Les plats présents d'orientation viande ou poisson donnent le choix. Entre le pavé de cabillaud rôti au basilic avec vapeur de chou vert et croustillant de pancetta et le gras-double (tripes), il est parfois difficile de se décider. Le dessert ne laisse pas de place à la sagesse avec son mille-feuille d'ananas et sa Dariole au chocolat. A des prix doux, des maxi salades sont proposées en semaine. L'hôtel est accueillant et confortable. Dans cette ambiance agréable, la satisfaction du client n'est pas un vain mot. Un parking privé et fermé est à la disposition des clients. A essayer impérativement.

LE NORMANDIE 19, quai Guilbaud © 02 35 96 25 11. *Menu enfant 45 F, menus 70 F (midi, semaine), 98 F, 160 F, 230 F + carte. Chambres de 230 F à 380 F. Petit déjeuner : 35 F. Chiens acceptés. Fermé le dimanche soir, sauf jour férié.* Avec une vue sur Seine, cet hôtel propose des soirées douces bercées par le fleuve et ses méandres. Les chambres sont de bon confort et le service très agréable. Le restaurant change sa carte cette année pour renforcer la qualité de ses plats. Dans une ambiance douce, les nouveaux thèmes sont les poissons nobles avec la sole grillée entière, le turbot, le homard juste sorti du vivier, les viandes avec le filet de bœuf, le magret de canard et le pigeon. Tous ces produits sont cuisinés avec savoir-faire et imagination. Les desserts aux noms poétiques s'appellent gratin de fruits frais, tulipe de fraise Melba. Une étape de qualité.

www.petitfute.com

NORMOTEL LA MARINE 18, quai Guilbaud ✆ 02 35 96 20 11. *Menu 78 F (midi en semaine) et 98 F (soir en semaine) puis touristique : 158 F, gastronomique : 225 F plus carte. 31 chambres de 260 F à 430 F. Petit déjeuner : 35 F. Demi-pension : 285 F à 495 F. Fermé le dimanche soir du 15 octobre au 15 mars.* L'hôtel, avec parking privé et ascenseur vient d'être l'objet de travaux pour un confort accru et propose des chambres dont quelques-unes avec terrasse sur la Seine. Le restaurant vous accueille dans un espace chaleureux et traditionnel, à la décoration champêtre, au service impeccablement réglé. La vue sur la Seine permet en été de manger en tête-à-tête avec le fleuve. Il est préférable de réserver le week-end pour déguster les plats de poissons qui font la renommée du lieu. Du pot-au-feu de canard à la sole meunière en passant par le camembert au caramel poivré et en terminant par l'aumônière aux pommes et au calvados, tout ici invite à la gourmandise. Une adresse à retenir.

LE VIVALDI 2, rue de la Poissonnerie ✆ 02 35 96 38 11. *Carte : 26 F à 64 F. Fermé le lundi et le mardi midi.* Pour un repas sans formalité et pour que les plus jeunes se régalent de crêpes avec toutes sortes de garnitures. Avec aussi un grand choix de pizzas plus appétissantes les unes que les autres qui vont du registre classique au registre plus créatif avec une pizza savoyarde à conseiller aux sportifs en manque de puissance musculaire. Pour sortir de la restauration traditionnelle et se faire plaisir en mangeant en toute simplicité et pour un prix raisonnable. L'option familiale par excellence.

CAMPING MUNICIPAL BARRE-Y-VA Route de Villequier ✆ 02 35 96 26 38. *2 étoiles. Ouvert d'avril à septembre. 62 emplacements.* En bordure de Seine dans un endroit ombragé, se trouve ce camping agréable à vivre. Tout est prévu pour les séjours en famille et pour le bonheur de tous. Les équipements sont nombreux : piscine, tennis, minigolf, location de VTT. Il est situé entre le musée de la Marine de Seine et le musée Victor Hugo de Villequier. Pour un peu de douceur dans ce monde de brute, ou un peu de calme dans ce siècle bruyant.

CAVEE SAINT-LEGER 68, rue République ✆ 02 35 96 10 15. *Chez Christiane et Hubert Villamaux. Chambres d'hôtes 3 épis. 4 chambres pour 12 personnes. 240 F pour une personne, 280 F pour 2 personnes. Ouvert toute l'année. Animaux acceptés.* En centre-ville, dans cette jolie maison, l'accueil est privilégié. Christiane Villamaux vous propose un séjour reposant en profitant de son jardin fleuri. Un coin cuisine avec micro-ondes et réfrigérateur dépanne pour les repas. Il y a même un barbecue. La réservation conseillée car l'adresse est connue et a de nombreux habitués.

SE DETENDRE

CLUB NAUTIQUE CAUDEBECAIS ✆ 02 35 96 99 66. Une bonne occasion de se mouiller en faisant un peu d'exercice. Aviron ou canoë-kayak, cette base nautique permet de s'adonner au plaisir de ces deux activités où il faut "ramer". Alors, avis aux gros bras, l'eau vous attend. Signalons qu'il y a une piscine de plein air ouverte du 1er juillet au 15 septembre. Se renseigner à la mairie au 02 35 95 90 10.

FORET DOMANIALE DU TRAIT-MAULEVRIER. Cette forêt d'approximativement 3 000 ha est constituée principalement de chênes, de hêtres et de pins sylvestres. Sa faune variée, son relief accidenté qui permet d'avoir de beaux points de vue tant sur la vallée de la Seine que sur la forêt de Brotonne, ses aires de pique-nique en font un lieu de promenade très apprécié. On peut y faire des randonnées équestres, cyclistes ou pédestres. Des sentiers partent de Caudebec.

MINIGOLF Bord de Seine. *Ouvert les week-ends d'avril à septembre et tous les jours, sauf en cas de mauvais temps en juillet et août.* Pour les amateurs de la petite balle récalcitrante et les adeptes du miniature. Ce 15 trous attend les clients sur les bords de la Seine. Des jeux pour enfants attendent les impatients juste à côté.

VELHANO 10, rue de la Vicomté ✆ 02 35 96 24 77. Ce marchand de cycles loue 25 vélos et VTT ainsi que 3 vélos enfant et un tandem à la journée ou à la demi-journée. Tarif de 60 F à 75 F, prévoir une caution. Pour les circuits, se renseigner à l'Office de tourisme où des dépliants sont disponibles.

AGENDA

Le 14 juillet : bal guinguette sur les quais avec feux d'artifice.

Le premier week-end d'août se tient à Caudebec le salon des bouquinistes. Une vingtaine de professionnels apportent leur trésor avec une spécificité, les livres sont d'orientation régionaliste.

Le 15 août : bal guinguette sur les quais.

Le premier week-end de septembre a lieu le salon de la carte postale ancienne, une réussite du point de vue des amateurs.

CLERES

1 283 Clérois. Altitude : 113 m. Située à 20 km de Rouen entre la vallée de la Seine et le. Mairie : 02 35 33 23 31. Marché le vendredi après-midi, à partir de 15h. Cette petite commune pleine de charme est une halte reposante pour le touriste de passage qui profitera avantageusement des terrasses établies le long de la Clérette et des jolies halles du XVIIIe qui accueillent le marché hebdomadaire ainsi que des attraits touristiques de cette petite ville.

OFFICE DE TOURISME 59, avenue du Parc ✆ 02 35 33 38 64

Fermé en hiver.

A VOIR ET A VISITER

PARC ZOOLOGIQUE JEAN DELACOUR ET CHATEAU ✆ 02 35 33 23 08. *Ouvert tous les jours de 9h30 à 12h et de 13h30 à 18h, dimanche de 9h30 à 19h, du 1er mars à Pâques de 9h30 à 12h et de 13h30 à 18h, du 1er octobre au 30 novembre de 9h30 à12h et de 13h30 à 17h (ou 18h). Interdit aux chiens.* Dessiné en 1850, ce parc fut aménagé en 1920 par le botaniste J. Delacour pour y recevoir des collections d'oiseaux et de mammifères en semi-liberté. Ce parc zoologique paysager offre 13 ha de pentes boisées et arborées et de vertes pelouses encadrant un lac, sur fond de château de style Renaissance. Les enfants découvriront les nombreux animaux qui y sont acclimatés : flamants roses, singes, antilopes, kangourous, paons, grues et oiseaux exotiques, dans un cadre de verdure très agréable. Les plantes habitant ce parc sont aussi remarquables que ses animaux. De la rhubarbe géante aux bambous, du ginkgo, arbre aux quarante écus aux cactus, tout ici étonne par la variété et par l'harmonie. Ce parc est aussi un centre de reproduction d'espèces rares ou menacées. Le château des XVe et XVIe siècles a été bâti en pierre, silex et grès, sur les restes d'un ancien château fort anglais du XIe siècle. La légende voudrait que Jeanne d'Arc y ait passé une nuit avant d'être emprisonnée à Rouen. Ce qui est sûr, c'est qu'il vit au cours des siècles passer Charles IX et Henri IV. Longtemps abandonné, il fut restauré en 1864 puis acheté par Jean Delacour en 1920. Le bâtiment qui se trouve à l'entrée du parc s'appelle "La Cohue". Devant le château se tiennent deux bâtiments un manoir en brique et pans de bois et "La Cohue" en briques, grés et silex où les seigneurs rendaient la justice. La formule "un seul billet" comprend la visite du parc de Clères, celle de la corderie de Notre-Dame-de-Bondeville et celle du musée des pompiers de Montville pour la somme de 50 F. Ces visites peuvent être étalées sur plusieurs jours. Une occasion à saisir !

OU MANGER ET DORMIR ?

LE FLAMAND ROSE Place de la Halle ✆ 02 35 33 22 47. *Fermé le mardi et tous les soirs. Menus : 40 F (enfant), 55 F (le midi, en semaine), 72 F, 98 F. Chaise bébé. Terrasse.* La cuisine traditionnelle vous est servie avec le sourire et vous donne l'occasion de découvrir les produits locaux. A des prix abordables, on trouve le saumon fumé maison ou la terrine de chevreuil et ensuite la truite à la crème et aux amandes ou le magret de canard au cidre. La tarte aux pommes est un classique incontournable. Dans la salle bien normande avec ses rideaux en dentelle et son pavage ancien, vous pourrez manger face à la halle, à deux pas du parc dans une ambiance familiale. Authenticité garantie.

V. DEGONSE Hameau du Tôt ✆ 02 35 33 34 38. *3 épis. Ouvert toute l'année. Animaux acceptés. Tarifs par téléphone.* Au cœur de la vallée de la Clérette c'est une propriété de style 1900 qui vous attend, située dans un parc de 3 ha planté d'arbres centenaires, traversée par le ruisseau. Une seule chambre pour profiter du calme avec à disposition : lit bébé, salon, cheminée, bibliothèque, jeux de société, balançoires et vélos, poneys.

SE DETENDRE

PARC DE LOISIRS DU BOCASSE N27 ✆ 02 35 33 22 25. *Ouvert de 10h à 18h (19h dimanches et jours fériés), d'avril à septembre et les dimanches d'octobre. Tarifs à partir de 45 F. Gratuit avant 3 ans. Chiens admis.* A 2 km du centre de Clères, un parc d'un autre type vous propose environ 80 jeux avec des manèges et attractions pour les tout-petits et les un peu plus grands (3 à 12 ans), drakkar viking (balançoire géante), petit train, spectacles, etc. Le toboggan aquatique ne fonctionne qu'en saison. Sur place, aire de pique-nique de 500 places, buvette et friterie. Tous les ans, des nouveautés viennent agrandir l'espace de jeux, pour le plus grand plaisir des enfants.

RANDONNEES PEDESTRES ET CYCLISTES. Des parcours aménagés comme le GR (chemin de grande randonnée) et les PR (promenade randonnée) proposent des balades plus ou moins longues. Ce village se trouve sur le chemin qu'empruntait le chasse-marée pour descendre en une nuit le poisson frais de Dieppe à Rouen. La distance de 80 km se fait aujourd'hui en plusieurs étapes. Des boucles cyclistes partant de Clères et y revenant vous proposent des circuits de difficultés variables. Renseignements à l'Office du tourisme.

EMPLETTES

FERME FRUITIERE DES AUTHIEUX D6 ✆ 02 35 33 23 25. A 3 km de Clères sur la D6 ce producteur vend directement et pour le plus grand bonheur des promeneurs ses fruits. La cueillette est un plaisir, chacun choisit ses produits et les découvre au meilleur moment dans toute leur fraîcheur : sur l'arbre. Tous les jours de 9h30 à 12h et de 14h à 19h. Une halte qui remplira de bonnes choses les besaces et autres cabas.

Votre Ferme Chapeau de Paille

La Ferme des Authieux

Ouvert 7 j / 7

Tél. 02 35 33 56 30

(à 5 mn de Clères)

GALERIE DU VIEUX MOULIN Le Tôt - CLERES © 02 35 33 26 65. *Ouvert du mercredi au dimanche ainsi que jours fériés de 14h à 20h ou sur rendez-vous pour les autres jours.* Cette galerie de peinture reçoit toute l'année des expositions d'artistes régionaux et nationaux. Son propriétaire, maître ébéniste, propose dans un local attenant la restauration de meubles anciens.

VALERIE ET PHILIPPE LEVIGNEUX Frichemesnil - Le Val au Bouvier © 02 35 33 41 44. *Vente tous les jours sans horaire particulier.* Prendre la 1re rue à droite après le panneau de l'agglomération, en venant de Clères, et faire 300 m. Un panneau indique la ferme. Après une visite guidée de la ferme où l'on découvre la vie de l'exploitation au quotidien, vous dégusterez le frichon (fromage au lait cru de vache proche du neufchâtel), le bouvier (camembert fermier) et la tomme. La ferme accueille les groupes à partir de 10 personnes sur rendez-vous avec des formules aux choix la visite, le pique-nique, la formule découverte (de 10 F à 30 F dégustation comprise). A savourer sans modération !

AGENDA

Le 19 et 20 juin : découverte des églises autour de Clères, sur le thème des vêtements liturgiques.

CUVERVILLE-SUR-YERES

177 Cuvervillais. Altitude : 44 m. Située dans la Vallée de la Bresle. Mairie 02 35 50 80 54.

A VOIR ET A VISITER

EGLISE NOTRE-DAME Place René-Delorière. Malgré deux terribles incendies en 1810 et en 1918, ce lieu accueille d'importants pèlerinages depuis le XIIIe siècle (le 1er mai, le mardi de Pentecôte et le 8 septembre). Le pèlerinage de 1639 amenait les fidèles ici pour arrêter l'épidémie de peste qui décimait le littoral. A voir : le bel ex-voto marin dans le chœur et la représentation en chêne de Notre-Dame-de-Cuverville, datée du XVIIe siècle. C'est elle qui est à l'origine du pèlerinage, mais si aujourd'hui encore une dizaine de paroisses lui sont fidèles, les pèlerins vénèrent pourtant l'autre statue de la vierge de l'église.

RUINES DU CHATEAU Rue de la Motte-Féodale. Malheureusement, il ne reste presque plus rien de l'ancien château bâti par Henri de Cuverville au XIIIe siècle. L'enceinte carrée était autrefois flanquée de tours circulaires et l'on évoque des souterrains qui s'avanceraient dans la vallée. On admire encore la belle porte gothique, arc ogival de six mètres de haut. Elle servait à surveiller l'accès à la rivière de l'Yères. Là, seraient dissimulés des cloches et des canons chargés d'or et d'argent.

SE DETENDRE

BALL-TRAP © 02 35 86 41 64. *Ouvert du samedi après-midi au dimanche matin, de mars à septembre.* Pour les adeptes du tir de précision, avec fosse et parcours de chasse, location de poste de tir (30 F l'heure + licence) pour du ball-trap, du tir à la carabine ou au pistolet (stand de sanglier courant).

DERCHIGNY-GRAINCOURT

418 Graincourtais. Altitude : 100 m. Située à proximité de Dieppe dans le pays de Caux. Mairie : 02 35 83 60 74. Réunies en 1833, les paroisses de Derchigny et de Graincourt étaient d'anciennes cités romaines. La découverte fortuite d'objets divers en atteste : un vase remplit de pièces de monnaie des IIIe et IVe siècles, des tuiles et des débris d'habitation.

Plantes vivaces · Arbustes · Hydrangéas

LES JARDINS DE
COTELLE
PÉPINIÈRES

Avenue Gabriel de Clieu
76370 Derchigny-Graincourt
Tél. 02 35 83 61 38

A VOIR ET A VISITER

EGLISE SAINT-VALERY **Graincourt.** Cet édifice religieux consacré à saint Valéry garde des traces spécifiques des différentes phases de son évolution et offre un intérêt particulier avec son bénitier improvisé dans un ancien chapiteau roman. Le style roman était celui de la construction d'origine et fut remanié par une reconstruction au début du XVIIIe siècle. Les fonts baptismaux que l'on y voit datent quant à eux de la Renaissance.

LES JARDINS DE COTELLE **D925 ✆ 02 35 83 61 38.** *Ouvert du 28 avril au 31 octobre, tous les jours, sauf le dimanche de 10h à 12h et de 14h à 18h, ouvert les dimanches et jours fériés de mai à juin de 14h à 18h. Fermé le samedi en juillet et août, fermé le 14 juillet et 15 août. Tarifs : 25 F, tarif réduit : 15 F (enfants de 12 à 17 ans), gratuit en dessous de 12 ans. Pépinière et plantes sur place.* De somptueux bouquets riches de plantes et d'arbustes attendent les visiteurs dans cet endroit enchanteur où l'art floral fait partie du quotidien à proximité du château de Derchigny. C'est ici que se trouve un jardin à l'anglaise dont l'instigateur Gabriel de Clieu marqua l'histoire des Antilles et plus particulièrement de la Martinique. Cet étonnant officier de marine et explorateur dieppois en important en Martinique au XVIIIe siècle le premier caféier fut responsable d'un essor économique sans précédent. La pépinière mérite aussi une visite des amoureux de la nature qui découvriront des plantes oubliées que la pépinière réintroduit sur notre territoire. Catherine de Beaunay-Cotelle continue d'entretenir ce bien familial et a même raconté dans un ouvrage paru en 1997 la vie de son illustre ancêtre. Un lieu propice à la communion avec la nature et à la détente.

AGENDA

Fête patronale le lundi de Pâques, et le 1er dimanche d'octobre à Graincourt avec fête foraine.

"La culture ne se mérite pas, elle se conquiert."
André Malraux

UNE VILLE CITOYENNE

L'intervention de la population dans la vie locale constitue un élément incontournable d'une politique qui prétend répondre aux attentes des uns et des autres.
En favorisant l'émergence de création au travers du dynamisme associatif, la ville de Gonfreville l'Orcher propose un espace de rencontres redonnant à la politique sa dimension originelle, plaçant le citoyen au cœur de la cité.

Gonfreville l'Orcher

l'émergence de créations <

Le Havre
Rouen
Paris
Gonfreville l'Orcher
Pont de Normandie

contact > Hôtel de Ville / BP 95 / 76700 Gonfreville l'Orcher / tél. 02 35 13 18 00

une ville de créations

HARFLEUR

un patrimoine vivant

- Eglise gothique
- Hôtel de ville *(XIIe siècle)*
- Musée : verreries gallo-romaines
- Marché dominical
- Parcours du patrimoine
- Art contemporain
- Fête de la scie *(avril)*

Maison du tourisme

✆ 02 35 13 37 40

DIEPPE

35 694 Dieppois. Située dans le pays de Caux. Mairie : 02 35 06 60 00. Marché les mardi, jeudi et samedi.

Comme de nombreuses villes portuaires, Dieppe est née sur un estuaire celui de “La Deep” (deep en anglais signifie profond) d'où le nom de cette charmante ville côtière. La ville de Dieppe prit son essor quand Guillaume le Conquérant, en 1066, entreprit la conquête de l'Angleterre. A partir du XIVe siècle, la ville fut le point de départ de nombreuses expéditions de marins partant à la découverte du monde. En 1333 des Dieppois “redécouvrirent” les Canaries, à la suite de la découverte en 1312 d'une des îles de l'archipel par un marin génois. Ensuite ce fut l'époque des comptoirs commerciaux comme le “Petit Dieppe”, le “Petit Paris”, “La Mine” fondés sur les côtes du Ghana et de Guinée par des marins dieppois associés à des rouennais de 1364 à 1386. Ils étaient alors à la recherche d'un passage vers les Indes. En 1488, la tradition voudrait même qu'une expédition dieppoise menée par Jean Cousin ait découvert l'Amérique avant Christophe Colomb. Avec Jehan Ango, ami et conseiller maritime de François Ier, les nefs de l'armateur dieppois écumèrent les mers au XVIe siècle. C'était l'époque des corsaires qui sillonnaient les océans à la recherche de bateaux à prendre et de trésors à s'approprier. Ainsi, en 1508, Thomas Aubert explorait Terre-Neuve. En 1522, Jean Fleury, corsaire honfleurois avec une flottille de 6 navires de Jehan Ango s'emparait de deux caravelles espagnoles. Pas n'importe lesquelles ! Affrétées par Cortez en personne, elles contenaient le trésor de Moctezuma ! Les Dieppois mirent également la main sur la relation de la Conquête du Nouveau monde et des cartes des pilotes espagnols ! En 1524, Giovanni de Verrazano reconnaissait l'estuaire de l'Hudson, découvrant l'actuel site de New York et c'est sur ses renseignements que son frère Girolamo put dresser la première carte des rivages américains. En 1529, ce fut le tour de Jean Parmentier, un autre dieppois, il visita Sumatra avec son frère et poussa jusqu'en Insulinde. Le chevalier Nicolas de Villegagnon partit en 1555 de Dieppe, après un faux départ du Havre pour sa tentative de colonisation du Brésil dans la baie de Rio de Janeiro ! Cette succession d'explorations ne s'arrêta pas là. Il y eut ensuite en 1562 le dieppois Jean Ribault, il fit une tentative d'installation française en Floride. Le XVIe siècle vit aussi la première compagnie française s'installer au Sénégal : elle était constituée d'armateurs rouennais et dieppois. D'autres compagnies suivirent. Les guerres de Religion calmèrent les ardeurs. Un coup d'arrêt fut donné, mais cela n'empêcha pas, au XVIIe siècle, les colons et missionnaires de partir de la cité normande pour se rendre au Canada. Nombre d'entre eux périrent dans ces aventures comme Jean de Lalonde le missionnaire dieppois qui fut torturé, décapité par les iroquois. En 1624, la Guyane vit arriver une quarantaine d'hommes amenés par des navires dieppois pour y tenter une implantation. En 1643, c'est toujours de Dieppe que partit le très controversé Poncet de Brétigny pour fonder une colonie à Cayenne. En 1604, des marins honfleurois, havrais et dieppois créèrent les premiers établissements sédentaires de pêche à Saint-Pierre-et-Miquelon. De 1620 à 1641 Madagascar et en 1638 l'île de la Réunion sont les objets de la curiosité des dieppois. Augustin Beaulieu et Alonse Goubert, Salomon Goubert et bien autres hommes passionnés de conquête ont fait de cette ville, une base incontournable pour l'exploration des nouvelles terres. Mais Dieppe, c'était aussi un port très important dont les deux activités principales (la pêche à la morue à Terre-Neuve et le commerce de l'ivoire avec l'Afrique) étaient florissantes. Le premier port de France sous le règne de Louis XIV, s'affaiblit : la peste de 1668 qui aurait fait 10 000 morts, la révocation de l'édit de Nantes (1685), qui fit fuir bon nombre de commerçants protestants, et enfin le bombardement anglo-hollandais de 1694 qui brûla presque complètement une ville faite de maisons à pans de bois au-dessus d'un soubassement en silex.

Une nouvelle ville faite en briques blanches de Varengeville, d'après des plans de monsieur de Ventabren, ingénieur de Vauban fut le résultat des derniers outrages. Louis XIV lui-même qui donna l'ordre de reconstruction, il savait que Dieppe était une ville stratégique. Cette ville reçut en 1787 Chateaubriand alors officier. Dès 1823 la duchesse de Berry y lança la mode des bains de mer. La "doyenne" des plages françaises, qui est aussi la plage la plus proche de Paris, vit ainsi la construction de son casino et de nouveaux bassins. Le tourisme faisait son entrée dans cette ville. Les personnages célèbres et artistes s'y succèdent. Peintres (Delacroix, Pissarro, Renoir, Sisley, Braque, Vasarely...), musiciens (Saint-Saëns...), écrivains (Alexandre Dumas, qui y décède en 1870, Oscar Wilde, Victor Hugo, Aragon...) et, de nos jours, personnalités du cinéma (Chabrol, Bourvil...) allaient désormais faire partie de son paysage. Notons que le philosophe Alain en fit le 20 août 1907 un de ses fameux "Propos" : La Jetée de Dieppe. La ville ne fut pas épargnée par les deux guerres. Pendant la Première Guerre mondiale, Dieppe ne resta pas inactive, elle fut un des centres les plus importants de la toute récente Aéronavale. La Seconde Guerre mondiale marquera davantage la ville. L'opération "Jubilee" du 19 août 1942 amena à Dieppe le gros des troupes de cette toute première tentative de débarquement anglo-canadienne. Dirigée par l'amiral Mountbatten, elle avait pour objectif de s'emparer d'un nouveau type de radar allemand (qui fut d'ailleurs effectivement pris...). Commencée à 5h du matin, la bataille dura 9 heures. Repoussés, les alliés subirent de lourdes pertes : un millier de morts, deux mille prisonniers... 6 000 anglo-canadiens sur 153 bateaux, appuyés par 70 escadrilles de la R.A.F., prirent part à ce débarquement. Dieppe a accueilli ces hommes tombés pour la France dans le petit cimetière de Vertus où s'alignent les tombes des 697 soldats canadiens tués. "Le Royal Regiment of Canada" perdit 90 % de ses hommes. Revanche posthume : ce sont les Canadiens de Crérar qui" libérèrent Dieppe le 1er septembre 1944 !

OFFICE DE TOURISME Pont Jehan-Ango © 02 32 14 40 60/02 32 14 40 61

E-mail : officetour.dieppe@wanadoo.fr. Internet : www.mairie.dieppe.fr. Ouvert toute l'année, 7j/7. Cet Office du tourisme de taille importante, vous attend à proximité du port de plaisance. De nombreuses brochures pour visiter Dieppe ainsi que les environs y sont disponibles. Les hôtesses bilingues vous proposeront des activités et des conseils de qualité. Un service de vidéo offre des informations hôtelières dans l'office. En saison, un point accueil est ouvert sur la promenade de la plage, tous les jours de 10h à 19h30 pour renforcer l'équipe.

GARE SNCF Boulevard Georges-Clemenceau © 02 35 52 13 13. La ligne Paris-Rouen-Dieppe dessert les villes de Maromme, Malaunay, Montville, Clères, Saint-Victor-L'Abbaye, Auffay, Longueville-sur-Scie, Anneville-sur-Scie, Saint-Aubin-sur-Scie, Petit-Appeville et Dieppe.

GARE ROUTIERE Boulevard Georges-Clemenceau © 02 35 84 21 97. Pour circuler en car dans tout le département avec la Compagnie Normande d'Autobus. Départs près de la gare SNCF.

HOVERSPEED © 08 20 00 35 55. *3615 HOVERSPEED.* La ligne transmanche est primordiale pour aller rendre à nos amis anglais une petite visite. Objet de négociations entre les différents partenaires, la ligne qui était saisonnière reprend du service en avril pour une desserte journalière toute l'année. Un bon point pour Dieppe qui attend avec impatience la visite de nos voisins anglais en nombre croissant. Le transport devrait accepter des véhicules plus importants que le bateau précédent. Une fois sur l'autre rive libre à vous de goûter au flegme britannique, au brouillard et à la cuisine anglaise. Mais, non c'est pour rire ! Pour les horaires, tarifs et destination se renseigner directement auprès de la compagnie.

TAXI RADIO DIEPPE Pont Jehan Ango ✆ 02 35 84 20 05. Un service de taxi efficace avec une gare face à l'Office du tourisme et 14 voitures pour se faire conduire dans les environs de Dieppe. Pour rentrer à bon port après une soirée un peu arrosée ou une promenade romantique à l'arrière de la voiture sans autre souci que de regarder la dame de vos pensées.

A VOIR ET A VISITER

LE BOUT DU QUAI. Ce quartier de Dieppe est un des plus anciens de la ville. Les rues des cordiers, des Veulets ainsi que la place du Moulin à Vent comptent des maisons classées monuments historiques. Un endroit très fréquenté par les amateurs de témoignages du passé illustre de cette cité marine.

CHAPELLE DE L'ANCIEN COLLEGE ORATORIEN. Le quai Henri IV compte un nombre important de traces du passé glorieux de Dieppe. Cette chapelle est construite à l'endroit où était bâtie la maison de Jean Ango l'armateur célèbre dont il ne reste que les caves. En 1614, elle passe aux mains des pères de l'oratoire. Les religieux en charge de la construction de cette chapelle, ont aussi ajouté un collège où ils ont éduqué des générations de dieppois. L'édifice a subi deux incendies le premier en 1694 et un autre plus récent en 1941. Des rénovations y ont été faites récemment.

CHAPELLE NOTRE-DAME DE BONSECOURS. C'était le lieu de pèlerinage des marins dieppois prêt à embarquer. Elle fut érigée en hommage aux hommes qui avaient péri en mer et restaurée à trois reprises. Dans le quartier du Pollet, en haut de la rue du Petit-Fort, un escalier mène au sommet de la falaise vers la chapelle Notre-Dame-de-Bon-Secours. Le panorama qu'offrent ses abords est à voir ainsi que le sémaphore militaire.

LE CHATEAU-MUSEE © **02 35 84 19 76.** *Ouvert tous les jours de 10h à 12h et de 14h à 18h en saison, tous les jours, sauf le mardi de 10h à 12h et de 14h à 17h (18h le dimanche) hors saison. Entrée payante.* Le château de Dieppe construit en haut de la falaise ouest accueille depuis 1923 un musée de l'ivoire. Servant de logis aux gouverneurs de Dieppe qui recevaient les hauts personnages français tels François Ier, Louis XIV, il a aussi connu des affectations moins amusantes. Pendant un temps prison puis caserne, l'endroit est aujourd'hui avant tout le témoignage époustouflant d'une époque et d'un artisanat local très productif. Racheté par la ville, alors qu'on le pensait voué à la destruction, il abrite de riches collections d'ivoires du XVIe au XIXe siècle (plus de mille objets) : voiliers, médaillons, éventails, sujets. Il vous propose également de visiter ses salles de peinture, d'archéologie, de marine qui renferment tant de trésors inestimables. Des maquettes de bateaux, les premiers planisphères, des cadrans, une iconographie de Duquesne ainsi que des peintures (Boudin, Renoir, Delacroix, Pissarro, Sisley, Turner, Dufy, Braque), sont à découvrir. Une salle spéciale est consacrée au musicien Camille Saint-Saëns qui a légué au musée des meubles hollandais, de la faïence régionale et de l'art populaire. A l'extérieur du château, l'esplanade du Belvédère offre une vue exceptionnelle sur la ville et la plage.

EGLISE SAINT-JACQUES. Cette église est un édifice où se mêlent divers styles, allant du gothique classique au rayonnant et flamboyant. Ce paradoxe est dû à la durée de la construction qui fut étalée sur une longue période. Sa construction débuta en 1168, pendant le règne de Henri II Plantagenêt, duc de Normandie et s'acheva 400 ans plus tard. Sa taille imposante lui donne un aspect extérieur qui rappelle les cathédrales. Elle offre tant à l'intérieur qu'à l'extérieur une richesse ornementale intéressante. Du XIVe, on note le portail central, la nef et la façade gothique flamboyante, avec une tour haute de 42 m du XVe. Du XVIe, les nombreuses petites chapelles. On découvre sur le mur du trésor, appelé "la frise des sauvages", à gauche près de l'autel, des Indiens rencontrés par les navires de Jehan Ango lors d'expéditions en Amérique et en Afrique ainsi qu'un buffet d'orgues de 1635. A l'extérieur, se trouve une rosace au-dessus du grand portail gothique où flamboient les jours ensoleillés et des gargouilles au nombre de 107.

EGLISE SAINT-REMY. Cette église a eu une ancêtre du même nom qui fut endommagée par un ouragan au XIIIe siècle. Elle fut construite ou reconstruite entre 1522 et 1645 à son emplacement actuel. La nef du XVIe siècle et son orgue monumental de Parisot en chêne sculpté du XVIIIe, classé monument historique, méritent également le coup d'œil. Elle possède de superbes vitraux venant des ateliers de Sèvres et de Lusson. Dans son enceinte, des manifestations musicales sont organisées durant le mois d'août.

ESTRAN CITE DE LA MER 37, rue de l'Asile-Thomas © **02 35 06 93 20.** *Ouvert du 1er mai au 31 août de 10h à 12h et de 14h à 19h, du 1er septembre au 30 avril de 10h à 12h et de 14h à 18h. Fermé le lundi. Sur réservation. Pour les groupes, entrée : 22 F adulte, 14 F enfant. Visite guidée pour 15 personnes minimum avec dégustation de hareng fumé : 40 F adulte, 30 F enfant.* Dieppe est l'endroit idéal pour attirer le public et le sensibiliser. Cet espace scientifique et technique des ressources aquatiques et de la navigation est un lieu d'études sur le monde maritime. Pour diffuser des informations et des connaissances indispensables à travers un musée de la mer, cinq espaces muséographiques (1 650 m^2 sur trois niveaux) ont été créés. Quatre aspects sont dévoilés les technologies de la pêche, la construction navale, les falaises et galets et la biologie marine ainsi qu'une cinquième illustration pratique sous forme d'aquariums. Ils accueillent des espèces animales et végétales qui fréquentent habituellement les rivages normands. Le musée regorge de maquettes, de plaquettes explicatives, de vidéos, pour le plaisir des petits et des plus grands avec des informations accessibles au plus grand nombre.

L'ILOT SAINTE-CATHERINE. Ayant subi de nombreux dégâts pendant l'incendie qui suivit les bombardements de 1694, la ville fut l'objet d'une reconstruction immédiate demander pour Louis XIV. L'architecte en charge de la lourde tâche s'appelait de Ventabren. Ce qu'il reste de ces travaux est l'îlot du quartier Saint-Jacques avec ses briques blanches, ses balcons en fer forgé et ses escaliers extérieurs en bois (rue Sainte-Catherine, rue du Bœuf). Le quai Duquesne et ses arcades qui se trouve face au port de plaisance est du même architecte.

LA MAISON MIFFANT. Construite en 1624 cette demeure normande typique avec des colombages est classée monuments historiques. Elle démontre le savoir-faire impressionnant des charpentiers de l'époque. Elle a été épargnée par les outrages des temps et les guerres.

LA PLACE DU PUITS SALE. Sur cette place du Puits salé, se trouve le café des tribunaux qui date de 1709, au cœur de la rue piétonne. Ce haut lieu de la vie dieppoise est le plus ancien café de la ville a même accueilli pendant un moment les réunions du conseil de la ville après la destruction de l'hôtel de la ville. Ses colombages typiques auraient vu passer un certain Oscar Wilde.

LES TOURELLES. La ville fortifiée au XIVe siècle pour résister aux attaques ennemies présentait des remparts aujourd'hui disparus. Il ne reste que cette porte du Port d'Ouest avec les deux tourelles en pierre et silex que l'on peut observer boulevard de Verdun. C'est avec le développement du tourisme que l'aménagement du site a évolué. Il y avait cinq portes qui barraient l'entrée de la ville et qui ont fait les frais de la mise en place du tourisme au XIXe siècle. Cette transformation est due en partie à Marie-Caroline, duchesse du Berry, qui a joué un rôle important dans la mise en valeur de la cité balnéaire.

LE QUARTIER DU POLLET. C'est le quartier des pêcheurs avec des rues pittoresques qui raisonnent encore des pas de ces hommes qui ont fait la vie dieppoise pendant des siècles. On s'y rend en passant le pont Jehan Ango, le quai du Carénage et le pont tournant Colbert (1889, d'après le projet de Gustave Eiffel). Les noms de ses rues sont comme des cris lointains de ces corsaires qui ont fait l'histoire : la rue Quiquengrogne, la rue des Grèves. La rue Guerrier et la rue du Petit-Fort, où se niche une très vieille maison de pêcheur sont à voir.

Hôtel
La Présidence ***

Sur le front de mer juste en dessous
du château de Dieppe.

• 89 chambres toutes avec T.V.,
chaînes étrangères,
ligne téléphonique directe, radio, mini-bar...
• Le Panoramic : restaurant au 4e étage
avec vue sur la mer.
• Le Verrazane : bar style anglais.

Tél. 02 35 84 31 31 - Fax 02 35 84 86 70
e-mail : hotel-la-presidente@wanadoo.fr

OU MANGER ET DORMIR ?

LES ARCADES 1-3, arcades de la Bourse © 02 35 84 14 12. *Menus 98 F, 145 F (terroir et littoral), 185 F + carte. Plateaux de fruits de mer. 21 chambres de 380 F à 450 F. Demi-pension. Animaux acceptés.* Dans cet environnement qui vit au rythme des bateaux, cet établissement assez luxueux propose de grandes chambres confortables et un restaurant qui a ses habitués pour les plateaux de fruits de mer. Avec vue sur le port pour ne rien perdre de cette ambiance des quais, la cuisine est directement inspirée par ses produits de la mer qui débarquent des bateaux chaque matin. Après un carpaccio de saumon ou un tartare de langoustine et de morue fraîche, vous aurez un avant-goût du bonheur qui vous attend ensuite. Avec la sole dieppoise, vous entrez dans les classiques de la cuisine locale. Pour le dessert, la tarte normande au calvados est un bon choix. Une halte obligée pour les amateurs de produits de la mer.

HOTEL LA PRESIDENCE Boulevard de Verdun © 02 35 84 31 31. *Menus 90 F, 140 F plus carte. 89 chambres de 280 F à 765 F. Petit déjeuner : 47 F (en chambre) à 55 F (en buffet). Demi-pension : 576 F à 1 080 F. Animaux acceptés.* En contrebas du château-musée, l'hôtel La Présidence a fait peau neuve cette année et propose des chambres au confort digne d'un 3 étoiles. Une décoration refaite du sol au plafond et une ambiance raffinée, cet hôtel de classe a tout pour plaire. Il offre une vue sur la mer sans pareille dans son restaurant nommé fort justement le "Panoramic". La cuisine typique et régionale est composée de plats aux noms évocateurs que l'on déguste les yeux dans la mer. Pour allécher les gourmets, l'assiette gourmande du Panoramic vous propose un assortiment d'entrées sur deux thèmes : le poisson et le terroir. Pour la suite le choix poisson conduit à craquer pour le pot-au-feu de la mer en croûte et le choix volaille pour la tartelette d'aiguillette d'oie aux pignons de pin. Pour le dessert, la mousse à la menthe et aux pépites de chocolat se dispute la vedette avec la tarte fine aux pommes flambée au calvados. "Le Verrazane", bar de l'hôtel au décor de pub anglais permet de se détendre en savourant cocktails et boissons d'une grande diversité. A deux pas du casino et de toutes les curiosités de la ville. Une adresse à retenir et à conseiller.

HOTEL WINDSOR 18, boulevard de Verdun © 02 35 84 15 23. *Menus 89 F (en semaine le midi) 115 F, 160 F, 230 F plus carte. 48 chambres de 170 F à 400 F. Petit déjeuner : 42 F. Demi-pension. Animaux acceptés.* Avec un accueil charmant, des chambres spacieuses et des prix raisonnables pour un établissement du front de mer, c'est l'endroit idéal pour se détendre en plongeant les yeux dans la mer. Pour la cuisine, le restaurant avec une vue imprenable sur la plage propose une cuisine de qualité avec des spécialités de poisson comme le saumon fumé ou la sole meunière. Pour le dessert pas d'excuses bidon l'assiette gourmande s'impose c'est un assortiment des desserts de la carte. Une adresse à noter.

LA MUSARDIERE 61, quai Henri-IV © 02 35 82 20 96. *Menus 75 F, 95 F, 135 F, 165 F.* Face au port, le restaurant propose bien logiquement une grande variété de plats de poissons et de fruits de mer. Dans une ambiance douce aux couleurs tendres, la cuisine traditionnelle est à l'honneur et le service très courtois. Les plats régionaux comme la marmite dieppoise sont ici incontournables et les amateurs de poisson ne seront pas déçus. Pour les petits gourmands qui ont gardé une petite place pour le dessert, ils apprécieront la tarte aux pommes tiède. Un petit péché pardonné d'avance.

LA PLAISANCE 75, quai Henri-IV © 02 35 06 03 16. *Menus 68 F, 92 F, 126 F, 155 F.* Sur ce quai qui accueille chaque année la fête de la mer, ce restaurant est en bonne place. Il propose aux connaisseurs venus déguster les produits de la mer dans toute leur fraîcheur originelle, un choix intéressant de fruits de mer et de poissons. On remarque en entrée, les filets de harengs sauce vinaigrette fidèle à la tradition dieppoise. Les gambas flambées au whisky, la raie à la moutarde ou le pavé de saumon… Le choix est délicat. Pour finir un tel repas la charlotte aux fruits rouges s'impose par sa légèreté. Une étape obligatoire.

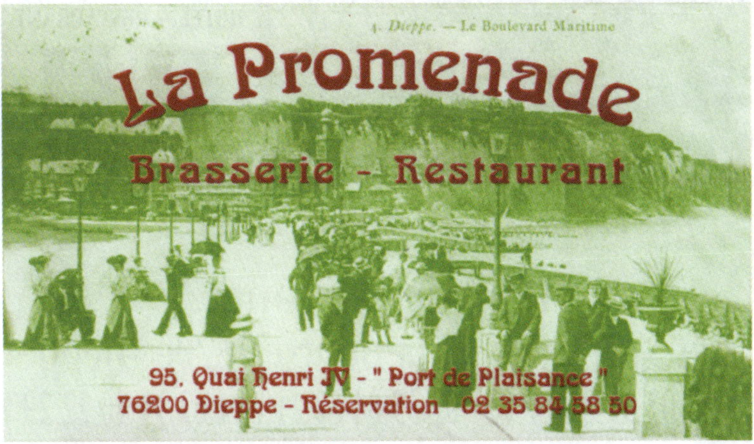

L'HORIZON Restaurant du casino © **02 35 14 48 00.** *Fermé le mardi et le mercredi. Menus 130 F, 165 F et 250 F (dégustation).* Au deuxième étage du casino, ce restaurant avec vue sur la mer propose une carte très intéressante. La cuisine traditionnelle de qualité est en vedette. Dans une ambiance douce, on peut déguster au choix des plats du terroir ou des produits de la mer savamment cuisinés. Avec le menu dégustation, la gastronomie est au rendez-vous. Servis à la suite, sept des meilleurs produits proposés par le chef de cuisine vous seront apportés. L'aventure culinaire commence ici. Des découvertes qui vous conduiront à savourer en entrée, des poissons de roche servis en coulis d'anis avec rouille et croûtons aillés, suivis peut-être d'une escalope de saumon en mille-feuille aux raisins et aux oranges. Pour le dessert, l'exploration continue avec les poires rôties aux épices et leurs sucs caramélisés à l'orange. Une table à essayer d'urgence.

L'ANCRAGE 9, arcades de la Poissonnerie © **02 35 84 21 45.** *Fermé le mercredi, le jeudi soir et le dimanche soir hors saison. En saison un jour par semaine. Menu moussaillon à 40 F Menus 59 F (midi en semaine), 79 F, 115 F, 158 F plus carte.* Face au port, sous les arcades, ce restaurant aux tables élégantes offre des plateaux de fruits de mer gargantuesques (plateaux solos possible). En été avec quelques tables en terrasse le tableau est parfait. L'Ancrage est l'un de ses restaurants agréables qui propose une cuisine de qualité. La choucroute du pêcheur ou la blanquette aux trois poissons vont entamer les résolutions de l'été, mais la terrine de banane n'aura aucun mal à convaincre les gourmands. Un endroit à essayer.

LA PROMENADE 95, quai Henri-IV © **02 35 84 58 50.** *Menus 64 F, 89 F, 95 F, 128 F.* Encore un restaurant de qualité décidément Dieppe n'en manque pas. Les amateurs de fruits de mer et de poissons sont traités comme des rois. De la cuisine traditionnelle et servie avec le

AB
Les Arcades De La Bourse
★★
HÔTEL - RESTAURANT

Le Rendez-vous gourmand

Port de Plaisance
1 et 3, arcades de la Bourse 76200 Dieppe
Tél. 02 35 84 14 12 - 02 35 84 82 21 Fax 02 35 40 22 29

sourire ce qui ne gâche rien. La brochette de Saint-Jacques et de saumon suivie d'une cassolette de la mer ou d'une paupiette de volaille à la normande pour ceux qui veulent faire une pause volaille sont à recommander. Pour le dessert, le choix est ardu. La tarte Tatin ou le pavé chocolat question existentielle par excellence est à l'appréciation du gourmand qui s'y colle. Un passage s'impose.

LA ROSE DES VENTS **2, place Louis-Vitet © 02 35 84 14 43.** *Menus 89 F, 125 F, 155 F, 195 F plus carte. Fermé dimanche soir et lundi.* C'est un endroit est particulier. Dans ce décor exotique la cuisine normande trouve un écrin à la hauteur du menu. Le maître de maison sait recevoir et mettre à l'aise. La cuisine n'est pas en reste et charme les gourmets pour un prix raisonnable. On se croirait loin de la côte aux prix souvent inabordables ! La fricassée d'escargots, la coquille Saint-Jacques, la raie, les filets de rouget ne vous laissent que l'embarras du choix. Quant aux desserts comment donner un exemple sans trahir l'esprit de ces gourmandises, la charlotte aux fraises est à tomber. C'est notre chapelle favorite pour un pèlerinage au pays gourmand.

LE NEWHAVEN **53, quai Henri-IV © 02 35 84 89 72.** *Fermé le mardi soir et le mercredi. Menus: 65 F (sauf dimanche midi), 90 F, 120 F, 150 F plus carte.* Sur le quai où se vendent le matin, les poissons pêchés le jour même, se trouve ce restaurant idéal pour manger des spécialités de poissons et fruits de mer. Les plateaux de crustacés et autres petites bêtes à pinces et à coquilles raviront les gastronomes affamés. Pour le reste, les bonnes choses sont servies à foison. Le foie de lotte (un foie gras de la mer) servi avec ses toasts grillés, la matelote de seiches (proche des calamars à l'encorné) sont deux perles maison à commander les yeux fermés. En saison, les coquilles Saint-Jacques accommodées de savantes façons attirent les clients. A ne pas manquer.

HÔTEL - RESTAURANT

Spécialités : Poissons & Fruits de Mer

Plat du jour le midi - Vente à emporter

Ouvert jusqu'à 22h en semaine et minuit le week-end - Fermé dimanche soir et lundi hors saison

2, place Louis Vitet (derrière les pompiers) - **76200 DIEPPE**

© **02 35 84 14 43** - Fax : 02 35 40 11 02

"Villa des Capucins"
Chambres d'hôtes - Tout confort (3 clefs)

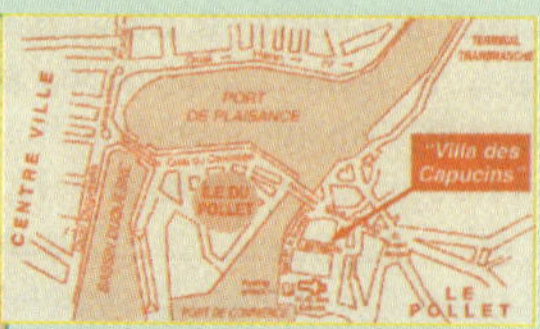

Capacité d'accueil
2 chambres pour 2 personnes
1 chambre pour 3 personnes
1 chambre pour 4 personnes
Petit-déjeuner inclus.

Dans un jardin paysagé clos, avec entrée indépendante dans le site du Pollet, quartier des pêcheurs au XVIIIe siècle, au calme, la Villa des Capucins vous propose 4 chambres duplex, à 10 mn de la plage, du centre ville, du port de plaisance et du terminal transmanche.

Ghislaine BORÉ - 11, rue des Capucins - 76200 DIEPPE
Animaux de compagnie acceptés - Parking gratuit à 100m - OUVERT TOUTE L'ANNÉE
Tél. 02 35 82 16 52 - Fax. 02 32 90 97 52

LE RESTAURANT DU PORT **99, quai Henri-IV © 02 35 84 36 64.** *E-mail: mounyfr@easynet.fr. Internet : www.euronn.com/restport. Menus: 89 F, 170 F, 50 F (enfant).* Une carte digne des corsaires qui ont arpenté ce quai. Ce restaurant a pour maître de séance Michel Mouny. Il a fait des poissons et fruits de mer son cheval de bataille. De ses spécialités, on retiendra les coquilles Saint-Jacques auxquelles il a consacré un menu complet. On est presque étonné que le nom du dessert ne soit pas Saint-Jacques Melba ou charlotte de Saint jacques au chocolat. Mais soyons sérieux, les desserts sont aussi bons que le promet le reste des mets servis. Une étape culinaire de choix.

LE SULLY **97, quai Henri-IV © 02 35 84 23 13.** *Menus 50 F, 67 F, 82 F, 99 F, 127 F, 158 F plus carte. Fermé le mardi soir et le mercredi.* Ici le prix est histoire comprise. Un book sur la ville, son histoire et ses mésaventures, est à la disposition des clients. Une attention agréable de la part d'un homme Patrick Rollin qui pousse le service à son apogée. La cuisine est aussi conduite avec la même rigueur et la carte prend des engagements rares : "la maison ne fait pas de surgelés". Les fruits de mer et poissons sont donc tombés du bateau le jour même. Alors la sole à la dieppoise, la marmite de poissons et tous les mets issus des produits de la mer sont d'une fraîcheur irréprochable. La gentillesse et le dynamisme dans cet établissement sont deux atouts qui font de ce restaurant un endroit plaisant et donne l'assurance d'un repas de qualité.

LA VOUTE **27, rue des Cordiers © 02 35 40 13 44.** Pour un repas sans façon à un prix abordable où les crêpes se dégustent dans une ambiance douce à l'écart du centre mais à proximité de la plage. Les salades sont aussi la spécialité du lieu. Pour environ 50 F, on a droit à une crêpe copieuse (calamars, crevettes, coques, saumon fumé, coquilles Saint-Jacques...) que l'on savoure sur la terrasse face au bassin. En ce qui concerne les salades,

on a le choix : salade du pêcheur (saumon fumé, hareng et lotte), la Chavignole (petits lardons, croûtons et fromage de chèvre). Pour le dessert, le choix est délicat, la variété est sans doute la raison du problème. Le cidre a ici une place importante. Normal en Normandie. Pour enchanter toute la famille sans faire déchanter les lendemains.

HOTEL AGUADO 30, boulevard de Verdun © 02 35 84 27 00. *3 étoiles. 56 chambres de 360 F à 525 F. Petit déjeuner : 50 F. Animaux acceptés*. Dans cet hôtel à la forme originale face au front de mer des chambres confortables et spacieuses vous attendent. Une arche monumentale sur cinq étages laisse un passage entre ville et plage rendant les allées et venues plus simples. Rénover récemment, cet ensemble hôtelier offre des services comme la réservation de tables dans les restaurants alentour et des informations touristiques. Avec des chambres coloniales et une vue imprenable, l'accueil se savoure en toute tranquillité. Une adresse sûre avec ascenseur, salon avec télévision écran géant et petit déjeuner sur le front de mer. Une atmosphère délicieusement familiale et cosy, coup de chapeau au propriétaire monsieur Bert qui a eu les honneurs d'une grande chaîne de télévision.

HOTEL DE L'EUROPE 63, boulevard de Verdun © 02 32 90 19 19. *60 chambres de 390 F à 460 F. Petit déjeuner : 47 F. Animaux acceptés*. Dans le même esprit de service que L'Aguado et avec un confort similaire, cet hôtel propose des chambres très bien aménagées avec vue sur mer. Pouvant accueillir des familles nombreuses, la salle de billard et la salle de jeux promettent des soirées très agréables. Face à la plage et à deux pas des rues pittoresques, cet établissement offre une situation et un accueil de qualité. Même propriétaire que l'hôtel Aguado.

HOTEL DE LA PLAGE 20, boulevard de Verdun © 02 35 84 18 28. *40 chambres de 300 F à 470 F. Petit déjeuner : 39 F. Animaux acceptés.* Cet hôtel 2 étoiles offre face à la mer des chambres doubles ou communicantes pour l'accueil des grandes familles et dispose d'une jolie terrasse. Situé à proximité du centre-ville et face à la mer, l'établissement est aussi près du casino. Un endroit charmant.

GRAND HOTEL DU CASINO 3, boulevard de Verdun © 02 35 82 33 60. *Hôtel 3 étoiles. 26 chambres de 450 F à 700 F plus un appartement à 1 800 F. Petit déjeuner : 42 F. Animaux acceptés.* Le casino offre aussi un service hôtelier de très grande qualité. De luxueuses chambres avec une superbe vue sur la mer sont proposées dans ce lieu d'exception. Pour un week-end en tête-à-tête ou une étape dans un établissement au service impeccable, le Grand Hôtel vous attend. Tout est fait ici pour le confort et le bien-être des clients. Une situation exceptionnelle avec l'accès direct au casino et aux salles de jeux. Pour passer de l'émotion du jeu, au bruit des vagues ou des visites historiques aux soirées feutrées du bar du casino. Une adresse à fréquenter assidûment.

VILLA DES CAPUCINS 11, rue des Capucins © 02 35 82 16 52/02 32 90 97 52. *Chambres d'hôtes. 4 clés, 2 chambres pour 2 personnes à 320 F la nuit, 1 chambre pour 3 personnes à 380 F la nuit, 1 chambre pour 4 personnes à 450 F la nuit. Animaux admis.* Prendre la 1re rue à droite après le feu rouge puis la 1re à gauche ou bien tourner tout de suite à droite après le pont et se garer quai de la Somme. Dans le joli quartier du Pollet, endroit significatif de l'histoire de Dieppe, cette belle demeure de caractère qu'agrémente un jardin paysager propose un confort remarquable et une ambiance très douce. Toutes les chambres sont en duplex et très bien équipée. Le quartier traditionnel des pêcheurs que l'on rejoint par le pont Colbert (un curieux pont métallique tournant édifié en 1889, d'après un projet de Gustave Eiffel), est à seulement quelques minutes du port de plaisance et de la plage à pied. Une adresse à ne pas oublier.

VITAMIN' ✆ **02 35 82 11 11.** *Camping. Campeur : 18 F, emplacement : 38 F (Tarifs 2000) électricité comprise.* Assez loin du centre-ville à proximité du centre commercial, ce camping a des installations correctes : machine à laver, salle de jeux et piscine pour les enfants.

SE DETENDRE

LES BAINS DE MER. La mer est bonne, les troupes sont fraîches. Alors tous à l'eau. Le pavillon bleu d'Europe décerné par l'Office français de fondation à l'éducation à l'environnement flotte sur cette localité où l'on se baigne sans crainte. La station balnéaire est réputée pour la qualité de ses eaux et pour son accueil charmant. Plus d'excuses pour ne pas se mouiller.

CENTRE DE BALNEO-MARINE 25, rue du Bœuf ✆ **02 35 84 81 27.** La détente vous attend dans ce centre aux décors gréco-romains, avec bains bouillonnants, jets de massage, ainsi que les bienfaits des algues et des soins esthétiques. Un peu de douceur à savourer sans modération.

CLUB DE VOILE DE DIEPPE. Se mettre au vert et peut-être à la voile sans se ruiner est possible ici. Au-dessus de l'Office de tourisme, vous trouverez le club de voile qui propose des sorties avec un moniteur. La navigation est la spécialité des dieppois. Sans se lancer dans la navigation de l'extrême, la demi-journée est très abordable. Il est également possible de s'initier plus complètement avec des stages d'une semaine.

GOLF DE DIEPPE Route de Pourville ✆ **02 35 84 25 05.** Ce golf 18 trous, situé à la sortie de Dieppe attend les joueurs de niveau différent et de motivation diverse. Des cours sont organisés à des prix raisonnables avec prêt de matériel. Vous avez accès au terrain, même sans licence. De quoi taper la balle sans se ruiner.

KARTING Rouxmesnil-Bouteilles ✆ **02 35 06 13 33.** *Ouvert tous les jours, nocturne le week-end.* Pour tester ces talents de pilote et prendre le volant, ce karting vous attend à la sortie de Dieppe sur une piste intérieure de 250 m ou extérieure de 900 m. Avec un bar, une terrasse et une pizzeria (sur réservation). L'endroit est accueillant et dynamique.

MJC PLAGE La Rotonde ✆ **02 35 40 05 15.** En été, les activités se multiplient et se déclinent autour d'un thème le sport. Canoë-kayak, planche à voile, VTT font partie des activités proposées par la MJC, organisme très actif et efficace qui accueille le public près de la plage. Pourquoi ne pas prendre le temps d'une initiation ?

GRAND CASINO

DIEPPE

69 MACHINES A SOUS - ROULETTE - BLACK JACK
BOULE - STUD POKER
HOTEL***
PIANO BAR "L'ABORDAGE"
RESTAURANT PANORAMIQUE "L'HORIZON"
THEATRE 600 places

3, boulevard de Verdun - Tél. 02 32 14 48 00 - Fax 02 32 14 48 05
76200 DIEPPE

PARTOUCHE

PETIT TRAIN Quai Henri-IV © 02 35 04 56 08. *Tarif : 35 F adultes, 25 F pour les moins de 10 ans.* Ce petit train est le moyen le plus agréable qui soit de visiter la ville. En échappant aux contraintes de la voiture, stationnement, circulation ou inattention, vous découvrirez Dieppe sous toutes les coutures. Le chauffeur est aussi un guide qui décrit les monuments en détail. Pour le départ, rendez-vous quai Henri IV à proximité de l'Office du tourisme.

PISCINE Front de Mer © 02 35 06 05 66. *Tarif : 25 F pour un adulte, 15 F pour un enfant.* Pour ceux qui aiment rester dans le bain, la piscine propose en saison un bassin d'eau de mer, découvert et chauffé. En contrebas du château-musée au bout de la promenade de la plage, cette piscine fait le plein tout l'été. On y trouve aussi une pizzeria pour les affamés de nourriture solide ou pour prendre un repos bien mérité. A vos maillots !

PROMENADE DE LA PLAGE. Le front de mer est accueillant et spacieux. Il est le lieu de promenade par excellence dans un cadre aménagé habilement. Avec de grandes pelouses sur 8 ha et un climat clément (malgré les ragots), c'est un site exceptionnel qui permet à la ville d'accueillir tous les deux ans le festival international du cerf-volant (un des plus importants d'Europe). Dieppe est aussi un port de plaisance (pavillon bleu), les flâneurs passeront du port à la mer, de la mer aux ruelles et aux rues commerçantes et le tout sur terrain plat. Troisième port de pêche pour la coquille Saint-Jacques, ce qui lui vaut de belles animations le long des quais. L'atmosphère qui y règne le matin est particulière. La superbe dunette permettant d'apprécier le port de plaisance et ses pontons baptisés des noms de grands personnages dieppois et normands offre une approche inoubliable de la vie de cette ville maritime.

SORTIES EN MER. Pour tenter une sortie et jouer au corsaire, au pécheur de baleines ou plus modestement au moussaillon, des pêcheurs acceptent d'emmener à leur bord des amoureux de la mer. 450 anneaux d'ancrage attendent les plaisanciers et autres marins de tout poil. Alors si l'aventure est votre raison d'être ou si vous voulez goûter aux plaisirs de large, pourquoi reculer ? Si vous souhaitez participer à une partie de pêche en mer, contactez une des personnes suivantes qui vous prendra volontiers à bord : M. Dubois 02 35 84 93 51 • M. Cailly 02 35 84 30 09 • M. Hulard 02 35 04 56 34 • M. Legros 02 35 84 82 85 • M. Mercier 02 35 82 07 22 • M. Yaya 02 35 84 01 25.

OU SORTIR ?

BOWLING ZAC du Belvédère © 02 32 14 00 20. *Ouvert en semaine de 14h à 2h du matin, le vendredi et le samedi de 14h à 4h et le dimanche de 15h à 2h.* Situé juste à l'entrée de la ville, au niveau du centre commercial, le bowling de Dieppe est l'endroit des soirées détendues avec ses tarifs pour enfants et ados pendant les vacances. Il propose 8 pistes de compétition mais également des tables de billard et un bar pour savourer des cocktails (l'homme au bar est un pro). Des soirées à thème sont organisées une fois par mois. Chaque jeudi soir en partenariat avec NRJ a lieu la soirée fluo avec ambiance garantie et cadeaux à gogo.

CAFE DES TRIBUNAUX 1, place du Puits-Salé © 02 35 84 17 70. Pour un moment propice à la détente et à la dégustation, dans un superbe édifice datant de 1736, après une petite balade dans les ruelles proches, c'est ici que viennent les Dieppois. Le lieu a une histoire qui en a fait une curiosité locale. Récemment racheté, c'est le lieu de rencontre avec les gars du coin qui ne sont pas avares d'anecdotes. Sur deux étages, il y a à voir et à regarder : la déco de poutres, les statues qui sentent bon le passé festif de cette cité.

CASINO 3, boulevard Verdun © 02 32 14 48 00. Dieppe en grande station balnéaire était l'endroit idéal pour l'installation d'un casino. Le premier fut construit en 1857 lorsque la mode était aux bains de mer. Celui qui charme aujourd'hui les amateurs de sensations date de 1961. Il est installé sur le front de mer. Fidèle à l'esprit de la ville, le décor fait référence au passé. Corsaires, canons et autres objets significatifs trouvent une place de choix. Des travaux entrepris fin 1998 ont remis à neuf l'établissement avec une nouvelle salle pour les machines à sous, plus spacieuse. On y pratique aussi la roulette, la boule, le black-jack... On remarque également le nouveau bar de style anglais appelé "L'Abordage" où l'ambiance est à la détente et à la confidence. Un lieu incontournable de la vie dieppoise, émotions garanties !

CERF-VOLANT. Tous les deux ans se déroulent à Dieppe le festival international du cerf-volant. De plus, tous les week-ends, si le temps le permet, les "cerf-voliste" dieppois se réunissent sur le front de mer pour pratiquer leur activité favorite. Vous trouverez le matériel nécessaire à cette activité reposante dans les boutiques le long de la promenade de la plage à un prix raisonnable. Allez, bon vent !

CHAMP DE COURSES © 02 35 84 11 49. *Ouvert à partir de 13h45.* Attraction rare et intéressante, le champ de course de Dieppe accueille des courses d'obstacles. Le parcours est de difficulté honorable et donne aux jockeys des frayeurs de toutes sortes. Côté spectateurs, l'émotion est aussi au rendez-vous avec la dizaine de réunions organisées pendant les mois de juillet et août. Sur place, un restaurant (02 35 84 29 28) permet de se rassasier avant de miser sa chemise. Après, il ne reste plus qu'à jeûner.

LA CLEF DE SOLE 11, rue Charpenterie ✆ 02 32 14 08 75. Pour prendre le temps d'une soirée dans une ambiance musicale intéressante, ce nouveau piano-bar vous permet d'écouter des musiciens amateurs qui font le bœuf sur scène. Dans la décontraction et la convivialité, on sirote bières, whiskies ou cocktails. Original, on peut écouter de la musique tous genres par le biais d'un ordinateur. Une adresse à ne pas oublier !

D.S.N. CENTRE JEAN RENOIR 1, quai Bérigny ✆ 02 35 82 04 43. Les concerts, pièces de théâtre, expositions et autres événements culturels ont ici la part belle. La scène nationale de Dieppe propose, tout au long de l'année, des manifestations dignes d'intérêt à des prix abordables. La médiathèque propose des activités complémentaires.

GALERIE MONTADOR 4, rue des Bains ✆ 02 35 82 63 03. Dans cette galerie, sont exposés et vendus les tableaux du peintre contemporain dieppois Montador. Il y en a pour tous les goûts et toutes les bourses, autour du thème imposé par le lieu : la mer. A voir !

LE SCOTTISH PUB 14, rue Saint-Jacques ✆ 02 35 84 13 16. Pour une soirée détendue dans une ambiance conviviale, ce lieu est un classique. Offrant un large éventail dans le choix des boissons, il recèle des trésors de diversité plus de cent bières différentes, 30 marques de whiskies et 42 cocktails variés. Ne pas oublier que le plaisir peut aussi laisser une place à la modération.

EMPLETTES

ANTIC 2727, quai du Hable ✆ 02 35 84 31 78. *Ouvert tous les après-midi.* Juste avant d'arriver à la plage, une petite boutique où l'on trouve des livres anciens, des bibelots et des choses inattendues. Des affaires à faire car la maison pratique l'achat et la vente. Une adresse intéressante.

ANTIQUITES SUTTON Rue Saint-Rémy. Dans cette petite rue, les passionnés d'antiquités trouveront des vieux meubles et des bibelots ainsi que beaucoup de Jersey ancien et de la vaisselle en pagaille.

LA GOURMANDINE 17bis, arcades de la Bourse ✆ 02 35 84 25 80. Ici, c'est le paradis du goûter, le nirvana du dessert. Avant les balades en vélo, les séances forcenées de bronzette ou les siestes improvisées, passez donc faire le plein. Des tartes normandes, des Bamboulas (une pâte à chou enrobée de chocolat au lait, fourrée de mousse pralinée au calvados), des troncs normands (enrobé de chocolat noir et noisettes) et des bonbons locaux comme l'arcadine, les galets de Dieppe... Tous ces trésors sont à portée de bourse, pas besoin d'être corsaire pour les avoir. Une invitation à tout sauf à la sagesse.

AU GRENIER D'ANGO Quai Henri-IV ✆ 02 35 84 55 50. Face à la dunette, une petite boutique à l'allure discrète où l'on vous propose de la vaisselle, des objets, des bibelots, du petit mobilier agréablement disposés.

JEAN COLETTE Rue Ango ✆ 02 35 82 36 97. *Ivoirier.* Depuis plusieurs générations la famille occupe une place importante à Dieppe dans le travail de l'ivoire. Aujourd'hui les choses ont changé et les stocks ont diminué depuis les lois interdisant le commerce de l'ivoire. Une partie de l'activité se base sur la réparation d'objets anciens. Vous pourrez acheter quelques sujets.

LIBRAIRIE LABARRE 14, rue de la Barre ✆ 02 35 84 23 22. Dans cette librairie, vous trouverez des livres qui racontent l'histoire de la ville, de ses alentours et de la région. C'est une librairie au sens vrai du terme. Il règne ici un fouillis organisé où chaque coup d'œil est une découverte. On apprivoise les livres loin du froid des rayonnages métalliques, dans la chaleur d'un endroit qui ressemble au bureau de l'écrivain que l'on s'attend à découvrir derrière une pile de livres.

MARCHE DU SAMEDI. Le marché du samedi matin au centre-ville est très animé. Ils regroupent les producteurs du terroir. On y trouve du cidre, des fromages, des fruits, des légumes et autres produits de l'agriculture locale. Les produits de la mer y sont aussi très présents, poissons, Saint Jacques, fruits de mer.

MARCHE AU POISSON. Sur le quai à proximité de l'Office du tourisme, les femmes de pêcheurs vendent le poisson à des prix très intéressants tous les matins. Attention, pas de vente le dimanche et le lundi.

PHILIPPE RAGAULT 2, rue Ango © 02 35 82 10 50. *Ivoirier.* Depuis 1990, une loi interdit le commerce de l'ivoire. C'est une tradition qui se perd. Philippe Ragault se consacre à la fabrication de maquettes de bateaux A voir.

ROUSSEL 115, Grande-Rue © 02 35 84 22 75; Encore un accro au régime "basse calorie", mais une fois n'est pas coutume. Un seul de ses chocolats et la vie semble plus douce. Le remède naturel au stress, au petit coup de déprime et autres moments de cafards est en vente libre ici. Le maître artisan chocolatier travaille à l'ancienne et se moque bien des normes européennes en matière d'ingrédients. Dans sa boutique rustique restée début du siècle pour la déco, on achète de délicieux chocolats et des petits-fours. Qui pourrait résister ?

TERROIR NORMAND 33, rue de la Barre. Dans un magasin sans prétention de l'extérieur mais qui renferme des trésors du Terroir Normand. Près de la place du Puits-Salé vous trouverez du calvados, du pommeau, du cidre et le fameux neufchâtel en grande quantité mais aussi des confitures, du jambon, du vin. Un vrai petit marché !

AGENDA

Dieppe rétro : L'esprit de la voiture ancienne s'installe le premier week-end de Septembre à Dieppe.

Etape du tour de France à la voile : L'étape numéro 2 du tour de France à la voile est Dieppe. Du 2 au 4 juillet, les voiliers feront le bonheur des amateurs de voile. Nombreuses animations en perspective.

Festival des insolences : du 1er au 14 juillet, l'insolence et l'humour ont une place importante à Dieppe. Des humoristes célèbres se donnent rendez-vous ici. Monsieur Laurent Ruquier a fait en 2000 les beaux jours de la manifestation.

Fête de la mer : Elle se déroule fin juillet, c'est le pèlerinage des marins qui vont en cortège dans leurs bateaux décorés remercier les saints qui les ont protégés lors de leurs nombreux voyages en mer.

Festival de musique ancienne : Ce festival se déroule en août, il s'organise autour de ce genre de musique une émulation puisque le programme est double. Les concerts organisés dans des lieux qui se prêtent au sujet comme les églises et des stages concernant différentes disciplines comme le chant, la danse et les instruments anciens.

Fête foraine d'été : Les pelouses du front de mer sont envahies pendant la dernière quinzaine d'août par les forains qui viennent se mettre au bleu.

Fête du cerf-volant : Cette rencontre internationale se déroule en septembre à Dieppe tous les 2 ans. La prochaine a lieu en 2002. Le village du cerf-volant s'installe sur les pelouses du front de mer. Tous les styles s'y côtoient, du classique, du dirigeable, du tracté... Toute une fête où chacun joue avec le vent.

Foire aux harengs : En novembre, le hareng sort à Dieppe. Les pêcheurs et les restaurateurs vous invitent à deux journées de folie. Le hareng se déguste grillé et à toutes les sauces. Chacun allume son barbecue et en avant le manège. La fête foraine et la brocante sont aussi du voyage. Près de 80 000 visiteurs chaque année. Jolie fête !

DOUDEVILLE

2 584 Doudevillais. Chef-lieu de canton. Au cœur de la région productrice, Doudeville se veut capitale du lin qu'elle décline en de nombreuses spécialités à découvrir en se promenant.

OFFICE DE TOURISME 10, rue Pierre-Lamotte © 02 35 95 68 64

Ouvert du lundi au samedi de 9h à 12h30 et de 14h à 18h30 et en saison le dimanche de 10h à 12h30. Pour avoir une information détaillée sur Doudeville et son canton (les bonnes adresses pour trouver des articles en lin), et le Caux maritime. L'Office de tourisme organise aussi des visites découverte du lin gratuites en juin, juillet et août. Très bon accueil.

A VOIR ET A VISITER

ATELIER DE VITRAIL HELMBOLD 6, rue du Calvaire © 02 32 70 15 61. *Ouvert les vendredis de 13h30 à 16h30. Entrée libre. Groupes sur réservation.* Nicolas Robert est créateur et restaurateur de vitraux et ouvre ses portes aux curieux : visite de l'atelier, présentation des techniques de travail…

CHATEAU DE GALLEVILLE © 02 35 96 52 40. *Ouvert tous les jours du 22 juillet au 31 août de 14h à 18h30. Entrée : 35 F.* Cette grande forteresse de briques construite au XVIIe siècle se visite : on peut voir notamment le salon de musique, la salle de billard, la bibliothèque et l'ancienne cuisine (son imposante cheminée et son four à pain) et terminer la visite en se promenant librement dans le magnifique parc avec son jardin à la française, son jardin potager et son jardin fleuri.

LA FERME AU FIL DES SAISONS Amfreville-les-Champs © 02 35 56 41 46. *Ouvert les mercredis, vendredis, samedis de 14h à 18h30.* A 4 km de Doudeville, sur l'axe Rouen-Saint-Valéry, cette ferme fera la joie des petits et grands : visite des installations, découverte des animaux, exposition sur le lin et bien sûr vente de produits (cidre, miel, volailles…). Les enfants sont invités à faire le tour du propriétaire avec Ernest, l'âne, et sa petite carriole…

OU MANGER ET DORMIR ?

LE RELAIS DU PUITS SAINT JEAN Rue Delanos © 02 35 96 50 99. *Menus : 60 F (semaine et samedi midi), 85 F (le week-end), 135 F, 185 F, 480 F (menu gastronomique). Hôtel de 4 chambres à 230 F. Petit déjeuner : 30 F.* Dans cette luxueuse maison de maître et son grand parc, on peut faire une petite halte gastronomique et déguster l'une des spécialités de la maison : foie gras maison, homard grillé, pintade au cidre ou le fameux canard à la presse.

HAMEAU DE VAUTUIT © 02 35 96 52 40. *Chez Marie-Françoise et Gérard Laurent. 3 épis. Ouvert toute l'année. 230 F la nuitée pour 2 personnes. 400 F pour 4 ou 5 personnes.* Une jolie maison du XVIIIe siècle à pans de bois et jardin paysager dans la campagne normande. Une chambre au rez-de-chaussée avec sa salle de bains et ses W.-C. particuliers pour 3 personnes. A l'étage, 2 chambres communicantes avec un lit pour 2 et 3 lits 1 personne, avec salle de bains et W.-C., idéal pour un couple avec des enfants.

EMPLETTES

La spécialité de Doudeville, vous l'aurez compris, c'est… le lin. Et, avec le lin, on fait du tissu bien sûr mais aussi du pain au lin (dans plusieurs boulangeries de la ville), du pâté au lin et des quiches au lin (charcuteries de Doudeville et de Saint-Laurent-en-Caux).

AGENDA

Avril : Marché de Pâques.

Le 10 juin : Journée peintres dans la rue.

Du 19 au 24 juin : Fête du lin. Exposition sur ce thème à la salle des fêtes et sur la place de l'Hôtel-de-Ville.

Le 15 août : Grand corso fleuri organisé par Les “amis du 15 août”.

DUCLAIR

4 163 Duclairois. Chef-lieu de canton. Située à 15 km de Rouen Mairie : 02 35 05 91 50. Marché le mardi. Le 31 juillet, 1er août, découverte des églises autour de Duclair, sur le thème des autels. Duclair se trouve dans la vallée de Seine à une vingtaine de kilomètres de Rouen. Ce village accueillant dont la racine romaine du nom signifie belle agglomération porte bien son nom. Elle offre quelques promenades le long du fleuve avec celle des "tilleuls" et sur ses hauteurs la possibilité de faire des prises de vue panoramiques de la vallée. La réputation du canard de Duclair n'est plus à faire. Ce volatile issu du croissement d'un canard commun et d'une race américaine est à la base de la recette du canard "à la Denise" Cité gastronomique qui possède quelques bons restaurants, on y visite l'église romane Saint-Denis. Duclair possède aussi une rivière, l'Austreberthe, avec sa balade de la Source. Pour le plus grand bien du village qui connaît une croissance régulière, un bac relie Duclair à la rive opposée. Petit conseil aux usagers du bac n'oubliez pas de payer le passage avant l'embarquement. En 671, l'histoire révèle la présence d'une église et d'un monastère. L'abbaye est détruite par les Vikings au IXe siècle. Aux XIe et XVe siècles, deux terribles épidémies de peste déciment la population. Des traces de son passé mémorable et tragique subsistent un camp romain, une église du XIe siècle et quelques maisons anciennes. Les bords de la Seine ont été réaménagé en début d'année. La nouvelle maison du tourisme installée à proximité du bac vous accueille et vous renseigne sur les découvertes à faire dans la région. Duclair est la porte orientale du parc de Brotonne. Elle est bien située, au centre de la route des abbayes et au point final de la route des fruits.

MAISON DU TOURISME ✆ 02 35 37 38 29

A VOIR ET A VISITER

LE CHATEAU DU TAILLIS Hameau de Saint-Paul ✆ 02 35 37 95 46. *Visites guidées d'avril à septembre tous les week-ends et jours fériés de 14h30 à 18h ou sur rendez-vous. Tarif: 20 F adultes, 10 F enfants de moins de 12 ans.* Ce château des XVIe et XVIIe siècles, classé monument historique depuis peu, a été bâti d'une traite par les seigneurs du Trait. Il a été établi au milieu d'un parc de 4 ha sur les bases d'une ancienne maison forte du XIIIe siècle. Le corps de logis principal en pierre claire est décoré de pilastres toscans du plus bel effet. On remarquera, sur la façade, les armoiries des différents seigneurs l'ayant habité. A l'intérieur, de superbes grandes pièces meublées d'époque sentent bon le passé. Hormis la visite, le château accueille désormais séminaires et cérémonies. C'est un rendez-vous avec l'histoire.

EGLISE SAINT-DENIS. Avec sa nef romane du XIe siècle, son clocher du XIIe siècle et ses autres curiosités historiques, l'église Saint-Denis s'impose en témoin de l'architecture et de l'art. On remarque deux panneaux sculptés du XIVe au pied du clocher (XIIe) provenant peut-être de Jumièges. A l'intérieur, les vitraux restaurés par Max Ingrand sont du XVe et du XVIe siècle, dont l'une représente la Décapitation de Saint-Denis. Le clocher est surmonté d'une flèche en ardoises du XVIe. Observez aussi les statues de pierre et de bois (XIVe-XVIe). L'intérêt de la visite est dans la diversité de cette composition.

Maison du Tourisme : 227, av. Président Coty 76480 DUCLAIR
Tél. 02 35 37 38 29 Fax 02 35 37 12 59

SEINE ET NATURE A DUCLAIR

- **Randonnées**
- **Panoramas**

VILLE DE DUCLAIR

(dépliant comportant 22 boucles de randonnées disponible à la Maison du tourisme : "De Seine en Vergers")

PATRIMOINE : LES MONUMENTS CLASSÉS

- Eglise St Denis (11e, 14e, 16e)

- Chateau du Taillis (16e, 17e, 18e)

GASTRONOMIE

- **Le canard de Duclair**

Spécialité de Duclair :
"Aiguillettes de canard à la Denise".

LE BAC. Seul moyen de traverser le fleuve pendant de nombreux siècles, le bac est aujourd'hui le plus pittoresque. Malgré la construction des trois ponts de la Seine-Maritime (Tancarville, Normandie, Brotonne) desservis par le prix du péage, il en reste huit. Celui de Duclair est le plus récent de tous. Horaires de Duclair, à 5h, puis toutes les 20 mn de 6h à 20h, à 21h, 22h30 et 23h le dimanche. De Berville (en face), 4h30, puis toutes les 20 mn de 6h10 à 19h50, à 20h30, 21h30, 22h10, 22h35 et le dimanche, 22h30 et 23h05. Il faut payer le passage avant l'embarquement (10 F).

OU MANGER ET DORMIR ?

HOTEL DE LA POSTE 286, quai de la Libération ✆ 02 35 37 50 04. *Fermé le dimanche soir. Service jusqu'à 14h et 21h. Menus : 45 F (enfant), 75 F, 125 F, 175 F. Hôtel Logis de France 2 étoiles et 14 chambres : 210 F à 280 F. Petit déjeuner 30 F.* Henri Denise, connu localement pour ses canards “à la Denise” était l'ancien propriétaire du lieu. En façade de l'établissement, nom reste gravé dans la pierre. Il les faisait cuire dans la grande cheminée de sa cuisine, devenue aujourd'hui salle de restaurant, avec son estrade et sa vue sur Seine. Le canard garde ici sa place, quelques-uns habitent encore l'endroit. Une cuisine traditionnelle, avec un bon début qui offre pour 75 F les croquettes de camembert sur salade, la truite meunière et la tarte aux pommes maison. En tablant sur les formules supérieures, goûtez aux aiguillettes de canard sauce Denise ou à la lotte sauce Nantua. Une adresse de tradition.

AUBERGE TARTARIN 125, place du Général-de-Gaulle ✆ 02 35 37 50 38. *Menus : 75 F (servi jusqu'à 14h et 21h), 110 F, 160 F, 190 F.* Au centre du village, en face du théâtre, cette auberge gourmande vous accueille. Un début futé avec un menu comprenant fromage et dessert, et une cuisine soignée présentée dans des assiettes fleuries, où se mêlent terroir et gibier. Du feuilleté d'escargots au pommeau au canard braisé au cidre, du civet de sanglier au pavé de biche en automne. Le menu s'adapte aux saisons. Qualité oblige ! En dessert, la terrine de crêpes à l'orange déjà sur le menu à 75 F est un péché ! Le sourire et le charme sont un plus dont le personnel féminin a le secret.

AU VAL DE SEINE 380, quai de la Libération ✆ 02 35 37 99 88. *Fermé le lundi soir et le mardi. Menus : 50 F (enfant), 60 F (avec vin) le midi, 70 F, 78 F, 125 F, 155 F, Salle panoramique au 1er étage. Vente à emporter.* Dans un cadre confortable avec vue directe sur la Seine, ce restaurant traditionnel doublé d'une crêperie est l'endroit idéal pour s'offrir un repas composé de fruits de mer de poissons frais (arrivage quotidien), un émincé de magret de canard aux pépites de framboises, une truite aux amandes. Le salon de thé avec son goûter gourmand peut maintenant vous accueillir en terrasse si le temps le permet entre une promenade sur les bords du fleuve et un petit tour sur le bac. Une adresse où la bonne humeur est de rigueur.

Restaurant
Le Parc
Jean-Claude Genty

721, rue du Président Coty • (Route de Caudebec)
76480 DUCLAIR • Tél. 02 35 37 50 31

LE BISTRO DU SIECLE Rue Jules-Ferry © 02 35 37 62 36. *Menus à 55 F (le midi), 80 F, 110 F, 150 F.* Ce restaurant est situé à côté de l'hôtel des ventes de Duclair. Le feu de bois, mode de cuisson traditionnel, est ici à l'honneur. L'éclade de moules, le rossi de saumon, les grillades, sont accompagnés de légumes fondants. Certains de ces légumes oubliés par la cuisine contemporaine nous font retrouver des saveurs qui hument bon la campagne. Ce dernier né du paysage gastronomique de Duclair n'a pas attendu le nombre des années pour mettre à son menu la qualité.

LE PARC 721, avenue du Président-Coty © 02 35 37 50 31. *Fermé le mercredi. Service jusqu'à 14h30 et 21h30. Menus : 85 F (midi en semaine), 98 F, 135 F, 168 F, 198 F, 280 F. Terrasse.* Dans cette grande maison bourgeoise en bordure de Seine, on assiste de sa table au passage des navires qui paraissent suspendus dans l'air. Sa situation est exceptionnelle, surplombant un petit parc et dominant le fleuve. Une table disputée au moment de l'arrivée et du départ des voiliers de l'Armada. La formule à 168 F mérite le détour pour bien profiter du lieu, avec davantage de choix que dans les formules inférieures : crêpe dieppoise gratinée, effeuillée de raie au beurre noisette ou à la crème, feuilleté de turbot, noisette d'agneau et confit d'échalotes, soufflé au calva, harmonie de poissons...

NONCLE 61, rue Clarin-Mustad © 02 35 37 12 93. *Internet : perso.wanadoo.fr/chambreshotes.noncle. Les Tamayas. Chez madame Noncle. 3 chambres d'hôtes pour 9 personnes dont une avec cuisine. 270 F à 300 F pour une nuit pour 2 personnes avec le petit déjeuner, 70 F par personne supplémentaire. Animaux bienvenus.* Vos nuits à Duclair prennent ici des couleurs romantiques. Jouer les châtelains du bord de Seine ne peut que donner une dimension supplémentaire au week-end à deux. Cette splendide maison de maître tient les promesses de son prestige. Le charme et la convivialité sont au rendez-vous.

CHEMIN DU PANORAMA © 02 35 37 68 84. *Chez Renée et Bernard Lemercier. 3 épis. 3 chambres pour 8 personnes. 300 F pour 2 personnes. Ouvert toute l'année. Animaux non autorisés.* Surplombant la vallée verdoyante, cette jolie maison confortable est située chemin du Panorama. Randonnées et longues promenades vous y attendent. Avec les boucles de seine en point de mire, le repos et la tranquillité sont ici garanti. Sont également à la disposition des hôtes salon de jardin, cuisine et cour fermée. Une vue à ne pas manquer.

LA MUSTA D1 - 61, rue du Parc © 02 35 37 12 72. *Chez Geneviève Brouilliez. 2 épis. 2 chambres pour 4 personnes. 200 F pour 2 personnes. Ouvert toute l'année. Animaux non autorisés.* A quelques pas de la Seine et du bac, cet espace de liberté pour les autonomes, vous accueille dans des chambres situées dans une maison annexe à la résidence principale au milieu un parc boisé. L'accès à la salle de séjour avec bibliothèque est un plus. Pour les adeptes de l'indépendance !

SE DETENDRE

Le théâtre de Duclair est actif. Pièces de théâtre, concerts et animations culturelles vous y attendent. Programme se renseigner en Mairie.

EMPLETTES

MARCHE DE DUCLAIR. Duclair connaît des mardis animés depuis 1198 avec son marché du Moyen Age. Le canard de Duclair spécialité intéressante y tient une place de choix. La recette du canard au sang ou “à la rouennaise” est celle que pratiquent avec aisance les meilleurs restaurateurs du coin. Bien sûr, d’autres appétissants mets sont aussi présents et permettent de remplir son panier à provision. Un rendez-vous à la mesure de son passé.

LA ROUTE DES FRUITS. Partant de la maison du parc, la route des fruits passe par Heurteville, par Jumièges et suit la Seine jusqu'à Duclair. Au hasard de la balade, vous croiserez en été comme en automne devant des demeures normandes à l'abri de la falaise qui borde le fleuve des ventes "à la barrière". On y achète facilement aux producteurs locaux, toutes sortes de beaux fruits du verger. Cerises, prunes, pommes, poires sont proposées à la vente à des prix défiant toute concurrence. Si on les rencontre dans les différents marchés, sachez que des fruits de vergers sont aussi vendus dans la boucle de Jumièges (base de plein air et de loisirs de la ville) et à la maison de la pomme de Sainte-Opportune-la-Mare. A consommer sans modération, mais avec discernement sinon gare à la déroute.

ELBEUF-SUR-SEINE

16 944 Elbeuviens. Altitude : 50 m. Située dans la Vallée de la Seine à une trentaine de kilomètres de Rouen. Mairie : 02 32 96 90 10. Marché le samedi matin.

Cette ville vivait essentiellement du commerce lié au passage de la Seine jusqu'au XVIe siècle. Le transit des marchandises fut remplacé peu à peu par l'industrie. Elbeuf connut alors un essor économique important. La production de drap connaîtra son apogée au XVIIe siècle lorsque Colbert, par décret royal, consacrera la manufacture. C'est à cet homme que les manufactures durent leur renommée. En effet pour assurer l'avenir économique de cette activité, il fixa par décret des règles strictes de fabrication pour la production des draps. Il voulait en faire un produit de qualité qui s'exporterait aisément et il y réussit. En déclin au XVIIIe siècle, un nouvel essor se manifestera après la Révolution, avec l’abolition de la corporation de maîtres drapiers et la fourniture de draps à l’armée. En 1793, elle en compte jusqu’à 1 100. La mécanisation ne sera introduite qu’à la fin du XIXe siècle (les uniformes de l’armée pendant la guerre de 14-18 ont été en partie confectionnés à Elbeuf). Les monuments et l’architecture témoignent de cette industrie drapière. Victime de la crise du textile des années 60, Elbeuf est aujourd'hui une ville commerçante où les métiers à tisser se sont tus. La cité drapière se tourne aujourd'hui vers l'avenir avec la promotion de ses richesses touristiques en aménageant des sentiers de randonnée et intellectuelles puisqu'elle accueille depuis peu un IUT. Située dans une boucle de la Seine et cernée par les forêts du Rouvray, de la Londe et de Pont-de-L’Arche, Elbeuf est une ville dynamique qui a de beaux atouts.

OFFICE DE TOURISME CCI - 28, rue Henry-IV © 02 35 77 03 78

Ouvert du lundi au jeudi de 8h15 à 12h30 et de 13h15 à 17h (16h le vendredi). Un Office de tourisme actif, réactif et pourvu d'une riche documentation sur la région, le département de l’Eure et même un peu plus loin. Un calendrier appelé Rapid’Info très pratique donnant les dates des manifestations, et expositions dans le pays d’Elbeuf et la région, est édité tous les mois : sorties, culture, marchés à la brocante, (en vente sur place 10 F ou par abonnement). Un guide mémento est aussi disponible sur demande, il regroupe les sites importants d'Elbeuf et de sa région A lire absolument. *Autre antenne : La Londe - Place de l'Ourail 02 35 77 32 77 (ouvert mercredi 9h à 12h et 13h à 16h15, samedi 9h à 13h et 14h à17h, dimanche 9h à 15h).*

A VOIR ET A VISITER

EGLISE SAINT-ETIENNE. *Demander la clef au presbytère.* Bâtie au Xe siècle, cet édifice religieux surprenant par son aspect extérieur a été consacré en 1454 par Jean-Louis d'Harcourt. Elle a connu des remaniements aux XVe, XVIe, XVIIIe et XIXe siècles. Son clocher très bas et sa toiture recouverte de tuiles ocre et vertes forment un ensemble curieux. La majeure partie du mobilier à l'image des stalles XVIIIe ou du lutrin en forme d'aigle provient de l'église Saint-Etienne-des-Tonneliers de Rouen. On y remarque un gisant en chêne, deux statues de Saint-Etienne et Saint-Jean-Baptiste. La décoration du sanctuaire a été réalisé au XVIII par J.-H. Cammers sculpteur originaire d'Anvers. Le "vitrail des Tisserands" évoquant la vie de saint Roch fut offert par la corporation des drapiers à l'église en 1514. D'autres vitraux sont à découvrir.

EGLISE SAINT-JEAN Rue Henry-IV. *Demander la clef au presbytère.* Des XIIIe et XIXe siècles. Nommée au début de son existence Saint-Jean-des-Près, elle fut renommée en 1466. C'est sa haute tour d'environ 33 m que l'on remarque tout d'abord (elle servit de tour de guet durant la Seconde Guerre mondiale) ainsi que sa façade monumentale. Sa construction va de pair avec la destruction de l'ancien clocher qui datait du XVIe siècle. Dans le cimetière se trouvent quelques tombes originales de personnalités elbeuviennes et une représentation de "la Décollation de saint Jean" sculptée sur le portail central. Onze de ses vitraux ont été classé, ils montrent notamment le Supplice de saint Laurent, Saint Louis sur son lit de justice et l'arbre de Jessé.

MANUFACTURE LEGRAND-DURUFLE 85, rue de la République. En bonne normande, cette construction présente la pierre calcaire, les pans de bois. Les briques complètent l'ensemble. Ce bel exemple de manufacture drapière de la fin du XVIIIe siècle, avec un bâtiment s'élevant sur trois niveaux.

MANUFACTURE PETOU-CLARENSON 2, rue des Echelettes. Le bâtiment est plutôt original par son mélange des genres. A la construction d'origine en pans de bois du XVIIIe siècle et surélevée au début du XIXe a été ajouté un grenier "étente" (endroit où on étendait les draps pour qu'ils sèchent). A l'extrémité, la cheminée tronquée fut adjointe vers 1840 pour épauler une imposante chaudière. Elle employait 368 ouvriers en 1889 Fermée en 1961, elle est en cours de restauration.

MUSEE MUNICIPAL Hôtel de Ville © 02 32 96 90 15. *Ouvert de la Toussaint à Pâques : le lundi et le mercredi de 14h à 18h, le samedi et le dimanche de 14h30 à 18h30. De Pâques à la Toussaint : le lundi, mercredi et samedi de 14h à 18h. Vacances scolaires : tous les après-midi de 14h à 18h, sauf le mardi et le dimanche. Entrée gratuite. Expositions temporaires.* Le musée d'Elbeuf est installé dans la mairie depuis son inauguration en 1884. Il s'étend sur 9 salles et 600 m², et traite des thèmes d'histoire naturelle (les oiseaux, les mammifères, les roches et les minéraux) et d'archéologie (préhistoire, époque gallo-romaine). Il évoque aussi les temps forts culturels et économiques de l'histoire locale (la peinture, la photographie mais aussi le métier Jacquard). De nombreuses vitrines où sont exposés les objets provenant de fouilles archéologiques réalisées dans la région (tête sculptée trouvée à Orival, ustensiles gallo-romains, sarcophage avec squelette provenant de Caudebec-les-Elbeuf...) illustrent l'évolution de la région depuis les temps anciens. La collection d'oiseaux naturalisés est associée à la borne interactive qui permet d'écouter les chants de certains pensionnaires endormis à jamais.

OU MANGER ET DORMIR ?

LE 1900 33, rue Guynemer © 02 35 77 07 27. *Fermé le samedi midi. Service jusqu'à 14h30 et 23h. Restaurant traiteur. Menus 99 F, 160 F, 195 F.* Une situation intéressante à côté de l'église Saint-Jean, une table animée au moment du déjeuner, notamment avec une clientèle d'affaires et des thèmes pour les soirées : des pierrades, raclettes et fondues à volonté (95 F). Pour la restauration plus classique, on trouve ici un bon choix de grillades au feu de bois (la cheminée est dans la pièce) ainsi que des formules où apprécier une cuisine plus élaborée. Le pied de mouton à la rouennaise, l'escalope de veau au cidre et au camembert. Pour le dessert, la banane senteur Fort-de-France est recommandée. La location d'une voiture de luxe avec chauffeur pour une promenade digestive et sans effort est une originalité. Un peu de calme dans ce monde et de repos dans ce monde de brutes.

LE PROGRES 47, rue Henry © 02 35 78 42 67. *Fermé le dimanche et le vendredi soir. Service jusqu'à 14h30 et 22h. Menus : 30 F (enfant), 55 F (le midi en brasserie express), 78 F, 105 F, 146 F, 195 F. Plat du jour 37 F. Hôtel 2 étoiles, 13 chambres : 160 F à 220 F.* Une étape intéressante qui permet la restauration classique à un prix correct, la restauration rapide de type brasserie dans une autre salle (55 F) et l'hôtel dans un quartier de la ville bien agréable. A proximité de l'Office de tourisme et l'église Saint-Jean, dans un décor à l'ancienne, faïences, armoire monumentale et chaises de paille vous accueillent pour un repas dont les adeptes de bonne cuisine ne se lassent pas. Des Saint-Jacques à la gelée de cidre, du cœur de rumsteck aux champignons ou de la raie à l'ananas, un programme qui ne laissera pas de marbre les gastronomes de passage. Pour finir, la mousse au chocolat maison est à déguster sans modération. Du choix dans les menus et une cuisine de qualité, la seule ombre au tableau est peut-être le verdict cruel de la balance. Gourmands à vos fourchettes !

L'OS A MOELLE 73, route du Neubourg © 02 35 77 99 88. *Menus: 53 F, 72 F. Carte: 110 F.* Ici, on mange une cuisine familiale et à l'ancienne. Ca mijote comme chez grand-mère : du cassoulet, de blanquette de veau, du pot-au-feu. Un petit restaurant pas cher qui a ouvert ses portes il y a cinq ans. Quant à l'ambiance, elle reste fidèle à la cuisine. Pas de chichis, tout est dans la convivialité et le service, sourire aux lèvres. Bonne humeur et gentillesse sont aussi au menu !

SE DETENDRE

Piscine de la Cerisaie Aqualud - Rue de l'Abbé-Becquet © 02 35 81 06 53

EMPLETTES

BROCANTE SAINT-JEAN 44, rue Henry-IV © 02 35 81 94 60. *Ouvert du mardi au samedi de 10h à 12h et de 14h30 à 19h30.* A deux pas de l'église Saint-Jean, une petite brocante offrant un agréable bric-à-brac de bibelots anciens, de vaisselle, verres, un choix important de jouets anciens ainsi que quelques meubles.

AGENDA

Foire Saint-Gilles et Elbeuf sur fête en **septembre**

La fête foraine s'installe à Elbeuf pour 3 semaines de plaisir. Elle est accompagnée le 2e week-end d'une animation nautique nommée Elbeuf sur fête avec grande braderie et activités nautiques comme le ski nautique et les fameux "O.F.N.I." objets flottants non identifiés. A vos palmes et à vos maillots !

ENVERMEU

2 194 Envermeudois. Altitude : 43 m. Située dans le pays de Caux à proximité de Dieppe. Mairie: 02 35 85 70 19. Marché le samedi matin. Chef-lieu de canton. Dans ce village fut découvert en 1850 un cimetière mérovingien preuve que son peuplement est ancien. Henri IV fit une halte de deux jours à Envermeu en Septembre 1589 avant d'aller mener la bataille d'Arques. Envermeu a adopté le blason des seigneurs Hugues et Turold, compagnons de Guillaume le Conquérant au XIe siècle. Autour de son église se serrent de petites ruelles piétonnières, une place de mairie avec une orientation, plein sud qui lui confère un ensoleillement agréable. Ce plaisant village était desservi jusqu'en 1939 par un tortillard, malheureusement aujourd'hui hors-service. Un lieu paisible à visiter.

A VOIR ET A VISITER

EGLISE NOTRE-DAME. Construit au XVIe siècle sur l'emplacement d'une autre église détruite en 1472 par les troupes de Charles le Téméraire, cet édifice religieux est bâti en pierre et en silex. A l'intérieur, on trouve un contre-retable de l'époque moderne décoré sur le thème du dernier repas du Christ. Avec ses piliers de style Renaissance, le chœur est superbe. En 1562, un incendie et des pillages détruisirent en partie l'église, la voûte est postérieure à cette date. Le bénitier de grès du XVIe siècle est parfaitement conservé et monté sur une colonnette. Appuyée contre le mur de l'église, on trouve une dalle funéraire avec un gisant de chevalier (fin XVIe). On remarque également une piscine en pierre sculptée dans le sanctuaire, elle a été pillée par des protestants venus de Dieppe. A l'extérieur, un court mais très élégant clocher et une belle série de gargouilles attirent.

OU MANGER ?

AUBERGE DES CAVES NORMANDES 14, rue Massacre © 02 35 85 71 28. *Menus: 85 F, 100 F, 115 F, 140 F plus carte.* Dans cette auberge, la cuisine traditionnelle est défendue brillamment. Dans ce cadre rustique, on s'attable volontiers devant des plats du terroir qui laissent au palais un souvenir ému. La carte regorge de choses auxquelles il est difficile de résister. Poissons, rognons, andouillette, neufchâtel, calvados, pommeau, cidre font bon ménage pour le plus grand plaisir des gourmets qui fréquentent ce restaurant assidûment. L'aumônière océane ou l'assiette gourmande au foie gras, le pot-au-feu de poisson, les rognons de bœuf poêles Grand-mère illustrent le savoir-faire du chef. En dessert, la feuillantine aux pommes sauce caramel et sa glace fait des ravages. Une adresse à essayer.

EMPLETTES

AU GRENIER D'ANTAN 1, rue du Général-de-Gaulle © 02 35 85 77 69. *Fermé le mardi et le jeudi.* Dénicher un objet coup de cœur est ici facile. Bibelots, meubles anciens et autres merveilles d'antan vous attendent dans ce grenier qui est en fait une jolie boutique.

AGENDA

Hyper cross nocturne le **dernier samedi de juillet** avec des animations diverses.
Semaine de l'enfant la **dernière semaine d'août**.

AVIS
Plus de 500 agences à votre service
Informations et réservations N° Indigo 0 820 05 05 05 ou www.avis.ir

ETAIMPUIS

531 habitants. Altitude : 105 m. Située dans le pays de Bray. Mairie : 02 35 33 31 38.

A VOIR ET A VISITER

CLOS DU COUDRAY D3 © 02 35 34 96 85. *Entre Clères et Saint-Victor-l'Abbaye. Ouvert tous les jours d'avril à octobre du 1er mars au 15 avril, de 10h à 17h30, du 16 avril au 1er novembre de 10h à 19h (dernière entrée à 18h). Tarifs : 35 F, tarif réduit : 25 F (enfants de 6 à 14 ans), gratuit en dessous de 6 ans. Jardinerie et vente de graines sur place.* Ce jardin de création récente présente une grande variété d'espèces que l'on observe au fil des saisons avec ses floraisons successives ou simultanées. On y découvre des milliers d'espèces répartis sur plus d'un hectare composé de rocailles avec de plantes alpines, des plates-bandes à thèmes colorés, un jardin de dallage, une pergola. On y trouve également des jardins de berges et des rosiers, des lianes, des primevères géantes venant du monde entier. Mais aussi 25 sortes de houx, des plantes de la cordillère des Andes, de l'ouest de la Chine. Un véritable enchantement pour les yeux, on prend plaisir à errer dans des compositions changeantes, le long de la rivière, entre les rocailles et pour ramener dans ses bagages un souvenir vivant de la journée pourquoi ne pas faire un petit tour à la jardinerie du lieu.

ETRETAT

1640 Etretatais. Mairie : 02 35 27 01 23.

S'il y a une carte à poster de Normandie, ce sera sûrement celle de l'aiguille creuse d'Etretat ! C'est comme la tour Eiffel ou le Mont-Saint-Michel : on peut difficilement y couper. Bien sûr le phénomène géologique est étonnant, tous les manuels scolaires l'ont reproduit, tous les guides touristiques. Monet et d'autres grands peintres l'ont immortalisé et Etretat lui doit sûrement une bonne partie de sa célébrité. Mais Etretat ne se résume pas seulement à un paysage. Ceux qui l'ont choisi comme lieu de vacances en savent quelque chose. Ils sont là, implantés souvent depuis plusieurs générations, dans la villa que le grand-père de leur grand-père avait fait construire sur les hauteurs. A l'époque où Etretat, lancée par l'écrivain Alphonse Karr, est la grande station à la mode. On apprécie sa plage de galets (l'engouement pour le sable fin et les bains de soleil n'a pas encore sévi !), son air vivifiant. Maupassant en était un grand amoureux et Maurice Leblanc en a fait le théâtre des aventures d'Arsène Lupin. Mais il y a deux mondes, deux mondes qui ne se fréquentent pas toujours : celui de la bourgeoisie estivante venant de Rouen ou de Paris et les gens du cru qui vivaient de la pêche : avec leurs caïques et leurs petits canots, ils partaient chasser le hareng et le plat (carrelet sole…). Mais d'année en année, le poisson s'est raréfié en même temps que les pêcheurs. Bien que moins populaire qu'à une certaine époque (les vacanciers ont fui les plages de galets pour se masser sur la côte normande), Etretat est restée une station de villégiature très appréciée des connaisseurs (on ne va pas à Etretat par hasard…). On l'appelle, sans doute avec raison, la "perle de la Côte d'Albâtre". En conclusion donc, le détour s'impose.

ⓘ OFFICE DE TOURISME Place Maurice-Guillard © 02 35 27 05 21

Ouvert du 15 juin au 15 septembre tous les jours de 10h à 19h, du 15 septembre au 11 novembre et du 15 mars au 15 juin tous les jours de 10h à 12h et de 14h à 18h et le reste de l'année tous les jours, sauf dimanche de 10h à 12h et de 14h à 18h. Bravo à Magalie, la directrice qui sait si bien communiquer sa passion pour Etretat et sa région.

A VOIR ET A VISITER

LA CHAPELLE NOTRE-DAME-DE-LA-GARDE. Dominant la falaise d'amont, une chapelle avait été édifiée en 1854 en hommage aux marins et navigateurs d'Etretat. Détruite pendant la Seconde Guerre mondiale, elle a été reconstruite en 1950. C'est une petite chapelle toute simple décorée de volumineuses gargouilles en forme de poisson. Malheureusement l'intérieur est condamné par une grille désormais bien rouillée. Il nous reste à admirer la vue plongeante vers la mer : le site est romantique à souhait et sert maintenant de rendez-vous aux amoureux.

LE CHATEAU DES AYGUES Rue Offenbach © 02 35 28 92 77. *Ouvert du 1er juillet au 1er septembre, tous les jours, sauf le mardi, de 14h à 18h. tarif : 30 F. Visites guidées en français et en anglais. Chambres d'hôtes.* C'est l'ancienne résidence d'été des reines d'Espagne Marie-Christine de Bourbon Sicile et Isabelle II, aujourd'hui classée monument historique. Les amateurs pourront y admirer notamment une très belle collection de porcelaines de Chine (près de 300 pièces…). On peut également s'offrir une lune de miel dans l'une des deux chambres d'hôtes du château : chambre simple à 650 F ou la suite royale à 1 250 F !

LE CLOS LUPIN 15, rue de Maupassant © 02 35 10 59 53. *Ouvert du 1er avril au 30 septembre, tous les jours de 10h à 19h, du 1er octobre au 31 mars, les vendredis, samedis, dimanches de 11h à 17h. Tarifs : 35 F, tarif réduit : 29 F. Enfants 6 à 16 ans 20 F. Les chiens ne sont pas admis.* Imaginez-vous dans la peau d'un vrai cambrioleur et pas n'importe lequel : le grand, le célèbre, l'inoubliable Arsène Lupin ! La maison de Maurice Leblanc vous ouvre ses portes pour percer le secret d'un des personnages les plus singuliers de la littérature policière. La mise en scène est parfaite : un casque sur les oreilles, bercé par la voix ô combien familière de Georges Descrières, l'exploration du repaire peut commencer mais ne manquez pas les indices ! Où débouche ce couloir ? Allez-vous découvrir les bijoux de la princesse ? Et le secret de l'aiguille creuse ? La visite de 45 mn risque d'être plutôt riche en rebondissements. Et en sortant, regardez si rien ne manque dans vos poches ! Au cas où…

L'EGLISE NOTRE-DAME Place Monseigneur-Lemonnier. En prolongeant la rue Notre-Dame, on tombe sur l'église du même nom. C'est un mélange de style roman (XIe) et gothique. A l'intérieur, on peut voir un orgue de tribune de facture Cavaillé-Coll ainsi qu'une Vierge à l'Enfant du XIVe siècle.

LE MANOIR DE LA SALAMANDRE Boulevard René-Coty. A vue d'œil, on se dit que la maison doit à peu près dater des XVe et XVIe siècles. C'est juste ! Mais comment est-elle arrivée là ? Au cœur d'une station dont l'essor remonte à moins de deux siècles. C'est tout simplement que le manoir a été démonté bois par bois de son emplacement initial à Lisieux pour être remonté à Etretat au début du XXe siècle. Ou plus exactement, c'est la réunion de deux maisons médiévales (XIVe et XVIe). On le baptisa manoir de la Salamandre en hommage à l'architecte Mauge qui réalisa de nombreuses maisons à Etretat dont celle de Maurice Leblanc. La salamandre qui dit-on, avait le pouvoir de traverser le feu, étant un symbole de force (c'était l'emblème de François Ier tout de même !). Toujours est-il qu'elle a donné son nom à la plus belle maison d'Etretat (un lieu très à la mode à la belle époque et aujourd'hui transformé en hôtel-restaurant) même si son authenticité est relative, d'ailleurs, on n'y voit que du feu…

LE MARCHE COUVERT Place du Maréchal-Foch. Avec ses colombages à l'ancienne et sa toiture en tuiles plates, le marché couvert est en fait une construction de 1926 (réplique de l'ancien marché couvert) réalisée par les "Compagnons de la Manche" à la demande de la commune. L'ouvrage provoqua à l'époque, un certain remous car on dut procéder alors à l'expropriation des commerçants qui occupaient la place. Depuis il abrite les échoppes des artisans et marchands de produits régionaux et constitue l'un des passages obligés du touriste en visite à Etretat.

LE MONUMENT NUNGESSER ET COLI. Cette flèche en béton de 24 m de haut et inclinée à 60°, pointée vers le ciel a été érigée en 1962 en remplacement du monument de 1928 à la mémoire des deux aviateurs, détruit en 1944. Ils avaient été aperçus pour la dernière fois au-dessus d'Etretat le 8 mai 1927 dans leur tentative de traversée de l'Atlantique Nord sans escale, à bord de L'Oiseau Blanc.

LE MUSEE NUNGESSER ET COLI © **02 35 27 07 47.** *Ouvert les week-ends de printemps et tous les jours du 15 juin au 15 septembre de 10h à 12h et de 14h à 18h.* Pour en savoir plus sur l'épopée des deux aviateurs, le bâtiment qui se situe au pied du monument abrite le musée. Sur le thème "La vie et l'œuvre", on se replonge avec plaisir dans les débuts de l'aviation.

LES FALAISES. "Arrondie en croissant de lune, la petite ville d'Etretat, avec ses falaises blanches, son galet blanc, et sa mer bleue" disait Maupassant… Et depuis, rien n'a vraiment changé. Les petites maisons collées les unes contre les autres sous leurs toits d'ardoises dressent le portrait d'une ville immuable abritée sous ses falaises. Car, c'est d'en haut qu'il faut contempler Etretat. S'armer de bonnes chaussures de marche et d'un peu de courage et gravir les falaises.

LA FALAISE D'AVAL. La plus célèbre d'Etretat incontestablement. Mais il faut attendre marée basse pour qu'elle nous livre ses secrets. On commence la promenade par les parcs à huîtres : ces bassins avaient été creusés à la fin du XVIIIe siècle à la demande de la reine Marie-Antoinette qui avait un petit faible pour les huîtres. Et pour être très précis pour les huîtres de Cancale grandies à Etretat : la conjonction de l'eau de mer et de l'eau plus fraîche de la rivière souterraine leur conférant semble-t-il une saveur particulièrement délicate. Passé les parcs à huîtres, la falaise découvre une anfractuosité : c'est le trou à l'homme, une grotte qui aurait, selon la légende, arraché aux eaux furieuses un malheureux naufragé promis à une mort certaine. Puis on grimpe vers la baie du petit port d'où l'on a une belle vue sur la porte d'aval et l'aiguille creuse haute de 70 m. Presque en enfilade, la deuxième porte appelée aussi Manneporte et que Maupassant évoquait en parlant de ce "portail gothique pouvant laisser passer un navire toutes voiles dehors", atteint, elle, 90 m. On peut continuer la promenade jusqu'à la pointe de la Courtine, puis la valleuse d'Antifer où vivent de nombreux oiseaux jusqu'à la plage du Tilleul. En remontant sur la falaise, on peut regagner ensuite Etretat par le GR21 et profiter ainsi de quelques beaux points de vue sur la ville. A hauteur du golf, on découvre la chambre des demoiselles. Mais le lieu est moins romantique qu'il n'y paraît. Une légende étretataise raconte que le seigneur de Fréfossé aurait fait emmurer dans cette grotte trois sœurs qui s'étaient refusées à lui et les y laissa mourir après trois jours et trois nuits d'agonie. Et depuis cette tragédie, le fantôme des trois jeunes filles revient régulièrement la nuit visiter la grotte où les lettres DF (pour demoiselles de Fréfossé) sont gravées. Mieux vaut donc de pas trop s'y attarder…

LA FALAISE D'AMONT. A l'autre extrémité de la plage, un escalier creusé dans la falaise conduit au sommet où se trouvent la chapelle Notre-Dame-de-la-Garde et le monument dédié aux aviateurs Nungesser et Coli. C'est encore la plus belle vue que l'on ait sur l'aiguille creuse et la plage d'Etretat. On peut ensuite continuer à longer la falaise par le GR21, redescendre derrière la porte d'amont par les escaliers du Chaudron (qui dit-on, gronde par temps de tempête) puis remonter et poursuivre jusqu'au roc Vaudieu. Si vous avez encore un peu de courage (prévoir 3h de plus), la promenade peut se prolonger vers l'aiguille de Belval et la Valleuse du Curé.

OU MANGER ET DORMIR ?

LE BICORNE 5, boulevard René-Coty © 02 35 29 62 22. *Fermé le lundi soir, le mardi soir et le mercredi toute la journée. Menus à 95 F, 135 F, 198 F et menu royal pour 2 personnes à 730 F.* Que les choses soient claires : le restaurant n'est pas réservé aux académiciens ! Pour l'anecdote, c'est une ancienne galerie de peinture, “La licorne” transformée en restaurant (deux lettres à changer sur la devanture...). Mais l'idée a fait son chemin et a donné naissance au Tricorne (devenu la Salamandre). Licorne, Bicorne, Tricorne… On imagine sans peine le résultat si l'ancienne propriétaire avait racheté tous les restaurants de la station ! Pour le reste, la table est excellente, même si on est un peu les uns sur les autres. On commence par un petit cocktail maison : jus d'orange, rhum, champagne et sirop de grenadine). Histoire d'ouvrir l'appétit pour la suite : lotte au cidre, moules crème à l'ail ou salade de chèvre du pays. On est séduit !

LE CLOS LUPIN 37, rue Alphonse-Karr © 02 35 29 67 53. *Menus à 95 F, 140 F, 165 F et 205 F.* A ne pas confondre avec la maison d'Arsène, ici on donne plutôt dans les nourritures terrestres. Et il y a de quoi être tenté. Les produits sont toujours frais et la spécialité de la maison, c'est bien sûr le poisson : au choix, la levée de chalut, assortiment de saumon, bar et lotte sauce safran ou la rosace de gambas grillés au pommeau. Mais on ne manquera pas de terminer le repas par la surprise du chef : une aumônière aux pommes chaudes caramélisées et flambées au calvados : si on est au bord de la mer, on est quand même en Normandie !

LE GALION Boulevard René-Coty © 02 35 29 48 74. *Fermé lundi et mardi hors saison et pendant les vacances. Menus de 120 F à 235 F.* Un vrai restaurant gastronomique connu des gourmets (il est préférable de réserver car le restaurant affiche vite complet). Huîtres pochées au champagne, boudin de la mer à la julienne de légumes, lotte en croûte sauvage, filets de sole à l'embeurré de poireau de radis noir, la carte est à première vue plus qu'appétissante et l'on est conquis par le cadre : grande cheminée, fenêtres à petits carreaux, vieilles poutres pour cette demeure du XIVe siècle. Une des meilleures adresses d'Etretat.

L'HUITRIERE Front de Mer © 02 35 27 02 82. *Menus 98 F, 179 F, 239 F. 92 F à 375 F par personne pour les plateaux de fruits de mer.* A L'Huitrière, comme son nom l'indique, on vient surtout déguster… des huîtres. Mais pas seulement, l'établissement étant plus largement réputé pour ses plateaux de fruits de mer qui vous tiennent une bonne partie de l'après-midi à table. Ca tombe plutôt bien car une fois qu'on a pris place dans ce restaurant tourné vers la mer (demandez à être installé dans la salle du premier étage), on n'a plus envie de quitter sa chaise !

LES ROCHES BLANCHES Front de Mer © 02 35 27 07 34. *Menus de 112 F à 169 F.* Au pied de la falaise d'amont, le restaurant est toujours bien accueilli par les marcheurs qui rentrent de leur petite grimpette. Enfin un coin où s'asseoir (mais attention, les tables sont prises d'assaut !), mettre les pieds sous la table et, comble du luxe pour un front de mer, avoir autre chose dans son assiette qu'un hot dog frites. En l'occurrence la maison affiche quelques spécialités : salade de Saint-Jacques tièdes à la vinaigrette de betteraves, les crevettes sautées au beurre d'ail et pour les allergiques au poisson (après tout, il y en a), magret de canard au cidre. En dehors des heures de repas, on peut aussi déguster une glace sur la terrasse du bar, presque… les pieds dans l'eau.

LA SALAMANDRE 4, boulevard René-Coty © 02 35 27 17 07. *Menus 98 F (avec possibilité de plats en supplément) et menus couple à 299 F.* C'est une bonne occasion de manger traditionnel tout en profitant du cadre unique du manoir de la Salamandre. Grandes tables en chêne, tomettes anciennes et superbe cheminée pour chauffer la salle… La formule est plutôt brasserie mais brasserie bio : ici on mange simple et sain. Pas de choucroute en été et que des légumes de saison. Pour mieux vous servir, le gérant du restaurant court les routes du pays à la recherche des bons produits. On peut également y déguster une vraie morue à la cauchoise et quand on vous propose en dessert une crème brûlée, c'est fait avec de la crème fermière !

LE CORSAIRE Rue du Général-Leclerc © 02 35 10 38 90. *Menus 75 F, 89 F, 115 F, 145 F et 175 F. 17 chambres de 275 F à 690 F. Petit déjeuner 45 F.* Idéalement placé, face à la mer, c'est encore une des bonnes adresses où l'on peut déguster fruits de mer et poisson à volonté (depuis quelques années malheureusement Etretat comme d'autres stations du littoral est frappé par la mode des crêperies, pizzas et autres moules-frites…). Au choix : un pavé de flétan sauce normande ou un bar grillé sauce oseille, dont vous nous direz des nouvelles ! Côté chambres, c'est simple, propre, rustique et de bon goût et on ne se lasse pas de la vue sur la mer.

LE DORMY HOUSE 40, route du Havre © 02 35 27 07 88. *Menus 105 F, 155 F, 190 F et 255 F plus un menu terroir à 200 F autour du cidre, pommeau et calvados. Hôtel 3 étoiles de 49 chambres (l'hôtel prévoit de s'agrandir) de 250 F à 720 F (400 F à 950 F en haute saison). Petit déjeuner buffet : 75 F.* La maison est réputée et plutôt chic. Elle a à son palmarès quelques invités prestigieux dont le premier client : Paul Prébois. Depuis on aurait pu y rencontrer Nathalie Baye, Isabelle Hupert ou la Patrouille de France mais quand on vient ici, c'est surtout pour la vue. Un vrai nid d'aigle perché au-dessus d'Etretat, au milieu de 4 ha de verdure : le rêve. Et la cuisine est plus qu'à la hauteur : on recommande l'escalope de barbue aux 3 agrumes. Pour une fois, cela vaut le coup de casser la tirelire !

LE DONJON Route de Fécamp © 02 35 27 08 23. *Menus 130 F, 180 F, 260 F et 350 F. Hôtel 3 étoiles de 11 chambres de 580 F à 1 380 F ou de 570 F à 1 000 F par personne en demi-pension (chambre plus repas du soir et petit déjeuner).* Surplombant Etretat, la mer et les falaises, le lieu est somptueux et merveilleusement romantique. L'histoire dit que c'est sur ses marches qu'on aurait retrouvé, abandonné dans un couffin, Arsène Lupin (encore lui !). De sa première demeure, il aurait au moins hérité du raffinement : les chambres sont luxueuses (Jacuzzi, café et thé d'accueil et même une chambre avec vue sur mer et cheminée), des salons privés ainsi qu'une piscine (pour les beaux jours) mis à la disposition de la clientèle ! Quant au menu, c'est en lui-même un chef-d'œuvre de littérature qui laisse bien, augurer la suite : duo de saint-pierre et dorade infusion d'hysope au suc de viande, escalope de bar, crème onctueuse au potiron, à moins que vous n'optiez pour le mystère du Donjon : pour 350 F, 8 plats sont servis en assiette de dégustation, une balade gastronomique, selon l'inspiration du chef ! Bref, le must à Etretat.

Hôtel-Restaurant ★★★ NN

DORMY HOUSE

Dans un parc de 4 hectares,
au bord des falaises d'Etretat,
le DORMY HOUSE
offre le panorama de la ville
au regard de ses hôtes.

Route du Havre - B.P. 2 - 76790 Etretat
✆ 02 35 27 07 88 - Fax 02 35 29 86 19
Direction : Marie et Léonard Continsouzas, Vanessa et Jérôme Courbet

HOTEL DES FALAISES 1, boulevard René-Coty © 02 35 27 02 77. *Hôtel 2 étoiles de 24 chambres de 165 F à 380 F (250 F à 430 F en saison). 2 chambres pour 4 personnes (de 440 F à 510 F). Petit déjeuner : 35 F. Animaux autorisés.* Un bon hôtel situé dans le triangle d'or du centre-ville. L'accueil est chaleureux et personnalisé et visiblement les clients y reviennent (s'il n'y a pas trop de monde, on vous laissera même choisir votre chambre). Un bon point : la literie est neuve et on y sert le petit déjeuner très tard (parfois même au-delà de midi !). Enfin un hôtel où l'on peut faire la grasse mat'...

HOTEL AMBASSADEUR 10, avenue de Verdun © 02 35 27 00 89. *Hôtel 2 étoiles de 17 chambres de 320 F à 550 F (440 F à 650 F en période rouge).* A deux pas de l'Office de tourisme, l'hôtel est central tout en étant au calme. Installé dans une maison de maître, typique de la région avec ses façades en briques et ses balcons en bois blancs, il offre un aspect plutôt coquet et plein de charme. On peut rentrer dans la cour et garer sa voiture sans problème, ce qui est pratique pendant le rush de la saison.

HOTEL D'ANGLETERRE 35, avenue George-V © 02 35 27 01 65. *12 chambres de 240 F à 380 F. Petit déjeuner buffet : 52 F.* L'accueil se fait désormais à l'Hôtel de la Poste (un peu plus bas dans la rue, sur le trottoir d'en face) qui est propriétaire des 2 hôtels (et au passage également de L'Huîtrière). Les prix sont abordables et l'on donne plutôt dans la simplicité, ce qui met tout de suite à l'aise. On préfère l'Hôtel d'Angleterre qui offre un cadre plus authentique et rénové (avec une petite note exotique pour les chambres). Mais pour le petit déjeuner, il faudra redescendre à l'Hôtel de la Poste.

LA RESIDENCE 4, boulevard René-Coty © 02 35 27 17 07. *Hôtel de 15 chambres de 170 F à 590 F. Petit déjeuner : 35 F.* L'hôtel est attenant au restaurant la Salamandre et l'on reste dans la même maison :même propriétaire, même cadre ancestral, même accueil souriant et même goût pour les choses simples et authentiques. Décor teck, lits couette (pour les plus belles chambres : lit à baldaquin et balnéo, Jacuzzi) et pour le petit-déjeuner l'assurance d'un lait bio, d'un beurre bio et d'une vraie orange pressée !

APPARTEMENTS A LOUER. Pour passer des vacances, c'est encore la formule la mieux adaptée. On peut se procurer à l'Office de tourisme le dépliant des chambres et meublés recensés sur la commune.

CAMPING MUNICIPAL Rue Guy-de-Maupassant © 02 35 27 07 67. *Ouvert du 20 mars au 10 octobre. 95 emplacements.* Juste à l'entrée d'Etretat et à 10 mn du centre, un beau camping 3 étoiles avec salle de jeux.

LES TILLEULS Hameau Grosse-Mare © 02 35 27 11 61. *Ouvert du 1er avril au 30 septembre. 96 emplacements. Accès facilité pour les handicapés. Bungalows de 1 100 F à 1 500 F la semaine et mobil-homes de 2 400 F à 2 600 F la semaine.* A 2 km de la plage du Tilleul et à 3 km d'Etretat, ce camping 2 étoiles est situé dans un cadre verdoyant et agréable. Possibilité de forfaits longue durée. Aire de jeux, dépôt de pain et épicerie.

SE DETENDRE

ASSOCIATION PROMENADES EQUESTRES 75, rue du Colonel-Raynal - BORDEAUX-SAINT-CLAIR © 02 35 29 41 97. Sous la conduite d'André, retraité, éleveur amateur et... passionné de cheval, on peut se faire de magnifiques promenades équestres dans les environs d'Etretat (80 F l'heure). André tient aussi le gîte avec chambres d'hôtes à 180 F avec le petit-déjeuner.

LE CASINO © 02 35 27 00 54. *Ouvert tous les jours de 11h à 5h du matin.* Donnant sur la plage, il est très fréquenté en saison et équipé comme il se doit : machines à sous, boule, etc. Et entre deux on peut manger un morceau à la brasserie Le Bistroquet (prix moyen 130 F) ou aller prendre un verre au bar du Casino.

Villa Bligny

5, av. de Verdun
Suites et appartements de grand standing.
Parking privé.

Hôtel d'Angleterre

Renseignements et réservations :
à l'hôtel de la Poste,
6, av. George V.
✆ 02 35 27 01 34

Restaurant l'Huîtrière

Au pied des célèbres falaises d'Etretat, que vous pourrez admirer depuis la salle panoramique du restaurant, venez partager notre passion des fruits de mer et notre exigence de la qualité.

Front de mer - 76790 ETRETAT - ✆ 02 35 27 02 82

GOLF MARIN D'ETRETAT **Route du Havre © 02 35 27 04 89.** *Fermé le mardi.* Pour se laver la tête et se décrasser les poumons, il n'y a pas mieux. Au sommet de la falaise d'aval, en surplomb de la mer, la vue est grandiose et l'air vivifiant pour taper la petite balle…

TRAIN TOURISTIQUE ETRETAT-LES LOGES *Départ d'Etretat tous les jours en juillet et août, sinon le dimanche à 15h, 16h30 et 18h (sans retour). Départ des Loges à 14h35, 16h05 et 17h35. Tarif : aller-retour 30 F, tarif réduit : 15 F (4-14 ans). Vélorail-les-Loges–Etretat. Départ des Loges à 14h, 15h30 et 17h. Tarif : 75 F pour 5 places.* Pour découvrir la région de façon sympathique et originale, on peut emprunter, à bord d'une draisine l'ancienne voie de chemin de fer (circuit d'une demi-heure). Plus récemment un Vélorail a été mis en place pour rejoindre Etretat à partir des Loges. Histoire de terminer le parcours en poussant un peu sur les gambettes.

PARC DE LOISIRS DES ROCHES **Rue Jules-Gerbeau © 02 35 29 80 59.** *Ouvert de Pâques à fin septembre les mercredis, samedis et dimanches de 14h à 19h. En saison tous les jours de 11h à 19h.* Sur les hauteurs d'Etretat, dans un environnement verdoyant, c'est le paradis des enfants : balançoires, piscine, pédalos, château gonflable, minigolf et aquarium aménagé dans un tunnel : il faut bien qu'il y en ait pour tout le monde ! VTT. Il y a de superbes balades à faire à VTT en surplomb des falaises : profitez-en ! L'Office de tourisme peut vous renseigner sur les conditions de location.

VOILES ET GALETS **3bis, rue Prosper-Brindejont © 06 10 56 69 67.** *E-mail : helincata@hotmail.* Un club de voile très actif qui organise des stages d'été à partir de 7 ans et met à la disposition des amateurs du matériel en location (6 catamarans, 2 dériveurs, 12 planches à voile et 3 canoës de mer entre 100 F et 200 F l'heure).

VELOS CITES Si vous n'avez pas peur de pousser sur les mollets, il n'y a plus qu'à suivre les panneaux (demandez le dépliant à l'Office de tourisme). La véloroute du littoral cauchois permet de relier désormais Le Havre et le Tréport en traversant les principaux hauts lieux touristiques et en empruntant des routes peu fréquentées (moins de 1 000 véhicules par jour). A noter, cette véloroute n'est en fait qu'une portion du projet européen de liaison vélo ralliant les Pays-Bas au Portugal. Mais ne soyons pas trop ambitieux…

OU SORTIR ?

LE RETRO CLUB © **02 35 27 00 54.** *Ouvert jusqu'à 5h du matin. Tarif : 70 F (avec 1 consommation).* Situé au premier étage du casino d'Etretat, l'endroit est agréable et tout public. On y écoute surtout de la musique rétro (années 80) et on peut aussi bien y danser qu'y bavarder.

EMPLETTES

AU BORD DES PAGES 9, rue Alphonse-Karr © **02 35 28 29 78.** *Ouvert en été tous les jours de 10h à 13h et de 15h à 19h. Le reste de l'année tous les jours, sauf mercredi et dimanche après-midi aux mêmes horaires.* Vous cherchez LE livre pondu par LA personnalité du cru sur LA curiosité du coin ? C'est bien ici qu'il faut frapper. Si le livre n'est pas en rayon, on pourra toujours vous indiquer où et comment se le procurer. La librairie est spécialisée dans le patrimoine local, les ouvrages sur la mer ou sur les personnalités marquantes de la région et dans son arrière-boutique organise régulièrement des expositions. Depuis un an, elle a également développé un rayon jouets en bois et réédition de jouets anciens (un des rares endroits en France où l'on peut trouver encore des vrais osselets en métal et des billes en terre !).

L'EPICERIE FINE 10, avenue George-V © **02 35 27 01 56.** Une très bonne adresse pour acheter des produits locaux mais attention car une fois entré dans la boutique, on a envie de tout emporter. Des confitures de Saint-Wandrille aux caramels ou au miel d'Etretat en passant par toute la déclinaison des préparations au lapin (lapin au cidre, lapin au miel, lapin sauce moutarde… par la Ferme cauchoise), celle des produits dérivés de la pomme (gelée et confiture de pommes…) ou toute la gamme des fromages du pays et la liste n'est bien sûr pas exhaustive ! Et de surcroît l'accueil est parfait, ce qui ne gâche rien…

CASINO D'ETRETAT
ouvert tous les jours de 11h à 5 h du matin
MACHINES A SOUS
NOUVELLE BRASSERIE
"LE BISTROQUET"
02 35 27 00 54
BOULE : 22h - 5h
Dimanche après-midi 16h - 20h
LE CLUB RETRO
vendredi, samedi,
dimanche : 23h - 5h
dimanche après-midi :
orchestre 16h - 20h

FROMAGERIE LE VALAINE **Manoir de Cateuil - Route du Havre ✆ 02 35 27 14 02.** *Internet :www.etretat.net/levalaine/ - E-mail : levalaine.etretat@wanadoo.fr. Ouvert tous les jours de mars à décembre de 9h à 12h30 et de 14h à 19h. Visites de Pâques au 11 novembre, les dimanches et jours fériés à 11h. Juillet et août : le samedi à 15h30, les dimanches, lundis, mardis, mercredis et jours fériés à 11h.* Aux portes d'Etretat (en direction du Havre), cette ferme produit artisanalement un petit fromage de chèvre fondant à souhait et désormais bien connu. Mais on peut aussi y trouver bien d'autres produits maison et délicieux : terrine de chevreau au calvados, cidre au pressoir, miel, les fameux Capr'Ice (glaces au lait de chèvre) et même des chocolats au lait de chèvre. La ferme se visite et l'élevage (décidément mis à contribution !) a toujours beaucoup de succès auprès des enfants. L'occasion d'une agréable sortie en famille. Et il paraît qu'il y aura des surprises cette année pour fêter les 20 ans de la boutique !

PATISSIER-CHOCOLATIER LECOEUR **47, rue Alphonse-Karr ✆ 02 35 27 02 54** *Ouvert tous les jours de 8h à 20h.* LE grand pâtissier-chocolatier d'Etretat, installé depuis 1850. Au départ l'établissement s'appelait La Ruche Parisienne, étant très fréquenté par la clientèle des estivants en provenance de la capitale. Mais on a fini par l'appeler tout simplement la pâtisserie Lecoeur du nom de la famille qui tient toujours le magasin. Et les recettes de la grand-mère Lecoeur font plus que jamais le régal des Etretatais et des visiteurs : le Brésilien (pâte sablée amandes et noisettes fourrée framboise) dédié à Offenbach, la Marguerite (biscuit à la crème d'amande parfumée à la fleur d'oranger) concoctée pour l'anniversaire de Marguerite Leblanc, femme de Maurice Leblanc et bien sûr les fameux caramels. Un délice…

LES RUCHERS D'ETRETAT **Ferme des Platanes - Route d'Etretat - BORDEAUX-SAINT-CLAIR ✆ 02 35 28 82 36.** *Marché à la ferme (vente des produits de la ruche et de volailles fermières), le mercredi de 14h à 19h et le samedi de 9h à 12h.* Depuis 10 ans, Benoît Le Caulle qui exploite ici quelque 400 ruches, fait couler le miel : toutes fleurs, de tournesol, d'acacia… Et avec le miel, bien sûr, on fait… De l'hydromel, des bougies, du pain d'épice et des sucettes !

AGENDA

Jeudi de l'Ascension : Fête de la mer. Messe et bénédiction de la mer. Sortie de bateaux de pêche.

12 et 13 mai : Fête du nautisme. Régate.

20 juillet et 11 août : Régates du Casino

Dimanche suivant le 15 août : Salon du livre au Casino.

EU

8 332 Eudois. Située dans le pays de Bray. Mairie 02 35 86 44 00. Marché le vendredi matin. Grands parkings gratuits. Internet : www.ville.eu.fr/

Cette ville chargée d'histoire se visite avec enthousiasme. Elle est après Rouen la ville qui offre le plus beau patrimoine malgré une superficie moyenne. Cette densité en fait une halte indispensable. Empreinte des souvenirs de la royauté qui en a fait sa résidence d'été à une époque lointaine, Eu reçut des hôtes prestigieux, résidants occasionnels ou habituels qui lui ont offert des monuments dignes du prestige royal. Henri de Guise, Louis-Philippe et plus récemment le comte de Paris avaient pour cette ville une affection particulière. Pour résumer un peu le cheminement de cette commune à travers le temps, il faut remonter à sa création aux alentours de 996. Richard Ier (petit-fils du duc de Normandie) y érigea le premier comté d'Eu et fit édifier un château. Ensuite Henri de Guise fut l'instigateur de la construction du château qui abrite aujourd'hui la mairie. Ce fut le tour de la Grande Mademoiselle (Anne-Louise d'Orléans, duchesse de Montpensier, fille de Gaston d'Orléans, nièce de Louis XIII) de prendre à son compte l'amélioration du château et l'aménagement du parc. Transmis par héritage au comte de Toulouse, fils de Louis XIV et de madame de Montespan, puis aux Orléans-Bragance, il fut enfin la résidence préférée de Louis-Philippe (dernier roi de France). Après le saccage de Versailles qui subit les outrages de la Révolution, Eu restait le dernier domaine royal habité de France. L'histoire de cette cité accueillante ne se résume pas à son passé. Elle offre aussi un écrin de verdure avec une forêt préservée et un vallonnement caractéristique dû à la proximité de la mer. Son grand prix national du fleurissement n'est pas usurpé. Les efforts accomplis par les habitants de cette commune sont incontestables et leur bonne humeur est vérifiable. Le marché du vendredi, sur la place de la collégiale, est pittoresque : tous les producteurs locaux, à grands renforts de gestes et dans un patois rocailleux, viennent vendre leurs produits. La comtesse de Paris, qui n'est plus propriétaire que d'un pavillon situé dans le parc, continue de fréquenter assidûment la ville qui a vu passer tant d'illustres personnages de notre royauté défunte. Pour un séjour alliant l'enseignement historique, les balades en toute simplicité et la douceur de vivre.

OFFICE DE TOURISME 41, rue Paul-Bignon ✆ 02 35 86 04 68

Internet : www.tourisme.fr. Ouvert toute l'année. Du 1er janvier au 30 avril du mardi au samedi de 9h30 à 12h et de 14h à 17h30, du 2 mai au 31 octobre du lundi au samedi de 9h30 à 12h30 et de 14h à 18h30, les dimanches et fériés de 10h à 13h. 3615 ITOUR. Situé dans une rue commerçante, cet office du tourisme est la vitrine de cette ville dynamique. La publication gratuite "Tourisme & découvertes", publiée plusieurs fois dans l'année, vous donne les clefs de la ville, tant au niveau historique qu'informatif et intègre une programmation des manifestations à venir. Il est également l'endroit idéal pour s'inscrire à des visites et excursions guidées, qu'il s'agisse d'aller visiter la cité, de faire une sortie champignons en forêt d'Eu, de visiter le site archéologique du Bois-l'Abbé ou une verrerie industrielle dans la vallée. Des brochures présentant les circuits pédestres, cyclistes et équestres sont également disponibles.

OFFICE NATIONAL DES FORETS ✆ 02 35 84 15 95

A VOIR ET A VISITER

CHAPELLE ET ANCIEN COLLEGE DES JESUITES Rue du Collège. *Chapelle ouverte du 15 mars au 31 octobre de 10h à 12h et de 14h à 18h (fermé le dimanche). Entrée libre, visite commentée sur rendez-vous à l'Office tourisme.* C'est en 1580 que fut fondé cet établissement d'éducation jésuite. Les religieux s'établirent à Eu avec l'aide d'Henri de Guise, comte d'Eu. Henri surnommé Henri le balafré connut une fin tragique puisqu'il fut exécuté par les gardes d'Henri III à Blois en 1588. Cet assassinat fut illustré brillamment par Paul Delaroche dans un tableau qui montre le duc étendu dans une vaste pièce à quelques mètres d'hommes au regard satisfait et parmi eux le roi. Sa veuve Catherine de Clèves fit ajouter au collège une chapelle bâtie entre 1613 et 1624 qui fut dédiée à Saint-Ignace de Loyola pour y faire installer deux mausolées. Le premier était dédié à la mémoire de son époux disparu et l'autre était destiné à accueillir sa propre dépouille après sa mort.

CHAPELLE SAINT-LAURENT. La chapelle est installée sur le coteau qui fait face à la ville d'Eu, à l'endroit où l'archevêque de Dublin Laurent O'Toole aurait découvert la ville à son arrivée en 1180. Au cours de son histoire, elle fut plusieurs fois détruite et reconstruite. La chapelle actuelle date de 1875 et a fait l'objet d'une réfection récente. C'est lors du pèlerinage qui s'y déroule sous le nom de "Neuvaine de mai" et les dimanches d'été que le lieu s'offre à la visite. A pied par un chemin de randonnée ou en voiture, vous pouvez accéder à cet endroit qui offre un panorama intéressant sur cette charmante ville, sur la douce vallée de la Bresle, sur la manche toute proche ainsi que sur la forêt d'Eu.

CHATEAU D'EU ET SON PARC. L'histoire de ce château est mouvementée et ses lieux ont subi de nombreuses modifications. Le premier château, évoqué dans le récit du mariage de Guillaume le Conquérant et de Mathilde de Flandres qui eut lieu en 1050, fut détruit sur les ordres de Louis XI en 1475. C'est en 1578 que le château actuel fut construit après le rachat du domaine par Catherine de Clèves et Henri de Guise. La construction de départ subit d'autres aménagements dus principalement à la "Grande Demoiselle" plus connue sous le nom d'Anne-Louise d'Orléans. A partir de 1665, elle embellit le domaine en remblayant l'enceinte pour créer des jardins d'agrément à la française, dessinés par Le Nôtre. Le roi Louis-Philippe y apporta sa contribution en faisant installer des rosiers, des rhododendrons et des statues. Le comte de Paris fera intervenir le génie de Viollet-le-Duc. Subissant un dernier coup du sort, il fut ravagé par le feu en 1902. Il fut acheté par la ville d'Eu en 1964 pour installer dans ce lieu d'histoire, la mairie et un musée. Dans le hall, un arbre généalogique présente les maires de cette belle ville depuis le XIe siècle.

COLLEGIALE NOTRE-DAME. *Ouvert du 1er avril au 31 octobre de 9h à 12h et de 14h à 18h (17h du 1er novembre au 31 mars). Visite de la crypte sur demande auprès du surveillant.* La création de cette collégiale eut pour raison la nécessité d'offrir une digne sépulture à un saint homme, archevêque de Dublin nommé Laurent O'Toole. Mort à Eu en 1180 après avoir été recueilli par les chanoines, il venait voir Henri II qui lui avait refusé une entrevue. Construite entre 1186 et 1280, elle abrite une crypte d'esprit roman de plus de 30 m où fut installé le gisant de Saint-Laurent d'O'Toole. D'autres gisants ont rejoint celui de l'homme d'église irlandais, ils abritent les comtes d'Eu et la famille d'Artois. D'une longueur de 80 m, la nef n'a subi aucune modification depuis sa construction. A droite du chœur, on découvre, la chapelle du Saint-Sépulcre, avec une très belle, Mise au Tombeau du XVIe siècle en pierre polychrome. Autre curiosité, le grand orgue du XVIIe doté d'une mécanique dite suspendue fut dégradé à plusieurs reprises. Il fut remis en état et permet l'interprétation de musiques classiques. A l'extérieur, se trouve une fontaine offerte par le comte de Paris en souvenir de la restitution du château d'Evas. Un rendez-vous avec l'histoire et l'émotion.

EXPOSITION TRADITIONS VERRIERES 140, chaussée de Picardie - Ancienne Caserne Militaire Morris © 02 35 86 04 68. *Ouvert de 14h30 à 18h, les dimanches et jours fériés de mai à la Toussaint, les mardis, samedis et dimanches durant les vacances scolaires de Pâques à la Toussaint. Tarifs : adulte 15 F, gratuit pour les moins de 12 ans.* Les techniques verrières et leur évolution sont présentées et illustrées par de nombreux outils comme la canne à souffler ainsi que des machines plus ou moins anciennes qui servaient à la fabrication d'objets remarquables. Le plus classique d'entre eux reste toujours d'actualité aujourd'hui et le flacon destiné au parfum de luxe. Certains d'entre eux sont exposés dans une salle consacrée à cette activité spécifique. La verrerie Saint-Gobain Desjonquères sur la commune de Mers-les-Bains est sans doute la plus importante usine de flaconnage au monde. D'anciens verriers qui ont en charge, l'animation des visites vous répondront sans difficulté. À des dates prévues au calendrier, des démonstrations de soufflage de verre sont proposées au public.(payant). Sur réservation, l'Office de tourisme d'Eu organise des visites de la verrerie Nesle-Normandeuse dans laquelle des maîtres verriers pratiquent le soufflage à la bouche et le soufflage semi-automatique (vente d'objets sur place).Une visite instructive.

HOPITAL SAINTE-ANNE. Le long chemin parcouru par cet hôpital construit à la demande de la duchesse de Montpensier en 1664, pour y accueillir les pauvres, a fait de lui l'actuel hôtel des impôts. Tour à tour orphelinat de filles où l'on enseignait à ces demoiselles sans famille la dentelle et son fameux point d'Eu, il devint caserne militaire au XIXe, après agrandissement. Des destructions feront qu'il ne subsiste plus aujourd'hui que la partie d'origine. Appartenant maintenant à l'administration des finances, ce bâtiment appelé également pavillon Louis XIII ne peut pas se visiter mais son aspect extérieur mérite que l'on s'attarde.

HOTEL-DIEU Rue des Frères-Anguier et Rue de l'Abbé-Legris © 02 35 86 04 68. *Visite libre des extérieurs. Intérieurs : lors des visites commentées de l'Office de tourisme.* Catherine de Joyeuse fonde en 1654 cet établissement qui abritait une communauté de sœurs hospitalières, les religieuses de la Miséricorde. La communauté ne quitta l'endroit qu'en 1967. Construit en plein cœur de la ville dans un style particulier alliant la brique, la pierre et les pans de bois, cet ensemble contient différents bâtiments. On peut visiter le pavillon de Joyeuse, l'ancien hospice, la chapelle et le très curieux cimetière couvert. Les religieuses y étaient inhumées en pleine terre dans des fosses de plusieurs places. La salle capitulaire et la maison à colombage accueillent les objets recueillis sur les lieux de fouille du site gallo-romain. Un endroit à voir.

MUSEE LOUIS-PHILIPPE Château d'Eu © 02 35 86 44 00. Actuellement fermé pour restauration, les visites sont interrompues. Mais il est possible d'assister à des séances vidéo gratuites présentant le musée. La boutique reste ouverte pendant les travaux. Bien à l'abri dans ce château qui fut le dernier habité par la royauté française, ce musée a pour but de présenter les derniers vestiges de ces temps révolus. Le musée Louis-Philippe rassemble des souvenirs des princes d'Orléans et de la monarchie de juillet ainsi que le produit des fouilles menées au Bois-l'Abbé.

SITE GALLO-ROMAIN DU BOIS-L'ABBE Route de Beaumont © 02 35 86 04 68. *Visite guidée (2h30 environ) tous les mardis durant les vacances scolaires (sauf décembre) sur inscription auprès de l'Office de tourisme. Possibilité de stage d'archéologie d'avril à septembre.* Ce site, découvert à la fin du XVIIIe siècle au hasard de la construction d'une route qui traversait la forêt d'Eu, est une mine d'informations et d'objets anciens inépuisable. Etudié par l'abbé Cochet (célèbre archéologue régional) au cours du XIXe siècle, il a déjà révélé des vestiges d'habitations, de temples gallo-romains du Ier au IIIe siècle après J.-C., de thermes, de théâtre. Les recherches menées avec l'aide de bénévoles prennent l'allure d'un gigantesque puzzle car on remarque la présence de débris sur la majeure partie de la forêt d'Eu comme l'écrivait justement l'abbé Cochet. Sur le site, un four similaire à ceux qu'utilisaient les potiers à cette époque a été réalisé. Il sert à la fabrication d'objets confectionnés grâce à l'argile recueillie dans la forêt. Le dépôt du matériel découvert sur le site est à Eu (Hôtel-Dieu).

INTER HOTEL
LA COUR CARRÉE**
INTER HOTEL

Véronique
et Eric Joswiak
sont heureux de vous
accueillir à l'hôtel
LA COUR CARRÉE
Route de Dieppe
76260 EU
http://www.hotel-courcarree-eu.fr - et Email : reservation@hotel-courcarree-eu.fr
Tél. 02 35 50 60 60 - fax 02 35 50 60 61
« MEMBRE DE MINOTEL EUROPE »

OU MANGER ET DORMIR

CENTRE DES FONTAINES Rue des Fontaines © 02 35 86 05 03. *Auberge de jeunesse ouverte toute l'année. 55 places accessibles aux titulaires des cartes auberges (moins de 26 ans 70 F, plus de 26 ans 100 F), avec des chambres de quatre à six lits : 85 F la nuit par personne. Petit déjeuner 15 F, repas simple 30 F, repas complet 50 F (tarifs 2000).* Le centre des Fontaines est installé comme l'indique son nom, face aux fontaines d'Eu. Dans une dépendance du château et à proximité immédiate du parc. C'est aussi une MJC et un centre de loisirs.

LE DOMAINE DE JOINVILLE 95bis, route du Tréport © 02 35 50 52 62 (restaurant)/02 35 50 52 52 (hôtel). *Menus: 2 plats 95 F, 3 plats 135 F uniquement en semaine et le midi, menu 220 F dégustation 360 F et 450 F plus carte. Chambres de 475 F à 850 F. Suites 995 F Duplex de 990 F à 1 280 F. Demi-pension de 1 065 F à 1 870 F pour une personne. Petit déjeuner 78 F.* La ville d'Eu en ce qui concerne la restauration et l'hôtellerie, connaît ici l'apogée du genre avec des prestations haut de gamme. Ce domaine faisait partie du château, ancienne propriété du prince de Joinville, fils de Louis-Philippe. "La ferme modèle", restaurant 3 étoiles en face de l'hôtel offre des mets d'exception. La brouillade d'œufs aux trois champignons ou la terrine de foie gras de canard en sont les entrées en matière. Le filet de bœuf charolais façon Rossini fera le bonheur des amateurs de grande cuisine et le sablé aux reines des reinettes sera une sortie magistrale le tout dégusté avec un grand cru dont la cave regorge. L'hôtel trois étoiles propose ses chambres, suites, appartements en duplex aux noms évocateurs de la noblesse du passé. L'endroit abrite un centre de remise en forme et de soins esthétiques avec un droit d'entrée de 75 F par personne et par jour (balnéo, sauna, Jacuzzi...). Un séjour à la hauteur.

HOTEL-RESTAURANT MAINE 20, avenue de la Gare © 02 35 86 16 64. *Internet : www.perso.hol.fr/~hmaine/. Menus : 95 F (sauf week-end et fériés), 140 F (4 plats) ou deux formules carte à 145 F avec un plat et un dessert ou 240 F formule complète. Hôtel 2 étoiles. Logis de France. 22 chambres : 250 F à 300 F, dont 3 chambres balnéo, 2 chambres famille. Petit déjeuner 35 F. Parking. Chiens admis.* Dans cet hôtel-restaurant de charme, le dynamisme est de rigueur. Cette année les nouveautés sont nombreuses. Le prêt de vélos pour profiter des chemins de randonnées conduisant à la mer proche ou à la forêt est un plus apprécié de la clientèle. Trois chambres avec salon ont été aménagées pour offrir un service de balnéothérapie. On remarque la décoration originale de la grande salle début de siècle, dans l'esprit Majorelle. En entrée, l'escalope de foie gras tiède est un exemple de la cuisine pratiquée ici. Ensuite le choix est simple viande ou poisson avec un carré d'agneau mariné aux herbes ou un cabillaud rôti. Pour finir, c'est un mille-feuille de fruits rouges qui s'offre à vous. Mais, il ne s'agit là que d'exemples. La carte est renouvelée souvent et fait la part belle à la tradition culinaire. Un endroit à fréquenter assidûment.

HÔTEL
RESTAURANT
MAINE
Hôtel **NN
Logis de France

20,avenue de la Gare
76260 EU
M. et Mme Maine
Tél. 02 35 86 16 64
Fax 02 35 50 86 25

LE BRAGANCE Parc du Château d'Eu © 02 35 86 90 51. *Restaurant fermé le dimanche soir et le lundi. Menus : 100 F (une entrée, un plat, un dessert). Avec terrasse.* La situation insolite de ce restaurant en fait un lieu riche d'histoire. Installées dans les anciennes glacières du château, à l'entrée du parc pour conserver la glace apportée de Norvège, ses salles ont un charme hors du commun. Les bâtiments voûtés, en partie sous terre et construits en briques avec une ouverture sur la façade, permettaient aux hôtes royaux de déguster des sorbets glacés et autres liqueurs à la fraîcheur garantie. Les cheminées et les éclairages rustiques ajoutent encore à l'atmosphère romanesque. Ce restaurant est spécialisé dans les grillades allant de la viande au saumon en passant par les coquilles Saint-Jacques. Du filet de canard au camembert entier braisé au calvados et un large éventail de salades variées et de tartines à l'ancienne. En saison estivale, on profite d'une terrasse avec vue sur le parc du château. Dans une bonne ambiance musicale, une carte alléchante de whiskies (25 crus) et de vins au verre. Un lieu agréable et accueillant.

LA COUR CARREE Route de Dieppe - LE BRIQUET © 02 35 50 60 60. *Hôtel ouvert toute l'année. 28 chambres 360 F à 380 F tarif été. Petit déjeuner 49 F. 2 étoiles. Accès handicapés. Parking, garage. Chiens admis.* Dans un cadre verdoyant à 1 km du centre historique de la ville, ce très bel et confortable hôtel a été construit en partie dans les murs d'une ferme centenaire restaurée par les soins du patron et de sa femme. L'accueil est privilégié avec un service impeccable et des chambres au confort moderne avec bain ou douche, TV couleur avec Canal + et chaînes câblées, minibar et réveil automatique. L'hôtel dispose d'une cour intérieure et de terrasses bien agréables en saison. Le petit-déjeuner copieux à souhait est servi sous forme de buffet (charcuterie, céréales...). Des plateaux-repas sont aussi disponibles à titre exceptionnel. Un service de qualité.

CASINO DU TRÉPORT
OUVERT TOUS LES JOURS

■ MACHINES à SOUS ■ BOULE
16 BILLARDS (Français, Anglais, Américain)
BOWLING • CINÉMA
Esplanade Louis Aragon - 76470 Le Tréport • © 02 35 86 35 45 - Fax : 02 35 86 60 90

CAMPING LE PARC DU CHATEAU ✆ **02 35 86 20 04.** *Ouvert du 1er avril au 30 octobre. 70 emplacements.* Dans le parc du château à l'ombre de ces arbres qui virent passer à leur pied tant de têtes couronnées, le camping est blotti dans une clairière surplombant une pièce d'eau. Pour allier le calme et la détente sur un site historique avec des équipements de qualité. Jeux pour enfants et salle de jeux.

SE DETENDRE

AEROCLUB DES 3 VILLES SAURS ✆ **02 35 86 56 34.** Pour les fanas de voltiges aériennes, de parachutisme, de baptêmes de l'air ou qui veulent simplement survoler cette splendide région boisée.

CYCLE JOOSTENS 1, rue C.-Morin ✆ **02 35 86 22 24.** *Location de VTT : 40 F la demi-journée, 70 F/jour, 120 F/week-end, 350 F/semaine.* Pour les amoureux de la petite reine aux mollets solides, ce magasin propose un service de location à des tarifs plus doux que les pentes à affronter. Les vallonnements de la région, ses vertes vallées, ses falaises et son littoral ne manquent pas de charme. Différents circuits sont proposés qui conduisent à la mer à la forêt et à la découverte de la vallée de la Bresle. Les Offices de tourisme diffusent deux dépliants gratuits et très bien illustrés : la basse vallée de l'Yères, qui regroupe 6 itinéraires en boucle de 6 km à 15 km (soit de 1h30 à 3h30) entre Criel et Villy-le-Bas et le Chemin Vert du Petit-Caux, un sentier original de 17 km qui emprunte l'ancienne voie ferrée Dieppe-Eu. On le parcourra plus agréablement en VTT, pour aller admirer le panorama depuis le viaduc jusqu'aux neuf arches (20 m de haut) de Touffreville-sur-Eu. Pour renseignements complémentaires s'adresser à l'office de tourisme.

FORET D'EU. Elle fut la propriété de la famille d'Orléans et s'étend sur 9 300 ha de terres vallonnées. Elle se compose de trois parties appelées haute forêt, basse forêt et triage d'Eu. C'est un lieu de détente par excellence et de promenades familiales ou romantiques. Vous croiserez au hasard de la balade quelques animaux un peu moins farouches ou un peu plus curieux qui trouvent ici un lieu de vie exemplaire comme le chevreuil, le sanglier. De nombreux circuits sont aménagés pour le plus grand plaisir des passionnés de nature et de calme. Il existe même une zone appelée "zone de silence" où l'accès se limite aux piétons, aux cyclistes et autres moyens de locomotion silencieux. Des visites guidées sont également organisées sur des thèmes divers. Pour obtenir les cartes ou les renseignements nécessaires à ces promenades et à ces randonnées, il faut s'adresser à l'office du tourisme ou à l'ONF. Randonneurs à vos chaussures !

EMPLETTES

LA FROMAGERIE Rue Paul-Bignon. A quelques enjambées du château dans les rues pavées et piétonnes, une fromagerie qui propose aux gourmets dans une ambiance campagnarde des camemberts au lait cru ou au calvados, du livarot, du coulommiers, du pavé du Plessis, du chèvre aux raisins, etc. La boutique est discrète mais facilement repérable par la file d'attente qu'elle suscite. On s'y procure aussi un bon vin rouge pour accompagner le tout. Le terroir normand dans toute sa splendeur.

AGENDA

Festival francophone du printemps de Bresle **de mi-mars à mi-mai**. Ce festival regroupe des spectacles et des expositions de qualité. Concerts, théâtre, cinéma, rien ne manque aux réjouissances artistiques.

Le 31 mai 2001 : fête de la cuisine avec une journée "menu petit prix" offert par les restaurateurs de la région. Dîner de rue avec des tables géantes et des bancs, des chalets où sont vendus des produits artisanaux à déguster sur place ou à emporter.

Le samedi 23 juin : feu de Saint-Jean avec un bûcher installé à proximité du château.

Du 6 au 15 juillet : le camp viking avec des animations de la restauration et de l'artisanat.

FECAMP

21 479 Fécampois. Chef-lieu de canton. Marché le samedi.

Si on vous dit que l'huile de foie de morue qui a gâché votre jeunesse est une spécialité de Fécamp (ou plus exactement la morue…), vous vous cacherez sous l'oreiller pour ne pas y aller et vous aurez bien tort ! Sur la route du littoral, Fécamp est devenue avec sa Bénédictine et ses traditions de pêche une véritable étape touristique et un vivier inépuisable pour qui s'intéresse au monde de la mer. Car entre Fécamp et la grande bleue, c'est plus qu'une histoire d'amour ! Fécamp viendrait d'ailleurs du mot germain "fisc" qui veut dire "poisson", c'est dire !

Aussi loin que remonte leur mémoire, les Fécampois ont toujours sillonné les mers lointaines à la recherche d'épices, de denrées ou de nouvelles matières. Mais c'est surtout au XVIe siècle quand les pêcheurs dénichent le filon de la morue au large de Terre-Neuve que la ville prend son essor. Ce qu'on appelle désormais "l'or blanc" fera pour trois siècles la fortune de Fécamp. En 1872, Fécamp est devenu le premier port de pêche hauturière avec une flotte de plus de 100 navires, où l'on compte surtout des terre-neuvas mais aussi des "pèqueux", ces dundees utilisés pour la pêche aux harengs et aux maquereaux dans les eaux de la Manche. Comme disait le proverbe : "Pêche à la morue : chef-lieu Fécamp. Sous-préfectures flétan, capelan, hareng". Mais le prix à payer est lourd. Les conditions de travail sont rudes pour ces marins qu'on surnomme "les bagnards de la mer" qui partent souvent plus de huit mois d'affilés en mer. Le froid, l'insécurité, la peau qui durcit au contact du sel, les maladies et le manque de sommeil épuisent les hommes. Et tant qu'il y a du poisson, pas question d'arrêter le travail. Au début du XXe siècle, on voit peu à peu disparaître les trois-mâts et dundees au profit des grands chalutiers à vapeur (le premier grand morutier équipé également pour la pêche au hareng, L'Augustin le Borgne est lancé en 1905). Mais si les rendements sont meilleurs, le métier reste difficile. Comme beaucoup d'autres villes normandes, Fécamp aura à souffrir de la Seconde Guerre mondiale. Dans leur retraite, les Allemands ont détruit les installations du port. Une fois la paix revenue on reconstruit, mais l'activité portuaire n'est déjà plus ce qu'elle était. La vente du dernier terre-neuvas à la fin des années 80, marque la fin d'une histoire. Pour autant Fécamp n'a pas rompu tous ses liens avec la mer : une pêche hauturière s'est maintenue vaille que vaille, même si elle ne peut plus rivaliser avec les autres ports voisins et l'on a même tenté de redynamiser la pêche côtière, en créant il y a 15 ans une criée. Les touristes viennent toujours déguster la morue salée, même si ce n'est plus tout à fait la vraie de vraie, séchée à l'air marin (n'oublions pas que le sel était surtout utilisé pour des problèmes de conservation) et le port de plaisance a pris le relais (Fécamp est depuis peu station voile). Mais Fécamp a aussi su faire jouer un deuxième grand atout : son abbaye. De nombreuses légendes entourent la fondation de cette abbaye. On ne sait bien sûr trop comment le précieux sang du Christ enfermé dit-on dans le tronc d'un figuier et lancé à la mer alors que les Romains s'apprêtaient à envahir la Judée, se serait échoué sur le littoral cauchois. Ni comment celui-ci fut retrouvé miraculeusement à l'occasion d'une chasse. Toujours est-il que l'édification d'un sanctuaire à cet endroit devint vite une nécessité. Et c'est en 665 que l'abbaye fut consacrée. Au Moyen Age, Fécamp était avec sa sainte relique devenue un lieu de pèlerinage très fréquenté. Aujourd'hui, la ville attire toujours les foules mais pour une autre raison beaucoup plus épicurienne : la fameuse Bénédictine, héritage dit-on d'une recette bénédictine ancestrale. Mais que Dieu nous pardonne ce petit écart…

www.petitfute.com

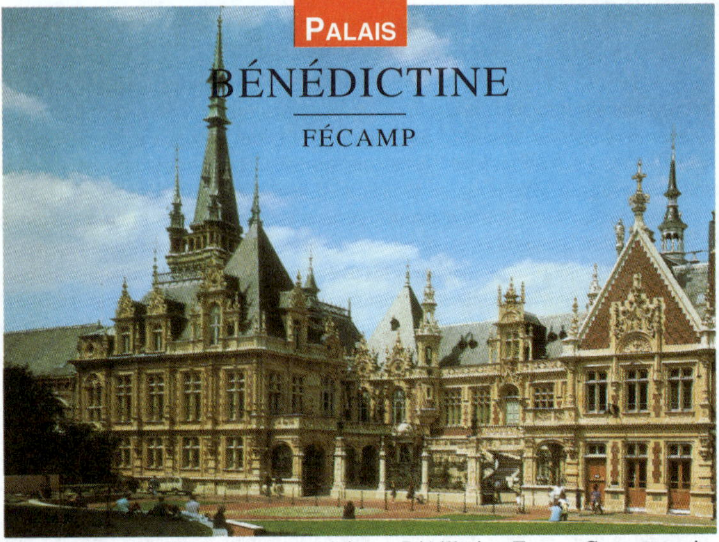

Musée d'Art - Salle des plantes et épices - Distillerie - Espace Contemporain

VISITES TOUS LES JOURS du 3/2 au 31/12/2001

110, rue Alexandre Le Grand - 76400 FECAMP - Tél. 02.35.10.26.10 - Fax 02 35 28 50 81

LA ROUTE DE L'IVOIRE ET DES EPICES. La Seine-Maritime est un département (comme son nom l'indique) tourné vers la mer. Il n'est pas étonnant donc qu'elle ait été par le passé le témoin d'un actif commerce entretenu avec des contrées lointaines. En suivant la route des épices et de l'ivoire, on comprend mieux de quelle façon le pays s'est enrichi de ces apports extérieurs. La route commence à Eu avec le château-musée Louis-Philippe, ses pièces d'orfèvrerie, ses tableaux, ses porcelaines et se termine au château d'Arques-La-Bataille en passant par quelques grandes étapes : le château-musée de Dieppe et ses exceptionnelles collections d'ivoires, le Bois des Moutiers à Varengeville et ses plantes venues des quatre coins du monde, le palais de la Bénédictine de Fécamp, le musée de l'ancien Havre qui retrace l'histoire de la construction navale… Les explorateurs en herbe n'auront plus qu'à suivre le fil rouge. Renseignements au 02 35 10 26 10.

A VOIR ET A VISITER

L'ABBATIALE DE LA TRINITE. *Visites commentées en juillet et août, les jeudis et dimanches à 15h. Rendez-vous devant l'abbatiale. (02 35 28 84 39).* L'abbatiale actuelle de style gothique primitif, date pour l'essentiel du début du XIIIe siècle (la façade a été reconstruite au XVIIIe siècle et la chapelle axiale, du XVe siècle est de style gothique flamboyant). Mais le premier sanctuaire consacré à cet emplacement remonte à 665. Après les invasions vikings, une seconde église lui succède en l'an mille et la première communauté de bénédictins s'installe à Fécamp en 1001. Mais cette seconde église étant devenue trop petite (grâce à la relique du "Précieux sang", l'abbaye de Fécamp est devenue avec le Mont-Saint-Michel le grand lieu de pèlerinage en Normandie), on entreprend la construction d'une vaste abbatiale romane consacrée en 1106. De ce troisième édifice ravagé par un incendie en 1168, il subsiste seulement deux chapelles dans le chœur qui s'intègrent désormais à l'église gothique qui est donc le quatrième sanctuaire construit à cet endroit. L'édifice, de belles proportions est surtout intéressant de l'intérieur avec sa nef longue de 127 m et sa tour lanterne typique de la région qui diffuse sur la pierre une étonnante clarté. A voir dans le transept sud la sépulture des ducs de Normandie Richard Ier et Richard II et dans le transept nord, une intéressante horloge astronomique qui date de 1667 et son cadran à marées. Quant à la relique du "Précieux sang", elle est enfermée dans un tabernacle situé dans le chœur.

LA CHAPELLE NOTRE-DAME-DE-SALUT. On y accède par la côte de la Vierge, ancienne voie romaine devenue chemin de pèlerinage. La chapelle était une étape obligée pour les marins avant leur départ en mer qui venaient demander protection à la Vierge (nombreux ex-voto à l'intérieur) et encore aujourd'hui la tradition veut que les navires sur le départ saluent Marie de trois coups de sirène en franchissant le chenal. C'est sur ce même promontoire que les Gaulois avaient installé un camp fortifié (la situation est idéale) transformé par la suite en véritable forteresse. Durant la Seconde Guerre mondiale, les Allemands exploitèrent, eux aussi les qualités du site en plaçant à cet endroit un important centre de détection radar. Aujourd'hui, seul subsiste le sémaphore, qui veille à son tour sur le port de Fécamp.

L'EGLISE SAINT-ETIENNE. Après un terrible incendie en 1563, on ne garda de l'église d'origine que le portail sud, le transept et le chœur mais la nef ne fut jamais reconstruite. Remarquez de part et d'autre du portail les graffitis de marins. Le clocher actuel date de la fin du XIXe siècle.

EXPOSITIONS D'ART CONTEMPORAIN. Un espace de 400 m² accueille régulièrement des expositions d'art contemporain en général de très grande qualité (entrée libre tous les jours). Pour 2001 :

Jusqu'au 4 juin : Hanneke Beaumont (sculptures, dont certaines monumentales, en bronze, terra cotta, fonte de fer).

Du 16 juin au 30 septembre : Vasarely inconnu (20 grands formats et 30 petits formats, œuvres inédites des années 30, 40 et 50).

Du 13 octobre au 31 décembre : Expo d'automne. Peintres et sculpteurs régionaux.

MUSEE DES TERRE-NEUVAS ET DE LA PECHE 27, boulevard Albert-Ier (sur la plage) © 02 35 28 31 99. *Ouvert tous les jours, sauf le mardi, de 10h à 12h et de 14h à 17h30. En juillet et août, ouvert tous les jours, y compris le mardi, de 10h à 19h. Entrée : 20 F, tarif réduit : 10 F (étudiants et groupes). Gratuit pour les moins de 18 ans.* Situé face à la mer, le musée raconte l'épopée glorieuse des pêcheurs morutiers qui partaient au siècle dernier, draguer les fonds au large de Terre-Neuve : toute une époque ! A travers des objets, maquettes de bateaux, peintures marines, les Fécampois accomplissent ici leur devoir de mémoire. Les rudes conditions de vie des pêcheurs, la pêche harenguière la construction navale, la transformation des poissons dans les boucanes et les saurisseries. Mais aussi le port, la plage et les bains de mer. C'est plus qu'un album de souvenir !

MUSEE DES ARTS ET DE L'ENFANCE 21, rue Alexandre-Legros © 02 35 28 31 99. *Ouvert tous les jours, sauf le mardi de 10h à 12h et de 14h à 17h30. En juillet et août, ouvert tous les jours y compris le mardi. Entrée 20 F. Gratuit pour les moins de 18 ans.* Aménagé dans un hôtel particulier du XVIIIe siècle, le musée municipal a réuni au départ des collections très diverses relatives aux arts : sculptures, peintures, céramiques, ivoires de Dieppe, armes et un bel ensemble de mobilier régional. Plus originale en revanche est la partie relative à l'enfance. C'est à Fécamp en effet, en 1894, que le docteur Léon Dufour, considéré comme le père de la puériculture moderne a fondé l'œuvre de la "Goutte de lait" qui a permis à des milliers de bébés d'échapper aux conséquences dramatiques de la malnutrition. Grâce à lui, la ville dispose aujourd'hui d'un ensemble unique d'objets relatifs à l'enfance et notamment l'une des collections les plus importantes de biberons de l'Antiquité à nos jours (avec ses tétines en bois, en ivoire ou en pis de vache…). A voir absolument.

LE PALAIS BENEDICTINE 110, rue Alexandre-Legrand © 02 35 10 26 10. *Ouvert tous les jours du 5 février au 17 mars de 10h à 11h15 et de 14h à 17h. Du 18 mars au 30 juin de 10h à 12h et de 14h à 17h30. Du 1er juillet au 3 septembre de 9h30 à 18h. Du 4 septembre au 12 novembre de 10h à 12h et de 14h à 17h30. Du 13 novembre au 31 décembre de 10h à 11h15 et de 14h à 17h. Fermé du 1er janvier au 4 février et le 25 décembre. Tarifs 50 F (famille avec un couple + un ou plusieurs enfants de moins de 18 ans), 29 F (adulte), 22 F (groupe), 14,50 F (jeunes 10-18 ans), gratuit pour les moins de 10 ans.* Pleins de bonnes intentions au départ les religieux ont toujours eu le chic pour nous concocter de merveilleux élixirs aux vertus manifestement plus gustatives que pharmaceutiques. En l'occurrence ici, c'est un certain dom Bernardo Vincelli, vénitien d'origine et moine de son état qui aurait mis au point la recette de la fameuse Bénédictine. Mais on n'en aurait sans doute jamais entendu parler si un négociant en vins et spiritueux, Alexandre le Grand (le bien nommé !) n'avait eu l'idée de fouiner dans les vieux grimoires de l'abbaye jusqu'à dépoussiérer la recette. Il est vrai assez complexe, avec pas moins de 27 herbes et épices parmi lesquelles la mélisse, le genièvre, la cannelle, le safran ou la muscade entrant dans sa composition (ce qui soit dit en passant n'a pas suffi à décourager les nombreux contrefacteurs !). Mais le grand mérite, s'il en est un, d'Alexandre le Grand, n'est pas tant d'avoir déniché la recette que d'avoir su la populariser. Le secret est simple : tout doit être mis au service du produit, la bouteille soigneusement dessinée, les campagnes d'affichage qui font appel aux artistes en vogue à l'époque, jusqu'à la construction de cet extravagant palais abbatial qui servira de siège à l'usine. Aujourd'hui le palais est devenu un véritable temple à la gloire de la liqueur. Le musée d'art présente les collections de peintures sculptures, ivoires, émaux et autres objets religieux réunis par Alexandre le Grand lui-même. Une salle est consacrée à la promotion de la Bénédictine (les réclames, les centaines de contrefaçons…), une autre aux plantes qui composent la liqueur, on passe ensuite par la distillerie et ses gros alambics de cuivre rouge et (à condition d'avoir bien suivi le cours) une petite dégustation est offerte aux visiteurs (adultes !). Pour terminer le périple, on peut aller faire ses emplettes à la boutique (coffrets cadeaux, B & B, chocolats, bonbons...).

LE PALAIS DUCAL. Face à l'abbatiale, les vestiges du palais ducal rappellent la dimension de capitale militaire que les héritiers de Rollon avaient donnée à Fécamp.

OU DORMIR ET MANGER ?

LE BOUCHON 26, place Bigot © 02 35 28 19 28. *Menus à 85 F, 98 F et 148 F. Hôtel 2 étoiles de 26 chambres de 220 F à 320 F. Possibilité de chambres familiales de 390 F à 490 F. Parking privé gardé.* Max est un amoureux des Bouchons lyonnais et ça se voit. L'ambiance est familiale, la cuisine savoureuse à base de produits du marché, exclusivement ! Et ce n'est pas tout : avec 176 vins en référence (et pas des moindres !) et une vingtaine de whiskies, c'est une des meilleures caves de Fécamp. Et pour ceux qui auraient un peu trop forcé : on peut toujours rester dormir !

LE NORMANDY 4, avenue Gambetta © 02 35 29 55 11. *Formule brasserie. Hôtel de 30 chambres de 250 F à 490 F. Parking privé.* Aménagé dans un ancien relais de poste, l'hôtel a été entièrement rénové en 1998. On peut manger à la brasserie, Le Maupassant, pour un prix raisonnable, une bonne cuisine normande traditionnelle (escalope de veau à la normande, boudin noir poêlé ou poire pochée au vin en dessert…), le tout dans un décor de style victorien vert bouteille et jaune paille plutôt attrayant.

L'ESCALIER 101, quai Bérigny © 02 35 28 26 79. *Menus 70 F (en semaine), 89 F, 150 F.* C'est une question de principe : ici, on ne travaille que le poisson frais et une chose est sûre, ce qui arrive le midi dans votre assiette, c'est ce qui a été débarqué le matin au port (le patron est d'ailleurs un ancien capitaine de pêche). Au final, pour la somme très raisonnable de 65 F, on vous offre la spécialité maison : le gratin de poissons au coulis de homard en cassolette : un petit régal (dommage que la garniture ne soit pas tout à fait à la hauteur). En plus, l'accueil est chaleureux et sympathique.

LA MAREE 75, quai Bérigny © 02 35 29 39 15. *Fermé le dimanche soir, le lundi et le jeudi soir. Menus à 98 F (en semaine), 140 F et 200 F.* Une des très bonnes tables de Fécamp où l'on savoure plateaux de fruits de mer et spécialités de poisson. Il faut dire que l'établissement qui tient une poissonnerie au rez-de-chaussée, bien placée pour profiter des derniers arrivages…

LA MARINE 23, quai Vicomté © 02 35 28 15 94. *Menus 69 F (en semaine), 70 F, 90 F, 100 F et 150 F.* Une très bonne adresse face au port dans un cadre normand (et terrasse pour l'été). On vient y manger notamment la fameuse choucroute de la mer dont on nous prévient qu'elle nous laissera un souvenir inoubliable !

LE MARITIME 33, quai Vicomté © 02 35 28 21 71. *Menus 75 F (en semaine), 99 F, 170 F et 210 F.* Décidément la déco marine a du succès. Ici, c'est plutôt l'antre du capitaine : lumière tamisée, ton bois et dégustations de plats marins (blanquette de morue salée à la ciboulette, Paillada de poisson grillé…). Et toujours avec la vue sur le port…

LA PLAISANCE 33, quai Vicomté © 02 35 29 38 14. *Menus mousse à 55 F et Pirate à 75 F (tous 2 pour enfants jusqu'à 12 ans). Formules à 98 F (en semaine), 140 F et 205 F. Fermé les mardis soir, mercredis soir et jeudis soir.* Jaune comme le sable (c'est pas interdit de rêver !), bleu comme la mer… qui est juste en face ! On est tout de suite mis dans l'ambiance : lampes de marins, demi-coques et coquillages et au menu bien sûr toutes les spécialités de poisson (en fonction des arrivages).

CAMPING MUNIICIPAL DE RENEVILLE © 02 35 28 20 97. *Ouvert de mars à décembre. 157 emplacements.* A la sortie de Fécamp, direction Etretat, ce camping 2 étoiles, bien équipé et avec tout le confort moderne est situé dans un cadre idéal, surplombant la mer. Bungalows en bois à louer de 578 F à 2 206 F la semaine. Se renseigner à l'Office de tourisme.

Port de Plaisance - 21, quai de la Vicomté
76400 FECAMP
☎ 02 35 28 30 34
Fax 02 35 28 84 59

HOTEL DE LA MER 89, boulevard Albert-Ier © 02 35 28 24 64. *8 chambres de 200 F à 330 F. Petit déjeuner : 35 F. Animaux acceptés. Fermeture annuelle en février.* En bout de quai, à proximité du casino, l'hôtel est bien situé, face à la mer (6 chambres avec balcon donnant sur la mer). L'accueil est personnalisé et familial et on se mettra en quatre pour vous faciliter le séjour. Seul hic : il ne faut pas être trop regardant sur les finitions. Mais à part cela, c'est une bonne adresse et pour un prix raisonnable. Au rez-de-chaussée : bar et petite brasserie.

HOTEL DE LA PLAGE 87, rue de la Plage © 02 35 29 76 51. *22 chambres de 230 F à 390 F (plus de 30 F en période rouge). Petit déjeuner : 35 F. Animaux acceptés. Accessibilité handicapés.* L'hôtel est impeccable et la maîtresse des lieux met un point d'honneur à astiquer de fond en comble. Rien que pour la salle des petits déjeuners et le coin bar, cela mérite bien d'y passer une nuit : sur le thème de la mer (encore !) mais toujours avec goût et le souci du détail jusqu'aux filets à bagage fixés au mur et aux rampes pour se cramponner : mais rassurez-vous l'hôtel ne tangue pas. Au contraire, le personnel est accueillant et aux petits soins. Et le tout à quelques mètres de la plage : qui dit mieux ?

SE DETENDRE

ALAIN DENIS YACHTING 21, quai de la Vico © 02 35 28 30 34. *Ouvert du mardi au samedi de 9h à 12h et de 14h à 18h30.* Juste en face du port de plaisance, installé depuis 25 ans, le magasin (au fond du hangar) vend toutes sortes de bateaux à moteur neufs et occasions. On peut aussi y faire réparer ou entretenir son matériel ou compléter son équipement (accastillage, vêtements de mer, sauvetage…).

LE CASINO Boulevard Albert-Ier © 02 35 28 01 06. *Ouvert tous les jours de 10h à 4h du matin. La boule : de 21h à 3h du matin en semaine et de 16h à 20h et de 22h à 4h du matin le week-end. Menus du restaurant : 89 F, 120 F, 160 F et 215 F. Spécialités fruits de mer.* Beaucoup d'animation dans ce casino très "cosy" donnant sur la mer. On peut tenter sa chance sur l'une des 80 machines à sous à 1 F, 2 F, 5 F et 10 F ou à la boule (pour une mise minimale de 5 F). En ayant commencé la journée par un petit resto (menu spécial "croupier" à 140 F avec jetons pour jouer à la boule).

CENTRE EQUESTRE Chemin du Nid-de-Verdier © 02 35 28 31 71. *130 F l'heure. Forfait trimestriel (1h par semaine) à 900 F.* Le centre organise des promenades accompagnées l'été pour cavaliers confirmés et des stages de poneys (baptême ou perfectionnement) à partir de 4 ans.

CENTRE VTT 02 35 10 40 95/02 35 28 51 01. Une adresse indispensable à connaître pour qui aime vadrouiller à vélo. Accueil, information sur les circuits (250 km de sentiers balisés), location de VTT (45 F la 1/2 journée, 70 F la journée), organisation de randonnées accompagnées (25 F par personne. Formule tout compris avec location du matériel : 55 F), atelier de réparation…

LA TANTE FINE ET LE SAINT-SYLVERE 39, quai Bérigny © 02 35 29 78 01. *E-mail : tante-fine@compuserve.com. Les Voiles de l'Espoir, la lettre de Tante fine (trimestriel), mêmes coordonnées.* Le vieux gréement, la Tante-Fine, ancien langoustier construit en 1961, a été récupéré en 1991 par une association l'AFDAM et il a aujourd'hui fière allure. On peut y faire des balades de 2h à 4h, de février à novembre. Si vous avez un anniversaire à souhaiter, pourquoi ne pas le faire en mer, à bord du langoustier pour la somme de 2 000 F. Tante-Fine sert aussi à des journées découvertes ou des croisières (Angleterre...) pour redonner confiance à des personnes en difficulté. C'est que le bateau a un sacré équipage, Astérix le capitaine, mais aussi Pierrot et Ti'Jean sont toujours prêts pour de nouvelles aventures ! Une lettre trimestrielle, Les Voiles de l'Espoir informe sur les projets et les activités de Tante-Fine. Abonnement annuel : 50 F.

22 chambres
personnalisées
tout confort avec :
télévision,
Canal +,
téléphone,
ascenseur.

★NN

Hôtel de la Plage

87, rue de la Plage • 76400 FECAMP
Tél. 02 35 29 76 51 • Fax 02 35 28 68 30

A 50 m de la plage • Ouvert toute l'année

TOURISME ET LOISIRS MARITIMES 15, rue de la Vicomté © 02 35 28 99 53. Le bateau : Ville de Fécamp (qui ne dépend pas de la mairie, mais d'une société privée), permet de jolies balades en mer de 1h30, vers Etretat (70 F adulte, 45 F enfant), vers Yport et Bénouville (50 F adulte, 35 F enfant). On vous proposera également des sorties en mer de plus de 4h pour une partie de pêche (180 F à 270 F adulte, 80 F à 140 F enfant). Possibilité de louer un bateau.

VAL AUX VACHES 9, route du Havre © 02 35 29 04 53. *80 F l'heure. 650 F le forfait de 10h.* Une bonne ambiance familiale dans ce centre équestre plutôt orienté : poneys. Stages d'initiation "jeune cavalier" ou cours de perfectionnement selon niveau.

OU SORTIR ?

LE CLUB DU CASINO Boulevard Albert-Ier © 02 35 28 01 06. *Ouvert tous les soirs à partir de 20h.* Le club draine une clientèle très large avec un programme éclectique donnant dans la variété internationale. Concerts les jeudis, vendredis et samedis, soirée karaoké le mardi.

LE DRAKKAR 65, boulevard Albert-Ier © 02 35 29 33 63. *Ouvert tous les jours de 10h à minuit et demi (2h samedi et période estivale). Soirées à partir de 22h les jeudis, vendredis et samedis, tous les jours en été.* Quand il y a de l'animation le soir à Fécamp, c'est clair ça se passe au Drakkar. A l'entrée, le patron a d'ailleurs épinglé les photos de ses dernières fiestas. Mais c'est toujours bon enfant et public mélangé. On aime bien les soirées à thème (Halloween, Saint-Patrick…) et surtout les soirées improvisées (tout est bon pour faire la fête !). Michel le DJ arrive en général sur le coup de 22h avec ses platines et c'est parti ! : funk, techno, disco, zouk… on tape dans tous les registres et chacun y trouve son compte.

SCENE NATIONALE 54, rue Jules Ferry © 02 35 29 22 81. Théâtre, concerts (dans le cadre "d'Octobre en Normandie" notamment), danse, spectacles "jeune public", en mars et avril le festival des Déferlantes : on n'est pas déçu de la programmation.

EMPLETTES

L'AFFAIRE EST DANS LE SAC 82, rue Léon-Degenetais © 02 35 10 75 27. *Ouvert du lundi au samedi de 9h à 12h et de 14h à 19h (9h à 19h en continu en juillet et août).* Une petite boutique faite de bric et de broc (en face du carrefour) où l'on vend de la vaisselle au kilo (15 F le kg ou 179 F le sac à composer), porcelaine blanche, grès de cuisine et faïence, des vêtements (Beau Temps Belle Mer, Adidas, 3Suisses) et de la déco marine à prix bradés. On peut y faire de vraies affaires.

LE CHAT PITRE 1, quai Bérigny © 02 35 10 12 54. *Ouvert du mardi au samedi de 10h30 à 19h30 et le dimanche de 10h30 à 13h.* Quand on est à la fois passionné de chats et passionnée de livres, on ouvre une librairie et on l'appelle le "Chat Pitre". Logique ! Le magasin est bien pourvu en livres sur la Normandie, Fécamp et son histoire et l'aventure des bateaux, mais fourmille aussi de tout un tas de petits objets de déco, calligraphie, marine… A noter Claire Lamotte édite aussi pour ses clients un petit journal avec pleins d'idées de lectures et devinez comment elle l'a appelé ? Le Chat Malo bien sûr !

CHOCOLATIER-PATISSIER POREE 5, rue André-Paul-Leroux © 02 35 28 09 22. *Ouvert du mardi au dimanche de 9h à 19h.* La maison existe depuis 50 ans (une référence donc !) et l'on peut bien sûr y acheter les fameux chocolats à la Bénédictine. C'est aussi un des rares chocolatiers à fabriquer encore lui-même son praliné (on ne peut pas ressortir sans y avoir goûté !). Coin salon de thé où l'on peut se faire servir un vrai chocolat chaud maison que l'on n'est pas prêt d'oublier de sitôt !

NORD'MAN 57, quai Bérigny © 02 35 28 66 75. *Ouvert du mardi au samedi de 10h à 12h et de 15h à 19h et dimanche matin.* Un large choix de vêtements fantaisie marine : pulls marins, vareuses, duffle-coats, vestes de skipper, polaires… pour avoir bien chaud cet hiver sur mer ou sur terre. Et on y est toujours bien accueilli (même nos amis les chiens qui l'été ont toujours un bol d'eau fraîche devant la porte !).

PLEIN PH'ART **67, quai Bérigny © 02 35 27 60 23.** *Ouvert les week-ends et tous les jours pendant les vacances scolaires de 10h30 à 12h30 et de 14h à 19h30.* Une boutique d'art contemporain où l'on peut dénicher toutes sortes d'objets insolites (vases, assiettes, plats, objets déco), fruits en particulier de l'imagination de l'artiste Jean Duranel (dont l'épouse tient le magasin). Une bonne adresse pour des idées cadeaux.

AGENDA

30 juin et 1er juillet : fêtes de la mer (bénédiction, chants de mer, rassemblement viking et exposition d'un drakkar).

6 juillet au 24 août : 24e édition des Semaines musicales de Fécamp - Tour de la Maîtrise - 23, rue des Forts BP165 - 76404 Fécamp Cédex - 02 35 28 68 09.

15 au 18 août : "Ombres et lumières", 5e Festival des sculptures de feu par l'Association Artichaud.

30 août au 2 septembre : grand prix du port de Fécamp. Championnats multicoques.

Septembre : journées du patrimoine. Journées médiévales dans le cadre du millénaire de l'abbatiale.

Novembre : foire aux harengs. Vente, dégustation.

6 au 8 avril : festival "Les Déferlantes".

Mai : quête du Saint-Graal. Féerie nocturne organisée par le lycée de la Providence.

FORGES-LES-EAUX

Internet : www.forges-les-eaux.fr. 3 734 Forgions. Altitude : 161 m. Située dans le pays de Bray à 45 km de Rouen. Marché sous les halles le jeudi matin et le dimanche matin. Mairie : 02 35 89 94 20.

Le fer présent dans le sous-sol de la commune était déjà extrait à l'époque celtique et gallo-romaine. Mais cette exploitation déclina progressivement puis disparut à la fin du XVe siècle. L'eau ferrugineuse tant vantée par un comique de talent attira les foules en ce lieu pendant des siècles. La renommée de la ville se fera par ses trois sources qui portent les noms charmants de Reinette, Royale et Cardinale, et par les cures thermales qui se développeront dès le XVIe siècle, grâce à l'attribution de leurs vertus thérapeutiques comme remède contre l'anémie, la chlorose (carence en fer) et aussi contre la stérilité. La naissance du futur Louis XIV en 1638 serait l'effet produit par ses eaux sur ses parents, Louis XIII et Anne d'Autriche venus se faire soigner à Forges-les-Eaux. Le cardinal de Richelieu, lui aussi, viendra prendre les eaux. La ville se transforma peu à peu en station thermale au point d'être rebaptisée du nom qu'elle porte aujourd'hui. Forges-en-Bray n'était plus qu'un souvenir. La jolie ville de Forges-les-Eaux connaît un engouement qui ne se dément pas. La réputation de Forges-les-Eaux va croissante et les curistes s'y succèdent parmi eux des personnages célèbres viennent boire les eaux et prendre les bains. Des noms qui jalonnent l'histoire de France comme madame de Sévigné, Voltaire, Buffon, Marivaux, Napoléon Ier ou encore le roi Louis-Philippe et bien d'autres encore. L'autre domaine de prédilection de Forges-les-Eaux est l'industrie de la faïence, grâce à l'installation en 1797 d'un anglais : Georges Wood. La mécanisation sera fatale à la faïence de Forges. Aujourd'hui elle est réduite à l'activité d'un seul homme Alexandre Audel, dernier témoin d'un passé révolu. La ville au fil des années s'est dotée d'un patrimoine touristique important. La présence des curistes et des touristes en est la principale cause. Le casino et le Club Med face à face, les centres de loisirs se sont installés à proximité des forêts et du lac. La nature environnante est l'atout supplémentaire d'une commune attrayante et dynamique.

ASSOCIATION CULTURELLE ET TOURISTIQUE DU PAYS DE BRAY (ACTPB) 1, place du Général-de-Gaulle © 02 35 90 40 45. Cette association dynamique est la co-organisatrice de deux manifestations phares : les Rencontres en pays de Bray qui unissent la musique, la danse et le patrimoine architectural des églises et châteaux de la région et les "Brayonnades" qui sont la fête et la vitrine économique, culturelle et touristique du pays de Bray. Plus qu'une association, l'ACTPB est le partenaire incontournable des manifestations culturelles dans le pays de Bray, que ce soit d'ailleurs en Seine-Maritime comme dans l'Oise.

OFFICE DE TOURISME Rue Albert-Bochet © 02 35 90 52 10

Internet: www.ville-Forges-Les-Eaux.fr. Ouvert le lundi, mardi et mercredi de 10h à 12h et de 14h à 18h, le jeudi, vendredi et samedi de 9h à 12h et de 14h à 18h. Après son déménagement récent pour un local proche de la mairie, l'Office du tourisme vous offre une riche documentation sur le pays de Bray et la région, département de l'Oise compris. Des visites guidées de la ville sont organisées.

A VOIR ET A VISITER

COLLECTION DE FAIENCES XIXe Hôtel de Ville © 02 35 90 52 10. *Ouvert toute l'année sur demande à l'Office de tourisme. Tarif : 10 F, gratuit pour les moins de 10 ans.* Dès l'époque romaine, l'abondante présence d'argile dans le sous-sol de la commune permit la production de faïence. "Les poteries antiques parsèment de tous côtés le territoire de Forges" écrit l'abbé Cochet en 1866. C'est l'anglais Georges Wood en 1797 qui marqua une étape décisive en y fondant la première faïencerie. L'argile blanche extraite à Forges approvisionnait aussi d'autres faïenceries renommées comme Douai. La production de faïence se faisait selon deux procédés. La faïence fine faite d'argile blanche dite "terre de pipe" et la faïence dite épaisse à base d'argile blanche mélangée à du silex calciné et broyé qui permettait une ornementation délicate. La faïence de Forges est aussi célèbre pour les décors qui la caractérisaient. Les fameux "culs noirs", nommés ainsi en raison de l'enduit de couleur noire dont étaient recouverts leur envers et les culs bruns affichent des décors naïfs : des maisons, des fleurs, des poissons, des oiseaux… C'est dans la salle des mariages de la mairie que vous admirerez plus d'une centaine de ces pièces de faïences de Forges du XIXe siècle. Malheureusement, à la fin du XIXe siècle, ces productions disparurent peu à peu, concurrencées par des manufactures plus modernes.

MUSEE DE LA RESISTANCE ET DE LA DEPORTATION Rue du Maréchal-Leclerc © 02 35 90 52 10. *Jours d'ouverture : hors saison samedi et dimanche de 14h à 18 h, en saison d'avril à fin septembre tous les jours de 14h à 18h. Visite libre ou commentée. Tarif : 20 F, tarif réduit : 10 F.* A Forges-les-Eaux, s'est ouvert récemment un musée consacré aux années terribles de la Seconde Guerre mondiale. Il regroupe des objets divers des documents. Des vêtements, des armes mais aussi des cartes, des tracts et du matériel de sabotage. Plus qu'un témoignage, un hommage aux victimes de la guerre et à ses héros de l'ombre.

MUSEE DES MAQUETTES HIPPOMOBILES Hôtel de Ville - PARC MONDORY © 02 35 90 52 10. *Ouvert du 1er avril au 31 octobre, tous les jours, sauf lundi, de 14h à 17h et le dimanche de 14h30 à 18h. Tarif : 10 F, tarif réduit : 6 F (6 à 12 ans), gratuit pour les moins de 6 ans. Accès handicapés.* La part importante qu'occupait le cheval dans la vie des campagnes s'est étiolée avec la mécanisation et l'avancée des techniques. Dans ce musée, vous admirerez une centaine de maquettes hippomobiles qui permettent de reconstituer la diversité des transports agricoles d'autrefois (de la charrue aux machines), qu'il s'agisse de personnes ou de marchandises. Un autre regard sur notre ami le cheval qui était à l'époque un outil de travail et un compagnon courageux.

PAVILLON LOUIS XIII Cour de l'Hôtel-de-Ville. Le pavillon, demeure de Vincent Le Vaillant maître verrier à Lyons-la-Forêt, a accueilli le couple royal que formait Louis XIII et Anne d'Autriche ainsi que la cour qui les accompagnait. C'est sur les conseils de son médecin, Jacques Cousinot, que le roi alors gravement malade, fit apporter des eaux de Forges en son château de Saint-Germain. S'en trouvant mieux et encouragé par le cardinal de Richelieu, il vint en cure à Forges. A l'époque, la venue du roi s'accompagnait de nombreuses festivités et cet été 1633 fut le prétexte à des réjouissances durant lesquelles, on joua des pièces d'un jeune écrivain rouennais alors peu connu : Pierre Corneille. Aujourd'hui il reste de cette demeure l'oratoire de la reine, endroit de recueillement et de prière et le corps de garde des mousquetaires.

OU MANGER ET DORMIR ?

AUBERGE DU BEAU LIEU Route de Paris © 02 35 90 50 36. *Restaurant fermé le lundi soir et mardi. Menus: 99 F ou 130 F (sauf samedi soir, dimanche midi et jours fériés), 185 F, 240 F, 285 F plus carte. 3 chambres (maison de plain-pied). 1 personne 230 F, 2 personnes 340 F petit déjeuner 40 F. A la sortie de Forges à 1 km du centre sur la D915 direction Paris.* Une cuisine d'inspiration où la rencontre avec le produit fait le plat. Le travail à quatre mains sur le thème de la volaille et du poisson conduit à des classiques comme le canard rôti sauce rouennaise ou le croquant de neufchâtel, mais aussi à la composition de menus changeant au gré des saisons. A cette table incontournable, on saura vous conseiller sur les plats et les vins selon vos envies. Le service impeccable ajoute encore au confort des convives. Si le cœur vous en dit, histoire de faire plus ample connaissance avec la cuisine du chef, des chambres vous attendent. Un détour s'impose !

CLUB MED DE FORGES-LES-EAUX © 02 32 89 50 40. *Ouvert toute l'année. Accès handicapés. Parking.* Le Club Med a choisi Forges-les-Eaux pour y installer son hôtel de 90 chambres et son centre de remise en forme (abonnement avec forfait 1, 3 ou 6 jours, soins à la carte) pour prendre soin de son corps. Le bien-être et la relaxation sont en vedette avec les bains bouillonnants, Jacuzzi, sauna, douche à jet, enveloppement d'algues, application de boue, frigothérapie, massages, drainage lymphatique, salle de musculation... Du repos en perspective et, en parallèle, l'organisation de sorties pédestres, le golf, le tir à l'arc, le tennis, le VTT ou l'équitation... Et bien sûr, la convivialité est le mot d'ordre de l'endroit comme le prouvent les soirées animées qui s'y déroulent.

LA PAIX 15, rue de Neufchâtel © 02 35 90 51 22. *Fermé le lundi midi, et le dimanche soir pour le restaurant et dimanche soir pour l'hôtel hors saison. Fermeture annuelle de mi-décembre à début janvier. Menus : 64 F (enfant), 95 F, 114 F, 152 F, 206 F. Hôtel Logis de France 2 étoiles, 18 chambres à partir de 300 F. Petit déjeuner 44 F. Accès handicapés. Garage et parking. Chiens admis (supplément de 42 F !).* Cet hôtel confortable situé au centre-ville offre un service agréable. Dans sa partie restaurant installée dans la vaste salle du bas et agréablement baignée de la lumière trône une cheminée qui crépite doucement. Dans un décor rustico-contemporain (belles poutres chêne clair, faïences et extraits d'un poème de Jean Richepin aux murs...), des tables bien espacées, on apprécie les spécialités de viandes et des recettes à base de produits du terroir. Le lapin en compote, la salade de l'Orson (porc fumé, neufchâtel, crème), la raie à la crème d'oseille, le magret de canard aux cerises aigres-douces. Tout un programme avec un service très classique.

VILLAGE VACANCES FAMILLES Gîte Clair ✆ **02 35 90 47 62/08 03 80 88 08.** *Possibilité de location en week-end. Le gîte clair (ancien VVF : villages vacances famille) comporte 60 pavillons (3 et 4 pièces) avec séjour et coin cuisine.* Situé à l'entrée de la ville, au pied des lacs et du casino, ce complexe a des infrastructures intéressantes. On y trouve un pavillon central, un bar, une bibliothèque, une salle de télévision, une salle d'animation de 150 places et un terrain multisports en plus de la verdure environnante, terrain privilégié des promenades et autres activités de plein air. Toute la famille y trouvera son compte.

LE BISTROT Casino ✆ **02 32 89 50 50.** *Service de 11h à 3h Plat du jour 65 F Menu à 80 F.* Un service supplémentaire pour les clients des salles de jeux mais aussi pour une clientèle d'affaire cherchant une restauration abordable et rapide. Le plat du jour seul se déguste pour une somme raisonnable dans l'ambiance fastueuse du casino. La formule à 80 F, avec sa salade d'attente, son plat du jour et son café, reste une formule intéressante. Directement installé à l'entrée de la salle des machines à sous, cet endroit offre la possibilité d'entrer dans un autre monde, celui de la salle de jeu. Libre à vous d'y passer en spectateur ou de tenter votre chance !

LE CARDINAL Casino ✆ **02 32 89 50 50.** *Ouvert le soir de 19h30 à 22h30 en semaine et 19h30 à 23h30 le week-end. Menu à 185 F.* Ce restaurant gastronomique situé dans le casino vient d'accueillir un nouveau chef. Très attaché dans sa pratique à mettre en valeur les produits de la région, il travaille exclusivement avec des producteurs locaux. Dans le faste de cette salle ou les colonnes se dressent, la cuisine traditionnelle est ici à l'honneur. En entrée, le foie gras et le saumon fumé maison concurrencent la salade de langoustines au corail d'oursin ou le neufchâtel en aumônière croquante. Les viandes comme le dos d'agneau rôti sur tapenade au citron confit et les volailles du pays comme le sauvageon fermier à l'orange sont cuisinées avec subtilité. Le dessert venu, la tarte fine aux pommes ou le soufflé au Grand Marnier sont à retenir. A l'écart des salles de jeux, les tables espacées vous offrent un instant de calme avant ou après de grands émois. Pour les gastronomes et les joueurs affamés.

AUX TROIS POMMES 9, place Brévière ✆ **02 35 09 87 86.** *Restaurant fermé le mardi soir, le mercredi et le jeudi soir hors saison et en saison le mercredi. Services : 12h à 14h et 19h30 à 21h30. Menus : 52 F ou 62 F pour la crêperie, 70 F pour le grill. Accueil de groupes sur réservation. Salon de thé l'après-midi.* Pour manger sans trop dépenser, cette adresse est la bonne, avec sa carte de galettes et de crêpes et son grill. Le repas s'accompagne d'une boisson de la région, bière du pays de Bray ou cidre de Saint-Saire (médaillé d'argent au concours général en 1998). Le dessert arrivé, la crêpe "mon pommier" à base de pommes au caramel accompagnées de glace à la pomme, de chantilly et de calvados s'impose d'elle-même. Pour faire d'une pierre deux coups, une variété de produits du terroir à emporter (petits carrés brayons, confitures maison, miel, cidre, bière, conserves et bougies) sont en vente ici. Apéritif maison, offert au porteur du Petit Futé. Futé non !

CAMPING LA MINIERE ✆ **02 35 90 53 91.** *Ouvert du 1er avril au 30 septembre.* Un séjour agréable et tranquille en perspective dans une ville qui attire de plus en plus de visiteurs. Ce camping caravaning 2 étoiles de 125 emplacements a tout le confort nécessaire pour passer des vacances loin du tumulte des grandes agglomérations. Il propose une salle de jeux et des jeux pour enfants.

HOTEL CONTINENTAL Avenue des Sources ✆ **02 35 09 80 12.** *3 étoiles de 44 chambres à partir de 305 F plus 2 suites (650 F). Petit déjeuner 44 F.* Cet établissement est l'hôtel du casino. Il offre tout le confort nécessaire pour profiter de son séjour (parking, accès handicapés, chiens admis). A 100 m du Casino, le charme s'allie à un service impeccable pour la plus grande satisfaction des clients. Sa position privilégiée à proximité du lac d'Andelle, du golf et du bois de l'Epinay permet de s'adonner à toutes sortes d'activités qui vont du grand frisson (jeux obligent) à la sérénité d'une promenade dans la verdure environnante. Un séjour plein d'émotions !

SE DETENDRE

BOIS DE L'EPINAY. C'est l'endroit privilégié des promenades en amoureux ou en famille. Les idées ne manquent pas pour profiter de ce coin de nature. A pied, à cheval ou à vélo tous les moyens sont bons pour découvrir le bois de l'Epinay, avec ses tourbières où croissent quelques plantes carnivores (gniark !) et ses sources. Les enfants s'y défouleront pour le plus grand plaisir des parents. Quatre sentiers balisés sont commentés dans des dépliants gratuits disponibles à l'Office de tourisme : la Chevrette (850 m), les Etangs Sauvages (450 m), le Miroir des Oiseaux (550 m), la Hêtraie (1 250 m). Une visite est d'ailleurs possible avec un chargé de mission du conservatoire des sites naturels de Haute-Normandie (selon calendrier à l'Office). Un parcours divisé en cinq circuits différents, classés selon leur niveau de difficulté, permet aux plus grands de tester leur talent d'aventurier et leur sens de l'orientation. Il s'agit de découvrir en un temps minimum, un nombre de balises dispersées au cœur de la forêt. La carte d'orientation disponible à l'Office de tourisme vous sera peut-être d'un grand secours ! De bonnes chaussures et des provisions vous seront sans doute utile. Et surtout n'oubliez pas patience et longueur de temps font mieux que force et que rage !

ETANG DE L'EPINAY. *Renseignements et cartes à la quincaillerie Dumontier 3, rue de la Libération 02 35 90 51 90.* Pour taquiner le poisson ou simplement prendre l'air selon les compétences du pêcheur, l'étang de l'Epinay offre un bel espace de pêche à deux pas du centre de Forges. Pour les amateurs de truites ou de carpes des formules intéressantes pour les pros ou les occasionnels : un permis "vacances" de 15 jours entre le 1er juin et le 30 septembre permet de goûter à la pêche sans trop débourser dans l'étang ou les rivières de l'Epte et de la Béthune. Amis pêcheurs à vos cannes !

PISCINE DE FORGES-LES-EAUX Rue des Eaux-Minérales ✆ 02 35 90 50 25. *Ouvert du 1er mai au 30 juin le samedi de 15h à 19h et le dimanche de 10h à 13h et de 15h à 19h. Du 30 septembre au 30 avril les lundis de 16h30 à 18h30. Du 1er juillet au 30 août tous les jours de 10h à 13h et de 15h à 19h. Possibilité de cours d'aquagym.* Cette piscine ne fonctionne pour le public qu'en saison. Elle offre un bassin couvert pour les petits et un grand bassin extérieur avec toboggan pour les plus grands. Dans un cadre de verdure idéal à la bronzette en gardant l'œil sur les enfants. Les joies de la baignade et en plus une vue imprenable sur le casino.

PONEY-CLUB D. FABBRI Ancienne Gare Thermale ✆ 02 35 90 60 98. 7 chevaux d'instruction et 15 poneys shetlands pour des leçons d'équitation, du dressage, des promenades. Stage "équitation et musique" (violon et piano) : 5 jours en pension complète.

VAUQUET CYCLES 23, rue de la Libération ✆ 02 32 89 02 64. Pour vous promener dans la région ou à travers le bois de l'Epinay tout proche, louez un vélo classique pour (30 F/heure, 45 F la 1/2 journée, 80 F la journée, 160 F le week-end, 320 F la semaine). De quoi profiter pleinement du site et de ses richesses naturelles ! (Caution de 1 500 F par vélo).

AVIS
Plus de 500 agences à votre service
Informations et réservations N° Indigo 0 820 05 05 05 ou www.avis.fr
0,79 F TTC / MN

OU SORTIR ?

CASINO Avenue des Sources ✆ 02 32 89 50 50. *Jeux traditionnels ouverts du lundi au vendredi de 20h à 4h, le samedi de 16h à 5h, le dimanche de 15h à 4h. Machines à sous : tous les jours de 11h à 4h (5h le samedi).* C'est dans un cadre attrayant et calme qu'est installé le casino de Forges. Construit en 1872 pour compléter l'établissement thermal, il fut détruit par un incendie quelques années plus tard, il sera reconstruit en 1902 et totalement rénové en 1952, de pair avec une réfection de son parc. Il vous accueille avec élégance dans sa galerie des sources, majestueuse et propose aujourd'hui aux amateurs un choix de jeux traditionnels (roulette, boule, baccara...) et de machines à sous (200 bandits manchots). Au Chatam Café est proposé un programme d'animation avec des soirées à thème tout au long de l'année avec la participation d'artistes invités et de l'orchestre du casino. Tout est ici prévu pour le divertissement avec un dancing, une discothèque, une brasserie, un restaurant gastronomique et un hôtel de luxe. Le lieu organise aussi chaque année un festival de la magie en avril et mai. A noter que des navettes gratuites peuvent être empruntées (aller et retour dans la journée) depuis Rouen (le dimanche) et Paris (vendredis, samedis, dimanches et fériés). Le plus Parisien des casinos français !

CINEMA Théâtre municipal ✆ 02 32 89 94 20. Pour les inconditionnels du grand écran, deux fois par mois, le théâtre municipal organise des séances de cinéma. Les films récents sont projetés avec un léger retard, mais rien n'empêche l'ambiance Cinéma Paradiso de ce lieu, à l'heure des multiplexes vendeurs de pop-corn. Renseignements en mairie.

EMPLETTES

AUX DEUX GOUTTES D'EAU (Un potier en activité) ✆ 02 35 09 61 53. *Ancienne gare thermale. Ouvert tous les jours de 10h à 12h30 et de 15h à 19h. Visite de l'atelier sur rendez-vous.* Alexandre Audel, producteur de poteries et faïences style "vieux Forges" (établi par l'Anglais George Wood en 1797), n'hésite pas à ouvrir son atelier aux curieux, pour faire découvrir les richesses de son métier. Il est toujours intéressant et pédagogique de voir un artisan à l'œuvre pour prendre pleinement connaissance de son activité. On peut aussi lui passer commande pour des objets qu'il peut personnaliser. Faites un petit voyage dans ce monde de patience et de savoir-faire. Notre homme est un peu poète !

EPICERIE FINE DUPONCHEL. L'épicerie fine est ici une affaire de famille depuis plus de 60 ans. On trouve ici des produits régionaux en provenance directe des exploitations agricoles. Les fromages avec le "Ker-Bray", les fruits et légumes cultivés dans les environs immédiats arrivent dans un état de parfaite fraîcheur. Les spécialités normandes sont aussi à l'honneur pommeau, calvados, bière, cidre et des confitures extraordinaires comme la confiture de pruneaux au calvados. Des petits paniers cadeaux sont réalisés à votre convenance.

GRISEL ANTIQUITES 7, rue Albert-Bochet ✆ 02 35 09 17 50. Dans le centre-ville, cet antiquaire veille sur des objets anciens et originaux. A quelques pas de la mairie, les amateurs trouveront une belle collection d'outils de nos campagnes, des bibelots, de clefs en fer forgé et des faïences ainsi que quelques meubles rustiques et de style également.

LEFORESTIER 58, avenue des Sources ✆ 02 35 09 87 98. *Ouvert du jeudi au lundi de 14h30 à 19h.* Des faïences rares, aux décors subtils, de beaux meubles de style, de la verrerie et tout ça à proximité du casino. Alors flamber ou acheter à vous de choisir. Et si vous êtes en veine pourquoi pas les deux !

AGENDA

Festival de la magie en avril et mai organisé par le casino. Il accueille des magiciens réputés qui exercent sur les spectateurs une certaine fascination.

Fête du cheval fin juillet : le cheval était déjà présent dans le musée hippomobile de Forges avec les maquettes. La fête bat son plein avec ses concours de beauté, son feu d'artifice et diverses animations autour du cheval. Un week-end pour mieux connaître cet ami de l'homme.

GONFREVILLE-L'ORCHER

9 922 Gonfrevillais. Marché le vendredi matin. Chef-lieu de canton.

Ville industrielle et commerciale, Gonfreville-l'Orcher est aussi une cité de loisirs. Des compétitions internationales de cerfs-volants à l'équitation ou à l'espace culturel de la Pointe-de-Caux, les animations, festivités, activités culturelles n'y manquent pas. Gonfreville vient du latin gundofridus et de villa et signifie le domaine du noble combattant. Orcher est une déformation d'Auricher, qui fut un des compagnons vikings de Rollon. En vieux norrois, ce nom signifie "marais des aulmes". Mais le site était déjà occupé au néolithique comme le montre la "hache à talon" de l'âge du bronze moyen qui y a été découverte. Une arme redoutable pour l'époque. Le château d'Orcher, qui fut le château féodal d'Auricher avant d'être restauré au XVIIIe siècle, rappelle ce lointain passé. Le centre commercial Océane, outre son Leclerc et l'espace culturel de celui-ci, n'offre pas moins de 53 boutiques, aux noms souvent prestigieux. Dans le parc de l'Estuaire, sont installées de nombreuses grandes enseignes.

MANOIR DE BEVILLIERS. *Fermé le dimanche.* Ce manoir est un beau spécimen de la Renaissance avec ses briques roses et noires. On remarque ses neuf cheminées, son escalier à vis dans la tour et un peu plus loin, sa chapelle. Il abrite un antiquaire.

CHATEAU D'ORCHER © 02 35 45 45 91. *Ouvert du 3 juillet au 15 août tous les jours de 14h à 18h. Entrée : 25 F. Parc ouvert tous les jours de 9h à 17h.* Monument historique surplombant la Seine à 90 mètres et appartenant à la famille d'Harcourt, le château féodal d'Auricher, restauré au XVIIIe siècle avec sa cour d'honneur, est entouré d'un parc à la française, libre à la visite, avec terrasses perchées sur les falaises. De là, les vues sur l'estuaire, Le Havre et Honfleur sont splendides. Ne pas manquer le colombier octogonal (XVIe) en pierre et silex récemment restauré. Chaque année au mois d'octobre, la comtesse d'Harcourt propose une animation, Plantes en fête, dans le parc. Dans le cadre des animations des parcs et jardins de Haute-Normandie, des spectacles (comme Le Songe de Poliphile, conte représenté en juillet et septembre 1999) sont donnés en période estivale dans le parc.

A VOIR ET A VISITER

HISPANO SUIZA Route du Pont-VIII © 02 35 55 48 65. *Fax : 02 35 26 39 70. Contact : M. Brisset, visite sur rendez-vous pour groupes uniquement (de 5/6 personnes à 20 maximum).* Créée en 1997, Hispano-Suiza Aérostructures, qui appartient au groupe S.N.E.C.M.A., est spécialisée dans les nacelles et les inverseurs de poussées. Ainsi travaille-t-elle, entre autres, pour Airbus et Rolls-Royce Allison. A Gonfreville, la société dispose également d'un atelier spécialisé dans la réparation et la maintenance des sièges éjectables.

OU MANGER ET DORMIR ?

FORMULE 1 ZAC Camp-Dolent © 02 35 45 31 83. *72 chambres à 149 F. Petit déjeuner : 22 F. Animaux acceptés. Chambres accessibles aux handicapés.* Les petits budgets trouveront évidemment le Formule 1 très attractif au niveau du prix. C'est la base même de la ... formule ! Mais la bizarrerie de l'agglo havraise, c'est que ce Formule 1 est le seul qu'on peut y trouver... Pour une zone de population de 250 000 habitants, c'est quand même un peu léger ! On a donc tout intérêt à réserver le plus tôt possible (une semaine avant, c'est souvent déjà plein).

SE DETENDRE

ESPACE CULTUREL DE LA POINTE DE CAUX © 02 35 45 66 42. Un endroit dynamique pour sortir. L'espace culturel dispose d'un théâtre de 400 places (assises, 600 debout) où se jouent des matchs d'improvisation, des one-man shows, des spectacles originaux qui attirent un public nombreux. Ne manquez pas d'y faire un tour pour connaître les animations variées. C'est aussi un cinéma, une salle de concerts, un lieu d'expositions. La nouveauté de l'année, c'est l'ouverture de la médiathèque (au nord de l'esplanade de l'Espace) et celle du studio de danse.

PONEY-CLUB Chemin d'Enfer © 02 35 45 52 87. Tout près du Havre, ce club réservé aux enfants leur transmettra la passion du cheval pour en faire de véritables amazones. L'adhésion est de 150 F par an, l'assurance coûte 160 F et la série de 4 tickets correspondant à un mois de cours revient à 190 F. Mais c'est aussi un gîte d'étape qui peut accueillir les randonneurs (cyclistes ou cavaliers). Quatre box leur sont réservés.

EMPLETTES

JACQUELINE SYLVAIN ET FILS RN15 © 02 35 45 40 50. Très connu dans la région, M. Jacqueline propose du mobilier, certes des reproductions, mais de bonne qualité. Bon nombre de Havrais trouvent leur bonheur à cette adresse, dans le manoir de Bevilliers, sur la nationale.

LES HUIT FERMES RN15 © 02 35 20 61 25. Les renards assoiffés amateurs de cidre normand y trouveront de bonnes bouteilles. Ainsi que tous les produits fermiers. Alors pourquoi ne pas faire ses emplettes à la ferme dans un lieu d'authenticité de goût et d'odeur ? Ici on ne prend pas de caddie pour s'approvisionner en œuf frais, poulets, légumes et fruits (et quelques bouteilles de cidre normand comme dit plus haut). Enfin... P'têt' ben qu'oui mais p'têt' ben qu'non, sacré vindiou... Car finalement, on en prendrait ben un quand même, histoire de ramener des provisions pour quèques jours non de d'là ! Où alors, des champs, faudrait qu'on s'en retourne à... Auchan. C'est cornélien (il est vrai que ce dernier était de la région...) ! La cerise sur le gâteau, c'est que vous pourrez même satisfaire votre nouvelle passion du bio puisque vous trouverez également les légumes biologiques du GAEC Malo de Gaineville.

HARFLEUR

8 502 Harfleurais. Marché le dimanche.

Harfleur, le "port du haut" (Honfleur étant..."le port du bas") doit son nom aux Vikings (qui, il est vrai, l'avaient préalablement détruit... avant de le reconstruire !). Il existait déjà, sous le nom de Caracotinum, à l'époque romaine. C'est cependant au Moyen Age qu'il prend toute son importance. Aux XIe et XIIe siècles, ce n'est encore qu'un petit port régional quoiqu'il semblerait que ce soit d'Harfleur que soient parties les quarante nefs de l'armée d'Edouard le Confesseur en 1040 et que ce soit là, également, qu'aient été équipés un certain nombre de navires de Guillaume le Conquérant en 1066. Mais dès le XIIIe siècle, il prend de l'ampleur. Aux activités de la pêche (Harfleur livrait des quartiers de marsouins jusqu'à Dunegat en Angleterre !) s'ajoute un rôle commercial et stratégique. Associé à Rouen, qui y a un droit de franchise codifié officiellement en 1387 par des coutumes, il sert de port de transit, d' "avant-port" à cette dernière ville. Le XIVe siècle fait d'Harfleur une cité prospère. Premier port royal sur l'estuaire de la Seine (racheté en 1281, pour ce faire, par Philippe III le Hardi), il est un lieu fort convoité durant la guerre de Cent Ans. D'abord victorieuse à l'abri de ses fortifications, la ville se paye même le luxe d'envoyer sa flotte incendier Portsmouth en 1377. Et, en 1378, c'est cette même flotte qui ira ravitailler Cherbourg assiégé. A l'époque, c'est le plus grand port de la Manche, le rival heureux de Southampton, et les activités commerciales s'y poursuivent. Sans arrêt viennent mouiller à Harfleur les navires castillans, portugais, génois... Une ordonnance du 20 juin 1382 lui octroie même le monopole général du sel pour la Seine. Mais le 22 septembre 1415, Harfleur est prise par les Anglais après un siège de 38 jours. Par deux fois, de 1415 à 1435 et de 1440 à 1449, Harfleur sera ainsi occupée. Outre cela, sièges sanglants et peste noire appauvriront considérablement la ville. Mais c'est quand même d'Harfleur que repartira en 1405 puis en 1417 pour les Canaries le colonisateur cauchois Jean de Béthencourt qui deviendra le premier roi de ces îles. Cependant, c'est le commencement de la fin pour l'activité portuaire. Après un ultime chant du cygne, l'embarquement de 4 000 hommes, en 1485, sous Charles VIII, pour porter secours au duc de Richmond - lequel en profitera pour s'emparer de la couronne d'Angleterre - et la réparation par le roi du Clos des Galées d'Harfleur en 1490, la ville va commencer son déclin. Victime d'un phénomène d'envasement, Harfleur ne sera pas la ville que choisira François Ier pour bâtir le nouveau port de l'estuaire de la Seine en 1517 (c'est pourtant à Harfleur que le roi séjournera en 1520). Pire : alors que les Harfleurais contribuent au financement des travaux qui vont donner le jour à ce qui deviendra le port et la ville du Havre, le canal qu'on leur avait promis et qui devait donner accès directement à la mer ne sera pas construit ! Mais les Harfleurais n'en resteront pas moins d'excellents marins. Ainsi, le voyageur protestant Jean de Léry dans sa célèbre Histoire d'un voyage fait en la terre du Brésil, publiée en 1578 ("ce bréviaire de l'ethnologue" d'après Lévi-Strauss) fait-il le portrait suivant du pilote de La Grande Gabeurge, Jean de Meun, d'Harfleur : "(Il) ne savait ni A ni B. Il avait néanmoins si bien profité de l'art de la navigation, par une longue expérience de ces cartes, astrolabes et bâtons de Jacob, qu'à tout coup, et particulièrement durant la tourmente, il faisait taire un savant personnage". Plus d'une vingtaine d'années auparavant, l'arquebusier allemand Hans Staden, qui avait été fait prisonnier par les Indiens Tupinamba au Brésil, fut sauvé par le vaisseau normand Catherine de Vatteville dont le pilote François de Schantz et l'interprète Pérot étaient d'Harfleur. En 1824, le général Lafayette, qui devait s'embarquer au Havre pour les Etats-Unis, passa par la ville. Pendant la Première Guerre mondiale, Harfleur accueillit un camp de travailleurs... chinois ! Ceux-ci étaient en fait employés par l'armée britannique. Jolie petite ville, blottie dans la vallée de la Lézarde, Harfleur a su préserver son charme de cité médiévale. De belles demeures à colombages agrémentent le circuit du patrimoine qu'a mis en place la municipalité. La Maison aux Pampres (XVIe siècle), rue du Bât de l'Orge, la Maison du Pêcheur (XVe siècle), rue du Grand Quai et celles de la rue des Cent-Quatre, l'ancienne mairie devenue bibliothèque municipale, rue Jehan de Grouchy, méritent plus qu'un coup d'oeil. Et puis, si pour les amateurs de football, Harfleur est la ville de naissance (le 10/10/73) du milieu de terrain Vikash Dhorasoo, c'est aussi une ville culturelle qui organise chaque année un festival nordique qui a beaucoup de succès.

A VOIR ET A VISITER

EGLISE SAINT-MARTIN. Reconstruite entre le XIVe et le XVIe siècle, après la guerre de Cent Ans, sa célèbre tour-clocher armée d'une flèche ajourée, de la fin du XVe, surnommée "phare du Pays de Caux" a une hauteur imposante de 83 mètres et présente des sculptures fascinantes de créatures chimériques. A voir également le portail sculpté de 1630. A l'intérieur, un joli retable du XVIIIe siècle et une pierre tombale du XIVe valent le détour.

HOTEL DE VILLE Rue de la République. La mairie bénéficie d'un joli cadre. Elle est en effet installée dans un vieux château Louis XIII du XVIIe siècle. Sa façade Renaissance typique en briques, pierres et colonnes et son parc aux arbres séculaires permettent une balade curieuse.

MUSEE DU PRIEURE 50, rue de la République © 02 35 45 40 62. *Ouvert du mercredi au dimanche de 14h à 18h.* Appelée l'hôtel des Portugais parce qu'elle accueillait autrefois des navigateurs du Portugal en escale, l'auberge normande du XVe siècle abrite le musée municipal. Il expose des collections d'objets historiques, de la préhistoire au Moyen Age. On y découvre une salle de la préhistoire, de 150 000 ans av. J.-C. à l'âge de fer avec des silex, haches et gobelet celtique, une salle gallo-romaine avec par exemple une cruche du Ier siècle retrouvée à Harfleur dans une urne funéraire avec du liquide à l'intérieur resté intact, des statuettes et céramiques. Des fouilles archéologiques réalisées en 1984 ont permis de mettre en évidence un site sur le mont Cabert. Plus loin, la salle médiévale avec des maquettes et estampes aident à comprendre l'importance du port au XVe siècle. La dernière salle présente Harfleur aujourd'hui. L'architecture de l'ancien hôtel est remarquable, avec un rez-de-chaussée en pierre calcaire et un étage en pans de bois. Un escalier à vis permet d'accéder au premier. De nombreuses expositions sont proposées toute l'année, photographies, peinture contemporaine.

OU MANGER ET DORMIR ?

IBIS Carrefour de la Brèque © 02 35 45 54 00. *Chambres de 305 F à 385 F. Petit déjeuner 35 F.* L'hôtel deux étoiles est moderne et bénéficie de la constante qualité de la chaîne. Pas de mauvaises surprises, tout est bien réglé. La clientèle est surtout composée d'hommes d'affaires de passage, ce n'est pas un établissement familial. Un bon point pour le parking clos et surveillé, de quoi dormir sur ses deux oreilles ! Au petit déjeuner, on ne reste pas sur sa faim, le buffet ouvert dès 6h30 permet de se servir à volonté. Le restaurant lui, est simple et correct, sans plus.

VILLAGES HOTEL ZAC Labedoyere © 02 35 47 20 33. *Chambre à 155 F pour 1, 2 ou 3 personnes et 195 F pour 4 personnes. 24 F le petit déjeuner.* Une nouvelle chaîne d'hôtels plutôt futés... Un concept proche de celui des "Formule 1" mais avec un sacré plus : le confort de W.-C. et de douches privés. Attention : mieux vaut réserver à l'avance !

EMPLETTES

ARTISANS DU MONDE 4, rue Gambetta © 02 35 45 05 27. *Ouvert le jeudi et le vendredi de 14h30 à 19h, le samedi de 9h30 à 12h30 et de 14h30 à 19h30 et le dimanche de 9h30 à 12h30.* Comme le nom l'indique, l'artisanat que l'on peut trouver ici n'est pas spécifiquement (et même pas du tout...) normand. Mais voilà un endroit où l'on peut acheter intelligemment (la chaîne travaille directement avec des paysans des pays en voie de développement regroupés en coopératives et assure des prix minima sur tous les achats d'habits, d'artisanat ou de matières premières) de bien belles choses (objets décoratifs ou utilitaires, instruments de musique, vêtements faits à la main...) des Andes, d'Asie ou d'Afrique. Et aussi, gourmets que vous êtes, de bien bonnes choses (cafés, thés, chocolats, épices...). Qu'y a-t-il de mieux que de se faire plaisir tout en aidant (un peu !) les autres ?

HERICOURT-EN-CAUX

875 habitants. Mairie 02 35 96 42 12.

OU MANGER ET DORMIR ?

AUBERGE DE LA DURDENT 3, rue Saint-Mellon © 02 35 96 30 75. *Menus 95 F, 135 F, 159 F, 200 F plus carte. 15 chambres à partir de 165 F à 185 F. Petit déjeuner 30 F.* C'est une étape gustative incontournable. Les menus sont variés et d'un excellent rapport qualité prix. L'ambiance agréable qui règne dans cet hôtel restaurant est due à une équipe sympathique et à un service irréprochable. Que ce soit à la chaleur du feu de bois en hiver ou du soleil en été, la cuisine traditionnelle bénéficie d'un cadre de qualité qui ne gâche rien à l'affaire. Pour allécher les gastronomes et montrer le savoir-faire du maître de cérémonie, les feuilletés d'escargots ou le foie gras en entrée sont deus trésors que propose la carte. Pour les plats, la spécialité maison est l'assiette du boucher qui fera plaisir aux amateurs de viande ; les adeptes des plats de poisson trouveront un filet de rouget et d'autres plats de la mer comme le duo de poissons en papillote. Le dessert est un moment délicat car le choix n'est pas simple, tant de gourmandises sont à déguster comme le duo de mousses aux chocolats ou l'amandine. L'hôtel offre des chambres confortables et calmes pour profiter du murmure de l'eau de la Durdent toute proche. Une adresse recommandée et recommandable à ne rater sous aucun prétexte.

Auberge de la Durdent

Hôtel
Restaurant

Route de Cany-Barville
76560
HÉRICOURT en CAUX

© 02 35 96 30 75
fax 02 35 56 81 71

GOURNAY-EN-BRAY

6 378 Gournaisiens. Altitude : 94 m. Située aux frontières du Beauvaisis, du Vexin et du pays de Bray. Mairie : 02 32 89 90 00. Marché le mardi (plus important) et le vendredi matin.

Gournay vient du celtique "Gord" marécage et "Nawd" forteresse. Ce nom évoquait les deux facettes de la ville installée sur un site qui offrait des prairies et des marais. Gournay fut dès la période de la conquête des Gaules un point stratégique. Les Romains pourchassaient les tribus qui trouvaient en cet endroit un refuge aux assauts ennemis. Plus tard, à la suite du traité de Saint-Clair-sur-Epte qui donna la Normandie à Rollon (911), la ville sera un point clé de la région, sous la gouverne d'Eudes, compagnon d'armes du duc de Normandie. Au Moyen Age, la ville est entourée d'un fossé profond et d'épaisses murailles et flanquée d'une vingtaine de tours rondes ou carrées (voir les restes de la tour du XIIIe, rue du Rempart) qui défendent la demeure du seigneur et des chanoines de la collégiale Saint-Hildevert. Cette cité fortifiée réputée invincible tomba pourtant aux mains de Philippe Auguste en 1202 grâce à un stratagème : il fit rompre les digues des marécages qui entouraient la cité et la puissance des flots qui envahirent les fossés mina et fit tomber les murailles... Pendant la guerre de Cent Ans, qui oppose la France et l'Angleterre, elle sera occupée par les Anglais, puis mutilée par le pilonnage des pièces d'artillerie durant les guerres de Religion de 1589. C'est en 1620 que ses fortifications devinrent inutiles : les fossés sont alors vendus à des particuliers avec autorisation de démolir tours et enceinte. Aujourd'hui Gournay est une jolie petite ville qui ne conserve de son passé de forteresse que quelques morceaux de fossés qui abritent des jardins et une tour. Elle promet à ses visiteurs de longues et belles promenades. Presque entièrement reconstruite après les bombardements de 1940 (l'église restant un des rares vestiges du passé), c'est aujourd'hui une des villes les plus animées du pays de Bray. Tous les ans à la mi-septembre, s'y tient une importante foire appeler la foire Sainte-Croix qui aurait pour origine une date lointaine : 1193. La pratique semble remonter à l'époque des croisades, lorsque Hugues de Gournay, revenant par Rome avec des reliques de la vraie croix, obtint des indulgences. De là, un pèlerinage vit le jour et fut à l'origine de la foire actuelle. Gournay, ville de contraste aux frontières de la Seine-Maritime de l'Oise et de l'Eure, est accueillante et dynamique.

OFFICE DE TOURISME 9, place d'Armes © 02 35 90 28 34

Ouvert du lundi au samedi, de 10h15à 12h et de 14h à 17h30. Installé dans une partie de l'ancien couvent des Capucins (1642), ce bel Office de tourisme dispose d'une documentation complète sur la région et le pays de Bray (Seine-Maritime, Eure et Oise). Des visites guidées de la ville sont organisées sur rendez-vous par l'Office (adulte 15 F, enfant de 6 à 16 ans 8 F). A ne pas oublier avant de visiter la ville : le dépliant Gournay au fil des pas, détaillant la visite avec explications historiques. Devant le bâtiment, cloches désormais muettes de l'ancien beffroi de la ville témoignent du passé de la cité. Juste à côté, vous remarquerez l'ancienne balance publique, enfermée dans sa petite cahute (démontée en 1994). On trouve ici un accueil chaleureux et des informations à la pelle ainsi que des ouvrages sur la commune et sur le pays de Bray.

A VOIR ET A VISITER

COLLEGIALE SAINT-HILDEVERT. *Ouverte de 7h à 19h.* C'est au XIe siècle que fut édifiée cette collégiale dédiée à saint Etienne. Un tympan au-dessus de la porte de droite montre la lapidation du saint. Mais, c'est au XIIIe siècle, lors de la venue de trois clercs de Meaux qui transportaient de ville en ville les reliques de saint Hildevert (évêque de cette ville), que remonte la dédicace de la collégiale. La porte de gauche est surmontée d'un autre tympan montrant saint Hildevert qui bénit un enfant. On prétend en effet qu'ayant passé un certain temps à Gournay, les clercs furent surpris de ne pouvoir sortir les reliques de l'église : le corps du saint restait immobile et le comte Hugues vint lui-même s'en assurer. Les restes du saint homme furent placer sur l'ordre du comte dans une châsse d'argent pour les faire demeurer dans l'église qui fut du coup dotée d'indulgences à perpétuité par les différents papes. Saint Hildevert surtout invoqué contre la foudre, mais aussi pour soigner les maladies mentales est honoré les 27 et 28 mai. La vie de ce saint fut représentée sur un vitrail composé de quatre lancettes par un peintre-verrier en 1954. Dans la nef sud, la chapelle Saint-Joseph (épargnée par l'incendie de 1174) est la partie la plus ancienne de l'église et ses chapiteaux sont à classer parmi les premiers essais de représentation humaine à l'époque romane. On remarque aussi la chaire sculptée de 1728. Vous verrez également la plus ancienne maison de Gournay (façade datée de 1467) en face de la collégiale (à gauche en sortant). Elle faisait partie d'une dépendance de la collégiale qui entourait le cloître et a été restaurée en 1978.

LA HALLE AU BEURRE - LE KURSAAL Place Nationale. Bâtie en 1821 à la place d'une auberge, la halle au beurre faisait déjà la réputation des produits laitiers gournaysiens. Le "kursaal" y sera rajouté en 1930, puis transformé en cinéma en 1976.

PORTE DE PARIS Place de la Libération - Rue Legrand-Baudu. A quelques pas de la mairie se trouvent en passant les deux pavillons symétriques accolés de piliers et surmontés d'une vasque rococo qui forment cette porte. Ils furent élevés de 1778 à 1780, aux armes du duc et de la duchesse de Montmorency : les insignes de ces nobles furent effacés à la Révolution, quant aux piliers, ils furent déplacés en 1960 afin d'élargir la route !

Plage de Pourville

HAUTOT-SUR-MER, plus connue pour sa station balnéaire de Pourville, allie le charme de la mer et celui de la campagne normande.

Tous les services pour vous loger (campings, hôtels, gîtes, chambres d'hôtes...), vous restaurer, faire vos courses, vous divertir...

Renseignements à l'Office de Tourisme : au 02 35 84 71 06

e-mail : hautot.tourisme@libertysurf.fr
Fax 02 32 90 00 93

OU MANGER ET DORMIR ?

LE CYGNE 20, rue Notre-Dame © 02 35 90 27 80. *Ouvert toute l'année. Inter-hôtel 2 étoiles et 29 chambres : 255 F à 370 F. Petit déjeuner 35 F.* Un hôtel confortable en plein centre-ville, avec parking fermé et télé dans chaque chambre. C'est un endroit où il fait bon séjourner.

LE NORMANDIE Place Nationale © 02 35 90 01 08. *Hôtel 2 étoiles et 16 chambres : 175 F à 215 F. Petit déjeuner 32 F. Animaux admis.* Cet établissement qui a subi en hiver une réfection importante vous accueille sur la place en face du kursaal (l'ancienne halle à beurre devenue cinéma). Il dispose d'un parking fermé et de la télé dans les chambres. Un séjour agréable en perspective.

AUBERGE DE LA MORETTE 57, rue de l'Abreuvoir © 02 35 09 94 62. *Fermé le dimanche soir, le mardi soir et le jeudi soir. Menus: 98 F, 125, 145 F + carte.* Dans cet endroit au décor rustique, la cuisine à base de produits régionaux se renouvelle souvent en fonction des produits disponibles et des saisons. Datant du XVIIIe siècle, le lieu se prête par son authenticité à la dégustation des poissons et fruits de mer servis dans une ambiance détendue. Une table agréable.

LE BISTROT D'GOURMAY 6, rue Barbacane © 02 35 09 16 35. *Fermé le samedi midi, le dimanche soir et lundi. Services : 12h à 14h30 et 19h15 à 21h30. Menus : 70 F, 120 F (sauf le week-end), 102 F, 152 F, à la carte.* A l'écart, dans une ruelle pleine de charme, ce restaurant fréquenté assidûment par une clientèle d'affaire tout au long de l'année est un endroit vraiment Futé. Rebaptisé depuis quelques mois d'un nom couleur locale, il est le lieu de la cuisine du terroir par excellence. Les produits utilisés pour la confection des plats proviennent directement des fermes voisines. Cet endroit coup de cœur du Renard ravira sans nul doute les amateurs de bistrots modernes, dans un décor soigné où le vin est mis à l'honneur, sur les murs et jusque sur votre table avec une bonne sélection de crus et de vins en pichet. A deux pas de l'Office du tourisme, les connaisseurs goûteront le confit de canard, le foie gras ou le croquant d'escargots. Pour l'été, les menus s'enflamment avec poissons et les fruits de saison qui seront à la fête dans des desserts composés et plein de fraîcheur. Un endroit qui fait honneur à la cuisine normande.

SE DETENDRE

PISCINE DE GOURNAY-EN-BRAY Avenue des Aulnaies © 02 35 90 04 27. *Ouvert toute l'année, du lundi au dimanche matin. Ouvert le dimanche après-midi également en juillet et août (avec des horaires variables selon le jour, se renseigner).* Après une remise en état qui s'est achevée en début d'année, la plus complète des piscines du pays de Bray vous accueille avec son toboggan de 36 m, son geyser et son champignon d'eau et possède aussi un sauna, un solarium et, en prime, une musique d'ambiance et un éclairage subaquatique.

SENTIER PEDESTRE Boulevard Planquette. Sur ce sentier qui fut planté en 1790 et qui ressemble fort à une conquête de la ville par la campagne est proposé un parcours qui suit le cours de l'Epte et du canal des tanneurs (réservé aux piétons). En exécutant des travaux dans une maison de la rue de Ferrières en 1950, on découvrit une fosse remplie de peaux superposées. On voit au lieu-dit "le Gouffre", ancien fossé de la ville qui servait au vannage du canal des tanneurs ainsi que l'arrière du moulin Paul Dupuis, dont la roue a été supprimée en 1950, mais qui est toujours en activité. Les jardins potagers se dévoilent ainsi que d'autres bordés de maisons anciennes. Une promenade agréable.

EMPLETTES

BARNET ANTIQUAIRE 23, rue Notre-Dame © 02 35 90 20 57. *Fermé le mercredi. Ouvert du mardi au dimanche midi, de 9h30 à 12h30 et de 15h à 19h.* Un spécialiste du meuble de style, avec un choix de pièces en bois naturel des XVIIIe et XIXe siècles. Quelques objets de brocante également.

JOUR DE CHINE Rue de la Halle © 02 35 89 02 15. Un charmant petit magasin pour tous les coups de cœur et pour dénicher un grand choix de bibelots anciens, mais aussi de la verrerie bleu foncé, des poteries décoratives, faïences et grès régionaux, ainsi que des jouets anciens, meubles de style.

AGENDA

Foire à tout, foire aux harengs, aux moules et aux fromages à **la mi-septembre** avec exposition de voitures anciennes.

Fête Saint-Clair durant une semaine à partir du 14 juillet avec bal, kermesse, concours de boules, jeux pour enfants et feux d'artifice de clôture.

GRIGNEUSEVILLE

331 Grigneusevillais. Altitude : 165 m. Située dans le pays de Bray. Mairie : 02 35 33 31 16.

A VOIR ET A VISITER

JARDINS D'AGAPANTHE Le Centre © 02 35 33 32 05. *Ouvert du 1er avril à fin novembre, tous les jours de 10 à 12h et de 14h à 19h. Chiens en laisse. Tarif unique : 35 F (gratuit pour les moins de 12 ans).* C'est dans ce jardin splendide de printemps à 2 km de la N29 entre Saint-Victor-l'Abbaye et Saint-Saëns qui marie le végétal et le minéral qu'officie l'architecte paysagiste Alexandre Thomas. Dans ce délicieux jardin divisé en trois parties se révèle un amour des plantes sur 5 000 m^2 et à travers une succession de compositions méticuleuses, de mises en scène florales (tel le jardin creux auquel on accède en descendant des marches en fleurs). Quelques objets décoratifs anciens dorment dans cet écrin de rêve. Les floraisons se succèdent pour le plaisir du visiteur dans un décor toujours renouvelé. De la monnaie du pape, des narcisses et des prunus, suivis des viburnums et autres ancolies, puis vient juin embaumé par les fragrances des rosiers lykkefund et des delphiniums bleus, et enfin fleurissent les astilbes, les céanothes et les plantes de fraîcheur. Les amoureux du jardinage peuvent tenter l'expérience et faire le plein de jeunes plantes ou d'antiquités de jardin. La vente de plantes peu courantes proposée sur place est un plus appréciable ainsi que le salon de thé où l'on sert en saison rafraîchissements et petites gourmandises. A vos pelles et à vos brouettes !

HAUTOT-SUR-MER - POURVILLE-SUR-MER

2 169 Hautotais. Située dans le pays de Caux à proximité de Dieppe. Mairie 02 35 84 24 55. C'est en venant de Dieppe pour aller vers Pourville, que le spectacle grandiose d'un panorama d'exception surprend le voyageur. Encastrée dans une valleuse de la Scie, à hauteur d'Hautot-sur-Mer, arrêtez-vous à la table d'orientation qui domine, une magnifique vue sur la mer et les falaises ! En contrebas, le petit village, plein de charme avec sa plage et sa promenade en bord de mer, attend le flâneur adepte du calme. L'endroit est connu depuis des siècles pour son charme qui a attiré ici tant d'artistes Maupassant, quelques impressionnistes, Monet, Renoir… et des musiciens comme Debussy.

Les baigneurs et les amateurs de planche à voile viennent s'ébattre sur cette plage qui détient le label "Pavillon bleu d'Europe" dès que le temps le permet. La pêche se pratique aussi et il n'est pas rare de pouvoir acheter le matin les poissons juste sortis de l'eau. Dans cet endroit coup de cœur et Futé, loin des grandes stations balnéaires, de nombreux parkings ont été prévus pour faciliter la vie des visiteurs du lieu.

SYNDICAT D'INITIATIVE Rue Verts-Bois - POURVILLE © 02 32 90 95 73

A VOIR ET A VISITER

EGLISE SAINT-REMY. L'église d'Hautot-sur-Mer s'est construite sur deux périodes distinctes et différentiables, la première est en silex et en pierre, l'autre est en grès. Elle présente un chœur et un transept nord, du XIIIe siècle ainsi qu'une nef et un transept sud du XVIe siècle. A l'intérieur, on découvre plusieurs vitraux dont deux récents, un vitrail de 1955 représentant saint Rémy baptisant le Christ et un autre contemporain de Patrick Waravka représentant un dragon touché par la lance de saint Georges, posé en 1992. On dit que se baigner procure les bienfaits semblables à une cure de jouvence, avis aux amateurs.

LES RUINES DU CHATEAU Les Primevères. Il reste peu de choses de ce château du XIIe siècle que l'on rencontre en empruntant ce sentier écologique dans le bois de Bénouville. La belle balade de 2,5 km a un double programme, découvertes écologiques et archéologiques. On se promène ici sur les anciennes terres des seigneurs d'Hautot. Les seuls vestiges visibles de la construction détruite il y a plusieurs siècles, sont quelques murs. Se munir de bonnes chaussures de marche.

OU MANGER ET DORMIR ?

AUBERGE DU TROU NORMAND Pourville © 02 35 84 59 84. *Fermeture dimanche, mercredi soir et dernière quinzaine d'août. Menus 103 F, 160 F (gastronomique). En venant de Dieppe prendre la direction d'Hautot après avoir traversé Pourville.* Dans un décor tout neuf alliant les nuances d'ivoire et de bleu pastel, on déguste une cuisine traditionnelle de qualité. Dans une ambiance agréable bercée par une musique classique, les plats proposés sont le résultat d'une longue expérience acquise auprès de grands maîtres de la discipline. En entrée, le foie de lotte marinée ou la goujonnette de maquereaux sont à savourer avant de passer à d'autres plaisirs comme la dorade au coulis d'étrille ou une noisette d'agneau. Les desserts à base de fruits de saison sont savamment préparés comme la feuillantine aux fraises. Une adresse à ne pas oublier.

LE MARQUEVAL © 02 35 82 66 46. *2 étoiles. Ouvert du 15 mars au 30 septembre. 335 emplacements.* A proximité de la plage, se trouve un camping où l'on accueille au calme les vacanciers. Ce camping dispose d'une petite piscine chauffée. Des mobil-homes pour 2 à 6 personnes sont regroupés autour d'un plan d'eau. Un endroit tranquille loin de la cohue des plages surpeuplées.

AVIS
Plus de 500 agences à votre service
Informations et réservations N° Indigo 0 820 05 05 05 ou www.avis.fr

SE DETENDRE

ECOLE D'EQUITATION Rue Grimaldi ✆ 02 35 84 50 36. Pour renouer avec la nature et avec le meilleur ami de l'homme. Des professeurs diplômés attendent les confirmés et les débutants pour un cours d'équitation dans les règles de l'art, une balade ou plus si affinité avec l'animal.

EMPLETTES

TOUT AU BEURRE Pourville ✆ 02 35 82 39 32. A proximité de la plage, une pâtisserie qui accueille les clients dans son salon de thé où l'on peut prendre une boisson chaude ou rafraîchissante selon le temps et acheter des produits du pays après une après-midi à la plage. Des chocolats et des petits gâteaux à tomber.

L'HUITRIERE Pourville ✆ 02 35 84 38 09. *Ouvert de 8h30 à 19h30 en semaine, de 8h30 à 20h les vendredis et samedis, de 9h à 20h le dimanche.* Situé à l'entrée du hameau, vous découvrirez les parcs à huîtres et l'endroit où la production est vendue : L'Huîtrière. Face à la plage, l'établissement pratique la vente en gros ou au détail d'huîtres que vous pouvez emporter ou déguster sur place.

HEURTEAUVILLE

308 Heurteauvillais. Située dans la Vallée de la Seine à 30 km de Rouen. Mairie 02 35 37 10 10. Le village possède un marais tourbier (La Harelle) et des producteurs de produits locaux. Les fruits et le cidre sont à l'honneur. Dans le parc de Brotonne avec toute sa splendeur et ses zones humides caractéristiques, Heurteauville bénéficie d'un cadre verdoyant à proximité immédiate de sites incontournables comme Jumièges ou La Bouille. Heurteauville est un village paisible où l'on s'arrête volontiers pour une promenade au bord de Seine. Deux bacs desservent le village, l'un allant à Jumièges et l'autre à Yainville (10 F pour les véhicules immatriculés hors du département).

A VOIR ET A VISITER

CHAPELLE DU BOUT DU VENT. Dressée à proximité du fleuve dans une boucle de la Seine, la chapelle du XVIIIe siècle est située près de la grange dîmière. A cet endroit, le vent souffle moins fort, d'où le nom donné à ce lieu.

OU MANGER ET DORMIR

LE PASSAGE ✆ 02 35 37 04 86. *Menus 60 F (le midi en semaine), 100 F, 135 F, 160 F plus carte. Fermé le lundi.* Ce restaurant vous accueille dans une salle normande avec 25 couverts, à recommander aux couples mais pas aux grandes tablées. Près du bac dans une atmosphère intime qui fait le charme de cet endroit, on déguste des recettes traditionnelles réinventées par le jeune chef Gilles Canal. Gilles a fait son apprentissage chez Le Divellec et Ducasse. Le pain de campagne fait maison prouve que la gastronomie a ici sa place. Pour commencer, on commandera la tartine de pied de cochon ou le mille-feuille au livarot, pour suivre le magret de canard flan d'ail ou le coq au vin. En dessert, la charlotte au chocolat et les tagliatelles de crêpes laissent peu de place à la sagesse. La cuisine est à l'honneur chaque jour puisque le chef travaille à l'ardoise : l'éventail de plats proposés varie très souvent le tout accompagné de vins choisis à des prix accessibles. Les gourmets sont ici les rois.

EMPLETTES

LE CLOS DE CITOTS Route de Mailleraie ✆ 02 35 37 92 59. Les spécialités dérivées de la pomme sont à vendre ici comme le vinaigre de cidre, le cidre bouché fermier, le jus de pomme. La pomme dans tous ses états !

LA GRANGE DIMIERE ✆ 02 35 37 10 17. Comme dans beaucoup de villages de la région, la vente des fruits produits sur place est appréciable. Le porte-monnaie appréciera les prix et l'œil remarquera ce bâtiment du XIIe siècle sur la route des fruits. Vous pourrez vous en procurer de bien juteux : pommes, poires, cerises, prunes, fruits rouges. Construite par les moines de Jumièges dont elle dépendait, cette grange fut transformée pour accueillir le marché. Vous pourrez également vous réapprovisionner en eau-de-vie et en cidre. Le spectacle du verger sur les bords de Seine est charmant et impressionnant avec l'alignement de centaines d'arbres. Une étape appréciée de tous pour remplir les paniers de produits locaux.

JUMIEGES

1 729 Jumiégeois. Mairie: 02 35 37 24 15. Située à 20 km de Rouen dans la vallée de la Seine. Cette commune de la Vallée de Seine et sa forêt sont installées à deux pas de la falaise blanche, au creux d'une boucle de la Seine. Elles forment ensemble la presqu'île de Jumièges. Pour profiter pleinement de ce site splendide et unique, nous ne saurons trop vous conseiller d'arriver à Jumièges par la forêt de Brotonne sur la rive gauche. Placé sur la route des abbayes, Jumièges garde des ruines de la sienne qui sont à découvrir, l'art roman est ici remarquable. La cité doit sa renommée aux nombreux vergers qui longent la Seine et aux fruits savoureux qu'ils produisent. Stendhal évoquait ce site dans son récit, Mémoires d'un touriste (Voyage en Bretagne et en Normandie). La maison qui abrite aujourd'hui la poste et le syndicat d'initiative a reçu un hôte de marque, Maurice Leblanc. Il séjournait dans la maison de son père qui fait face au monument et semble avoir été inspiré par les ruines de l'abbaye pour écrire "La Comtesse de Cagliostro". Une plaque commémorative rappelle son passage. Des documents sur la région sont aussi disponibles au syndicat d'initiative. Il est ouvert tous les jours.

SYNDICAT D'INITIATIVE Rue Guillaume-le-Conquérant ✆ 02 35 37 28 97

A VOIR ET A VISITER

ABBAYE DE JUMIEGES ✆ 02 35 37 24 02. *Ouvert tous les jours du 16 avril au 15 septembre de 9h30 à 19h, du 16 septembre au 15 avril et le week-end de Pâques de 9h30 à 13h et de 14h30 à 17h30. Fermé les 1er janvier, 1er mai, 1er et 11 novembre et le 25 décembre. Entrée : 32 F. Pour les 13-25 ans : 21 F.* Les deux tours qu'exhibe fièrement l'abbaye surnommée Notre-Dame "la plus belle ruine de France" c'est la première chose que l'on voit d'elle dans le lointain. Fondée en 634 par saint Philibert grâce à la générosité du roi Clovis II (roi de 639 à 657) et de la reine Bathilde, elle abritait des moines bénédictins. Détruite en 841 par les Vikings, elle ne fut reconstruite qu'au Xe siècle, grâce à Guillaume Longue Epée, les ruines actuelles datant de cette époque. Abandonnée après la guerre de Cent Ans, vendue aux enchères pendant la Révolution, les derniers outrages lui furent infligés en 1802 par son propriétaire. Il fit entamer l'église romane à la dynamite pour en utiliser les pierres. Il ne reste aujourd'hui que les ruines et la nef ouverte vers le ciel (27 m de haut). Malgré ses multiples souffrances, la grande église romane Notre-Dame (1067) est unique dans la région. La porte par laquelle on entre pour commencer la visite date du XIVe siècle. Pour rejoindre les vestiges de l'église Saint-Pierre, on franchit le passage Charles VII édifié au XIVe siècle. La salle capitulaire est du XIIe siècle et le logis abbatial du XVIIe. Dans le parc à l'anglaise où s'expose l'abbaye dorment des arbres qui veillent sur les promeneurs depuis plusieurs centaines d'années.

Histoire ou légende

On raconte qu'au VIIe siècle, Clovis II (fils de Dagobert) aurait puni deux de ses fils pour avoir osé se révolter contre leur mère Bathilde. Les deux jeunes gens auraient été énervés. Les tendons des genoux brûlés, les deux princes auraient été livrés à la Seine sur un radeau. L'histoire dit qu'ils ont été recueillis par l'ermite saint Philibert en l'abbaye de Jumièges. Pour jeter encore plus le trouble sur cette affaire et faire douter les incrédules, un peintre Evariste-Vital Luminais (1821-1896) a fait un tableau de l'épopée. Ce breton était à son aise avec l'histoire et les sujets de sa région. La toile représente deux hommes gisant sur une frêle embarcation et descendant le fleuve au gré du courant. Alors, histoire ou légende ? La question reste entière.

EGLISE SAINT-VALENTIN. Cette église, construite au XIIe siècle par les moines de l'abbaye, renferme une nef de style roman et un chœur Renaissance. On y remarque aussi un déambulatoire et des chapelles.

OU MANGER ET DORMIR ?

L'AUBERGE DES RUINES 17, place de la Mairie © 02 35 37 24 05. *Fermé le mardi soir et le mercredi. Service jusqu'à 14h et 21h. Menus : 88 F (du mardi au samedi midi), 130 F, 170 F, 250 F. Terrasse. 4 chambres 160 F à 170 F. Petit déjeuner 30 F. Chiens admis*. Face aux ruines de l'abbaye, dans ce décor historique, depuis un siècle, cette auberge régale les visiteurs. Dans cet authentique intérieur normand avec cheminée et poutres, la bonne chair est à l'honneur. En été, l'agréable terrasse permet d'allier le bien manger et le bon vivre. Une très bonne affaire avec le menu du jour, au choix restreint mais diablement bien cuisiné. Les connaisseurs se fendront d'une des formules supérieures, avec le panaché de poisson aux épices (excellent), le canard sauvageon frotté au thym et au poivre puis la crème semoule au coulis de cacao...

AUBERGE DU BAC Bac de Jumièges © 02 35 37 24 16. *Fermé le mardi soir et le mercredi. Fermé en novembre. Services à partir de 11h30 et de 19h30. Menus : 91 F (midi en semaine), 119 F, 135 F, 165 F, 285 F, 140 F et 170 F (le week-end) + carte. Terrasse chauffée.* Bercé par le fleuve tout proche, cet endroit allie la tranquillité et la douceur de vivre. L'intérieur typiquement normand avec sa cheminée est agréable pour déguster confortablement une cuisine traditionnelle et généreuse. Mais la terrasse chauffée vous permet de manger les yeux sur la Seine. La cuisine est ici une passion et l'art de recevoir est une raison d'être. Pour le prouver s'il est besoin, la maison reçoit sa clientèle et ses amis une fois l'an à ses frais. Un buffet campagnard gratuit est offert un lundi de mars. Cette fois pour changer, tout le monde part sans payer.

LA CLE DE VOUTE 65, rue Guillaume-le-Conquérant © 02 35 37 41 20. *Fermé mercredi après-midi et le jeudi. Menus : 54 F (en semaine), 85 F, 110 F, 155 F + carte.* Les filets de dorade, de saint-pierre, les pizzas, crêpes et tartes maison, toute la famille y trouvera son bonheur. Ce petit restaurant pas cher offre des plats simples à ceux qui ne veulent pas se ruiner. Après maintes escales touristiques, un endroit où le rapport qualité/prix est fort appréciable.

LE RELAIS DE L'ABBAYE © 02 35 37 24 98. *Chez Brigitte et Patrick Chatel. Ouvert toute l'année. Chambres d'hôtes 3 épis : 230 F pour 2 personnes.* A proximité de la prestigieuse abbaye, dans une très belle maison à colombages, le relais abrite un gîte rural ou des chambres d'hôtes avec douche pour des vacances au calme. Le parc boisé tout proche attend les promeneurs. Au rez-de-chaussée, accès à la salle à manger.

CAMPING LA FORET © 02 35 37 93 43. *Ouvert du 1er mars au 15 novembre. 90 emplacements. Adulte : 16 F, moins de 7 ans : 8 F, emplacement : 35 F ou 40 F, branchement électrique : 15 F.* Dans un parc boisé près de la Seine, ce nouveau camping 3 étoiles est bien tenu et bien équipé. A côté de l'abbaye, sa belle petite piscine chauffée enchantera les enfants. Pour ceux qui n'ont pas de tente ou de caravane, des gîtes campings sont disponibles à la location : 1 650 F en haute saison pour une semaine.

FERME-AUBERGE DE LA MARE AU COQ 3093, route du Mesnil © 02 35 37 43 57. *Chez Sophie et Gilbert Douillet. Fermé le lundi, mardi et mercredi. Menus 120 F, 145 F. Chambres d'hôtes avec douche : 220 F pour 2 personnes.* Cette ferme auberge à l'aspect avenant, voisine de l'abbaye est immanquable. Vous y dégusterez un poulet vallée de Seine flambé au calvados, un canard au cidre. La maison peut accueillir jusqu'à 40 personnes.

LA BOUILLE

799 Bouillais. Altitude : 5 m. Située dans la Vallée de Seine à 15 km en aval de Rouen Mairie : 02 35 18 01 48. Marché le mercredi matin place Saint-Michel.

Pour rendre visite à la perle de la Seine comme certains la surnomment, il faut choisir le bac de Sahurs. De la rive droite, on découvre ce qui lui vaut cette appellation poétique. Ce petit village typiquement normand s'étale sur le bord de la Seine. Il est niché le long de la falaise qui descend en gradins de verdure. A chaque palier, on trouve une construction. Sur la rive, les villas de style et d'architecture différentes se succèdent. Le site surprend par sa végétation abondante (normal, il pleut la moitié de l'année), par sa nature riche et variée et la Seine qui coule, imperturbable, au milieu de ce décor romantique. Une fois sur place, une balade dans les ruelles s'impose. A chaque moment, on y croise les traces du passé et de l'architecture médiévale. Pavés, ruelles, buste, plaques commémoratives sont là pour en attester. Le village, petit en superficie, est riche en vestiges et en monuments à visiter. Son essor économique remonte au XVe siècle, avec le transport fluvial de marchandises exotiques (le village ne possédant pratiquement pas de terres agricoles). L'activité commerciale y était très développée, les marchés de La Bouille voyaient venir de loin leurs clients. Les hôtelleries de l'époque offraient remises et écuries. Ce petit port fluvial a eu très tôt une vocation touristique. Des célébrités et artistes de tous poils ont décrit le village dans leurs œuvres tant scripturales que picturales. Parmi eux, des noms familiers comme Corneille, Voltaire, Hugo, Flaubert, Maupassant, Maurice Leblanc, Turner, Sisley ou Gauguin sont présents. Et tous ont aimé cet endroit. Mais La Bouille c'est avant tout la patrie de l'auteur de "Sans Famille" l'écrivain Hector Malot. Il y naquit en 1830.

Son buste est visible dans le square et une plaque commémorative est apposée sur sa maison où un bateau, en virant maladroitement, brisa la vitre de la chambre du nourrisson ! Le village compte encore parmi ses habitants des descendants du grand homme. La Bouille est en plus un excellent relais gastronomique et un lieu culturel tourné vers la peinture. A en juger par le nombre d'artistes qu' accueillis ce village qui ont apprécié le plaisir d'une promenade dans ses ruelles et la découverte de ses différentes vues, il est aisé de croire que quelques muses dorment encore ici.

A VOIR ET A VISITER

BAC La Bouille-Sahurs © 02 35 32 40 21. *Départ rive droite : 6h05 et 6h30 puis toutes les 20 min jusqu'à 19h50, ensuite 20h30, 21h30 et 22h05. Départ rive gauche : 6h, puis toutes les 20 mn jusqu'à 20h, ensuite 21h et 22h. Passage payant (10 F) à régler avant l'embarquement, sauf pour les véhicules immatriculés en Seine-Maritime. Service continu en cas d'affluence.*

EGLISE SAINTE-MADELEINE Place du Bateau. Autrefois, affublée d'un clocheton ridicule et baptisée par dérision "cathédrale de la Bouille" l'église Sainte-Madeleine construite au XVe siècle a adopté depuis un couvre-chef moins disgracieux. Une légende dit qu'Arthur de Bretagne y reposerait. Un des beaux ex-voto marins (la maquette d'un bateau) est malheureusement tombé et a été fortement endommagé. Il repose aujourd'hui sur le baptistère (à droite en entrant). Parmi les vitraux des XVIe et XIXe siècles ornant les lieux, on peut contempler le "vitrail des notaires", en hommage à trois notaires du village, dont le père d'Hector Malot. Celui-ci fut offert à l'église par l'écrivain lui-même.

GRENIER A SEL Rue du Colonel-Périn. Les greniers à sel étaient les endroits où l'on faisait sécher le sel. C'était aussi le nom porté par les juridictions créées en 1342 et qui réglaient les contestations survenues au sujet du paiement de la gabelle (impôt en sel que les habitants étaient tenus de payer jusqu'en 1790). La Normandie possédait des greniers à sel où venaient s'approvisionner les collecteurs du roi. Celui de La Bouille bâti en pierre blanche est extrait des carrières toutes proches de Caumont, ce grenier est un des plus anciens de Normandie avec celui d'Honfleur. En 1639, une révolte de paysans (les Va-nu-pieds) contre l'établissement des greniers à sel en Basse-Normandie, secoua la province : c'est à La Bouille et au Grand-Hôtel Saint-Michel (la bâtisse à l'archange abrite aujourd'hui un artisan du cuir), que le chancelier Séguier (1588-1672), envoyé pour mettre fin à l'insurrection, prendra ses quartiers. Il fut aussi un des fondateurs de l'Académie française. Actuellement, il sert de lieu d'exposition et accueille différentes manifestations culturelles.

MAIRIE Rue de la République © 02 35 18 01 48. C'est face à la Seine et au bac qui conduit à Sahurs, qu'est installée la mairie. Surmonté d'une girouette en forme de drakkar, le bâtiment ne manque pas de charme avec son style tarabiscoté où l'on remarque un clocheton. Construit en 1933 par l'architecte Pruvost, il comporte des toits en tuiles étagées et des colombages. A l'origine, il était prévu pour abriter la mairie, mais également une école de garçons, le logement de l'instituteur et les bains douches ! L'école et la mairie y cohabitent encore. A l'intérieur sont conservés des exemplaires signés des différents ouvrages d'Hector Malot : une des dernières volontés de l'écrivain fut en effet de faire parvenir à la mairie un exemplaire signé de chacun de ses romans. L'attachement de l'artiste pour ce village n'est plus à prouver.

Odile et Philippe
ROZADA

Restaurant - Bar
Salon de thé

Fermé dimanche soir et lundi

Au bord de la Seine, un cadre magnifique

76530 La Bouille • Tél. 02 35 18 01 90 • Fax 02 35 18 08 65

RUES PIETONNES ET DEMEURES. Le lieu est surprenant d'authenticité, à tout instant on s'attend à y entendre le tintement cadencé du pas d'un cheval ou le roulement chaotique d'une charrette sur les pavés. Les Bouillais tiennent beaucoup à leur lieu saint, la place et le logis Saint-Michel sur une petite place piétonne avec des commerces, (antiquaires, galeries...). L'archange saint Michel y est accroché au coin d'une vieille bâtisse à hauteur du regard, comme oublié. Cette statuette dc bois du XVe siècle se remarque à peine tellement le décor est riche. De petites ruelles pavées longent les maisons à pans de bois et permettent d'apprécier tous les détails de ces constructions anciennes. Certaines d'entre elles débouchent devant la maison de Louis XI : il aurait dormi une nuit dans cet endroit en 1467 et, pour preuve de son passage, un médaillon aux armes de France est apposé sur le mur. Côté architecture, il ne faut pas rater "Le nid", maison construite par Albert Lambert (son fils fut un des piliers de la Comédie-Française) au début du siècle. Elle est située sur les hauteurs du village et surprend par son originalité. La promenade prend dans ces ruelles l'allure d'une leçon d'histoire.

OU MANGER ET DORMIR ?

HOTEL DE LA POSTE 6, place du Bateau © 02 35 18 03 90. *Fermé le lundi soir et le mardi. Menus : 110 F, 165 F, 195 F, 240 F. Carte: 280 F. 1 chambre (230 F).* Depuis deux siècles et demi, cet établissement accueille les voyageurs. Certainement le plus vieil établissement de La Bouille. L'été, on s'installe sur la terrasse abritée pour regarder passer les bateaux. Dans un cadre cossu avec ses tables dressées, il fait le bonheur des touristes grâce à son foie gras maison, ses terrines préparées artisanalement, son saint-pierre à la crème d'oseille. Un programme qui fera des envieux !

LE SAINT-PIERRE Place du Bateau © 02 35 18 01 01. *Fermé le dimanche soir et le lundi. Menus : 90 F (enfant), 175 F, 215 F (apéritif, vin et café compris), 275 F (vin compris). A la carte : 300 F. 2 étoiles, sept chambres : 280 F à 350 F. Petit déjeuner 40 F. Parking. Terrasse.* Offrez-vous le grand luxe en bord de Seine avec le seul restaurant de la ville à offrir une terrasse panoramique au bord de l'eau. C'est idéal en saison, mais en hiver on peut également apprécier les salles contemporaines confortables, aux tables rondes bien espacées. Côté cuisine, un nouveau chef ayant fait ses armes au côté d'un grand cuistot (Michel Guérard, pour ne pas le citer) a repris les fourneaux en main. C'est à 215 F que se trouve la meilleure affaire, avec un menu "tout compris" et des recettes aux accompagnements savamment étudiés : croustillant de légumes aux pruneaux et coulis de légumes, cassolette de mignon de porc à l'ancienne et pommes sautées. Pour le reste, on retiendra le foie gras de canard poché dans sa graisse, le ragoût de joue de bœuf au bordeaux, mais également une grande variété de poissons cuisinés savamment. Enfin, ne manquez pas les crêpes flambées en salle au Grand Marniez. On aime cette adresse élégante.

LA MAISON BLANCHE 1, quai Hector-Malot © 02 35 18 01 90. *Fermé le dimanche soir et le lundi. Menus : 110 F (sauf jours fériés), 170 F, 230 F, 280 F + carte.* C'est l'endroit idéal pour s'offrir un repas de choix. Une cuisine traditionnelle et soignée, préparée par un chef (Philippe Rozada) qui a 30 ans de métier. On fond devant les huîtres chaudes au sabayon de cidre, le civet de chevreuil aux pâtes fraîches, le bar au poivre vert et le foie gras de canard à la crème de haricot. Notre menu fétiche demeure celui à 110 F (fromage et dessert), où l'on retrouve en dessert la divine tarte Tatin, servie avec de la crème fraîche en provenance d'une ferme proche. Pour apprécier la vue autant que les mets, pensez à réserver une table à l'étage, près des fenêtres, vous n'en apprécierez que davantage la gentillesse du service, le cadre accueillant et les tables bien dressées. Le maître mot est ici l'authenticité. De la cuisine, de la vraie !

SE DETENDRE

SENTIER PEDESTRE. Un petit circuit (GR23) permet de découvrir La Bouille en montant par la côte Albert Lambert (vue sur la maison de cet auteur dramatique, qu'il habitait avec son père), avec descente par la côte de Bourgtheroulde. Attention, la montée est très forte.

EMPLETTES

Galerie Val de Seine • Galerie du chevalet normand • Les cuirs du Méandre • Antiquités Saint-Michel 3, place Saint-Michel ✆ 02 35 18 01 67

AGENDA

Journée peinture **vers le 30 avril**.

Salon de la peinture **en mai** au grenier à sel avec exposition d'œuvres.

Foire à tout **le 14 juillet**.

Fête de la Sainte Madeleine se terminant par la retraite aux parapluies **vers le 20 juillet**.

LA CHAPELLE-SAINT-OUEN

73 habitants. Située dans le pays de Bray. Altitude : 190 m. Mairie : 02 35 09 15 25.

A VOIR ET A VISITER

BRASSERIE LA CHAPELLE ✆ 02 35 09 21 54. *Visite le samedi de 15h à 19h (sur rendez-vous pour les groupes).* En plein pays de Bray, Dominique Camus, ancien chimiste de métier, a entrepris de monter sa brasserie, en s'installant dans une ancienne ferme du village. La visite de la brasserie finie, vous pourrez acheter sur place de nombreux produits. Dans cette ferme brasserie entourée de pommiers est fabriquée une bière qui monte, que son créateur n'a pas hésité à aller promouvoir lui-même dans les bars et pubs de la région, ce qui était le meilleur moyen de la faire découvrir aux amateurs. Et le bouche à oreille fait des merveilles ! La Northmen, appelée ainsi en hommage aux Vikings venus s'installer en Normandie, est une bière de garde sur lie, brassée à l'ancienne, c'est-à-dire à la main par infusion, non filtrée et qui achève sa fermentation en bouteille. Cette année est placée sous le signe de l'innovation puisque notre homme a produit 300 litres d'un whisky maison qu'il faudra attendre 3 ans (maturation oblige). Mais les amateurs savent être patients. Distribuée chez les commerçants et grandes surfaces de la région (ex : les Trois Pommes à Forges, Intermarché Rouen place Saint-Marc et Leclerc Saint-Sever à Rouen), elle procure, si on en abuse légèrement, l'envie de conquête chère à nos ancêtres vikings, mais la modération reste de rigueur. Elle épouse différentes couleurs et différentes saveurs : blonde, rousse, brune ou parfumée au miel et attend les connaisseurs.

EMPLETTES

FERME DU CRU DE BRUQUEDALLE ✆ 02 35 90 83 59. *Vente à la ferme et visite commentée avec dégustation (sur rendez-vous) : adultes 18 F, enfants 10 F.* Pour découvrir les vergers de pommiers, plantés autour du corps de ferme et la cidrerie M. Ancel, propriétaire récoltant vous guidera dans cette ferme typiquement normande. De quoi faire une moisson de produits cidricoles, avec du moût (jus de raisin non fermenté) de début octobre à fin novembre, du cidre (à partir de fin décembre), jus de pomme bouché, pommeau et calvados, gelée de pomme, vinaigre de cidre.

LA FERTE-SAINT-SAMSON

343 Fertésiens. Altitude : 189 m. Située dans le pays de Bray. Mairie : 02 35 90 72 30.

L'histoire de ce village est celle d'un point stratégique. La situation culminante (189 m) y est pour beaucoup. Offrant une vue imprenable sur des kilomètres, l'endroit était idéal pour y bâtir une forteresse vers l'an mille. Outre sa seigneurie juchée sur ses hauteurs, le village était au XIVe siècle le siège d'un bailliage, d'une vicomté et d'une haute justice, qui s'étendait sur une soixantaine de paroisses de la région. La partie sud-est de la butte s'appelle le Mont-aux-Fourches, d'accès difficile, mais offrant un superbe panorama. Elle était l'endroit choisi pour édifier un gibet dont le nom était “les fourches patibulaires”. A l'époque, on y exposait la dépouille des condamnés à mort exécutés. La dernière exécution eut lieu 20 ans avant la Révolution : il s'agissait d'un incendiaire. Aujourd'hui l'endroit a retrouvé son calme et se visite en toute quiétude.

A VOIR ET A VISITER

EGLISE. Il ne reste malheureusement plus grand-chose de l'édifice primitif et de ses fondations du Xe siècle (voir l'abside) qui a subi au fil du temps de nombreux remaniements. Cette église Saint-Pierre et Saint-Paul est l'une des plus anciennes églises du diocèse. On peut y voir une insolite charpente (dans l'ancienne entrée), ornée d'une belle tête de loup polychrome. La signification de cet ornement était d'écarter les animaux dangereux, qui vivaient dans les bois alentour jusqu'au XVIIIe siècle.

FERME DE LA CHAPELLE DEFROMERIE M.-J. © 02 35 90 72 07. *Ouvert toute l'année sur réservation aux groupes (20 personnes). Tarifs : de 45 F à 65 F.* Dans cette ferme, vous trouverez une exploitation laitière et la culture de différentes espèces de végétaux. Pour tout comprendre de ce dur labeur, qui laisse peu de répit à l'exploitant, un petit tour s'impose dans l'étable où l'on peut même assister à la traite en fin de journée. La dégustation permet de savourer la tarte aux pommes maison, le cidre, le fromage et la terrine de canard selon la formule choisie.

MAISON HENRI IV. Provenant de Saint-Aubin-le-Cauf, ce bâtiment à pans de bois des XVe et XVIe siècles, fut racheté et complètement démonté puis rebâti à la Ferté, à côté de l'ancien bailliage qui servait aussi de prison. Un exploit technique à souligner et une maison à voir.

MOTTE FEODALE ET PANORAMA. Edifiée pour soutenir la première forteresse du village, cette motte artificielle était peut-être déjà un oppidum à l'époque gallo-romaine. De construction légère, le bois était en l'an mille le matériau de prédilection, elle portait un donjon (demeure du seigneur des lieux) et était entourée de hautes palissades. Il n'en reste aujourd'hui plus rien. Mais avec son point culminant à 189 m, ce lieu d'importance stratégique permettait la surveillance des alentours : on domine Forges, Gournay, Saint-Germer-de-Fly et Le Beauvaisis. A l'époque, bien téméraires étaient ceux qui s'y frottaient.

AGENDA

Fêtes patronales le **29 juin et le 28 juillet**.

AVIS
Plus de 500 agences à votre service
Informations et réservations N° Indigo 0 820 05 05 05 ou www.avis.fr
0,78 F TTC / MN

LA FEUILLIE

1 112 Feuillois. Altitude : 175 m. Située dans le pays de Bray. Mairie 02 35 90 80 16. Marché le vendredi matin. Cette commune petite par le nombre de ses habitants est pourtant l'une des plus grande de la région par la superficie. Au centre du village, une petite place attend les flâneurs avec patience. L'église montre un fin clocher qui a été récemment refait à neuf.

OFFICE DU TOURISME Mairie © 02 35 09 68 03

A VOIR ET A VISITER

EGLISE SAINT-EUSTACHE. *Ouverte de 9h à 19h (17h en hiver)*. Connue pour son clocher haut de 54,50 m, l'église de la Feuillie a été construite aux XVIe et XVIIe siècles. Elle était surtout le plus haut clocher d'ardoises de France. Celui-ci fit des frayeurs aux habitants des alentours, quand il prit la décision de se prendre pour une tour de Pise normande en 1867. Comme il penchait dangereusement, un ingénieur rouennais eut l'idée de le faire reposer sur des colonnes de fonte munies d'énormes écrous. Et là, autre mésaventure, les clés servant à les resserrer ont été égarées puis retrouvées par hasard en 1955 et sont visibles sous le porche. Il a subi une réfection récemment. L'église présente aussi une curieuse tourelle en damier sur le côté.

SE DETENDRE

CLUB DU LANDEL © 02 35 90 81 96. C'est dans un endroit tranquille qu'attendent ces nobles montures. Elles vous initieront à l'équitation passant du dressage à la randonnée sans rechigner. Le plus du lieu est une restauration et un hébergement sur place. De quoi s'occuper si le cheval n'est pas votre tasse de thé, en attendant les autres vous pourrez frapper la balle. Si vous avez apporté votre raquette de tennis bien sûr. En cas de défaite pour monter sur vos grands chevaux voilà l'endroit rêvé.

LOCATION DE VELO - M. Cools © 02 35 90 84 32. *Ouvert le dimanche matin.* Pour les acharnés du pédalier, les accros du boyau et les costauds aux mollets d'acier. Tous en selle et sans discussion ! La Normandie en vélo, c'est tout de même autre chose. Ici c'est l'endroit idéal pour les balades au calme alors avis aux amateurs.

EMPLETTES

LE FIEF CIDRE & CALVADOS P. Leclerc © 02 35 09 04 41. *Vente tous les jours de 9h à 18h, visite le samedi de 9h à 18h et le dimanche sur rendez-vous.* Le cidre, c'est un peu de bulles et beaucoup de pommes et bien sûr pas de pépin. Ici on trouve tout ce qui fait le bonheur du normand du cidre et du calvados maison. Pour l'année prochaine, un scoop, la maison a déjà du pommeau en tonneau, mais il faut lui laisser le temps de se vieillir et d'arriver à maturation. Pour 2002 avis aux amateurs.

AGENDA

Fête Saint-Eustache à la mi-septembre. Cette fête locale se déroule dans la bonne humeur avec sa fête foraine, son défilé de chars et son feu d'artifice.

Animation autour de la pomme et du cidre **le 1er week-end de novembre**.

RETROUVEZ-NOUS SUR LE NET
www.petitfute.com

LE HAVRE

190 648 Havrais. 10 cantons. Située à la sortie de l'estuaire de la Seine. Sous-préfecture. Mairie : 02 35 19 45 45. Jours de marché : lundi, Thiers et les Gobelins. Mardi, la Cavée Verte, cours de la République, Graville, la Mare-au-Clerc et Sainte-Cécile. Mercredi, Aplemont, Sanvic, Montgeon et Thiers. Jeudi, la Cavée Verte, cours de la République, la Mare Rouge, les Neiges et Sainte-Cécile. Vendredi, Aplemont, Bléville, les Gobelins, Montgaillard, Raymond-Poincaré et Thiers. Samedi, Caucriauville, la Cavée Verte, cours de la République, Sanvic, Graville et Sainte-Cécile.

Créé par un décret de François Ier du 7 février 1517, le port du Havre était avant tout un projet militaire. Son nom varia au fil des siècles. D'abord nommé "Lieu de grâce", il connut la double appellation "le Havre de Grâce" en référence au havre, le refuge et "la Françoise de Grâce" en référence au nom du roi. La Révolution en fit "Le Havre Marat" et le XIXe siècle lui donna sa dénomination actuelle. Les premières habitations ne furent construites qu'à partir de 1520. Les expéditions en partance du nouveau port commencèrent en 1526 avec Verazzano qui voyageait pour le compte de Jehan Ango. En 1541, l'architecte italien Jérôme Bellarmato réalise la construction du quartier Saint-François. Le commerce trouve une place idéale à son développement sur les quais. Des voyages fréquents emmènent les navires vers le Brésil, le Canada ou l'Afrique Noire. La pêche s'est aussi installée et connut un essor considérable avec en particulier la pêche à la morue dans les eaux de Terre-Neuve. En 1626 le cardinal de Richelieu renforce la vocation militaire en établissant une citadelle. Le dispositif est encore amélioré par Colbert qui installe un arsenal destiné à la construction de bateaux de guerre. Les colons embarquent ici en masse pour des destinations comme la Louisiane ou le Canada qui ont besoin de population mais pas toujours volontairement. Pour grossir les rangs des volontaires, on ramasse les vagabonds, les mendiants, les femmes de petite vertu… La compagnie française des Indes s'installe ici en 1664. Les échanges commerciaux s'intensifient encore même si l'industrie fait son entrée avec la manufacture de tabac en 1728. Les marchandises sont diverses, café, coton et la pire d'entre elles, le bois d'ébène. Tristement célèbre à l'époque pour sa pratique du commerce d'esclaves, Le Havre est le second pôle français de cette activité honteuse mais lucrative à l'aube de la Révolution. De 1784 à 1787, l'ingénieur Lamandé réfléchit à d'importants travaux de restructurations qui auront lieu au siècle suivant. Le port et la ville changent de physionomie, les fortifications font place à des boulevards (1852) et des communes voisines sont annexées. La population de la ville est en constante augmentation (92 050 habitants en 1876 contre 21 000 habitants en 1776 !). L'importance du port grandit et les problèmes sociaux commencent à se faire sentir. A cette époque, Le Havre est aussi le premier port baleinier de France. Les créations se multiplient comme en 1850, l'Union des ouvriers arrimeurs et déchargeurs du port du Havre, en 1864 la Compagnie Générale Transatlantique. A l'époque, la ville est aussi un lieu de villégiature pour les Parisiens. On se baigne devant l'établissement des bains Frascati, à la fois hôtel et casino. L'activité va toujours croissante et les dockers obtiennent par la force, la journée de travail de 8 heures en 1902. Arrive alors le premier conflit d'envergure mondiale et la ville accueille les troupes anglaises et américaines. Autre péripétie, le gouvernement belge s'installera à Sainte-Adresse pendant le conflit. L'autre événement malheureux est l'explosion de l'usine de pyrotechnie Bundy qui fit 2 000 morts. C'est la belle époque de la ligne Le Havre-New York dont Le Normandie est le symbole. Sa salle à manger était plus grande que la galerie des glaces de Versailles (8,50 m sur 85 m). Il est officiellement inauguré au Havre en 1935. La Seconde Guerre mondiale imposa à la ville de lourdes destructions. La ville occupée par les Allemands était la cible de nombreux bombardements anglais.

De juin à septembre 44, ces bombardements démoliront 85 % de la ville, les Allemands finissant de détruire les installations portuaires encore existantes. Dans la seule journée du 5 septembre, 1 200 tonnes de bombes tombèrent ainsi sur la ville ! En deux heures, près de 3 000 Havrais trouvèrent la mort. La reconstruction fut lente et succéda au délaiement des décombres. Celle-ci, commencée en 1946 est l'œuvre de l'architecte Auguste Perret, spécialiste du béton armé. Elle conduira à la ville actuelle, aux rues très aérées, mais aussi très critiquées. En 1958, l'hôtel de ville est achevé. Sa place est une des plus vastes de France. Le port lui fut reconstruit sur les mêmes bases et continua encore de s'étendre vers l'est. L'industrie pétrochimique y tient une place importante. En 1982, est inauguré le fameux espace Niemeyer. L'architecte brésilien concepteur de la plus grande partie de Brasilia réalisa ici le Volcan qui représente une cheminée du France. Aujourd'hui, la ville a revêtu une autre identité qui lui va comme un gant. Surnommée la "porte océane", elle s'est tournée vers l'avenir et à tant de choses à dévoiler : une histoire passionnante, un art de vivre et un élan économique nouveau. Cette année quatre pavillons flottent sur la ville : le pavillon de la station balnéaire, celui de la station voile, le pavillon bleu qui récompense la qualité de l'eau et celui de la ville d'art et d'histoire. Une ville dynamique et accueillante.

AEROPORT DU HAVRE-OCTEVILLE Octeville-sur-Mer © 02 35 54 65 00. Deux allées et retours ont lieu chaque jour toute l'année en direction de Londres City Airport. Cet aéroport a été refait à neuf et offre un accueil convivial dans une architecture moderne. A noter une brasserie pour prendre un verre ou se restaurer et attendre son avion.

FUNICULAIRE Rue du Docteur-Vigné. *Toutes les 10 mn, du lundi au samedi (sauf jour férié) de 7h30 à 19h30, montée 2 F, descente 1 F.* Ce n'est pas une erreur le funiculaire du Havre existe. Il emmène ses passagers de la rue du Docteur-Vigné à la rue Félix-Faure. Petit balade pour économiser les pieds fatigués et les jambes lourdes. De là-haut, on découvre des vues imprenables. Un raccourci à conseiller.

GARE ROUTIERE © 02 35 26 67 23. Des lignes desservant tout le département avec une gare située à proximité de la gare SNCF : Rouen, Fécamp, Dieppe et même des destinations plus lointaines comme Caen. Pour l'avenir un projet de grande gare rassemblant les différents moyens de transport plus fonctionnels pour remplacer les locaux anciens. Un moyen d'éviter le stress et surtout de faire des économies. Il existe un ticket une heure qui permet de voyager sans souci de la destination ni du nombre de lignes empruntées. Mais au bout d'une heure il faut payer à nouveau ou continuer à pied.

GARE SNCF. *3615 SNCF (1,29 F/mn). Pour obtenir des informations faire une réservation composer le 08 36 35 35 35, de 7h à 22h (2,23 F/mn). Pour les horaires 24h/24, ligne vocale : 08 36 67 68 69 (1,49 F/mn).*

TAXI TOUR © 02 35 25 81 81. Des taxis en nombre vous attendent à la gare SNCF, à l'hôtel de ville (rue Paul-Doumer) et dans d'autres endroits de grande fréquentation. Il vous propose sous cette appellation un service de qualité et des circuits de découverte du Havre et des environs. Futé, non ?

i OFFICE DE TOURISME 86, boulevard Clemenceau © 02 32 74 04 04

Internet : www.lehavretourisme.com • E-mail : office.du.tourisme.havre@wanadoo.fr. Fax : 02 35 42 38 39. Dans ce lieu d'information, l'accueil est agréable et les services offerts sont nombreux. A un endroit stratégique face à la plage du Havre, les brochures sont abondantes. Des cassettes audio sont disponibles pour la visite guidée du port. Un personnel serviable et compétent. Un pass'intermusées offre pour un prix très raisonnable de 45 F la possibilité de visiter 6 musées sur une période de 6 mois (musée d'histoire naturelle, musée Malraux, la maison de l'Armateur, le prieuré de Graville, le musée de l'ancien Havre, l'espace maritime et portuaire des docks Vauban). Des visites guidées sont également organisées par l'Office et un service de renseignements sur les disponibilités hôtelières. Alors pas besoin de courir pour visiter. Le Centre régional Jeunesse et Sport de l'Estuaire, (Base Nautique Gérard Hardouin, renseignements au 02 35 21 12 07) pour la formation nautique, propose des formules à la semaine ou au week-end comme les week-ends voile.

CLUB HOTELIER HAVRAIS © 02 35 42 62 62. Pour les étourdis qui n'ont pas réservé ou les amateurs de vacances à l'aventure, c'est un service Futé. Une ligne téléphonique pour s'informer des disponibilités des hôtels, des prix. Voilà qui atteste du dynamisme de la ville et de ses commerçants.

A VOIR ET A VISITER

ARBORETUM DU PARC DE ROUELLES © 02 35 19 60 97. *Ouvert tous les jours. Entrée libre. Visite guidée possible pour groupes (10 personnes minimum).* Cet arboretum fait partie du vaste parc de Rouelles qui propose une variété imposante d'arbres feuillus. Plus de 200 essences de 24 familles différentes sont ici visibles. Le site comporte aussi un jardin et une ferme qui se compose de superbes bâtisses dont un manoir du XVIe siècle, un colombier du XVIIe siècle en silex noir et pierre blanche, une grange, une charreterie et une étable. A la balade et à la contemplation peuvent succéder une pose déjeuner ou goûter aux emplacements prévus à cet effet. Le parc de loisirs (150 ha !), avec ses étangs, ses marais, ses clairières, ses sous-bois et toute cette végétation environnante, fournit un site presque inépuisable de promenades et de balades en toute tranquillité.

CATHEDRALE NOTRE-DAME Rue de Paris. La construction de cette église s'étale de 1539 à 1630. Elle fut victime des bombardements de la Seconde Guerre mondiale et y a perdu une bonne partie de son mobilier, victime des flammes. Elle présente une belle façade classique du XVIIe et une tour latérale gothique construite en 1540. A l'intérieur, on remarquera le buffet d'orgue du XVIIe (don de Richelieu) d'une acoustique exceptionnelle. Elle possède également un retable de 1605 et des vitraux dont la réduction de la ville (1881) du maître verrier Didron. La cathédrale Notre-Dame était jusqu'en 1974 l'église Notre-Dame, mais, la création à cette date du diocèse du Havre, l'a fait cathédrale.

EGLISE SAINT-JOSEPH **Boulevard François-Ier.** La ville du Havre ayant été presque totalement détruite lors des bombardements de la Seconde Guerre mondiale, les édifices historiques sont tombés les uns après les autres. Les églises n'ont pas été épargnées. Celle-ci fut reconstruite par les architectes Perret et Audigier. Elle présente une tour clocher qui mesure 106 m, dédiée aux victimes des bombardements de la Seconde Guerre mondiale évidée sur 84 m. D'aspect extérieur particulier, elle a cependant d'autres charmes à dévoiler. Les vitraux colorés de Marguerite Huré sont d'une luminosité extraordinaire. Les effets de lumière que provoquent ces panneaux sont extraordinaires. Les illuminations nocturnes de l'église ont même été récompensées par un prix celui de la Mise en Lumière du Patrimoine Moderne en 1999. Une église qui se prend pour un gratte-ciel, ça vaut le coup d'œil !

ESPACE MARITIME ET PORTUAIRE DES DOCKS VAUBAN **Quai Frissard ✆ 02 35 24 51 00.** *Ouvert samedi, dimanche, mardi et mercredi de 14h30 à 18h ou tous les jours pour groupes sur réservation, Association Musée maritime et portuaire 02 35 25 37 39. Association French Lines, Avenue Lucien Corbeaux 02 35 24 19 13.* Créés à l'origine en 1846, les docks Vauban sont les plus anciens de France. Ils accueillent aujourd'hui un musée maritime. On y découvre les techniques et les activités typiques qui ont fait du port un lieu d'histoire. Du paquebot à la pêche à la baleine, les thèmes ne manquent pas pour illustrer la vie du port, des marins et des autres personnages fréquentant le port. L'intérêt de l'endroit est qu'il illustre 150 ans d'histoire maritime comme en témoigne le remorqueur américain US Army ST 488 amarré au bassin (1943), dernier navire à flot en Normandie du débarquement ainsi que le bateau-feu Le Havre III (1935). L'Association Musée maritime et portuaire avec la ville du Havre a mis en place, en février 1998, cet espace. Des manifestations temporaires jalonnent le calendrier des docks sous forme d'expositions. L'Association French Lines dispose de 4 km d'archives, un fonds photos de 70 000 clichés, 170 films depuis l'époque du muet, d'autres fonds et de grands projets nationaux et internationaux (expos, site Internet, musée, réalisation de CD-Rom et de livres...). C'est ici que dort la mémoire des grandes compagnies.

LE JARDIN JAPONAIS **Quai Lamandé ✆ 02 32 74 74 76.** *Renseignements : service relations extérieures port du Havre. Visite guidée de l'office du tourisme par groupes et sur réservation, de préférence 15 jours à l'avance et depuis cette année visite libre, les mardis et jeudis à 14h à 15h et de 15h à 16h (20 personnes maximum, 200 F pour le groupe).* Pour sceller le jumelage entre les deux villes, le port d'Osaka a fondé un musée du vin et la ville du Havre ce jardin japonais. Dans cet espace oriental, le dépaysement est total. Derrière ses portes, le spectacle est directement inspiré de l'esprit japonais. Ici pas d'erreur, la sérénité est une composante du décor comme les arbustes, les pierres, les cascades. Rien ne manque à l'endroit et surtout pas le charme. Chaque millimètre y a été “pensé” par ses deux concepteurs, le paysagiste japonais Yasuko Miyamae et l'architecte normand Samuel Craquelin. Les poissons du bassin (des carpes Koï, bien sûr) offerts par la ville d'Osaka ont été les passagers du Concorde. Le mobilier du jardin japonais se compose de lanternes, de ponts, de portails, de "tsukubaï" (une espèce de fontaine). On a sélectionné les arbustes pour leur couleur et pour leur feuillage particulier. L'élément principal de ce jardin est l'eau, deux rivières convergent dans l'étang. Une rivière femelle et une rivière mâle qui prennent leur source à un endroit commun, serpentent séparément pour se rejoindre. Le symbolisme de l'endroit est très fort alliant les caractéristiques des deux ports. Les galets, l'espace pour la cérémonie du thé, l'île de la tortue... Tout ici est art et poésie.

Musée Malraux

Le Havre

Un bâtiment moderne
ouvert sur la mer

musée
Malraux

Les œuvres des peintres impressionnistes dans leur lumière.

Collections permanentes :
Boudin, Monet, Dufy...

2, bd Clemenceau - 76600 LE HAVRE
Tél. 02 35 19 62 62
Fax 02 35 19 93 01
e-mail : MuseeMalraux@ville-lehavre.fr

FORET DE MONTGEON. Vestige de la grande forêt qui couvrait le pays de Caux à son origine, cette magnifique forêt propose 200 ha de bois, 30 ha de pelouse et de prés, ainsi qu'un lac, un parc animalier et des volières. Les aménagements comprennent un camping 4 étoiles, des terrains de jeux pour enfants, une serre tropicale. C'est l'endroit adapté aux promenades familiales et aux randonnées. Des sentiers de découverte des espèces présentes ont été aménagés ainsi qu'une route et des allées forestières qui permettent de sortir des sentiers communs. De belles balades au calme en perspective à pied, à cheval et en vélo. A utiliser sans modération mais avec respect pour cet environnement fragile !

LE PONT DE NORMANDIE Cellule de suivi du littoral haut normand ✆ 02 35 42 60 90. Cette magnifique structure, construite dans le but de favoriser les déplacements touristiques et les accès au Calvados, relie la Côte d'Albâtre à la Côte Fleurie depuis 1995. Il se franchit en voiture et offre un accès piéton. Long de 856 mètres, il surplombe l'estuaire de Seine et ses richesses naturelles et détenait le record du monde de portée. Depuis le 1er mai 1999, le pont de Tatara, au Japon, a pris le titre avec ses 890 mètres. Les Japonais sont venus plusieurs fois en Normandie pour étudier la technologie des ponts à haubans. Les ponts de Tatara et de Normandie se sont jumelés. Il abrite également la cellule de suivi du littoral haut normand qui propose une exposition permanente gratuite à la salle de l'Avocette (au péage du pont de Normandie). Des visites guidées toute l'année sur rendez-vous au départ de cette salle pour découvrir les milieux naturels de l'estuaire de la Seine et leurs richesses : poissons, crustacés, oiseaux, vasières, roselières, prairies humides, mares...

MAISON DE L'ARMATEUR 3, quai de l'Ile ✆ 02 35 42 33 97. Une demeure qui témoigne de la vie du quartier Saint-François avec ses particularités architecturales. Une maison de pierre avec un puits de lumière octogonal fut construite selon les plans de l'architecte Paul-Michel Thibault entre 1790 et 1795 et racheté en 1803 par le riche négociant Foäche. Cette maison reste fermée au public pour cause de travaux.

MAISON DE LA CULTURE Scène Nationale ✆ 02 35 19 10 10. Cet étrange bâtiment, qui occupe la place Charles-de-Gaulle, est appelé communément le "Volcan" ou affectueusement par les habitants du Havre le "pot de yaourt". C'est de l'imagination fertile d'Oscar Niemeyer l'architecte brésilien qu'est sortie cette construction curieuse. Elle abrite une scène nationale avec deux salles de spectacles pluridisciplinaires le petit Volcan, 500 places et le grand Volcan, 1 000 places. Qui accueillent concerts, pièces de théâtre, danse, créations culturelles et artistiques de grande qualité ... C'est aussi un cinéma avec "l'Eden" qui est une salle d'art et d'essai. Une foule de spectacles tout au long de l'année.

MUSEE MALRAUX 2, boulevard Clemenceau ✆ 02 35 19 62 62. *Fermeture les mardis, 1er janvier, 1er et 8 mai, 14 juillet, 11 novembre, 25 décembre. Ouvert du lundi au vendredi de 11h à 18h et le week-end de 11h à 19h, plein tarif : 25 F; tarif réduit : 15 F (voir conditions sur place). Des visites commentées, des conférences, activités pédagogiques et ateliers de pratiques artistiques sont possibles. Se renseigner au musée sur les conditions et les tarifs. La bibliothèque (consultation de livres d'art, vidéos, CD-Rom) est ouverte à tous de 13h à 18h tous les jours, sauf le mardi.* A l'intérieur d'un espace extraordinaire fait de verre d'acier et d'aluminium œuvre d'Adam, on voit en même temps les marines aux cimaises et les véritables bateaux rentrant au port. Mais le musée a d'autres choses à montrer pour attirer le visiteur. Inauguré en 1961 par André Malraux, il abrite des collections permanentes commencées en 1845. On y retrouve des toiles impressionnistes et pré-impressionnistes (Boudin, Pissarro, Monet, Sisley, Renoir...), fauvistes (Van Dongen, Dufy, Friesz...) et plus contemporaines (Masson, Dubuffet, Zao Wou-ki...). Des collections des XVIIe et XVIIIe siècles des écoles : italienne, française, flamande, hollandaise, espagnole. Gustave Doré est aussi présent avec une de ses rares peintures qui témoigne du talent de l'artiste. Au hasard de la promenade, d'autres surprises attendent le visiteur, des statues de Rodin à un Delacroix. Le musée propose des activités annexes afin de mieux connaître son histoire. Une bibliothèque en accès libre, une librairie, un auditorium et une cafétéria sont installés depuis la réouverture du musée en mars 99 et en font un lieu très agréable. Les années voient aussi passer des collections qui ne sont pas les résidentes permanentes du musée. En 1999, les très belles expositions Braque et les Images du Temps furent les hôtes de l'endroit. En 2000, juste après Paris et en exclusivité pour la province, l'exposition des croquis et des aquarelles pris au bord de la Seine du grand peintre britannique J.-M.-W. Turner sont arrivées au Havre.

MUSEE DE L'ANCIEN HAVRE 1, rue Jérôme-Bellarmato ✆ 02 35 42 27 90. *Ouverture du mercredi au dimanche de 10h à 12h et de 14h à 18h. Fermeture 1er janvier, 1er et 8 mai, 14 juillet, 11 novembre, 25 décembre. Tarif : 10 F, tarif réduit : 5 F, gratuit pour les enfants de moins de 12 ans.* Dans cette maison qui a survécu au bombardement de 1944 et qui fut construite au XVIIe siècle dans le quartier Saint-François pour être la demeure de l'armateur Michel Dubocage de Bléville, est installé ce musée qui raconte l'histoire de la ville. En plein quartier Saint-François, vous trouverez des maquettes de navires, des gravures, des reproductions, des tableaux, des plans mais aussi des figures de proue, des lunettes de sémaphore ou des pistolets à silos. Tous ces objets font revivre un Havre disparu avec ses monuments et ses fiers trois-mâts qui faisaient le bonheur du port. Des porcelaines de Chine dévoilent la vocation coloniale de la ville qui fut le siège de la Compagnie française des Indes. Siècle après siècle, en suivant les salles, on découvre l'histoire de cette ville attachante et les différentes métamorphoses de la cité normande et de ses activités. De sa création en 1517 à aujourd'hui, le voyage dans le temps vous conduira à l'époque de Fulton, de Winslow et les baleiniers, des établissements Frascati, la French Line. Les photos du Havre prises juste après la guerre donnent une autre image du grand port.

MUSEUM D'HISTOIRE NATURELLE Place du Vieux-Marché ✆ 02 35 41 37 28. *Ouvert du mercredi au lundi de 14h30 à 17h30 (plus ouverture le matin de 10h à 11h30 les mercredi, samedi et dimanche). Entrée libre.* Installé en 1877 dans l'ancien palais de justice de la seconde moitié du XVIIIe siècle, ce musée a été la victime des bombardements de 1944 réduisant presque à néant un siècle de travail. Heureusement les pièces rares de la collection Lesueur avaient été mises en lieu sûr, par le directeur de l'établissement. Au rez-de-chaussée, outre la salle des expositions temporaires, on remarque les très impressionnantes mandibules de baleines. Dans d'autres salles comme dans celle de zoologie, on trouve des animaux naturalisés du chat sauvage au loup, en passant par la marmotte et le sanglier. Curiosité très surprenante, la vitrine de tératologie présente les "monstruosités" engendrées par la nature comme le veau à 2 têtes ou l'agneau à 7 pattes. Le spectacle de la ruche vivante impressionne les plus jeunes. Dans le cadre de l'exposition sur l'expédition en Australie de Baudin partie du Havre en 1800, le navigateur avait à son bord Charles-Alexandre Lesueur qui dessina un grand nombre de vélins. Cette expédition conduit à l'introduction en France de l'eucalyptus et du mimosa. On découvre des objets typiques comme le boomerang, la lance, des animaux australiens comme les kangourous, l'émeu, l'ornithorynque, le lézard à collerette, l'échidné, naturalisés. Les salles de paléontologie et de préhistoire sont situées au dernier étage. On y voit le moulage de bébé mammouth, les œufs de dinosaures, les restes d'ichtyosaure, et aussi une très belle collection de fossiles, d'armes et outils préhistoriques. La présence d'une quarantaine d'œufs de dinosaure fascinant par leur disposition. Les femelles dinosaures pondaient en tournant sur elle-même, donc les œufs étaient disposés en rond. La salle de minéralogie est admirable. Elle précède la salle des oiseaux où tout un pan de la falaise du Tilleul est reconstitué avec sa population ornithologique. A cet étage, les animaux de la ferme vous attendent aussi. Les fossiles calcinés "rescapés" du bombardement sont exposés dans un hublot. Une visite enrichissante pour tous.

PLACE DE L'HOTEL-DE-VILLE. Cette superbe place d'une superficie importante propose un environnement très agréable. Avec ses fontaines, ses bassins, ses jardins, ses tonnelles, elle n'est pas seulement fonctionnelle, comme on aurait pu le craindre mais d'une grande convivialité. L'hôtel de ville très récent (entre 1952 et 1958) est composé de bâtiments horizontaux signés Auguste Perret et Jacques Tournant. Ils sont flanqués d'une tour beffroi de béton de 72 mètres de haut. Des clôtures en béton ajourées conformes au plan de départ ont été rajoutées en 1987. De cette place partent des axes importants desservant la ville de façon efficace avec des voies doubles et parfois triples. En se plaçant dans l'axe de la rue de Paris, on découvre les paquebots, les ferries au loin un joli coup d'œil !

PRIEURE DE GRAVILLE Rue Elisée-Reclus ✆ 02 35 47 14 01. Malheureusement fermé pour travaux depuis le début d'année. Les visites sont suspendues jusqu'à une date inconnue. L'Office du tourisme vous renseignera avec plaisir sur l'éventuelle réouverture. On peut y voir des statues pour les amateurs d'art sacré et des maquettes de maisons, de châteaux et monuments de toute la France du XIVe au XVIIe siècle. Cette collection est la collection Gosselin, l'homme en question se consacra à la réalisation de ses maquettes. Construit au XIe siècle en style roman, ce prieuré est le plus ancien monument du Havre depuis que Graville est rattaché à la ville (1919). A l'extérieur, vous trouverez une statue de la Vierge noire, lieu de pèlerinage qui se dresse à cet endroit depuis 1875. Dans l'enceinte du prieuré, le cimetière est aussi à voir. Le cadre est magnifique et permet d'avoir une vue impressionnante sur le Havre. On peut accéder par les sentiers proches à une arène champêtre faite en bois qui a été aménagée récemment.

VISITE DU PORT. Nous avons déjà décrit, dans notre chapitre des sites immanquables, l'importance actuelle du port. Grâce à ses activités commerciales et les industries que ces échanges ont générées, c'est un endroit à ne manquer sous aucun prétexte. Sachez qu'on peut le visiter de différentes manières. En bateau, durant la période estivale avec La Salamandre qui s'est associée à l'opération Découvertes une ville un port (voir musée). La visite, commentée, dure 1h15 et permet de découvrir les différents bassins et les installations portuaires. Les départs ont lieu à 14h15 et 16h (embarquement des passagers 1/4 d'heure avant). Les tarifs sont de 65 F pour les adultes et 50 F pour les enfants de 4 à 14 ans (59 F et 45 F tarif Découvertes). Renseignements et confirmation des départs au 02 35 42 01 31. A pied, si l'on est très bon marcheur, il y a quand même près de 200 ha même si tout n'est pas visitable... En VTT, avec l'Office de tourisme qui organise des visites guidées. Le tarif est de 30 F par adulte, 20 F par enfant (20 F tarif "découvertes"). (Renseignements : 02 32 74 04 04). En voiture, en ayant pris soin de passer prendre un audio guide (caution de 200 F) à l'Office du tourisme, au centre administratif du port autonome, Terre-plein de la Barre (02 32 74 74 00).

OU MANGER ET DORMIR ?

HOTEL DES BAINS 3, place Clemenceau - SAINTE-ADRESSE ✆ 02 35 54 68 90. *10 chambres de 550 F à 670 F. Petit déjeuner : 45 F. Animaux 25 F. Accès facilité pour les handicapés, bain, douche, W.-C., téléphone, télévision avec satellite.* Dans cet hôtel-restaurant de classe, le décor "marine" et le service est irréprochable. C'est une valeur sûre et l'assurance d'un séjour de qualité. Sa situation est très intéressante dans cette commune de Sainte-Adresse à la limite du Havre avec tous les avantages que cela comporte : proximité immédiate de la plage, des promenades dans cet univers marin apaisant, le centre-ville du Havre à portée de main, un stationnement facile. Certaines chambres possèdent des baies vitrées avec terrasse sur la mer. L'établissement comporte aussi un restaurant "La Petite Rade" où l'on déguste les fruits de mer et les poissons et un bar "Le Bistrot" qui propose des animations musicales de 21h à 2h. Des ambiances blues, jazz, irlandaise attendent les amateurs d'atmosphère douce et détendue.

HOTEL DE FRANCE ET DE BOURGOGNE 19-21, cours de la République © 02 35 25 40 34. *32 chambres de 240 F à 320 F. Petit déjeuner : 37 F. Demi-pension : 340 F à 380 F. Animaux acceptés. Chambres accessibles aux handicapés. Menus 95 F, 125 F, 175 F plus carte. Formule buffet plus plat 65 F.* Dans cet hôtel, l'accueil gentil et souriant vous met à l'aise dès l'arrivée. Les chambres confortables et bien équipées sont proposées à un prix raisonnable malgré la situation de choix. Pour le restaurant point n'est besoin d'aller voir ailleurs, la carte révèle des trésors dont il est difficile de faire le tour, sauf si l'on décide de s'installer à demeure. Les entrées avec la salade de foie de volaille aux œufs de caille ou les gambas grillés raviront les gourmands. Le plat avec l'option viande ou poisson vous amènera à choisir entre des mets comme les rognons de veau aux trois alcools et la raie au beurre noisette. Pour le dessert, la carte est diabolique, pour le moelleux chocolat ou le gratin de fruits rouges certain risquerait la damnation. La formule buffet est intéressante et permet de ne pas s'attarder à table si l'emploi du temps est un peu juste. Un autre attrait de l'endroit, Le Cyber Métro où l'on peut siroter une boisson de son choix en surfant sur le net. Une adresse dynamique.

HOTEL VENT D'OUEST 4, rue de Caligny © 02 35 42 50 69. *3 étoiles. Chambres 460 F à 580 F ou 2 chambres communicantes pour les familles 900 F. Petit déjeuner : 45 F. Animaux acceptés 60 F Chambres accessibles aux handicapés.* Dans cet hôtel qui vient de faire peau neuve, l'étonnement et la satisfaction sont de mise. A proximité de l'église Saint-Joseph, chef-d'oeuvre de l'architecture d'Auguste Perret, dans un style très britannique sobre et luxueux, l'accueil est impeccable et dynamique. Les chambres se présentent sur trois étages qui se nomment : Marine, Campagne et Montagne. Tout un programme pour un séjour de qualité. Le bar accueille les clients dans l'ambiance feutrée qui convient. La restauration est assurée par des plateaux-repas disponibles pour les clients qui ne veulent pas ressortir et peuvent même être servis en chambre. Une renaissance à fêter dans cette ville du Havre qui manquait un peu d'établissement de cette catégorie. Alors souhaitons bon vent au "Vent d'ouest" et à son équipe. Une adresse d'exception !

AUX HUIT VIANDES 20, quai Michel-Ferré © 02 35 42 19 39. *Menus à 98 F, 138 F + carte.* Comme le suggère le nom de ce restaurant la viande tient ici le haut du pavé à l'écart de la foule et du stationnement laborieux du centre-ville. Les grillades de ces différentes sortes de viandes raviront les amateurs nombreux. Les proportions sont dignes d'un gaulois célèbre. Les entrées sur différents thèmes trouvent une dimension mystique quand on goûte aux foies de volaille et gésiers sautés au vinaigre balsamique et au roquefort. Le meilleur reste à venir avec un plat de viande ou pour les timides des plats en sauce moins imposants. Pour le dessert, les ogres pas encore rassasiés pourront se régaler de poires rôties au thym et à la crème d'amande. La table est bonne. Alors matelots affamés, guerriers en mal de repos et de repas à vos fourchettes, la maison a déjà une solide réputation.

Le spécialiste des fruits de mer, et du poisson.
Le tout dans une ambiance bistro
Réservez au :
02 35 42 24 24
56, rue Guillemard, 76600 Le Havre
Fax 02 35 41 22 24

LA PAPILLOTTE 88, place du Chillou © 02 35 43 05 60. *Menus 78 F (le midi en semaine), 94 F, 124 F, 198 Fet carte.* Dans une ambiance bonne enfant et dans une salle aux baies vitrées très lumineuses, la cuisine traditionnelle est à l'honneur. Les menus classiques s'accompagnent de formules à l'ardoise qui sont l'assurance d'une absolue fraîcheur. La formule à 100 F qui comprend un plat, un dessert et un verre de vin est très prisée. Le poisson est à l'honneur, mais on trouve également les recettes du terroir à base de crème et de fromage. Les plats varient selon la saison et l'arrivage. La clientèle nombreuse ne s'y trompe pas. Le foie gras maison cuit à la vapeur de Sauternes, la trilogie de poissons, le feuilleté de fruits de mer à la crème d'écrevisse, les pommes de terre en papillote, rien ne manque au bonheur des gourmands venus s'attabler ici. Le vin à des prix abordables et un service rapide et plaisant ne gâchent rien à l'affaire. Alors pour un repas de qualité et une ambiance détendue, l'adresse est à retenir et à conseiller.

LA PETITE AUBERGE 32, rue de Sainte-Adresse © 02 35 46 27 32. *Menus 120 F (le midi en semaine), 165 F, 235 F plus carte. Fermé le samedi midi, le dimanche soir et le lundi.* Bien à l'abri, à l'écart du centre-ville, se trouve ce restaurant à ne pas manquer. Discret et sans tapage, il se contente de rassasier les gourmets de passage ou les habitués sans faire de bruit. Il s'agit d'une grande table où la cuisine est à l'honneur. Pour le plaisir des papilles, on trouve des plats d'exception servis impeccablement et dans un décor romantique, plein de charme. Les poissons occupent une grande place et sont délicieusement cuisinés. La feuillantine de homard donne une illustration savoureuse des talents du chef en cuisine. Le magret de canard à la bigarade ou le blanc de turbot à l'embeurrée de poireaux sont à frémir (de plaisir bien sûr !). Pour le dessert, la cuisine classique du terroir normand a inspiré le mille-feuille de pommes caramélisées. Avec sa carte des vins à la hauteur des mets servis, il n'y a ici que du bonheur à prendre pour les amateurs de gastronomie. Une adresse à garder précieusement.

LA PETITE BROCANTE 75, rue Louis-Brindeau © 02 35 21 42 20. *Fermé le dimanche. Menu à 130 F plus carte et ardoise service jusqu'à 23h45.* Dans cet endroit à l'ambiance intime avec des banquettes et des cloisons légères, l'arbre coincé dans la salle est une curiosité. La cuisine et le service impeccable et souriant sont faits par une équipe rodée par plus de dix ans de travail en commun. La cuisine traditionnelle propose une diversité de produits avec des plats de poissons et des huîtres, des plats de viandes rouges ou de volailles. A l'ardoise sont proposés des plats que le chef a cuisinés selon ses envies et l'arrivage du jour ainsi qu'un vin du mois à un prix raisonnable. Pour allécher les amateurs de bonne cuisine, on note la terrine de poissons en entrée, une andouillette de poissons ou un onglet pour les inconditionnels de la viande. En dessert, le clafoutis et le croustillant de fruits rouges sont des exemples du savoir-faire du chef. Une adresse à essayer.

LA PETITE GRAPPE 10, rue Frédéric-Bellanger © 02 35 43 50 22. *Fermeture lundi, samedi midi. Menu enfant 45 F. Menus 89 F, 129 F, 189 F plus carte.* Pour entrer dans ce restaurant, on franchit une porte tournante digne des palaces parisiens. L'accueil est charmant et le service attentif. La carte est très bien garnie et présente une originalité remarquable : les prix. Ils sont valables quelle que soit l'entrée, le plat de viande ou de poisson que vous choisissez. Les entrées et les desserts sont tous à 30 F, les plats de poisson à 70 F et ceux de viande à 65 F. Cela permet de se faire plaisir en mangeant juste pour le plaisir et en oubliant le côté terre-à-terre des choses. Une idée Futée qu'il fallait signaler. En ce qui concerne la cuisine, les plats sont dignes de la gastronomie française. Le menu à 89 F n'est pas un petit menu, il est très complet avec des plats intéressants pour un aussi petit prix. Les mets sont savoureux et d'une grande variété comme la mousse de tomates et ses Saint-Jacques marinées en entrée. Pour les plats, on remarque la rosace de mignon de porc à la sauge et le blanc de cabillaud poêlé aux épices. Pour le dessert, la raison ne saurait l'emporter avec le duo de chocolat et son craquant praliné. Une adresse à consommer sans modération et à conseiller.

LA PETITE RADE 3, place Clemenceau - SAINTE-ADRESSE © 02 35 54 68 80. *Menus à 85 F (terroir sur suggestion du chef), 124 F, 162 F plus carte.* Situé à la limite de Sainte-Adresse, ce restaurant est spécialisé dans les produits de la mer et la cuisine du terroir. Manger les yeux dans la mer comme si l'on avait embarqué sur un paquebot pour une croisière au large, voilà ce que l'on vous propose dans cet établissement. La tradition culinaire normande est à l'honneur et l'on s'arrête volontiers sur le médaillon de foie gras frais servi chaud et sur lit de chicon (endive). Pour le plat, point n'est besoin de réfléchir, la choucroute de la mer fait fureur. Quant au dessert, la sagesse si elle était présente plaiderait pour l'abstinence mais la gourmandise a des raisons que la raison ignore, alors la tarte glacée des demoiselles Tatin sera la bienvenue. Une table de qualité.

LE BISTROT D'ANTAN 5, rue Saint-Louis © 02 35 19 06 87. *Fermé le samedi midi. Menus 59 F un plat et un dessert, 79,50 F une entrée et un plat ou un plat et un dessert au choix sur la carte plus carte.* Ce restaurant vient de faire peau neuve, sa nouvelle vitrine est très réussie. Une grande salle, un personnel et un accueil très gentil. Les plats servis sont copieux et appartiennent à une cuisine traditionnelle. Des changements depuis le rachat l'année dernière qui sont à signaler comme une carte qui est d'une simplicité intéressante. Toutes les entrées sont au même prix, tous les plats et tous les desserts ont aussi un prix unique. Une idée qui permet de goûter des plats plus chers à un prix accessible. Une idée Futée.

LE BISTROT DE LA MER 59, rue Guillemard © 02 35 42 24 24. *Menu enfant : 49 F. Menus : 179 F, suggestion du jour, plat du jour et 2 formules 79 F un plat et un dessert, et 1 formule à 109 F une entrée, un plat, un dessert et un café. Plateau de fruits de mer à partir de 129 F plus carte. Service non-stop 12h à 24 h.* A quelques pas de la mer avec des facilités de stationnement, vous mangerez les yeux dans un décor marin typique. Ce restaurant accueille dans une ambiance très agréable les amoureux des produits de la mer. La cuisine est basée sur le travail des poissons, fruits de mer et crustacés complétés par une gamme de plats de viandes. En entrée, le choix est difficile les huîtres sont proposées dans des calibres et des variétés différents, les salades comme la salade tiède de calamar à l'ail ou la salade périgourdine avec gésiers, foie gras et magret fumé. Pour le plat, les options sont nombreuses, poissons, fruits de mer, viandes rouges, moules… Pour le dessert, la coupe bistrot s'impose. Des vins du mois sont proposés à des prix attractifs et une terrasse vivement ensoleillée permet de déjeuner ou de dîner à l'extérieur quand le soleil est au rendez-vous.

LE BISTROT DES HALLES 7, place des Halles © 02 35 22 50 62. *Fermé le dimanche. Menu : 170 F le soir avec un pichet de vin de 46 cl et une formule à 81 F le midi plus carte.* Dans ce bistrot, on défend la bonne cuisine avec ferveur. Le travail est basé sur des produits d'une extrême fraîcheur et des préparations de qualité. L'entrée avec la tartine de foie gras ou le tartare de saumon frais sera suivie selon le choix d'un onglet à l'échalote ou d'un tartare de bœuf. Le fromage réserve aussi des surprises avec un saint-marcellin de la mère Richard. En dessert, une crème brûlée à la cassonade ou une salade de fruits, le choix est délicat car ici la qualité prime. Le décor est amusant avec la carte des vins sur le mur. Elle propose des vins d'excellente tenue et dans une gamme large. Une étape culinaire de choix.

Restaurant
Le Sorrento
Pour le plaisir de vos 5000 papilles gustatives, savourez la cuisine italienne à base de produits frais.
77, quai de Southampton - 76600 LE HAVRE
© 02 35 22 55 84

LE CAFE dans LA GALERNE 148, rue Victor-Hugo (poste 40) © 02 35 43 22 52. *Ouvert du lundi au samedi de 10h à 19h. Tartines au chèvre chaud, salades : grecque, niçoise, marine, assiette nordique, crudités, tartes salées, cuisine maison, gâteaux et desserts de 13 F à 28 F.* Dans cette librairie, les nourritures de l'esprit sont complétées par des nourritures terrestres savoureuses servies dans une ambiance familiale. Au milieu des livres, se trouve un espace pour une restauration rapide très prisée. On trouve des plats à la carte et une ardoise sur les mêmes thèmes comme des salades, des tartines, des tartes auxquelles s'ajoute un plat du jour comme les saucisses de canard aux lentilles. L'après-midi, le café sert aussi des petites gourmandises pour accompagner le traditionnel café comme au salon de thé.

LES GASTRONOMES 24, rue Dauphine © 02 35 43 17 22. *Menus à 78 F, 98 F 128 F, 178 F plus carte plus vente à emporter sur commande. Fermé samedi midi, dimanche soir et lundi.* Dans le quartier dit "breton", ce restaurant accueille les gastronomes dans un décor tout neuf avec des tons pastel très doux. Vous mangerez dans la salle principale ou à l'étage dans une ambiance plus intime. L'homme en cuisine est un fervent défenseur de la cuisine du terroir. Il vous propose des produits d'une parfaite fraîcheur comme des viandes, des poissons et des huîtres habillement cuisinées. Le feuilleté d'huîtres noyées est à mettre au menu. Le saumon à la mode de vire est à retenir et la feuillantine de fruits vaut le détour. Alors, que dire de plus si ce n'est que l'accueil est sympathique et souriant. Une adresse à noter.

LE GRAND LARGE 1, avenue Foch © 02 35 43 09 73. *Menu enfant 36 F, Menus à 99 F, 132 F, 149 F + carte.* Ce restaurant situé à deux pas de l'Office du tourisme et de la plage propose des plateaux de fruits de mer dans une ambiance douce. Les amateurs de produits de la mer trouveront ici des plats cuisinés avec savoir-faire. En entrée, la salade d'agrume aux deux poissons suivie d'une brochette de coquilles Saint-Jacques ou pour les réfractaires aux produits de la mer un magret de canard sauce framboise caramélisée feront le bonheur des gourmands. Pour le dessert, on apprécie le soufflé Grand Marnier. L'endroit offre des facilités de stationnement.

LE LYONNAIS 7, rue de Bretagne © 02 35 22 07 31. *Formule à 68 F avec un plat, un dessert et un quart de vin. Menus à 80 F, 98 F, 128 F + carte. Fermé le samedi midi et le dimanche.* Avec une allure très bistrot, cet endroit fait une cuisine traditionnelle qui ravit les gourmands nombreux. La fraîcheur est privilégiée ici et les classiques s'appellent salade de chèvre chaud, marmite de poissons au four. D'autres plats tout aussi traditionnels comme le râble de lapin au cidre ou les tripes à l'ancienne sont proposés. Pour le dessert, les pommes caramélisées en crêpes au pralin ou le bavarois de framboises sont des exemples du savoir-faire du chef de cuisine. Une adresse avec un bon rapport qualité prix.

LE PALISSANDRE 33, rue de Bretagne © 02 35 21 69 00. *Menus à 65 F, 85 F, 119 F, 149 F (avec boisson : un kir, une demi-bouteille de vin et un café). Fermé mercredi soir, samedi midi et dimanche.* Dans cet établissement, on travaille en famille. L'ambiance est agréable et le décor "bois" donne une chaleur à la salle. Derrière les fourneaux, un homme de grand savoir-faire propose en plus des menus un travail à l'ardoise, gage d'une cuisine de qualité. En entrée, la salade de calamar et beaucoup de salades composées (foies, chèvres) attendent les convives. La poêlée de pleurotes ou différents plats de cuisine du terroir sont proposés pour satisfaire les clients. Cette année, il y a au dessert une charlotte à la rhubarbe qui remporte beaucoup de suffrages. Un endroit calme et une cuisine qui vaut le détour.

A.O.C **Pommeau**

de Normandie

APPELLATION POMMEAU DE NORMANDIE CONTRÔLÉE

Le POMMEAU de NORMANDIE est issu d'un judicieux mariage entre le jus de la pomme à cidre récoltée sur des vergers identifiés et son eau de vie, le Calvados.
Une trentaine de variétés de pommes à Pommeau a été retenue pour son élaboration. Vieilli en fût de chêne pendant plus de 14 mois, il arrive sur votre table après avoir subi avec succès l'épreuve de la dégustation par une commission d'experts.

Conseil du Sommelier

Traditionnellement servi à l'apéritif, la température idéale pour en apprécier tous les arômes est de 8 à 10°. Il fait également merveille avec le foie gras et au coeur d'un melon, et accompagne aussi idéalement un dessert aux pommes.
Produit typique du terroir normand, son authenticité vous est garantie par l'Appellation d'Origine Contrôlée (A.O.C.).

Les producteurs vous souhaitent
un apéritif réussi !

Association Nationale Interprofessionnelle des Producteurs de Pommeau
6 rue Fresnel - 14000 CAEN
Tél. 02 31 94 42 75

L'ABUS D'ALCOOL EST DANGEREUX POUR LA SANTÉ. À CONSOMMER AVEC MODÉRATION.

DRAKKAR CAEN - Photos : P. ROUGEREAU

LE PECHE MIGNON 73, avenue Foch © 02 35 41 74 93. *Menus 98 F, 142 F, 182 F + carte. Ouvert du lundi au dimanche midi.* Dans cet établissement de très belle allure, les plats proposés se réclament de la cuisine de tradition. On y est accueilli à proximité de la place de l'hôtel de ville sur un axe qui conduit à la plage. Ici, les péchés s'appellent foie gras de canard maison en terrine pour l'entrée, aiguillette de canard à l'orange ou pavé de sandre à l'étuvée d'oignons et au beurre miroir pour le plat de résistance. De quoi céder à la tentation, avant de retrouver la monotonie : l'assiette fascination du péché allèchera les plus sages. Le savoir-faire de l'homme qui se cache derrière les fourneaux est divin. De quoi se laisser aller à quelques pieux mensonges et quelques douces gourmandises.

LE PETIT BOUCHON 42-44, rue Louis-Philippe © 02 35 43 22 43. *Menus 102 F, 133 F plus carte. Formule: 69 F (midi semaine). Fermé le dimanche et le lundi soir.* De l'extérieur, cet endroit ne semble pas très intéressant et pourtant ! On trouve ici des spécialités de viande servies en quantité honorable et d'excellente qualité. Les formules sont avantageuses, avec celle à 69 F qui comporte une entrée, un plat, un dessert. Le choix est Futé. Quelques plats pour allécher le gourmand comme le flan de crabe à la crème ou le filet de canard au poivre. Dans cette ambiance décontractée, l'accueil est chaleureux et la table est bonne. Alors que demander de plus sinon le dessert, pour mettre les clients d'accord, ils sont tous à 25 F. Bonne idée, non !

LE ROI LEOPOLD 11, place Clemenceau - SAINTE-ADRESSE © 02 35 46 16 25. *Menus à 65 F (enfant), 99 F, 146 F, 190 F plus carte.* Un coup de chapeau pour le menu enfant que beaucoup trop de restaurants de qualité oublient. Les enfants ne sont-ils pas la clientèle de demain ? Pour la cuisine traditionnelle et l'éducation aux goûts, le lieu est bien choisi. Le foie gras de canard maison avec ses toasts aux noix ou le saumon mariné à la menthe donne des soucis au normand qui n'arrive pas à s'affirmer. Pour suivre, le duo de brochet et de grondin aux deux sauces est à vanter. Pour terminer cette leçon, une fondue de pommes au caramel et son sorbet cannelle s'imposent. Alors pour le bonheur des jeunes gastronomes et des moins jeunes, l'adresse est excellente.

LE SAINT-LOUIS 16, rue Saint-Louis © 02 35 22 56 00. *Menus à 79 F (semaine), 99 F, 139 F plus carte. Fermé le lundi et le samedi midi.* Dans un décor très intimiste avec des banquettes et des cloisons pour séparer les différentes tables, vous dégusterez de la cuisine normande digne du terroir. A base de fromage du pays, de crème, le régime n'est pas de rigueur. Le service est attentif et précis, la cuisine normande se mange ici dans toute sa splendeur. La salade au fumé de Lanquetôt, suivi d'un pavé de rumsteck au camembert sont de bons exemples de la cuisine que l'on pratique au Saint-louis. Le cidre accompagnera volontiers votre repas et surtout la tarte Tatin arrosée aux calvados et nappée de crème. Une adresse où l'on mange normand.

LE SAINT-PIERRE 24, rue d'Ingouville © 02 35 42 64 32. *Menus 125 F, 160 F plus carte. Menu à 93 F (semaine).* Un peu à l'écart des autres restaurants de la ville sur une route qui mène à la ville haute, se trouve ce vrai restaurant de poissons. Les plats sont cuisinés avec beaucoup de finesse avec des merveilles à déguster comme le filet de rouget cuit au four avec sa poêlée de légumes sauce curry, son gratin de moules aux courgettes ou les filets de sole fourrés au saumon. Les amateurs de poissons sont au paradis avec cette carte qui déborde de bonnes choses. Le coup de grâce est donné par le dessert qui n'a rien à envier aux autres plats : La giboulée de griottes flambées avec sa glace vanille fait un malheur. Le vin aussi est à la fête, alors rien ne manque au bonheur et surtout pas l'envie de revenir. A essayer d'urgence.

LE SURCOUF 12, rue Frédéric-Bellanger © 02 35 21 04 02. *Ouvert tous les jours. Menus midi express à 62 F avec un quart de vin (sauf soirs et week-ends), 82 F, 117 F, 128 F, menu enfant (jusqu'à 12 ans) à 34 F, + carte. Mieux vaut réserver 2 à 3 jours à l'avance pour le week-end.* Après une promenade sur le front de mer, c'est un endroit où il fait bon s'arrêter. Dans un décor chaud de bois et de tissu, on déguste des poissons et des viandes bien préparés. L'entrée illustre les tendances culinaires du restaurant : l'assiette de la mer ravira les amateurs de produits de la mer. La sole meunière ou la paupiette de veau à l'italienne ne feront pas affront au talent du chef. Pour le dessert, la tarte Tatin flambée au calvados est dans l'esprit du terroir dont se revendique la carte.

SUR LA PLAGE. *Ouvert seulement en saison estivale.* Quelques-unes des bonnes adresses où nous aimons nous rendre pour nous désaltérer, nous sustenter en bronzant au soleil et dans l'attente d'une petite tête dans la grande bleue.
CHEZ POLO Promenade de la Plage © 02 35 42 69 89 • L'EFFET MER Boulevard Albert-Ier Promenade de la Plage • LES ALIZES Boulevard Albert-Ier Promenade de la Plage • LES GALETS Boulevard Albert-Ier Promenade de la Plage.

CHLORO'PHILE FORET DE MONTGEON © 02 35 46 52 39. *4 étoiles. Camping. Ouvert du 1er mars au 31 octobre. 202 emplacements. Accès facilité pour les handicapés.* Quelle heureuse idée d'avoir nommé ce camping le Chloro'Phile, car ici la verdure ne manque pas. Arbres, plans d'eau, petits oiseaux voilà le programme et tout cela à proximité d'une ville offrant animations, promenades, randonnées, plage, bains de mer, musées… Avec les équipements luxueux d'un camping 4 étoiles. Que vouloir de plus ?

HOTEL D'ANGLETERRE 1, rue Louis-Philippe © 02 35 42 48 42. *27 chambres de 240 F à 380 F. Soirée étape de 310 F à 340 F avec repas du soir et petit déjeuner compris. Petit déjeuner : 31 F. Animaux acceptés 25 F.* Dans cet hôtel situé entre le centre-ville et la plage, vous trouverez un accueil charmant et des chambres confortables. C'est le point de départ idéal d'une balade en ville ou d'une promenade sur la plage, pendant que la voiture prend des vacances. D'un bon rapport qualité/prix, la formule étape est un plan Futé à noter. Pour l'environnement direct, un parc à proximité, des commerces, des restaurants dans un quartier calme que demander de plus. Une adresse Futée.

HOTEL CELTIC 106, rue Voltaire © 02 35 42 39 77. *2 étoiles. 14 chambres de 170 F à 265 F. Petit déjeuner : 32 F. Animaux acceptés.* C'est l'hôtel de centre-ville par excellence, situé à proximité du Volcan, du bassin du commerce et de tous les événements de cette ville dynamique et active. L'accueil convivial est réputé dans les environs. Enfin, sachez que vous trouverez Canal Satellite et une douche dans toutes les chambres.

HOTEL DE BORDEAUX 147, rue Louis-Brindeau © 02 35 22 69 44. *3 étoiles. 31 chambres de 400 F à 500 F. Petit déjeuner : 55 F. Animaux acceptés: 50 F. Garage : 60 F.* Dans un endroit offrant les avantages d'un centre d'agglomération, cet établissement propose des chambres spacieuses et très confortables. L'accueil de qualité et la décoration soignée font de l'Hôtel de Bordeaux un lieu très prisé. Face au bassin du commerce dans un quartier où le stationnement n'est pas un problème, on peut à loisir profiter d'une balade dans les rues piétonnes toutes proches. Un séjour de qualité.

HOTEL D'ANGLETERRE**
Chambres avec télévision, téléphone direct, Bains douches WC
Situé à deux pas de la mer - Stationnement aisé - Hôtel au calme
CARTE CONTACT HOTEL (12ème nuit gratuite)
1, rue LOUIS PHILIPPE 76600 LE HAVRE **Tél. 02 35 42 48 42**
(angle avenue Foch) Fax 02 35 22 70 69

HOTEL DES PHARES **29, rue du Général-de-Gaulle - SAINTE-ADRESSE © 02 35 46 31 86.** *27 chambres de 160 F à 270 F. Petit déjeuner : 29 F. Accès facilité pour les handicapés. Animaux acceptés.* Loin de l'agitation des rues du centre, dans une ambiance accueillante, cet hôtel est indiqué pour les amateurs de promenade au calme sur le bord de mer. Celui-ci est à quelques pas. Le petit déjeuner copieux prépare les aventuriers aux randonnées en tout genre et les lézards au farniente sur la plage proche. Des chambres plus ou moins confortables selon le budget. Le centre-ville du Havre est à deux minutes en voiture pour les adeptes du lèche-vitrine.

HOTEL DU SEJOUR FLEURI **71, rue Emile-Zola © 02 35 41 33 81.** *29 chambres de 135 F à 180 F, petit déjeuner à 25 F.* Cet hôtel calme vient d'être entièrement rénové. Les chambres sont confortables. L'ambiance y est tranquille et l'accueil sympathique.

HOTEL LE MARLY **121, rue de Paris © 02 35 41 72 48.** *37 chambres de 395 F à 490 F. Petit déjeuner : 55 F. Animaux acceptés.* Cet hôtel 3 étoiles d'un excellent rapport qualité/prix offre un accueil de qualité et des chambres d'un grand confort, un salon à l'atmosphère feutrée, un service de blanchisserie, un téléphone fax réservé aux clients et pour les gourmands un petit-déjeuner en buffet. A proximité du point d'embarquement des ferries, de l'espace Niemeyer et des spectacles qui y sont organisés, il est situé dans un quartier vivant et animé. Une adresse à noter.

HOTEL LE PETIT VATEL **86, rue Louis-Brindeau © 02 35 41 72 07.** *2 étoiles. 27 chambres de 240 F à 290 F. Petit déjeuner : 35 F. Animaux acceptés.* En centre-ville dans un endroit animé, l'hôtel vous propose des chambres confortables équipées de télévision et de téléphone direct à un prix gentil. Pour un séjour dynamique à proximité des lieux de manifestations culturelles importantes, tout est sur place. L'accueil charmant fait de cet établissement un lieu convivial où il fait bon venir.

Idées Recettes
POMMEAU de NORMANDIE

Le Foie gras et son verre de Pommeau

*Pour 4 personnes : 1 foie gras cru (500 gr), 1 dl de **Pommeau**, sel, poivre, sucre.*

Dénerver le foie gras. Assaisonner et arroser le foie gras des deux côtés avec le **Pommeau**. Reconstituer le lobe dans un torchon, ficeler les deux extrémités et bien serrer. Plonger le foie gras au torchon dans l'eau bouillante et éteindre le feu sous votre casserole durant 8 mn. Refroidir le foie gras. Servir deux tranches par personne avec une compotée de pommes. Dégustez le foie gras accompagné d'un verre de **Pommeau** frais.

Escalope de Veau au Pommeau

*Pour 4 personnes : 4 escalopes de veau, 100 gr de beurre, 4 échalottes, 1 dl de **Pommeau**, 100 gr de crème fraîche, sel et poivre.*

Cuire doucement les escalopes assaisonnées dans une poêle avec le beurre. Dans la même poêle, jeter les échalottes émincées. Une fois bien revenues, déglacer la poêle avec le **Pommeau** et crémer. Remettre les escalopes dans la crème.

Melon au Pommeau

*Pour 4 personnes : 4 petits melons, 4 dl de **Pommeau**, 1 bâton de cannelle.*

Couper le dessus du melon afin de le vider de ses pépins. A l'aide d'un couteau "moule à pomme", faîtes des billes de melon. Saupoudrer de cannelle râpée et remettre les billes à l'intérieur du melon. Servir sur de la glace pilée. Verser le **Pommeau** à l'intérieur du melon sur les billes. Décorer d'une feuille de menthe.

Tarte fine aux pommes et Pommeau

*Pour 4 personnes : 250 gr de pâte feuilletée, 6 pommes, sucre en poudre, 2 dl de **Pommeau**.*

Sur un rond de pâte feuilletée, disposer en rosace les lamelles de pommes marinées dans le **Pommeau**. Saupoudrer de sucre juste avant d'enfourner. Déguster la tarte tiède accompagnée d'un verre de **Pommeau**.

DRAKKAR CAEN - PHOTOS : P. ROUGEREAU

HOTEL LE RICHELIEU 132, rue de Paris © 02 35 42 38 71. *2 étoiles. 19 chambres de 230 F à 300 F. Petit déjeuner : 30 F. Animaux acceptés.* Le Richelieu dispose d'une situation centrale, proche de l'embarquement des ferries et du centre-ville. Les prix raisonnables sont un autre attrait de l'endroit. Les lieux de spectacles, les bars et autres distractions nocturnes sont à distance raisonnable garantissant le calme de l'endroit. Les chambres bien équipées offrent un bon confort. Une halte agréable.

HOTEL VOLTAIRE 14, rue Voltaire © 02 35 19 35 35. *21 chambres de 140 F à 320 F. Petit déjeuner : 33 F. Animaux acceptés.* Un accueil chaleureux et un service qui propose une gamme de prix large allant de la chambre simple avec lavabo à celle avec salon et bains. Des prix concurrençant les chaînes standard avec la convivialité en plus. Situé près de l'espace Niemeyer dans les immeubles Perret de la reconstruction, il offre les avantages du centre-ville mais pas les inconvénients et même un stationnement aisé.

Y. SALE Hameau de la Place © 02 35 29 60 46. *Chambres d'hôtes. 2 chambres avec capacité d'accueil de 4 personnes, de 1 400 F la semaine selon la saison, animaux admis.* Mitoyen à la ferme, ce gîte vous accueille en toute simplicité dans une ambiance familiale avec un parking privé et un joli jardin à disposition.

HOTEL RESTAURANT LES GENS DE MER 44, rue Voltaire © 02 35 41 35 32. *Ouvert toute l'année, 95 chambres de 125F à 250F et 3 appartements. Petit déjeuner-buffet : 25 F, menu à partir de 55 F, parking, salles de réunion.* Ce navire amiral des 2 étoiles havrais est localisé à proximité du vieux Bassin du Commerce, face aux Halles Centrales, à deux pas de la Mairie en plein centre. Localisation idéale, donc, les chambres sont spacieuses, et comme le reste de l'hôtel, en pleine rénovation, offrant un rapport qualité/prix exceptionnel. Le restaurant où vous croiserez de nombreux marins propose une cuisine mieux que familiale, à des prix qui le sont. Classement 2 étoiles en cours.

SE DETENDRE

AEROCLUB JEAN MARIDOR Rue Louis-Blériot © 02 35 48 35 91. Tout pour s'envoyer en l'air sans substances prohibées, pour prendre l'air, sans en manquer. Ici, vous trouverez votre bonheur. Du saut en parachute, du saut en tandem pour les plus frileux avec des sensations fortes et une sécurité maximale et même au saut en chute libre. Pour les débutants, les confirmés et les pros.

AGACHON HAVRAIS 38, rue Albert-Samain © 02 35 48 79 90. *Plongée.* Un apprentissage progressif de la plongée avec une partie en piscine et l'autre en mer. Pour découvrir le plaisir de cette autre dimension et de cette pesanteur plus douce. Une expérience inoubliable.

A.S.PTT © 02 35 42 15 58. *Voile.* Du catamaran au dériveur, on trouve ici des stages de voile tout public dans une ambiance détendue.

ASSOCIATION DE PECHE EN MER Casting l'Albatros © 02 35 25 23 21. *Pêche.* Pour tester ses talents de pêcheur sans perdre le paradis. Pour prendre du poisson et ne pas rentrer bredouille, il suffit d'écouter les conseils de ses pratiquants qui ont le pied marin et savent où lancer la ligne. Des concours sont organisés par et pour les mordus de la pêche. *Autre adresse : Maison des Sports - 83, rue de Tourneville.*

AUX OLYMPIADES 5, quai de Southampton © 02 35 42 59 73. *Billard.* C'est ici que se cache l'académie de billard amateur. On peut y voir jouer des as ou simplement tenter quelques coups d'essais. Un lieu où se détendre ou bien se perfectionner grâce aux conseils éclairés des spécialistes de la discipline.

BOWLING DU HAVRE 47, rue François-Mazeline © 02 35 24 32 52. *Ouvert du lundi au samedi, les mardis et jeudis de 16h à 1h, le mercredi de 15h à 1h, le vendredi de 16h à 2h, le samedi de 14h à 2h, le dimanche de 14h à 20h, tarif selon le jour et l'heure.* Pour une soirée amusante et décontractée entre amis, ce bowling vous accueille sur plusieurs pistes dans une ambiance conviviale. Les après-midi sont calmes et les soirées week-ends sont un peu plus chargées.

CLUB D'EXPLORATION SOUS-MARINE DE LA MANCHE 83, rue Ernest-Renan © 02 35 48 15 21. *Plongée*. Pour une expérience des fonds marins en visiteur privilégié de cet autre monde. A partir de 10 ans, on vous apprendra les rudiments et autres règles fondamentales de cette activité qui demande de la discipline et de la prudence.

CLUB DE VOILE DE LA SOCIETE DES REGATES S.R.H. 1, rue Maurice-Taconet © 02 35 46 23 09/02 35 42 41 21. *Voile, jet-ski.* Dans ce club, on vous propose des activités diverses qui touchent toutes à la mer. Voile à partir de 12 ans, sur des voiliers minis-J aux Régates avec des animations et petites compétitions. Le jet-ski avec des balades, des cours de perfectionnement et apprendre les règles du code nautique uniquement pour les possesseurs de jet.

C.N.P.H. Boulevard Clemenceau © 02 35 21 27 85. *Voile.* Une école de voile affiliée à la fédération française de voile avec toutes les garanties que cela comporte. Des cours de qualité et une sécurité maximale. Les enfants peuvent bénéficier de cet enseignement à partir de 5 ans. Une bonne adresse pour les moussaillons ou les navigateurs débutants qui veulent augmenter leurs compétences.

ECURIE S ANQUETIN 1, rue Maurice-Tronelle © 02 35 46 20 08. *Equitation.* Tous en selle dans cette écurie où l'on peut goûter au plaisir de l'équitation pour une somme raisonnable et ce n'est pas chose courante. Pour les cavaliers en herbe qui ne résisteront pas au charme de celui qui fut longtemps le meilleur ami de l'homme. Ne disait-on pas à une certaine époque "Mon royaume pour un cheval".

FLEURISTE MUNICIPAL 47, rue Florimond-Laurent © 02 35 48 75 92. *Ouvert le dimanche après-midi.* Dans cet endroit, l'idée est de faire connaître et découvrir au plus grand nombre la botanique. Des plantes diverses sont à voir dans des serres et des jardins. Des cactus, des roses et bon nombre de variétés de plantes, qui n'ont pas l'allure revêche. Pour les passionnés, des conseils et des fiches sont aussi proposés aux amateurs de la discipline.

INSTITUT FRANCAIS DE LA MER BP1410 - 76067 LE HAVRE CEDEX © 02 35 55 26 02. *Découverte.* Les amoureux de la navigation vous expliqueront dans diverses animations les tenants et les aboutissants de cette activité qui regroupe les paquebots, les navires présents dans le port, les graffitis marins souvent méconnus mais souvent magnifiques.

KARTING LE RESERVOIR 581, boulevard Jules-Durand © 02 35 26 04 48. Pour mettre les gaz sans risquer le retrait de permis, pour s'éclater en jouant au pilote sans peur. Par période de dix minutes très éprouvante, vous déboulerez à fond, à fond, à fond sans risque. Pour se lâcher un peu, des courses où huit concurrents s'affrontent sont organisées dans ce hangar de 2 500 m². Le plan formule 1 avec combinaison, casque et équipement de sécurité. Un endroit pour des sensations fortes.

LA PLAGE. La plage dans toute sa splendeur et une belle s'il vous plaît ! Quand on sait que cette dernière fait près de 2 km... Tout y est aménagé pour le bonheur des promeneurs, des espaces de jeux pour les enfants, une pataugeoire, des douches. L'environnement aussi est soigné une promenade, des pelouses, des rochers et des parkings. Pour les emplettes ou le goûter improvisé, les bars, crêperies, restaurants, boutiques de souvenirs, distributeurs de billets sont présents sur le front de mer. Elle mérite tout à fait le label de station balnéaire qui lui a été attribué en août 1999. La commune possède aussi le label de station voile, nautisme et tourisme et le ruban bleu européen pour la plage. Et récemment lui a été attribué le titre de ville d'art et d'histoire.

LE PORT DE PLAISANCE © **02 35 21 23 95.** C'est un port de plaisance très agréable et très fréquenté. Il est le seul à être accessible 24h/24 entre Cherbourg et Dunkerque. Le fait qu'il soit en eaux profondes est important car cela augmente sa capacité d'accueil. Sa capacité est de 1 100 anneaux. Enfin, on peut aussi s'équiper sur place en matériel nautique de tout genre mais aussi un pull marin, un ciré, une planche à voile, un surf, un bodyboard, une tenue de plongée...
D'autres magasins au Havre proposent ce genre d'équipement. Signalons All Mer : 64, rue des Briquetiers 02 35 24 40 47, qui a la particularité d'être un magasin d'usine et la Coopérative Maritime Havraise : 10, quai Casimir-Delavigne 02 35 41 17 27.

LES DAUPHINS HAVRAIS Voie communale 201 OUDALLE © **02 35 20 62 55.** Pour les marins d'eau douce ou les adeptes de la contemplation aquatique, il y en a pour tous les goûts. Si vous êtes du genre distrait, on peut même vous louer une canne et vous vendre les accessoires nécessaires : appâts... Le prix varie selon le poids des poissons attrapés. Alors, pour une fois que la maladresse est récompensée. Mais, non ça mord toujours, il suffit d'être patient et silencieux. Des forfaits sont possibles journée, demi-journée et même sandwichs à proximité.

PHARE D'ANTIFER. *Ouvert de 10h à 12h et de 14h à 19h en saison, de 10h à 12h et de 14h à 16h l'hiver.* Les phares étaient les gardiens de la mer. Celui-ci existe depuis 1894 bien avant l'existence des radars et autres sonars. Il connut les mêmes attaques que la ville du Havre en 1944, il fut reconstruit en 1954 avec une hauteur de 128 mètres. Aujourd'hui, on peut grimper en haut pour admirer le panorama sur les hautes falaises et le port pétrolier du Havre-Antifer. La nature paisible aux alentours reste impassible au ballet des monstres marins.

PORT PETROLIER DU HAVRE-ANTIFER La Poterie-Cap-d'Antifer. Pour accueillir ses énormes navires qui transportent le pétrole, un port spécial a été aménagé à 20 km du Havre, il s'appelle le terminal d'Antifer. Depuis 1976, ces géants marins viennent décharger leur cargaison qui sera raffinée un peu plus loin. On peut observer leur lent manège des falaises de Saint-Jouin-de-Bruneval. Le restaurant Le Belvédère offre un point de vue intéressant.

SERRE TROPICALE Porte des Paons. *Ouvert samedi de 9h à 12h30 et de 14h30 à 18h30 et le dimanche de 14h30 à 18h30.* Construite en 1970 près de la forêt de Montgeon, cette serre de 4 747 m^2 regroupe des plantes tropicales dans une atmosphère douce et humide (18 °C à 25 °C) avec deux aquariums. Les caféiers, cotonniers, et autres curiosités végétales sont à voir.

TECHNOSEA 63, rue Paul-Doumer © **02 35 41 30 18.** *Plongée.* Dans cet endroit sympathique, il est possible de trouver du matériel à vendre pour s'équiper ou de prendre des cours. Alors, si l'envie vous prend de jouer au poisson, il y a tout ce qu'il faut ici.

VENT DE FOUS 40, rue Joseph-Morlent © **02 35 42 51 49.** *Cerfs-volants.* Cette association dans le vent trouve sur la plage des conditions exemplaires pour la pratique de cette activité poétique et pleine de sérénité. Les Asiatiques n'en sont-ils pas friands ?

OU SORTIR ?

ERIC BAUDET 121, avenue Foch © **02 35 42 32 44.** Cette galerie organise des expositions, propose d'autres services comme l'achat d'œuvres d'art, l'expertise d'œuvre de particulier. On peut y voir des choses très intéressantes.

GALERIE JACQUES HAMON 44, place de l'Hôtel-de-Ville © **02 35 42 42 30.** Une galerie importante par la réputation et par la taille reçoit sur deux étages les amateurs d'art pour des expositions qui changent mensuellement. Du matériel d'occasion, des lithographies et d'autres choses touchant à l'art

GALERIE TURLURE 22, rue de la Villehervé © 02 35 43 41 71. Une galerie qui propose avec talent des œuvres touchant différents styles passant du contemporain aux inspirations plus classiques.

LE SPOT Bâtiment C - Avenue Lucien-Corbeaux Port Autonome © 02 35 53 03 04. Ce bâtiment est un ensemble d'ateliers d'artistes regroupés dans l'immeuble de la compagnie générale maritime. Des expositions sont également organisées pour permettre à ces artistes de montrer leur "production" avec entrée libre.

BEER AND BILLARD 96, avenue René-Coty © 02 35 42 44 88. *Bar.* Pour les matchs de foot de l'équipe locale ou les autres, pour le billard qu'il soit français, américain… Les soirées détendues entre amis trouvent ici un lieu de choix. La boisson de rigueur est la bière dans tous ses états. Pour les soirées sportives en fauteuil ou la folle ambiance des billards sous les lumières basses.

BLACK HORSE 71, rue Guillemard © 02 35 22 96 93. *Ouvert jusqu'à 2h du matin.* Comme son nom l'indique ce pub très convivial est à l'anglaise. Des expositions y sont organisées ainsi que des petites animations musicales. On vient pour se détendre et aussi parfois pour profiter de l'happy hour entre 19h et 20h30 et de ses tarifs doux.

AU BRASSEUR DES HALLES 8, rue Bernardin-de-Saint-Pierre © 02 35 21 41 19. *Bar, brasserie.* Une bière maison recommandable et parfaite pour accompagner les plats servis ici comme les flammeküeches aux lardons, au saumon. Des cocktails maison inventés par le barman qui est un vrai créateur. Au bar ou en salle, les clients apprécient l'ambiance sympathique.

CHESTER'S CAFE 63, place des Halles-Centrales © 02 35 42 00 64. *Ouvert de 14h à 2h du matin, sauf le lundi de 14h à 20h.* Ce café made in USA est un endroit qui propose des soirées à thème. Les cocktails maison sont servis avec un sourire qui en dit long sur l'ambiance. Alors, pour une soirée à l'américaine dans une ambiance décontractée, c'est ici.

COULEUR CAFE 1, rue des Gobelins © 02 35 21 38 84. Entre les fresques murales et la chaleur du bois, ce bar pub offre des musiques latines rythmées qui augmentent encore la convivialité de l'endroit. Si le lieu est très prisé le week-end, la semaine est tranquille. On déguste les cocktails maison avec ou sans alcool à base de jus de fruits et de divers breuvages alcoolisés. Un bar accueillant où l'on aime rester.

LE CYCLAMEN BAR 22, rue Jean de la Fontaine © 02 35 41 29 28. *Bar.* Pas question d'en boire des litres, mais les cocktails servis ici sont souvent à base de rhum qu'il soit du planteur ou pas. Les punchs antillais vont bien avec l'humeur amusée et l'ambiance amusante qui règne ici. Les coins tranquilles sont aussi faciles à trouver pour s'isoler seul ou à deux.

LE FOSTER' 29, rue Guillemard © 02 35 42 68 78. *Bar.* Avec des concerts de jazz, de blues, la musique se déguste sans modération. Pour les boissons, cocktails et autres alcools, le barman sert sans fatigue jusqu'à une heure avancée. En été, la terrasse a un succès fou.

LE MC DAID'S 97, rue Paul-Doumer © 02 35 41 30 40. De concerts rock en concerts blues, la musique a une place de choix dans cet endroit. Une bière à la main, les soirées sont agréables et conviviales. Un endroit sympathique pour un moment ou un soir de fête.

RIVER BLUE'S 37-39, rue Louis-Brindeau © 02 35 22 54 54. *Ouvert tous les jours de 17h30 à 2h.* Dans ce bar très américain, sont organisés des soirées piano-bar et des concerts jazz. Guy Poyer tient toujours les rênes et reste fidèle à sa devise : La qualité est ma vérité. Pour se détendre en écoutant de la bonne musique, en sirotant un cocktail maison, un whisky ou en dégustant quelques huîtres, des feuilletés… Les jeudis et vendredis soir, un groupe de jazz, de blues vient jouer live dans ce lieu.

LE TEC ROZEN 67, rue Guillemard ✆ 02 35 42 49 89. Dans une ambiance détendue sous des lumières douces et derrière l'enseigne de bois, ce bar accueille les noctambules fervents de soirées tranquilles. Des soirées concerts où la musique coule à flot, des discussions où les esprits ne s'échauffent pas… Et d'autres petites choses qu'aiment les amateurs d'endroit à part.

TY COZ 147, rue Victor-Hugo ✆ 02 35 43 19 88. Breton, vous avez dit breton ? Pour les matelots échoués ou les corsaires qui vont reprendre la mer, des boissons typiques comme un alcool à base de miel ou la bière Coreff et de nombreux cocktails. Tout un programme. La musique tendance rock blues est à déguster sans modération. La location pour une soirée privée est possible.

LES YEUX D'ELSA

Café littéraire. Une bouquinerie le jour, qui se transforme en lieu de débat, de lecture, d'écriture, de discussion philosophique à partir de 18h30. Une tasse à la main, bien calé sur sa chaise, on profite des discussions sur des sujets diversifiés. Un endroit sympathique où l'on vient assister ou participer à des joutes orales enrichissantes.

L'AGORA Espace Oscar-Niemeyer ✆ 02 32 74 09 70. *Bar, saladerie, ouverte de 11h à 2h du matin du mardi au dimanche.* Dans cette salle de presque 600 places qui accueillent des concerts et des artistes en devenir, on bénéficie de l'expérience d'une équipe compétente qui organise le célèbre festival de blues du Havre. Dans une ambiance conviviale et chaleureuse, on peut même déguster des salades variées ou boire un verre avant de rentrer. La musique épouse et marie tous les genres de la techno au reggae, du rock à la salsa en passant par le jazz ou la chanson. Des expositions, du café-théâtre, du cirque… Une adresse remarquable par la qualité et la diversité des spectacles.

L'AMIRAUTE 365, rue Félix-Faure ✆ 02 35 54 00 44. *Discothèque. Ouvert de 22h à 4h du mercredi au dimanche.* Dans cet endroit où l'on peut aussi manger, monsieur Carthesy propose des dîners spectacles qui régalent les clients. La soirée se termine sur la piste dans une ambiance détendue et chaleureuse. Après les changements, le lieu est fort agréable.

LALEXIA CLUB 26, rue Georges-Heuillard ✆ 02 35 43 69 90. *Discothèque. Ouvert du mercredi au samedi de 22h30 à 4h du matin.* Un endroit très apprécié par les jeunes qui peuplent la piste dans une ambiance bonne enfant. Les prix accessibles sont sans doute la raison qui pousse ici les étudiants. Les banquettes à l'étage permettent de s'isoler pour reprendre son souffle ou d'observer. Des soirées à thème avec cadeaux à gogo sont organisées. Tous les publics y trouvent leur compte puisque le dimanche après-midi un thé dansant accueille les plus âgés qui bougent encore très bien.

LE CARPE DIEM Quai Georges-V ✆ 02 35 42 71 94. *Discothèque. Ouverte du mardi au samedi de 22h30 à 4h du matin.* Avec le pied marin, sur cet ancien clangoustier amarré dans le bassin du commerce, les connaisseurs apprécient l'ambiance particulière. Les pistes sont accueillantes et les bars sont agréables. Les gens qui fréquentent cet endroit sont sans histoire, les autres s'ils ont réussi à entrer se font raccompagner à la sortie à la moindre incartade. La sécurité est discrète et très efficace.

LE SIECLE 17, rue des Magasins-Généraux ✆ 02 35 24 28 34. *Discothèque et bar. Ouverte jusqu'à 2h pour le pub et 4h pour la discothèque.* Une discothèque et un bar à vins dans les mêmes locaux qui proposent des concerts ou des soirées à thème dans une déco très sympa. Des groupes locaux ou des DJ célèbres, tout est fait ici pour que la soirée soit bonne. Un lieu incontournable pour les noctambules à la recherche d'une soirée réussie.

EMPLETTES

ADELINE 21, rue Paul-Doumer ✆ 02 35 42 62 51. Une pâtisserie qui n'est plus à présenter dans cette ville. A en juger par le monde présent devant l'étalage, la qualité est au rendez-vous et depuis longtemps. Les petits gâteaux sont présentés joliment et attendent les gourmets sagement. Les tartes, religieuses et autres classiques de la pâtisserie tiennent compagnie aux plus rares d'entre eux, spécialités normandes que l'on prend plaisir à goûter. Un péché mignon, un soufflé cauchois, un babylone ou encore un luxe orange et tout cela à un prix raisonnable. Les viennoiseries sont aussi présentes et dans une grande variété. On peut aussi trouver des pâtes de fruits et des chocolats maison.

PATISSERIE JEANNE D'ARC 128, avenue René-Coty ✆ 02 35 42 44 55. Dans cette pâtisserie, on vous propose toutes sortes de spécialités dans un décor rétro. Des gâteaux aux chocolats maisons en passant par les caramels de Normandie. Une bonne adresse où les tentations ne manquent pas.

PORTIER PIERRE 48, rue Bernardin-de-Saint-Pierre ✆ 02 35 43 58 57. Pour les gourmands et les gourmets, la boutique de monsieur Portier est un lieu incontournable. On y trouve des pains dignes de ce nom avec des compositions diverses qui vont du pain de campagne au pain à l'ancienne. Quant à la pâtisserie, elle offre plusieurs spécialités maison comme le framboisier. A côté, on remarque également des tartes salées, des sandwichs, des pizzas pour un encas salé. Le lieu est très fréquenté, il faut parfois faire la queue pour satisfaire sa gourmandise.

ROUVRES 34, rue Georges-Braque ✆ 02 35 42 39 00. Le pâtissier qui travaille dans cette boutique n'a pas d'état d'âme concernant les régimes et autres préoccupations caloriques. Il ne connaît que le mot qualité et s'en sert très bien. Il propose des merveilles à manger sans se prendre la tête. Pour les frileux de la balance, mieux vaut aller voir ailleurs, pour les autres, des desserts à ne plus savoir quoi manger. Des gâteaux au chocolat, plus ou moins gros comme celui aux trois chocolats spécialité de la maison et d'autres gourmandises au nom charmant. Un détour s'impose.

FROMAGES DE FRANCE Place des Halles-Centrales ✆ 02 35 21 35 95. Du fromage et du bon, il faut du courage pour ne pas repartir les bras chargés de tous ces fromages au fumé et au goût diversifié qui sentent bon notre terroir. Il y en a pour toutes les envies du camembert, du vrai, du neufchâtel bien du pays et qu'il faut connaître à tout prix, du brie, du livarot, du pont l'évêque… Il y a vraiment ici de quoi en faire un fromage.

MARCHE AUX POISSONS. Pour manger du poisson sans être un as de la ligne et du bouchon, ce marché propose le produit de la pêche du jour. De 15h à 18h, juste débarqué des bateaux, les poissons sont vendus encore frétillants. La fraîcheur et le choix sont au rendez-vous. L'ambiance aussi vaut le détour.

POISSONNERIE THIERS 54, avenue René-Coty ✆ 02 35 41 29 83. Tous les produits de la mer, des homards et des langoustes sortis tout droit du vivier. Les fruits de mer, les crustacés, les conseils pour la cuisson ou la présentation, l'endroit est très sympathique et le sourire engageant. Alors pour déguster ces poissons et ces richesses de la mer toute proche, une visite s'impose.

VEREL 43, rue de Paris ✆ 02 35 42 46 33. Pour profiter pleinement de cette escale havraise et des trésors de la mer, vous pouvez faire une virée dans cette poissonnerie. Les poissons et les fruits de mer sont préparés sur commande en plateaux ou fumé sous forme de filets, d'assiette nordique. La fraîcheur est assurée par un ravitaillement quotidien.

VOLAILLERIE QUERTIER Place des Halles-Centrales ✆ 02 35 21 16 44. Du poulet au canard en passant par la pintade, la dinde et tout ce petit monde élevé au grand air, de quoi être sûr de manger une volaille de qualité et ça c'est vraiment un plus. Mais aussi de quoi goûter à d'autres produits du terroir : fromage, crémerie … Tout pour le bien manger.

RAYONS VERTS 101, avenue René-Coty ✆ 02 35 42 19 41. On achète ici des produits biologiques qui vont de la nourriture aux cosmétiques. Tous les bienfaits de la nature pas encore dénaturée. Une adresse très saine.

LA GENERALE DES VINS 92, rue Dicquemare ✆ 02 35 22 90 90. On trouve ici toutes sortes d'alcools, de vins, du calvados à l'eau-de-vie, mais aussi du champagne et des produits dérivés comme la confiture de vin. Un grand choix et des prix raisonnables.

LES VINS DE LA TRANSAT Avenue Lucien-Corbeaux ✆ 02 35 53 66 65. Une bonne adresse pour se ravitailler comme le faisaient les paquebots de la Transat. Dans cet endroit, on trouve vins, champagnes, alcools, à consommer avec modération bien sûr.

JACQUELINE SYLVAIN ET FILS Manoir de Bévilliers - GONFREVILLE-L'ORCHER ✆ 02 35 45 40 50. De la copie de meuble ancien, à l'original tout est présenté ici. Dans ce cadre d'exception, en toute franchise, vous saurez s'il s'agit d'un objet rare ou d'un autre seulement charmant. Vous pouvez craquer pour l'un d'entre eux en toute tranquillité.

BROC ET PUCES 74, rue Joseph-Morlent ✆ 02 35 22 93 54. Pour les amoureux des objets marins, des navires de la grande époque. Tout se trouve dans ce magasin. En attendant le coup de cœur, il n'y a plus qu'à fouiller et fouiner un peu.

BROCANTE RESTAURATION 134, rue Louis-Blanc ✆ 02 35 45 40 12. Dans cet endroit qui prend les allures de grenier avec un désordre savamment organisé, l'envie de fouiller est encore plus grande. C'est un peu la chasse au trésor au milieu de tous ces meubles, ces bibelots, ce linge ancien.

AU FIL DES JOURS Rue Casimir-Perrier ✆ 02 35 19 08 57. Pour un achat ou une rénovation, il faut venir dans ce magasin. Le décorateur sait être antiquaire et vice-versa. Alors pour remettre au goût du jour son intérieur sans investir dans un rachat complet de mobilier pourquoi ne pas venir ici ?

LOMBARD 140, rue d'Etretat ✆ 02 35 43 34 44. Pour craquer pour un meuble du siècle dernier, faire estimer un meuble de famille ou même le vendre, c'est ici qu'il faut venir. Dans ces magasins où la mise en place des objets est étudiée dans les moindres détails pour une mise en valeur maximale, on imagine sans peine un de ces meubles au milieu du salon. *Autre adresse : 265, boulevard François-Ier 02 35 43 09 74.*

FNAC Centre Commercial Coty ✆ 02 32 74 67 67. *Ouverte du lundi au samedi de 10h à 19h sans interruption.* Sur près de 2 000 m², tous les services de cette enseigne connue comme la librairie, le multimédia, l'informatique, le matériel photo, la vidéo… Ce lieu est un lieu de concerts et de rencontres avec les artistes de tout poil. Il y a aussi un guichet de réservation pour les spectacles et un lieu de restauration rapide (sandwichs, paninis, tartes salées). Enfin tout ce qui fait que l'on apprécie la Fnac !

PAGES D'HISTOIRES 85, rue du Président-Wilson ✆ 02 35 19 09 36. *Ouvert le mardi sur rendez-vous et du mercredi au samedi de 10h30 à 12h et de 14h à 19h.* Dans cette petite boutique, qui fait penser à celle d'un brocanteur antiquaire alors qu'il n'en est rien. L'histoire est au rendez-vous sous toutes ses formes : vieux livres et journaux, médailles militaires et antiques, insignes, baïonnettes, sabres, boulets de canon ou boucles de ceinture de Viking, publicités, antédiluviennes boîtes de produits alimentaires, bibelots divers, jeux d'inspiration circassienne...

LA GALERNE **148, rue Victor-Hugo** © **02 35 43 22 52.** *Internet : www.lagalerne.fr. Ouvert sans interruption du lundi au samedi de 9h à 19h.* Dans cet endroit, on ne trouve pas seulement une librairie mais aussi un restaurant appelé le café, un lieu de rencontres avec de nombreux auteurs pour des lectures, des signatures, une tribune pour des débats sur des thèmes diversifiés (la société, l'économie), un lieu d'exposition, un lieu de spectacle avec la présence de comédiens. Fauteuils et banquettes sont à la disposition du public pour s'attarder confortablement un livre à la main. Sur 1 000 m^2, des dizaines de milliers de livres sont ainsi disponibles... Les lecteurs n'ont que l'embarras du choix. Et pour les affamés de nourriture terrestre un lieu de restauration familiale et conviviale. C'est tout un programme !

AGENDA

La ville du Havre étant une agglomération importante, il serait difficile de répertorier toutes les manifestations qui y sont organisées tout au long de l'année. Les plus significatives sont détaillées par thème.

VOILE. De nombreuses régates sont organisées d'avril à octobre, elles portent des noms divers comme la régate Normandie Solo, la régate raid Le Havre Fécamp ou la régate des Entreprises. Les plus grandes manifestations nautiques sont cette année : le départ du Tour de France à la voile, avec régates en rade et côtières le 30 juin et le 1er juillet, puis départ pour Dieppe et la seconde étape et le départ de la Transat Jacques Vabre les 3 et 4 novembre. Ces deux temps forts du monde de la voile sont entourés d'autres attractions comme les villages qui s'installent quelques jours avant le départ et des animations de ruelles couvertes et chauffées ainsi qu'un carnaval "fort de café".

SALONS. De nombreux salons sont organisés aux docks café comme :

Janvier : le salon du mariage puis celui des bonnes affaires.

Mars : salon de l'habitat et de la décoration puis celui du véhicule de loisirs et de l'hôtellerie de plein air.

Mai : salon des antiquités et de la brocante.

Juin : salon des associations.

Octobre : salon de l'automobile.

CULTURE. Deux choses sont à noter pour les manifestations culturelles : L'exposition Jean Dubuffet à l'occasion du centenaire de sa mort au musée Malraux du 20 mai au 3 septembre. L'exposition de statues monumentales sur l'avenue Foch. Les œuvres d'une quarantaine d'artistes hollandais et français seront exposées à ciel ouvert de mi-mai à septembre.

Les autres manifestations sont plus diverses comme la course des garçons de café qui est maintenant légendaire en juin, la traversée Le Havre Sainte-Adresse à la nage début juillet la mer en fête en septembre ou le festival Blues à gogo en octobre. Pour les renseignements complémentaires contacter l'Office du tourisme qui vous donnera l'agenda de toutes ses manifestations ainsi que les noms des personnes à joindre pour plus de renseignements.

LE MESNIL-SOUS-JUMIEGES

557 habitants. Située en vallée de Seine. Altitude : 6 m. Mairie : 02 35 37 94 65. Ce village connu pour son activité arboricole et agricole (fromage de chèvre) ainsi que pour ses ventes à la barrière traditionnelle à côté du manoir de la Vigne. Le bac est un avantage touristique pour cette petite commune.

A VOIR ET A VISITER

BASE DE PLEIN AIR ET DE LOISIRS © 02 35 37 31 72. Voilà l'endroit réservé aux disciples du repos de la bonne humeur et de la décontraction. Cette base nautique contrôlée par l'UCPA a été créée en 1976 dans une boucle de la Seine. Elle s'étend sur 25 ha et ses aménagements permettent de pratiquer diverses activités, de s'adonner à la promenade ou simplement de profiter du temps qui passe loin du stress et du bruit, selon ses envies... Pour les jeunes comme pour les adultes, des stages d'initiation ou de perfectionnement sont proposés par des professionnels, dans les disciplines suivantes : planche à voile, catamaran, optimist, canoë, kayak. Il est possible également de louer une planche à voile, un canoë ou un kayak pour une durée limitée d'au moins une demi-heure à un prix très accessible ou d'accéder au plan d'eau si on possède son propre matériel. On peut se lancer dans l'escalade du mur prévu à cet effet, près de l'étang. Face à la base de loisirs, un autre endroit dédié au bien-être vous attend : le golf. Que vous soyez un fervent adepte ou un débutant, vous pourrez en découvrir les plaisirs grâce aux nombreuses formules que propose l'UCPA. Jugez plutôt : formule découverte, pour tout apprendre en 1h30, cours collectifs pour progresser, école de golf pour les jeunes de 8-14 ans ou atelier personnalisé pour affiner sa technique. Des stages d'une semaine ou d'un week-end sont proposés en saison. L'ambiance est conviviale et donne vraiment envie de connaître ce sport qui n'est pas ici réservé aux plus fortunés. Parcours 12 trous et chronogolf pour les petits et les grands avant de s'initier au golf 18 trous dans le parc vallonné. Pour les jours de pluie, un practice couvert de 20 postes vous accueille. En formule baptême, découverte ou stage, des professeurs vous apprendront tous les rudiments du tir à l'arc. Pour les fervents de tennis, 6 courts en plein air, pour se défouler dont 3 adaptés à l'enseignement, pour se perfectionner. Enfin, des balades en VTT dans la forêt de Jumièges sont organisées, pour le plus grand plaisir des enfants. Une restauration rapide est proposée aux golfeurs affamés.

MANOIR AGNES SOREL. *Ouvert tous les jours de 14h à 18h sauf le mardi. Entrée gratuite. Demander sur place Mlle Martin.* Ce manoir construit aux XIVe et XVe siècles a été la résidence d'Agnès Sorel, la favorite du roi Charles VII. Il fut le témoin de leur idylle. Elle y mourut en 1450. Une légende raconte qu'avant de rendre son dernier soupir, la dame de beauté aurait eu le temps de dissimuler dans un mur ou dans le parc ses bijoux et pierres précieuses... Jusqu'au XVIIe siècle, le manoir servira de lieux de plaisance aux abbés de Jumièges. Dans la cour, on aperçoit un vieux puits, profond de trente mètres...

OU DORMIR ?

CAMPING DE LA BASE DE PLEIN AIR © 02 35 37 31 72. Ce camping 3 étoiles offre un confort appréciable à l'intérieur de la base de plein air et de loisirs. Parfait pour les enfants, qui peuvent se balader en toute liberté. Toutes sortes d'activités sportives y sont proposées: planche à voile, canoë-kayak, tir à l'arc, golf, tennis... et un plan d'eau à proximité (baignade surveillée en été). Ils bénéficient de tous les équipements comme le mur d'escalade et les plages. Le coin favori des amateurs de liberté.

SE DETENDRE

BAR CREPERIE LE MARAIS 15, rue de l'église © 02 35 37 87 58. Face à la mairie ce petit bar crêperie est l'endroit idéal pour un goûter au sortir de la base de loisirs. Situé sur l'axe principal qui traverse le village, une halte pour recharger les batteries des petits futés affamés par le grand air.

EMPLETTES

CHEVRERIE DU ROUGE PRE Le Conihout © 02 35 37 35 08. Le fromage de chèvre est ici à l'honneur. L'exploitant vend sa production.

LE MONDE MERVEILLEUX DES ABEILLES Le Halage © 02 35 91 36 76. *Du 1er avril au 1er novembre ouvert tous les après-midi de 14h à 18h.* Sur la route des fruits, au Halage, on découvre les ruches et la vie des abeilles, de l'exploitation à travers une visite commentée (sur rendez-vous). Le miel, nectar précieux, se décline ici en de nombreux produits naturels : miel, gelée, bonbons, gâteaux, vinaigre de miel, bougies et divers produits de soin et de beauté. En été, on assiste aux récoltes et même on déguste avant d'acheter. Chez les abeilles pas de vacances !

LE PETIT-QUEVILLY

22 601 Quevillais. Altitude : 5 m. Située à proximité de Rouen sur la rive gauche de la Seine. Mairie : 02 35 63 75 00. Jours de marché : mardi, jeudi, samedi et dimanche. Cette commune limitrophe de Rouen est accessible directement depuis Rouen par le Métrobus, qui circule d'ailleurs sur du gazon.

A VOIR ET A VISITER

CHAPELLE SAINT-JULIEN © 02 35 63 75 00. *Ouverte le samedi de 14h à 17h. Entrée libre.* Ce monument est le dernier vestige d'un manoir royal. Il date du XIIe siècle comme les peintures qu'il abrite. Cette chapelle romane fut construite par Henri II Plantagenêt, roi d'Angleterre et duc de Normandie vers 1163. On y voit sur la voûte du chœur de très rares peintures du XIIe siècle (restaurées en 1984) représentant des scènes de l'enfance du Christ. C'est un des plus anciens monuments de la rive gauche et il mérite à ce titre votre visite. Chaque année des concerts de musique classique sont organisés dans la chapelle pour le plus grand bonheur des mélomanes : Un concert à la cour du Roi-Soleil le 24 avril, Notre-Dame de Paris, les 15 et 18 juin. Pour les nouveaux programmes s'adresser à la mairie.

SE DETENDRE

PISCINE MUNICIPALE 3, rue Pablo-Neruda © 02 35 63 03 00. Cette piscine de proximité est un endroit d'apprentissage pour les jeunes avec ses leçons de natation et les plus grands avec sa découverte du canoë-kayak.

SCENE NATIONALE MAXIME GORKI Rue François-Mitterrand © 02 35 72 67 55. Actuellement en travaux (d'où une saison éclatée dans différents théâtres et lieux d'autres villes de l'agglomération rouennaise ou de Rouen même...), cette scène sera rouverte prochainement, aménagée en gradins. Nous avons déjà expliqué ce qu'était une scène nationale mais serions bien en peine d'expliquer pourquoi ces dernières poussent en Seine-Maritime comme des champignons... Après tout, ça n'a pas d'importance. Ce qui compte, c'est de pouvoir profiter des spectacles !

L'EXO 7 13, place des Chartreux - LE PETIT-QUEVILLY ✆ 02 35 03 32 30. *Ouvert le vendredi et le samedi de 23h à 5h.* Une discothèque agréable et fréquentable (tendance rock) propose des soirées thématiques ou en partenariat avec de grandes enseignes. Plus qu'une boîte de nuit, l'Exo 7 organise très régulièrement des concerts. Daho, Sinclair, MC Solaar, Gladiator, sont passés en représentation.

AGENDA

FESTIVAL ANIMAIJUIN (SPECTACLES DE PLEIN AIR POUR ENFANTS). Ce Festival aura lieu le 19 mai 2001. Chaque année le thème de la manifestation change. Pour 2001, sous l'appellation "Entre ciel et terre", la journée promet d'être mémorable. Sur le thème les arts de la rue et du cirque, les spectacles se dérouleront à ciel ouvert aux quatre coins de la ville. Certains d'entre eux en feront le tour. A ne manquer sous aucun prétexte. Pour tous renseignements complémentaires, contacter la mairie.

LES GRANDES-VENTES

1 839 Ventois. Altitude : 180 m. Mairie : 02 35 04 70 90. Marché le mercredi après-midi, place de la mairie. Depuis le XIXe siècle, la commune vit surtout de l'exploitation de la proche forêt d'Eawy. Et de ces "grandes ventes" de bois, elle a même gardé le nom ! En 1855, on n'y dénombrait pas moins de 190 bûcherons, 11 charpentiers, 10 charbonniers et 8 menuisiers. Aujourd'hui, une grosse scierie continue à perpétuer la tradition.

OU MANGER ET DORMIR ?

HOTEL DU CERF 10, rue de Paris ✆ 02 35 83 42 02. *Ouvert uniquement le midi et fermé le dimanche. Menus à 60 F (boissons comprises), 92 F et 117 F. Hôtel de 6 chambres de 135 F à 270 F. Petit déjeuner : 32 F.* N'hésitez pas à rentrer même si on ne voit pas le restaurant de la rue : la salle est à l'arrière, agréable et décorée de trophées de chasse (de cerf en particulier…). On peut y manger une bonne cuisine avec plat du jour pour un prix qui n'est pas excessif.

LE CADET-ROUSSEL Route de Paris ✆ 02 35 83 42 44. *Fermé le lundi et le jeudi soir. Menu 59 F.* Un petit restaurant de campagne pour se rassasier en toute simplicité et en compagnie des habitués du lieu. On apprécie le feu de bois en hiver et la terrasse en été ainsi que le menu très compétitif. Un bon point pour la salade poletaise (salade au hareng, typique de Dieppe).

CAMPING DE L'ORIVAL Hameau de l'Orival ✆ 02 35 83 45 90. *Ouvert du 1er mars au 31 octobre. 50 emplacements.* Camping 2 étoiles, situé un peu à l'écart du village, dans un coin très tranquille. Pour améliorer le confort des campeurs, les nouveaux propriétaires viennent de construire une piscine et un chalet friterie-crêpe. Tout sur place.

GITE Hameau Les Moraux ✆ 02 35 83 47 13/06 74 47 09 86. *Ouvert toute l'année. Tarifs : de 1 790 F à 3 250 F la semaine (plus charges). Forfaits week-ends.* En sortant des Grandes Ventes, direction Pommeréval : on ne peut pas rater cette belle maison de maître qui se loue désormais en gîte pour 10 personnes (la propriétaire ne fait plus chambres d'hôtes). Rez-de-chaussée plus 2 étages avec 5 chambres à deux lits, salle de jeux pour les enfants, lit bébé. On peut louer le gîte à plusieurs couples et passer des vacances au calme et dans un cadre très agréable (le gîte est meublé à l'ancienne, deux grandes cheminées à l'âtre).

SE DETENDRE

FERME EQUESTRE DE LA BOISETTE Côte de la Boisette © 02 35 83 47 13. *Ouvert toute l'année. 100 F l'heure. Forfait week-end avec pension complète à 700 F.* La ferme organise pour tous les amoureux d'équitation des randonnées accompagnées (une quarantaine de chevaux et poneys). Leçons, dressage, obstacle, attelage. Pour 60 F la nuitée, on peut également avoir une place dans l'un des 4 chalets (3 chalets de 10 personnes et un chalet de 6 personnes).

AGENDA

1er dimanche d'août : Fête de la moisson avec messe en plein air.

Au mois de juin : Foire exposition des commerçants.

LE TREPORT

5 900 Tréportais. Altitude : 20 m. Mairie : 02 35 50 55 20. Marché couvert le mardi matin et le samedi matin en hiver. Près de la plage de mai à septembre. Foire aux moules en mai. Bénédiction et fête de la mer en juillet et août. Harengade (foire aux Harengs) en novembre. Aux portes de la Picardie, le Tréport est une petite station balnéaire familiale avec toute l'ambiance d'un port de pêche. Tout le mérite en revient à Louis-Philippe : Eu (située à quelques kilomètres) étant la ville royale, le Tréport deviendra la station balnéaire à la mode. Et c'est ainsi que la première villa en front de mer – le Pavillon d'Orléans – fut construite, lançant la plage du Tréport qui devint LA plage de la région parisienne dans les années 20. Malheureusement, beaucoup de souvenirs de cette belle époque ont disparu sous les bombardements de la dernière guerre et notamment le grand hôtel " Le Trianon " adossé aux falaises (rasé par les Allemands en 1942). Aujourd'hui, le Tréport a gardé le cachet d'une station à taille humaine, qui fait le plaisir des promeneurs plus encore que celui des baigneurs.

i OFFICE DE TOURISME Quai Sadi-Carnot © 02 35 86 05 69

Ouvert tous les jours : en avril, mai, juin et septembre, de 9h à 12h30 et de 14h à 18h30 ; en juillet et août, de 9h à 13h et de 14h à 19h ; d'octobre à mars de 9h à 12h et de 14h à 18h sauf les dimanches. Bureau sur l'esplanade de la plage ouvert en juillet et août. Toute la documentation sur la ville et ses environs avec un calendrier des manifestations sans oublier les horaires des marées pour profiter du sable à marée basse.

Le Tréport en flânant

Et pour ceux qui ont envie de découvrir le Tréport sur un mode plus ludique, l'office du tourisme propose chaque année un véritable jeu de piste à travers la ville. Avec pour thème cette année, les plaques de céramique (typiques de l'architecture balnéaire fin du siècle dernier). Ouvrez les yeux et suivez votre flair, car c'est à vous de les trouver ! Enfin, plusieurs visites à thème sont organisées pour les individuels et les groupes : visite de la ville " Céramiques et Patrimoine " (durée 1h/1h15), promenade commentée à travers la ville à la découverte des monuments tréportais et du quartier des cordiers. Visite du port : " Les ports du Tréport " (durée 1h/1h15) : promenade commentée sur le domaine portuaire à la rencontre des métiers de la mer, des techniques de pêche et de la vie des trois ports. Renseignements et billetterie à l'office de tourisme.

A VOIR ET A VISITER

LA CROIX DE GRES Rue de la commune de Paris. De ses 3,50 m, elle domine la rue. Elle fut taillée en 1618 et servit alors d'ex-voto au moment de l'épidémie de peste. En 1843, Louis-Philippe qui lançait la station, décida de la restaurer et d'en faire un emblème de la maison de France (elle porte désormais le L royal et la fleur de lys).

LES FALAISES ILLUMINEES. Sans ses falaises, le Tréport ne serait pas tout à fait le Tréport. Il est clair qu'elles font une bonne partie du charme de la station. Ce sont parmi les plus hautes d'Europe avec un à-pic de plus de cent mètres ! Et chaque soir, quand le soleil commence à rougeoyer, elles offrent au public un spectacle gratuit. On les voit tour à tour passer du gris à l'ocre, du rouge feu au mauve puis au bleu nuit. Et pour prolonger ce festival, la ville illumine les falaises dès la nuit tombée (jusqu'à 1h du matin, d'octobre à mai les vendredis, samedis, dimanches et de juin à septembre tous les soirs). On ne s'en lasse pas.

POINT DE VUE DES TERRASSES. C'est pour les plus courageux mais l'effort est gratifiant : il y a exactement 365 marches pour accéder en haut de la falaise (l'escalier part de la place de l'ancien hôtel de ville près de l'hôtel de Calais). Mais une fois là-haut, le panorama est somptueux : toute la ville est à vos pieds et on identifie bien le quartier des Cordiers avec ses rues étroites, parfaitement rectilignes, ses maisons resserrées. Pour le paysage plus lointain, on peut se repérer avec la table d'orientation. Une petite précision : pour les moins chevronnés, on peut aussi accéder au point de vue par la route…

MUSEE DES ENFANTS DU VIEUX TREPORT 1, rue de l'Anguainerie - Ancienne prison © 02 35 86 13 36. *Ouvert de Pâques à fin septembre, tous les week-ends et jours fériés de 10h à 12h et de 15h à 18h. Tarifs : 10 F, enfants 5 F.* Aménagé dans l'ancienne prison de la ville (au moins le musée est-il bien gardé !), elle-même adossée à une ancienne porte voûtée du XVIe siècle, il est à lui seul la mémoire du vieux Tréport. Quelle était la vie des gens de mer : à travers le matériel de pêche, des épaves, des maquettes de bateaux et même une côte de baleine et un squelette de raie ! Des fossiles, des dessins et des gravures évoquant leur vie rude. Mais aussi le Tréport des " trains du plaisir ", les bains de mer et les cabines de plage, les vieux métiers : charpentiers de marine et ramasseurs de galets, saurissiers… Une bonne entrée en matière pour découvrir au-delà du Tréport, l'âme des Tréportais.

LE QUARTIER DES CORDIERS. C'est encore le quartier des pêcheurs et ils en sont fiers (les cordiers étaient les marins qui pêchaient sans filet, juste avec une corde et un hameçon). Construit à partir du XVIIIe siècle au pied des falaises sur un espace gagné sur la mer, il est constitué de rues étroites, de petites maisons à étages décorées de bow-windows ou de balcons en fer forgé, de vierges et de motif marins et vit au rythme du port. Malheureusement le secteur a perdu une partie de son charme dans la tourmente de la dernière guerre : en même temps que le front de mer côté plage une partie du quartier a été rasée pour " dégager la vue ", Hitler voulant commencer ici son mur de l'Atlantique…

Le train des trois villes sœurs

Elles sont trois. Deux ont pignon sur mer, la troisième se retire à l'intérieur des terres. Deux sont en Seine-Maritime, la troisième a déjà un pied en Picardie. Et pourtant, c'est à peine si on remarque qu'on est passé de l'une à l'autre. Incontestablement, ces trois villes sœurs ont une partie de leur passé en commun. L'idée est donc venue de mettre en service un petit train touristique (circuit d'1h) sur les trois communes présentant ainsi la richesse de ce patrimoine commun. Le train circule tous les jours du 15 juin au 15 septembre ainsi que pendant les vacances scolaires de Pâques et de la Toussaint. Le départ est donné au niveau de l'office de tourisme du Tréport. Le tarif est de 35 F pour un adulte et de 15 F pour un enfant de moins de 12 ans. Pour tous renseignements, contacter les syndicats d'initiative des villes concernées.

LE TRÉPORT

Prenez la vie au grand large

- Une petite ville accrochée aux pieds des plus hautes falaises de craie vive d'Europe : une diversité d'activités portuaires (pêche, commerce, plaisance)
- Le Musée du Vieux Tréport : de nombreux témoignages de la vie maritime tréportaise (bains de mer, naufrages et sauvetages en mer, activités traditionnelles)
- L'église Saint-Jacques (XVIe siècle) remarquable pour son portail Renaissance et ses clés de voûtes

- D'autres monuments caractéristiques incontournables : les belles façades typiques du quartier des Cordiers, l'ancien Hôtel de Ville, la chapelle Saint-Julien, la Croix de Grès, les calvaires, l'escalier et le point de vue de la falaise
- Visites commentées de la ville et du port (groupes et individuels)
- Une variété d'hébergements pour vous aider à composer votre séjour.
- Plage de sable et de galets
- Promenades sur les falaises, dans les vallées, en forêt d'Eu
- Animations traditionnelles : Foire aux Moules en mai, Fête de la Mer en été, Harengade en novembre

- Gastronomie : de nombreux restaurants vous proposeront leurs spécialités de poissons et de succulents plateaux de fruits de mer
- Le Casino offre à tous une multitude d'activités : cinéma, boules, bowling, billard, machines à sous
- Promenades et pêches en mer (groupes et individuels)
- Circuits touristiques en train routier (groupes et individuels)
- Parcours - Enquête sur les plaques en céramique

plus de renseignements :
ice de Tourisme**: quai Sadi-Carnot 76470 Le Tréport - Tél. 02 35 86 05 69 - Fax 02 35 86 73 96
Site internet : http://www.ville-le-treport.fr / E-mail : officetourismeletreport@wanadoo.fr

EGLISE SAINT-JACQUES. Une première église plus ancienne avait déjà été construite à cet emplacement mais fut balayée par une tempête en 1360. On se remit à l'ouvrage mais cette fois ce sont les Anglais et les huguenots qui rasèrent l'édifice. La troisième fut la bonne, et dans la deuxième moitié du XVIe siècle, l'église Saint-Jacques plantait ses fondations sur le coteau. Le monument est typique de la région avec ses façades en damiers de grès sombre et silex qui lui donnent une apparence un peu austère. A l'intérieur, il faut admirer les cinq clés de voûte dont la centrale perchée à 3,50 m de haut.

OU MANGER ET OU DORMIR ?

LE SAINT-PIERRE 48bis, rue du Docteur-Pépin © 02 35 86 03 66. *Ouvert tous les jours en saison (juillet et août). Le reste de l'année, fermé dimanche soir et lundi. Menu 70 F. Compter 50 F pour un plat de moules et 60 F pour un plat de gambas.* Si vous voulez manger des moules (au curry, à la provençale, marinières, au cidre ou autres) comme nulle part ailleurs, c'est là qu'il faut aller ! Le restaurant (plutôt brasserie) ne paye pas de mine mais l'accueil y est décontracté et donne envie de discuter le coup. Et surtout on y mange bien.

LE NORWAY 32, rue de l'Amiral-Courbet 02 35 50 26 20. *Ouvert tous les jours du 1er avril au 15 septembre. Le reste de l'année, fermé le mardi soir et le mercredi. Menu 38 F (moules frites plus boisson), 44,50 F, 79 F et 119 F (vin compris).* Ne faîtes pas comme le touriste moyen qui s'arrête à l'extrémité du port, au mieux pousse jusqu'à la plage : encore quelques mètres et vous trouverez au pied de l'ancien funiculaire (et à l'emplacement d'un des restaurants les mieux côtés de la station il y a trente ans !) le meilleur rapport qualité prix du Tréport. Seulement ici on ne voit que les habitués, les gens du coin se gardent l'adresse. Pas de plateaux de fruits de mer mais une bonne cuisine familiale (celle aussi qu'on ne fait plus chez soi : blanquette de veau, choucroute, pied de cochon…) avec un petit vin du pays d'oc sélectionné par la maison qui soigne sa clientèle : on est toujours le bienvenu et on mange pour vraiment pas cher. Notre coup de cœur.

LE HOMARD BLEU 45, quai François-Ier © 02 35 86 15 89. *Fermé le mercredi soir. Menus à 98 F (en semaine), 149 F, 190 F, 230 F, 290 F et 390 F. Plateaux de fruits de mer, compter environ 150 F.* C'est le premier restaurant à s'être installé sur le port, devenu aujourd'hui une véritable institution. Difficile de passer à côté sans le voir, surtout l'été où la foule prend les tables d'assaut. Plateaux de fruits de mer et poisson à gogo : le restaurant est chic et sans surprise.

COMPTOIRS DE L'OCEAN 46, quai François-Ier © 02 35 86 24 92. *Fermé le lundi soir. Menus à 95 F (en semaine), 145 F, 185 F et 280 F.* A cinq mètres du Homard Bleu (c'est d'ailleurs la même famille qui tient le restaurant), la formule est sensiblement la même. Pour les amateurs : un menu coquilles

Saint-Jacques à 140 F avec deux entrées (carpaccio et feuilleté de St-Jacques) et un choix de plats à base de… coquilles St-Jacques, plus un dessert.

LE SAINT-LOUIS 43, quai François-Ier © 02 35 86 20 70. *Ouvert tous les jours. Menus à 95 F (en semaine), 138 F, 195 F, 240 F et 320 F. Plateaux de fruits de mer : entre 88 F et 160 F.* Le cadre est sympa : luminaires rétro, lampes de cuivre, vieilles affiches, etc., et on y est bien accueilli. Comme la plupart des restaurants sur le port, la tendance est plutôt poisson mais on soigne aussi les desserts : crêpes suzette, figues rôties au cassis…

L'AQUARIUS 42, quai François-Ier © 02 35 86 59 62. *Ouvert tous les jours. Menus : 87 F, 125 F, 142 F, 165 F et 180 F. Accès handicapés.* Restaurant au cadre moderne donnant sur le port où on peut déguster toutes les spécialités de poisson : aspic de saumon et de lotte et la spécialité de la ville : la sole meunière du Tréport.

HOTEL DE CALAIS 1-5, rue de Paris © 02 27 28 09 09. *Ouvert toute l'année. Hôtel (en cours de classement deux étoiles) 38 chambres : 160 F/420 F (2 personnes) à 180 F/450 F (3 personnes) ; forfait VRP 245 F (plus petit déjeuner). Chèques-vacances acceptés. Petit déjeuner 35 F. Animaux admis (plus 10 F). Loue également des meublés un peu plus loin dans la rue.* L'hôtel est actuellement en cours de rénovation et le gérant n'hésite pas à mettre de la couleur : les rouges, les jaunes, les verts en font un lieu pimpant et qui nous met de bonne humeur. De plus, la maison a toute une histoire. Elle existait déjà il y a plus de deux siècles sous la forme d'un ancien relais de poste. On sait que Victor Hugo y fit un passage vers 1843. Et durant la dernière guerre, l'hôtel – qui offrait beaucoup d'espace – fut réquisitionné tour à tour par les Anglais, les Allemands et les Canadiens… ! Mais rassurez-vous depuis, on peut y dormir sur ses deux oreilles ! Ajoutons que le gérant est un passionné de photos et propose à l'accueil ses photos de l'éclipse de soleil du 11 août 1999. Voilà au moins un petit souvenir original à ramener chez soi !

LE PICARDIE Place Sémard (place de la gare) © 02 35 86 02 22. *Ouvert toute l'année. Hôtel 32 chambres 250 F/380 F. Demi-pension : 380 F/510 F (1 personne), 580 F/710 F (2 personnes), Petit déjeuner : 42 F. Télévision. Soirée étape (chambre plus dîner plus petit déjéner) : 300 F. Chiens admis. Menus restaurant : 95 F/130 F.* Au pied de la gare, un hôtel agréable avec vue sur le port et restaurant spécialisé dans les produits de la mer.

LE SAINT-YVES Place Sémard (place de la gare) © 02 35 86 34 66. *Ouvert toute l'année. Hôtel Logis de France 2 étoiles, 14 chambres : 170 F/220 F (douche, TV), 200 F/380 F (avec salle de bains ou douche WC, TV), et 3 suites : 400 F (2 personnes) à 660 F (4 personnes). Petit déjeuner : 45 F. Animaux acceptés. Restaurant spécialisé dans les produits de la mer. Ouvert sauf dimanche et lundi d'avril à septembre. Fermé le reste de l'année. Menus 80 F/135 F.* Petit hôtel sympathique et cossu, à deux pas de la gare. Bon accueil et bonne adresse quand on débarque à plusieurs.

Restaurant panoramique
COMPTOIRS de L'OCEAN
Plateaux
de fruits de mer
46, quai François 1er • 76470 LE TREPORT
© 02 35 86 24 92

CAMPING DES GRANGES. *Ouvert d'avril à octobre. 25 emplacements et situé à deux kilomètres du centre-ville et de la plage. Accessible aux handicapés.*

CAMPING DES BOUCANIERS. *Ouvert d'avril à septembre. Camping-caravaning 4 étoiles et 345 emplacements. Camping tout confort avec de nombreux services : possibilité d'acheter sur place des plats cuisinés, jeux pour enfants, tennis, minigolf etc. Location de bungalows à partir de 500 F le week-end.*

SE DETENDRE

BATEAU-ECOLE ITAG Olivier Becquet - Quai Edouard Gelée © 06 80 89 65 04/02 35 50 05 14. Envie d'une petite balade en mer ? Avant de louer le bateau, il faut avoir le permis. Cette école de conduite prépare les candidats au passage du permis bateau (carte mer, permis côtier, extension pour permis hauturier, permis fluvial). A partir de 16 ans.

LOCATION DE VELOS Gare SNCF du Tréport - Place Sémard © 02 35 86 23 44. *Location VTT de 7h à 18h30. Tarif : 55 F la journée (caution demandée). Tarifs dégressifs à partir du 3e jour.* Les idées de promenades ne manquent pas dans le secteur : le long de la côte ou dans la campagne normande, explorer les nombreux sentiers de la forêt d'Eu.

PISCINE DU TREPORT Esplanade Louis-Aragon © 02 35 86 83 64. *Ouvert tous les jours en juillet et en août, de 10h à 12h et de 15h à 19h. Piscine chauffée et de plein air, à proximité du casino.*

CARROUSEL 1900 Parking de la jetée du phare © 06 08 55 61 36. *Ouvert pendant les vacances scolaires de 10h à 19h ; hors période scolaire le mercredi, samedi et dimanche ; en juillet-août tous les jours à partir de 10h et nocturne.* Le temps pour papa et maman de souffler cinq minutes et les petits seront ravis : ça monte et çà descend, et ça tourne, ça tourne, ça tourne comme dans les manèges du bon vieux temps…

CASINO DU TRÉPORT
OUVERT TOUS LES JOURS

■ MACHINES à SOUS ■ BOULE
16 BILLARDS (Français, Anglais, Américain)
BOWLING • CINÉMA
Esplanade Louis Aragon - 76470 Le Tréport • © **02 35 86 35 45** - Fax : 02 35 86 60 90

PROMENADES ET PECHES EN MER. *L'EDEN 1 Renseignements : M. Masson 02 35 50 38 87/02 35 86 82 62. Tous les jours du 1er avril au 15 novembre. Tarif promenade (de 35 F à 80 F selon la durée). Tarif pêche : 350 F (pour 6 heures). Location de canne : 50 F.* Circuit promenade d'une demi-heure à une heure avec un exposé complet sur le pourquoi et le comment des falaises et des galets, l'histoire et la géographie du site pour devenir incollable ! Les plus mordus peuvent également embarquer sur l'Eden 1 en compagnie de marins-pêcheurs pour une véritable partie de pêche en mer : ils apprendront tout sur les techniques de pêches et au retour, c'est promis, on partage les prises...

OU SORTIR ?

LE CASINO Esplanade Louis-Aragon © 02 35 86 35 45. *Ouvert tous les jours. Machines à sous : du lundi au jeudi de 14h à 2h ; le vendredi et veille de fête de 14h à 3h ; le samedi de 11h à 3h ; dimanche et fêtes de 11h à 2h. Boule : du lundi au jeudi de 22h à 2h ; le vendredi, samedi et veille de fête de 22h à 3h ; le dimanche et fêtes de 16h à 20h et de 22h à 2h. Billards et bowling tous les jours à partir de 15h.* Sur l'esplanade face à la mer, la Casino contribue à l'animation de la station. Avec 69 machines à sous, la Boule bien sûr, 16 billards (français, américain, snooker, big snooker), deux pistes de bowling et une salle de cinéma, on devrait réussir à occuper ses soirées !

EMPLETTES

La spécialité du Tréport ce sont bien sûr les produits de la mer (essentiellement les poissons plats). On peut s'approvisionner directement sur le port (attention, les moules sont en principe interdites à la vente car elles doivent préalablement passer en bassin de décantation). Ou à la poissonnerie municipale (sur le quai près du casino) ouverte tous les jours de 9h à 12h30 et de 14h à 19h (sauf le mardi du 15 septembre au 20 juin).

SAURISSERIE DELGOVE Zone artisanale Sainte-Croix (à l'entrée du Tréport en venant d'Eu) - Rue Mendes-France © 02 35 86 29 36. *Ouverture du magasin du lundi au vendredi de 9h à 12h et de 14h à 18h, samedi de 9h à 12h.* La dernière saurisserie encore en activité du Tréport. Le magasin de l'entreprise est bien garni en saumons fumés, kippers (hareng ouvert, fumé et salé), bouffies (hareng saur léger et fumé) et approvisionne les Tréportais à prix usine ! L'usine peut également se visiter sur demande.

ENTREE EN MATIERE 10, quai François 1er © 02 35 85 84 97. *http://www.entree-en-matiere.com.* Au sens propre comme au sens figuré, cette entrée en matière : un atelier unique en son genre où l'on fabrique des perles de couleur au chalumeau avec du verre de Murano. Tout un art (certaines perles demandent plus d'une heure de travail !). Les propriétaires du magasin sont de vrais passionnés et n'hésitent pas à se lancer dans une démonstration en direct. Outre la production maison, c'est une véritable mine de perles de toutes tailles et de toutes couleurs (plus de mille sortes venant pour l'essentiel d'Inde et de Tchécoslovaquie). Et accessoirement aussi, une collection de graines exotiques (il paraît qu'elles sont sources d'inspiration).

AGENDA

3 juin : Foire aux moules

18 juillet/1er août : Concours de châteaux de sable

25 juillet/22 août : Concours de galets (les enfants peignent les galets...)

8 août : Concours des OFNIS (Objets flottants non identifiés...)

11 novembre : 12e Harengade

LILLEBONNE

9 738 Lillebonnais. Chef-lieu de canton. Avec Rouen, c'est sans doute l'une des villes les plus riches en histoire du département. Ancienne capitale des Calètes, Juliobona connaît surtout son essor comme port romain. Les nombreuses découvertes archéologiques faites depuis le XIXe siècle (et encore tout récemment la mise à nu du forum romain) témoignent du rayonnement de la ville. Pour l'essentiel, elles sont venues alimenter les collections du musée départemental des Antiquités de Rouen (dont une belle mosaïque représentant une chasse au cerf). Mais on peut encore observer d'importants vestiges in situ.

OFFICE DE TOURISME 1, rue du Hauzay © 02 35 38 08 45/02 35 38 06 36

Internet : http://www.normandy-tourism.org/ - E Mail : ot.si.lillebonne@wanadoo.fr. Ouvert du 1er avril au 30 septembre, de 9h30 à 12h et de 14h30 à 18h30 du lundi au dimanche et du 1er octobre au 31 mars aux mêmes horaires du lundi au samedi.

A VOIR ET A VISITER

EGLISE NOTRE-DAME. Essentiellement d'époque XVIe siècle, elle est superbe. Son clocher de 55 mètres aurait été copié sur celui d'Harfleur. On peut remarquer l'orientation nord-sud assez inhabituelle pour une église. Sur le parvis, des fouilles récentes ont permis de mettre au jour l'ancien forum romain.

EGLISE SAINTE-ANNE Mesnil-sous-Lillebonne © 02 35 38 53 73. *Ouvert du 1er mai au 30 octobre de 14h30 à 18h30 (ouvert toute l'année pour les groupes sur rendez-vous). Entrée : 6,15 F.* A la sortie de Lillebonne en direction de Notre-Dame-de-Gravenchon, cette petite église construite entre le XIIe et le XVIe siècle a été transformée il y a 15 ans en musée. Elle contient notamment une impressionnante collection de minéraux et de fossiles découverts dans la région.

Coup d'œil sur LILLEBONNE

A LA DECOUVERTE DE JULIOBONA

Ville antique et capitale régionale, Juliobona connaît son apogée aux II et IIIe siècles.
De superbes monuments sont alors édifiés : théâtres, thermes, forum…
En 2001, 2 nouveaux lieux présentent les dernières découvertes faites à Juliobona, ville romaine :
• **Les Vestiges du Forum**, (place piétonne)
• **L'Espace Gallo-Romain**, (ancienne mairie)
A VOIR EGALEMENT : le théâtre Romain • Le musée d'Arts et de Traditions Populaires • Le musée de l'Eglise du Mesnil (paléontologie et minéralogie) • Parc des Aulnes, l'observation de la faune et de la flore • La piscine

© 02 35 38 53 73 et 02 32 84 50 50

la Presqu'île

UNE VILLE SPORTIVE, DE LOISIRS

Pour le plaisir de l'eau, la détente au cœur d'un parc paysager
Durant les vacances d'été :
• Du lundi au samedi, de 10 heures à 20 heures.
• Le dimanche, de 9 heures à 19 heures.
Piscine à vagues • Toboggan géant • Pataugeoire
Bain bouillonnant • Solarium • Salle de remise en forme

© 02 32 84 16 60

LILLEBONNE

MUSEE DES ARTS ET TRADITIONS POPULAIRES En face du théâtre © 02 35 38 53 73. *Ouvert tous les jours de mai à octobre de 10h à 12h et de 14h30 à 18h30. Le reste de l'année, du mercredi au lundi de 14h30 à 18h30. Tarif : 6,15 F.* On peut y voir quelques-uns des vestiges trouvés dans le sous-sol de Lillebonne et notamment une belle tombe gallo-romaine. Egalement plusieurs pièces d'orfèvrerie (cuillers, coupes, plats, coupelles...). Par ailleurs, le musée organise en saison (d'avril à octobre) des parcours "patrimoine" à travers la ville tous les derniers dimanches de chaque mois. La promenade dure 2h à 3h et vous conduit sur les principaux sites historiques de la ville. A noter également qu'un nouvel espace muséographique doit ouvrir ses portes dans les locaux de l'ancienne mairie (en face du théâtre) et présenter en particulier les objets retrouvés lors des fouilles du forum romain.

PARC JEAN ROSTAND ET CHATEAU. En face de l'amphithéâtre se trouvent l'entrée du parc et la cahute pour l'accès au musée municipal. En montant, on peut apercevoir le château médiéval aujourd'hui inaccessible (mais le châtelain étant décédé, la ville souhaite s'en porter acquéreur). Il n'en subsiste que des ruines gagnées par la végétation. Les vestiges remontent au XIIe siècle : le donjon aurait été construit par Philippe Auguste pour asseoir sa nouvelle domination en Normandie. La tour crénelée, dite tour du Chartier où étaient conservés les titres seigneuriaux, date, elle, du XIIIe siècle. Elle a conservé un beau pan de mur. La promenade sous les murailles est agréable. Mais le parc est vaste et se prête à d'autres découvertes. Il est aussi doté d'espaces aménagés (tables de pique-nique, jeux pour les enfants).

THEATRE-AMPHITHEATRE. On ne peut plus y accéder pour le moment pour des raisons de sécurité mais on peut en avoir un aperçu assez complet de la rue Victor-Hugo, par-dessus les grilles. Il aurait été construit au Ier siècle puis transformé en théâtre au second siècle. Les étages à arcades (on peut encore les deviner à certains endroits) supportaient autrefois des gradins en bois.

OU MANGER ET DORMIR ?

HOTEL DE FRANCE 1bis, rue de la République © 02 35 38 04 88. *Restaurant ouvert tous les jours, sauf samedi midi et dimanche sur réservation. Menu "diététique" (avec une 1/2 bouteille d'eau minérale) à 109 F, menus Marée et Boucher à 139 F (vin compris). Hôtel de 13 chambres de 195 F (petit logis en demi-pension) à 260 F. Petit déjeuner : 40 F. Animaux acceptés.* Juste en face de l'Office de tourisme, ce petit hôtel plein de charme vous accueille dans une ambiance rustique et familiale et les prix sont très raisonnables. On peut manger sur place et pour une fois, on a pensé aux amateurs d'eau minérale (avec le menu diététique). Tout est fait maison, du petit pain au foie gras, en passant par le magret de canard. Il n'y a pas à hésiter.

La P'tite Auberge
Hôtel - Restaurant
www.la-ptite-auberge.com
20, rue du Havre
76170 Lillebonne
Tél. 02 35 38 00 59
Fax 02 35 38 57 33

LA P'TITE AUBERGE 20, rue du Havre © 02 35 38 00 59. *Menus à 69 F (le midi en semaine), 98 F et 155 F. Hôtel de 15 chambres de 185 F à 275 F. Petit déjeuner : 30 F. Animaux acceptés. Terrasse et petit jardin privé pour l'été.* Visiblement l'adresse est connue dans le secteur, mais on se mettra toujours en quatre pour vous trouver de la place ! L'accueil est excellent, le cadre chaleureux, le service rapide et la table plus qu'à la hauteur. La spécialité de la maison, c'est le canard, le foie gras, mais elle aime surtout mettre les petits plats dans les grands et ça donne une cuisine inventive, copieuse comme il faut et savoureuse (il ne faut pas hésiter à prendre le plat du jour). A ne manquer sous aucun prétexte en dessert : le moelleux au chocolat, le must.

SE DETENDRE

PARC DES AULNES . Les promeneurs peuvent désormais partir à la découverte de la faune et de la flore dans le tout nouveau parc aménagé et vont se régaler. Le paysage est varié et chaque détour est en lui-même une surprise : parcours sur pilotis au milieu d'une tourbière avec des points d'observation, plaine sablée, mini-quai pour la pratique du modélisme naval, aire de jeux pour les enfants.

PISCINE DE LA PRESQU'ILE Rue Thiers © 02 32 84 16 60. *Ouvert tous les jours en saison du lundi au samedi de 10h à 20h et le dimanche de 9h à 19h (fermeture des caisses de 12h30 à 13h). Entrée : 27,50 F, tarif réduit (de 6 à 20 ans) : 21 F. Cartes de 10 entrées : 220 F et 173 F. Gratuit pour les moins de 6 ans.* Une belle piscine avec des installations modernes : piscine à vagues, toboggan, bain bouillonnants, Jacuzzi, solarium, sauna, etc. On peut aussi y prendre des cours de natation, d'aquagym, activité bébés nageurs…

OU SORTIR ?

CENTRE CULTUREL JULIOBONA Place de Coubertin © 02 35 38 51 88. *Ouvert les mardis, jeudis et vendredis de 15h à 18h30, le mercredi de 9h30 à 12h et de 14h à 17h30 et les samedis et dimanches de 15h à 18h. Fermé le lundi.* Une programmation culturelle de qualité avec des concerts, spectacles de théâtre, de danse, des expositions, des soirées cinéma et des spectacles "jeune public" et même des cabarets philosophiques (spectacle suivi d'un débat). Aux mois de mars et d'avril, le centre accueille le Festival de l'humour, en alternance avec Chansons de mars (prévue pour 2002). A ne pas manquer aussi : le salon de la céramique et de la poterie juste avant Noël, organisé pour la 3e année consécutive et qui attire désormais des artisans et artistes nationaux et même internationaux.

EMPLETTES

MAX DEBEAUVAIS 56, rue d'Alincourt © 02 35 38 05 09. *Ouvert tous les jours de 9h à 19h30, mais téléphoner de préférence avant de venir (Max peut être en vadrouille !).* Un vrai potier-céramiste de talent. Et inventif ! Il aime le style baroque, les décors futuristes, s'inspire de l'univers BD. On aime ou on n'aime pas mais au moins c'est original !

PISCICULTURE H.BARRAY 15, rue du Fond-de-Vallée © 02 35 38 04 76. *Ouverte 7j/7 de 8h à 19h, label produit fermier. 65 F la demi-journée de pêche.* On peut s'y procurer des truites fraîches ou fumées et pour les plus sportifs fouetter la ligne dans les étangs de pêche : on y lâche 2 kg de poisson par pêcheur… et que le meilleur gagne !

AGENDA

Mars : Chansons de mars au centre culturel Juliobona.

8 et 9 Juin 2001 : Festival Molière dans l'enceinte du théâtre romain.

Décembre : Salon de la céramique et de la poterie.

LONDINIERES

1 158 Londiniérais. Altitude : 72 m. Mairie : 02 35 93 80 08. Marché le jeudi après-midi. Bien qu'un peu en dehors des circuits touristiques, on peut pousser jusqu'à Londinières pour mieux découvrir le pays de Bray. Les routes alentour sont magnifiques et l'on est conquis par ces vallons verdoyants qui nous invitent à la promenade. C'est peut-être pour cette raison que les Londiniérais sont si attachés à leur village. Et depuis longtemps ! On y a retrouvé en effet de nombreux vestiges mérovingiens et même gallo-romains.

SYNDICAT D'INITIATIVE Mairie – 12, rue du Général-de-Gaulle © 02 35 93 80 08

Ouvert du lundi au vendredi, de 9h à 12h et de 14h à 18h. Installé dans les locaux de l'hôtel de ville (d'anciennes halles de 1835), le syndicat d'initiative proprement dit est uniquement ouvert le mardi de 10h à 11h. Sinon, adressez-vous directement à la mairie pour avoir des renseignements ou dépliants sur le canton. A noter aussi que des randonnées pédestres sont organisées le 3e dimanche de chaque mois par le syndicat d'initiative : rendez-vous à 9h sur la place de l'église.

A VOIR ET A VISITER

Reconstruite après les bombardements de la dernière guerre, l'église de Londinières ne présente pas d'intérêt particulier. En revanche, à quelques kilomètres de là, on peut aller voir la chapelle du hameau de Boissay, qui date du XVIIIe siècle et qui possède un beau fronton Renaissance.

OU MANGER ET DORMIR ?

AUBERGE DU PONT Rue du Pont-de-Pierre © 02 35 93 80 47. *Ouvert tous les jours. Fermeture annuelle début février. Menus : 55 F (le midi en semaine), 69 F, 85 F, 120 F, 150 F et 190 F (menu gastronomique). Hôtel Logis de France de 10 chambres de 130 F à 220 F.* Passé le petit pont sur l'Eaulne se trouve l'auberge qui porte son nom. On entre dans un cadre normand (tout y est ! Les trophées de chasse au mur, les batteries de casseroles et les rangées d'assiettes ! Et même deux grosses armoires normandes qui trônent dans la salle…). La cuisine est bonne, sans plus, mais on s'en sort pour pas trop cher et l'ambiance est plutôt sympathique.

RELAIS DU LION D'OR Rue du Général-de-Gaulle © 02 35 93 81 31. *Fermé le mardi soir. Menus : 55 F (le midi en semaine), 69 F, 83 F, 110 F et 150 F. Passage d'accès pour les handicapés.* Installée dans un ancien relais de poste (fréquenté jadis par Henri IV en personne), la maison est vénérable. Ici on reste dans la tradition avec de la crème, de la pomme, de la pomme et de la crème ! Et on connaît ses classiques : aiguillettes de canard aux pommes, escalope de veau à la normande ou dos de saumon à la crème de neufchâtel… Et pour mitonner tous ces bons petits plats, on fait jouer l'expérience : les propriétaires sont aux commandes du restaurant depuis 31 ans ! C'est dire si on peut y aller en confiance…

SE DETENDRE

ASSOCIATION DES PECHEURS EAULNAIS. On trouve encore quelques truites sauvages en rivière et en étang, on pêchera tous les poissons blancs classiques : brochets, perches, tanches… On peut se renseigner sur les lieux de pêches au Bar PMU qui se trouve sur la place ou au bar du pont.

EMPLETTES

CHRISTOPHE GRUGEON 3, rue de Trutin-Epinay © 02 35 94 22 82. *Vente tous les jours (mais venir de préférence à l'heure des repas pour être sûr de trouver quelqu'un) – appellation Terroirs de Normandie.* Pour se procurer un bon cidre de producteur, c'est ici qu'il faut frapper. La maison fabrique également l'apéritif de Normandie (à défaut d'avoir l'appellation pommeau) et du vrai bon calvados.

AGENDA

2e dimanche de septembre : Corso fleuri

4e dimanche de novembre : Foire aux fromages et aux plaisirs de la table

LONGROY

Mairie : 03 22 26 10 20. Regroupée avec Gamaches (de l'autre côté de la Bresle donc Picarde !).

SE DETENDRE

BASE NAUTIQUE DE L'ETANG SAINTE-MARGUERITE © 03 22 30 91 65. *Ouverte du 15 mars au 15 novembre, tous les jours de 10h à 18h30.* Creusé il y a une trentaine d'années dans un ancien marais, l'étang sert aujourd'hui de base nautique. Le lieu (bien qu'artificiel) semble incroyablement sauvage, à cheval sur les deux départements de la Somme et de la Seine-Maritime. Tous les sports sont permis : école de voile, location de canoë-kayak, dériveur, planche à voile, location de VTT (pour sillonner la belle forêt d'Eu), marches et courses d'orientation avec animateur, pêche.

LONGUEVILLE-SUR-SCIE

948 Longuevillais. Altitude : 95 m. Mairie : 02 35 83 30 47. Marché le dimanche matin. Sur les rives de la Scie, ce petit bourg bien paisible fut par le passé le théâtre d'âpres batailles pour la conquête de son important château fort. C'était autrefois le siège de l'ancien Duché de Longueville, dont le nom est aujourd'hui dévolu à un non moins célèbre cidre, élaboré dans un village tout proche.

A VOIR ET A VISITER

CHATEAU FORT. *Entrée et visite libre.* Construit au cours du XIe siècle par le seigneur du lieu, Gauthier Giffard, compagnon et porte-drapeau de Guillaume le Conquérant, le château est bâti sur une butte de 120 mètres, dominant la vallée. Une halte agréable où l'on profite du cadre de verdure (belles pelouses, tables à pique-nique) pour faire le tour de l'enceinte hexagonale fortifiée et des vestiges des tours.

Auberge de l'Etang

RESTAURANT

76460 MANNEVILLE ES PLAINS

près de Saint-Valéry-en-Caux

© 02 35 97 03 77

OU MANGER ET DORMIR ?

LE CHEVAL BLANC © **02 35 83 30 03.** *Fermé mercredi et dimanche soir. Formule express à 49 F (plat et dessert). Menus à 55 F, 89 F, 135 F, 175 F. Hôtel de 3 chambres de 160 F à 180 F.* On peut profiter d'un des meilleurs rapports qualité/prix du département. Pour 89 F, on a : entrée, plat et dessert savoureux et d'une grande finesse. Excellente adresse et une bonne étape pour découvrir la région.

LOUVETOT

OU MANGER ET DORMIR ?

LOUVHOTEL – AUBERGE AU GRAND MECHANT LOUP © **02 35 95 46 56.** *Menus à 58 F, 68 F, 74 F (sauf le week-end), 118 F et menu Terroir à 160 F. Repas-spectacle à 180 F tout compris. Hôtel de 24 chambres de 255 F à 265 F. Petit déjeuner : 28 F.* Au début du siècle, la région était infestée de loups et l'on dit que le dernier loup aurait été tué ici après la Première Guerre mondiale, dans la forge qui alors sera transformée en auberge. Auberge qui existe toujours mais vous voilà rassuré : il n'y a plus ici depuis bien longtemps de grand méchant loup. En revanche, il y a une bonne table et si vous lâchez un peu les finances pour le menu "gastronomie du terroir", de vraies spécialités de la région à base de gelée de cidre, de calvados, de Bénédictine et bien sûr entre-deux, le fameux trou normand ! Enfin, depuis peu une nouvelle formule de repas spectacle (plutôt de septembre à avril) : comique, french cancan, cabaret, danse orientale… pour danser avec les loups… à l'Auberge du Grand Méchant Loup !

MANIQUERVILLE

A VOIR ET A VISITER

LA FERME AUX ESCARGOTS La Hêtrée © **02 35 29 25 93.** *Visites du 1er avril au 15 octobre tous les samedis à 15h et en juillet et août les jeudis et vendredis à 11h. Tarif : 25 F, tarif réduit : 15 F pour les enfants de 4 à 14 ans. Vente les jeudis, vendredis et samedis.* Ça n'a l'air de rien, mais élever un escargot n'est pas une mince affaire. La preuve, vous l'aurez en visitant cet élevage qui vous apprendra tout sur la douloureuse vie du gastéropode : ou comment on passe de la salle de reproduction à l'écloserie puis à la nurserie (sic !) aux parcs extérieurs (où il peut enfin grandir en toute liberté) jusqu'au laboratoire (hélas, il faut bien !). On termine la visite par une petite dégustation et si c'est bon, on peut repartir avec les spécialités de la maison : vente de "croquilles" (escargots cuisinés dans de fausses coquilles en pâte de pomme de terre), de cake aux escargots, etc.

MUSEE DE L'AGRICULTURE AU FIL DU TEMPS © **02 35 29 31 28.** *Ouvert de Pâques à la Toussaint, tous les dimanches après-midi, en juillet et août tous les jours de 14h à 18h. Entrée : 20 F.* Aménagé dans une authentique ferme normande, le musée retrace, comme son nom l'indique, toute l'histoire de l'agriculture (vaste projet !) à travers une collection de plus de mille outils et machines utilisés pour le travail de la pomme, du lin, du blé, de la betterave, l'élevage ou la gestion de la forêt, etc. Chaque année, un thème différent est abordé et pour 2001, on a la laveuse, la repasseuse et la couturière.

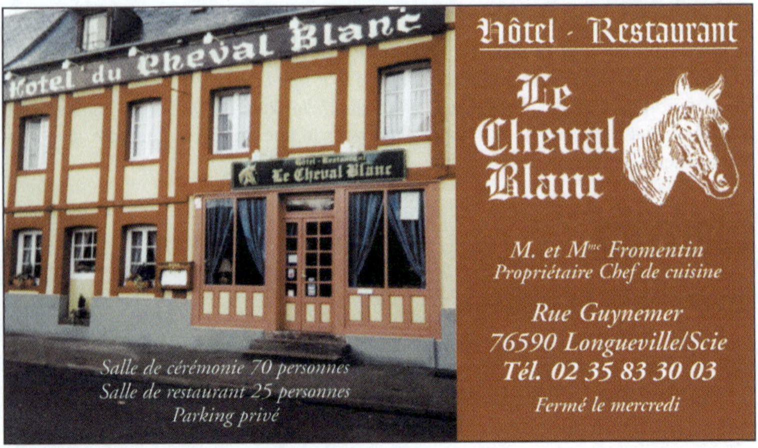

MANNEVILLE-ES-PLAINS

226 habitants. Dans le pays des Plains, ce village cauchois et sa grande mare méritent un arrêt près de l'église pour regarder les maisons normandes et un manoir du XVIe siècle appartenant jadis à l'abbaye de Montivilliers.

OU MANGER ET DORMIR ?

AUBERGE DE L'ETANG Place de l'Eglise © 02 35 97 03 77. *Fermé le mardi soir (sauf en juillet) et le mercredi. Ouvert tous les jours en août. Menus 80 F (en semaine), 120 F, 160 F et 180 F.* Un étang, il y en a un effectivement, au pied du restaurant. Le lieu est même champêtre, au calme dans ce petit village de 200 âmes et la table excellente. La carte change régulièrement en fonction des produits de saison à quelques exceptions près : les huîtres chaudes gratinées à l'échalote confite au champagne et surtout la farandole de 7 desserts qui fait la réputation de la maison.

MER ET CAMPAGNE Rue du château © 02 35 70 82 36. *Ouvert toute l'année. 61 F la nuit. 25 F le petit déjeuner*. Comme son nom l'indique, le gîte est entre mer et campagne. Dans un parc boisé, quatre bâtiments dont un château accueillent les groupes à partir de 10 personnes. Possibilité de restauration sur place.

MAROMME

12 400 Marommais. Altitude : 16 m. Mairie : 02 32 82 22 00. Marché le samedi après-midi place Saint-Just.

A VOIR ET A VISITER

LA MAISON PELISSIER Rue des Martyrs-de-la-Résistance et Rue du Moulin-à-Poudre © 02 35 74 86 75. Du temps où Maromme était encore à la campagne (!), la ville était réputée pour ses nombreux moulins à papier bordant le Cailly mais aussi pour sa fonderie de canons et son moulin à poudre. Pour loger les officiers de la poudrerie, on fit bâtir au XVIe siècle cette imposante maison à colombages qui par la suite prit le nom du maréchal Jean-Jacques Pelissier, vainqueur de la bataille de Sébastopol (1855) (on peut voir son buste sur la façade extérieure) Mais avec l'essor des industries et de l'urbanisation, la poudrerie, jugée trop dangereuse, fermera ses portes en 1835. Aujourd'hui la maison appartient à la commune qui met ses salles à disposition pour des manifestations privées ou des expositions.

ROUE HYDRAULIQUE Sente aux Loups. Au XIXe siècle, les environs de Rouen étaient réputés pour leur importante activité textile et le cours du Cailly en particulier faisait tourner de nombreux moulins. Cette roue est aujourd'hui un des rares témoignages qui nous reste de cette époque.

AGENDA

Octobre : Accueil culturel. Sur une semaine, un pays est accueilli avec animations diverses, spectacles, expositions, animations gastronomiques, etc.

Du 26 octobre au 14 novembre : Rencontres de peinture et sculpture de la vallée du Cailly à la salle Beaumarchais.

Du 3 au 18 novembre : Rencontres photographiques à la Maison Pelissier.

Du 17 au 18 novembre : Rencontres du livre à la salle Beaumarchais.

Deux fêtes foraines : la Saint-Martin (aux alentours du 11 novembre) et la Saint-Sulpice (aux alentours de Pâques).

Janvier ou février : Mois de l'Enfance.

MARTAINVILLE-EPREVILLE

625 Martainvillais. Altitude : 152 m. Mairie : 02 35 23 40 16.

A VOIR ET A VISITER

MUSEE DEPARTEMENTAL ET CHATEAU DE MARTAINVILLE © 02 35 23 44 70. *Ouvert tous les jours, sauf le mardi de 10h à 12h30 et de 14h à 17h en hiver, 18h à partir d'avril. Le dimanche uniquement de 14h à 17h30 ou 18h30 à partir d'avril. Entrée : 20 F. Gratuit pour les moins de 18 ans.* En arrivant sur Martainville (à une quinzaine de kilomètres à l'est de Rouen), on remarque tout de suite sur la droite cet imposant château en briques encadré de deux grosses tours. Le plan est celui d'un château fort commencé vers 1485 par un armateur et échevin de Rouen. Au XVIe siècle, il est transformé en demeure de plaisance : on fait disparaître les fossés, percer des fenêtres… Aujourd'hui, le château (qui en lui-même mérite la visite) abrite le musée des Arts et Traditions normands et ses très belles collections de mobilier et objets régionaux (coiffes, costumes, bijoux…). Le musée organise régulièrement des expositions temporaires (jusqu'au 23 septembre "Le Temps des Artisans").

FERME DE BEAULIEUR **RN31 – Bois L'Evêque ✆ 02 35 23 57 43.** *Ouvert tous les après-midi sauf le lundi et le mardi.* Dans cette grande ferme pédagogique, située à moins de 3 km de Martainville (en direction de Rouen), on produit des fromages de chèvre biologiques, mais on peut aussi vous expliquer comment on obtient de si bons produits (la traite a lieu chaque jour à 18h) et terminer la visite sur un goûter (au sens propre du terme : on peut goûter à tout !).

MESNIERES-EN-BRAY

1 207 Mesniérois. Altitude : 65 m. Mairie : 02 35 93 10 14.

A VOIR ET A VISITER

CHATEAU DE MESNIERES ✆ 02 35 93 10 04. *Ouvert de 14h30 à 18h30 de Pâques à la Toussaint tous les week-ends et jours fériés et du 6 juillet au 31 août tous les jours. Visite guidée sur rendez-vous. Tarif : 20 F, tarif réduit : 15 F. Vente de plantes tous les jours aux serres, du 1er mars au 25 juin, de 9h à 12h et de 14h à 18h30.* L'un des plus majestueux châteaux Renaissance du département avec ses deux grosses tours et son escalier en queue de paon conduisant à la cour d'honneur. Propriété d'une institution privée, il abrite aujourd'hui une école d'horticulture, mais on peut visiter ses très belles salles classées. En particulier la magnifique galerie des Cerfs (sculptés grandeur nature !), la salle des Cartes et son plafond décoré de scènes mythologiques, la salle des Quatre Tambours et enfin la chapelle seigneuriale du XIXe siècle. On terminera la visite en se promenant dans le parc qui forme un cadre exceptionnel avec ses plans d'eau et son jardin à la française, ses volières... A la belle saison, on peut aussi acheter de nombreuses variétés de plantes cultivées dans ses serres.

OU MANGER ET DORMIR ?

AUBERGE DU BEC FIN ✆ 02 35 94 15 15. *Fermé le lundi. Menus : 80 F et formule boisson à 30 F (le midi en semaine), 118 F, 148 F, 188 F et 280 F. Terrasse et bar anglais.* Juste derrière le château, l'auberge, la bien nommée est effectivement un bon relais pour les becs fins : terrine de foie gras maison, duo d'émincé de biche et de filet de bœuf… Et on est conquis pour le cadre très soigné, beaux luminaires en pâte de verre, vaisselle stylée et service raffiné. Tous les soirs dîner aux chandelles.

Auberge du Bec Fin
à 5 km de Forges-les Eaux
Spécialités de Viandes
Route Nationale de Dieppe
La Cavée - 76440 SOMMERY
✆ 02 35 09 61 30

FERME DE RAMBURES © **02 35 94 14 13.** *Ouvert toute l'année. Gîte rural pour 16 à 18 personnes. 2 épis. 2 480 F à 4 500 F la semaine* Dans une ancienne grange restaurée avec vue sur le château de Mesnières-en-Bray ! Salle au rez-de-chaussée, 1 suite et 4 chambres, cuisine bien équipée.

SE DETENDRE

FERME DU BOIS DE LA VILLE 4, avenue du château © **02 35 94 42 16.** *Animation poney : 80 F la demi-journée. Stages : 180 F/jour.* La ferme s'adresse uniquement aux amateurs de poneys. Elle organise notamment des animations l'été et des stages d'initiation.

AGENDA

3e week-end de mai : Fête au village.

MONT-CAUVAIRE

576 habitants. Altitude : 175 m. Mairie : 02 35 33 23 89. Un adorable petit village, perché, comme son nom l'indique sur sa hauteur.

A VOIR ET A VISITER

CHATEAU DU ROMBOSC © **02 35 33 70 71.** *Parc ouvert à la visite de 10h à 12h et de 14h à 17h, du 1er au 15 juillet et du 15 août au 10 septembre. Visite guidée pour les journées du patrimoine.* Il était question dans les années 20 de raser ce château XVIIe siècle, mais heureusement la mobilisation populaire a réussi à le sauver. Aujourd'hui, on prend plaisir à le regarder même si le château, demeure privée, n'est accessible qu'une toute petite partie de l'année.

DOUBLE FOUR A PAIN Ferme communale. Ce double four à pain en briques et torchis (XIXe) est la fierté de la commune. Pourquoi double ? Parce qu'il y avait autrefois un four à pain et un four à pâtisserie. Tout simplement. Régulièrement, la mairie le remet en service et c'est toujours l'occasion de faire une fête (fête d'automne ou fête de printemps ou autre...) avec les habitants. On peut le visiter librement en s'adressant directement au locataire des lieux, Roland Raimbourg (petit-cousin du célèbre Bourvil) ou en téléphonant à la mairie. Le four fait aussi partie d'un bel ensemble rural (qu'on peut louer d'ailleurs pour des cérémonies, s'adresser à la mairie), avec son bâtiment d'habitation, sa grange et son pressoir.

AGENDA

Fin avril : Foire à tout.
Dernier dimanche d'août : Saint-Fiacre.

MONTIVILLIERS

16 805 Montivillions. Marché le jeudi matin. Chef-lieu de canton. Bien que peu à peu grignoté dans le tissu urbain du Havre, le petit bourg de Montivilliers a malgré tout su garder son identité. En grande partie grâce à son abbaye à laquelle le bourg doit même son nom (Montivilliers viendrait d'une déformation de Moustiervilliers qui signifie "Hameau du monastère"). Au Moyen Age, Montivilliers deviendra un des hauts lieux de la draperie et cette vocation pour le textile se confirmera jusqu'au XIXe siècle. Mais ce qui fait le charme du bourg, c'est surtout la qualité de son patrimoine qu'on peut apprécier en suivant le parcours fléché de 19 étapes.

A VOIR ET A VISITER

ABBAYE Accueil Cœur d'Abbaye - Jardin de l'abbaye ✆ **02 35 30 96 66.** *Ouverte tous les jours, sauf le lundi (excepté en été) de 10h à 18h. Entrée : 39 F, tarif réduit : 19 F. Tarif famille (2 adultes et 2 enfants) : 97 F. Mais on peut visiter librement l'abbatiale Saint-Sauveur en dehors des heures d'office. Concerts dans l'abbaye de mai à septembre les vendredis en principe tous les 15 jours.* C'est saint Philibert, fondateur de la grande abbaye de Jumièges qui a également été à l'initiative en 684 au bord de la Lézarde, de cette abbaye réservée aux femmes. Mais détruit par les Vikings, l'édifice fut reconstruit entre le XIe siècle (la tour romane) et le XVe siècle, d'où cette grande richesse de styles. Sous la Révolution, l'abbaye fut transformée en prison puis en brasserie au XIXe siècle. Durant ces vingt dernières années, le site a fait l'objet d'une grande opération de réhabilitation avec depuis un an, la mise en place d'un nouveau parcours-spectacle "Cœur d'abbaye" qui propose une visite originale de l'abbaye (entièrement restaurée) : la journée des religieuses au cloître, le dortoir du XIIIe siècle où est retracée l'histoire de l'abbaye et celui du XVIe siècle où sont évoquées cette fois les grandes fondations monastiques normandes et anglaises. Le réfectoire gothique du XIIIe siècle, lui, a été transformé en espace d'expositions temporaires.

CIMETIERE DE BRISEGARET. Avec l'aître Saint-Maclou de Rouen, cet ancien charnier est unique en Normandie. On y accède par une pente raide (d'où sans doute le nom de "Brisgaret" ou brise jarret). Mais à la différence de l'aître Saint-Maclou, l'aître de Brisgaret est resté inachevé et ne comporte qu'une galerie sur la partie ouest du cimetière dont on peut détailler les décorations macabres.

OU MANGER ET DORMIR ?

BRASSERIE DE L'ABBAYE 1, place François-Mitterrand ✆ **02 35 30 64 64.** *Fermé dimanche soir et lundi. Menus à 59 F, 89 F, 121 F, 145 F.* Une brasserie… améliorée depuis qu'elle a changé de propriétaire avec au menu, un bon foie gras maison, assiette façon bouillabaisse ou assiette gourmande en dessert (assortiment de cinq desserts). Le décor jaune, vert, rouge est sympa et, comme son nom l'indique, on a vue sur… l'abbaye !

FERME-AUBERGE DU MESNIL ✆ **02 35 30 13 85.** *Chez Yveline et Jean-Pierre Toumine. Ouvert le week-end sauf le dimanche soir. En semaine (sauf le lundi), uniquement pour les groupes sur réservation. 25 couverts. Menus : 90 F, 120 F et 140 F.* Dans un typique clos masure de la pointe de Caux, on peut venir déguster les spécialités de la ferme : terrine de lapin, canard ou pintade, etc.

SE DETENDRE

CENTRE EQUESTRE DE MONTIVILLIERS Route de Fontaine-a-Mallet ✆ **02 35 55 59 59.** *75 F à 85 F l'heure pour les licenciés.* Un des plus gros centres du département pour la pratique du cheval ou du poney (4 manèges). Il y a plusieurs formules : cours ou stages organisés pendant les vacances scolaires. Le club propose aussi des concours de dressage et prépare au championnat de France de voltige.

EMPLETTES

DES PETITES DOUCEURS… Pour fêter à leur façon l'achèvement de la restauration de l'abbaye, quatre boulangers (boulangerie Freland, de la Belle Etoile, de l'Abbaye et Manssens) de Montivilliers se sont concertées pour imaginer un gâteau à la hauteur de l'événement. Et c'est ainsi que sont nés les "Mâqueux d'Oreilles". Des petits sablés fort bons (au chocolat, aux amandes, aux fruits confits ou aux trois parfums mélangés) mais qui risquent de faire siffler certaines oreilles… En l'occurrence celles d'un jeune

Harfleurais qui, à la suite d'une banale rixe avec des Montivillons un jour de mardi gras 1750, s'était tout simplement fait sectionner l'oreille. On la conserva longtemps en symbole de la supériorité montivillaise… Mais on lui préférera pour finir sa reproduction en chocolat…

PASCAL DROUET 2, Impasse des Tilleuls © 02 35 20 46 94. A ses heures perdues, la passion de Pascal, c'est de fabriquer des demi-coques et des tableaux de nœuds. Une adresse à conserver donc pour les adeptes de la déco marine, qui pourront aussi retrouver Pascal chaque année au Havre pour "la mer en fête" (1er week-end de septembre) où il expose (sous la halle aux poissons).

AGENDA

Février et juin : Festival de l'Air du Temps. Sur deux ans autour d'un thème d'actualité avec la première année un concours d'affiche vers le mois de février et la 2e année un week-end dans la rue (animations de rue, groupes musicaux...). En 2002 : Week-end dans la rue sur le thème "L'Homme dans la Cité".

3 juin : Le Marché d'autrefois (L'Association folklorique La Villotte fêtera en même temps ses 20 ans).

Décembre : Le Marché de Noël.

MONTMAIN

1 416 Manemontais. Altitude : 150 m. Mairie : 02 35 79 09 29.

A VOIR ET A VISITER

JARDINS D'ANGELIQUE Hameau du Pigrard – Route de Lyons © 02 35 79 08 12. *Accès routier : entre Rouen et Fleury-sur-Andelle, sur la route de Lyons-la-Forêt. Balisage depuis Martainville. Ouvert tous les jours, de 10h à 19h de Pâques à fin octobre. Entrée : 30 F. Gratuit pour les enfants jusqu'à 12 ans. Fête des Roses les 6 et 7 juillet. Accès handicapés.* Après avoir restauré le manoir XVIIe, Gloria et Yves Lebellegard ont imaginé ce jardin dédié à la mémoire d'une fille disparue. Au fil des saisons, les floraisons se succèdent, mais ce sont surtout les roses (près de 2000 variétés de roses anciennes) qui font le charme du jardin. Depuis peu, une rivière artificielle a été créée et un petit jardin japonais vient d'être aménagé. Les visiteurs sont accueillis par les propriétaires eux-mêmes qui n'hésitent pas à partager avec eux leur passion.

MONTVILLE

4 685 Montvillais. Altitude : 51 m. Marché le samedi matin. Mairie : 02 32 93 91 00. Espace de loisirs avec plan d'eau, pédalos, minigolf et parcours santé.

A VOIR ET A VISITER

DRAPEAU REVOLUTIONNAIRE Mairie (Salle du conseil municipal). Un des très rares encore dans cet état, acquis par la commune en 1904. Il fut fabriqué par les dames de Montville et offert à la garde nationale pendant la Révolution de 1789. On peut y voir les symboles de la Révolution (bonnet phrygien), de la royauté (fleur de lys) et la mention République française. A chaque changement de régime, il fallait retoucher le drapeau !

EGLISE NOTRE-DAME-DE L'ASSOMPTION Place de l'Abbé-Kérébel. *Ouverte de 9h à 18h.* Ce n'est pas tous les jours qu'on peut lire sur le fronton d'une église la devise : Liberté, Egalité, Fraternité ! Il y a encore quelques années, on pouvait même voir la mention République française sur le clocher (le comble !) mais les intempéries l'ont en partie effacé. Pour la petite histoire, c'est une décision municipale de 1887 qui imposa cette inscription sur tous les bâtiments communaux. De surcroît la ville ayant financé une partie de l'agrandissement de l'église…

MUSEE DES SAPEURS POMPIERS DE FRANCE Rue Baron-Bigot © 02 35 33 13 51. *Ouvert du 1er avril au 31 octobre, tous les jours de 13h à 18h (le matin sur rendez-vous), du 1er novembre au 31 mars, les samedis et dimanches de 13h à 18h (en semaine sur rendez-vous). Tarif : 25 F (10 F enfant). Billet unique avec la Corderie Valois et le parc zoologique de Clères : 50 F (20 F enfant).* Si votre fils vous dit "plus tard, je veux être pompier", la visite s'impose ! Cette passionnante collection rassemble une trentaine de véhicules de toutes époques (les fameuses Hotchkiss ou Delahaye…), rutilantes et soigneusement astiquées (mais interdiction de monter faire pin-pon !). Egalement tous les accessoires et matériels des combattants du feu (casques, uniformes, la plus ancienne pompe à bras...) ou autres objets s'y rapportant (jouets en tôle, gravures, documents). De quoi remplir son après-midi… jusqu'à l'extinction des feux !

OU MANGER ET DORMIR ?

L'AUBERGE DES CHASSEURS 63, rue André-Martin ✆ 02 35 33 38 88. *Fermé le mercredi et le dimanche soir en hiver. Menus : 60 F (le midi), 98 F, 155 F et 195 F.* Pour trouver cette table, prendre la direction de Malaunay, elle se situe à l'orée de la forêt, dans le bas de la jolie côte menant à Houppeville. Une auberge simple où l'on peut manger copieusement des cuisses de grenouille, une choucroute de la mer, un duo de poisson ou un ragoût de coquilles Saint-Jacques. Et en dessert, la spécialité de la maison, c'est la poêlée de pommes à la normande : des pommes flambées au calvados, crémées, sucrées et accompagnée d'une boule de glace vanille pour faire une fois n'est pas coutume, une entorse au régime…

LES GRANGES DU BOUT DE LA VILLE 112, rue Winston Churchill ✆ 02 32 93 83 83. *Location à la nuit ou à la semaine.* Voici un excellent point de départ pour visiter la région.

SE DETENDRE

PISCICULTURE DES SONDRES Chemin des Sondres ✆ 02 35 33 54 35. *Pêche à la truite. Ouverture de la pêche tous les jours, sauf le dimanche après-midi de 7h à 12h et de 13h30 à 18h. Tarifs : 1/2 journée : 70 F. Journée : 120 F.* On peut également s'y procurer de délicieuses truites fumées (label Seine-Maritime Terroirs).

PISCICULTURE DE MONTVILLE Sente des Jumelles ✆ 02 35 33 44 13. *Fermé le week-end jusqu'en mars. Ouverte de 8h à 12h et de 13h30 à 18h. Tarifs : 1/2 journée avec une canne : 70 F, 1/2 journée avec deux cannes : 85 F.*

MONT-SAINT-AIGNAN

21 265 habitants. Mais presque autant d'étudiants ! Même si la faculté de droit est depuis peu descendue à Rouen, la commune limitrophe reste un pôle universitaire important et l'un des plus gros réservoirs d'entreprises de l'agglomération rouennaise. A voir l'église Saint-Thomas-de-Canterbury du XIIe siècle. Marché le mercredi matin place Colbert avec les producteurs de la région.

SE DETENDRE

CENTRE D'ART, D'ESSAI ET DE CREATION Rue Nicolas-Poussin ✆ 02 35 74 18 70. Depuis peu le centre est labellisé "scène conventionnée". Il organise régulièrement des spectacles de bon niveau, marqués par un souci d'originalité en danse, spectacles jeune public (de très grande qualité). Et toujours les concerts du dimanche matin qui marient si bien musique classique et musique contemporaine.

CENTRE EQUESTRE & PONEY-CLUB Chemin des Communaux ✆ 02 35 59 84 16. Pour les passionnés de chevaux, ce grand centre équestre, à quelques minutes du centre-ville (accéder à partir de la route d'Houppeville après le rond-point de la Vatine), propose des stages d'initiation ou de perfectionnement (entraînement à la compétition, dressage, obstacles...). Possibilité de pensions pour chevaux et poneys.

GOLF DE ROUEN Rue Francis-Poulenc ✆ 02 35 76 38 65. *Ouvert tous les jours de 9h à la tombée de la nuit en été et de 9h à 18h en hiver.* Dans un bel environnement (à proximité de la forêt Vert), c'est le golf le plus proche de Rouen. Restaurant et club-house.

MOULINEAUX

895 Moulinais. Altitude : 60 m. Mairie : 02 35 18 02 45.

A VOIR ET A VISITER

CHATEAU DE ROBERT LE DIABLE – MUSEE DES VIKINGS ✆ **02 35 18 02 36.** *Ouvert du 1er mars au 30 août tous les jours de 9h à 19h. De septembre à fin novembre, tous les jours, sauf le lundi de 10h à 18h. Fermeture annuelle à partir du 30 novembre. Entrée : 22 F enfants : 13 F.* Oriflamme au vent, ce château en ruine n'a pas son pareil pour aiguiser l'imagination des visiteurs (et en particulier des enfants !). Tour à tour on gravit d'un côté les escaliers que l'on dégringole de l'autre, on explore les tours, on s'aventure dans ses souterrains et on part à l'assaut des mâchicoulis pour se plonger quelques minutes au temps des Vikings. Et quand on sait que Robert dit le Diable (à cause de sa férocité !), père de Guillaume le Conquérant, y a un jour séjourné, on se sent brusquement parcouru de frissons ! Il paraît même qu'il aurait laissé un trésor dormir dans ses souterrains… La construction à cet endroit d'une forteresse aurait commencé dès le XIe siècle, à l'initiative des ducs de Normandie. Mais c'est de cette même forteresse que le dernier des ducs, Jean sans Terre a pris la fuite en 1204 devant l'avancée de Philippe II Auguste. Stabilisés et restaurés, le donjon et les souterrains abritent désormais le musée des Vikings. Le clou de la visite est un drakkar en bois reconstitué grandeur nature ! Ca donne envie de larguer les amarres…

MONUMENT DU "QUI-VIVE". Au pied du château, un monument a été élevé en 1901 pour commémorer les victimes de la guerre de 1870.

Le Manoir des Sources

Restaurant et Traiteur

LUNCH - BANQUETS
SÉMINAIRES - CÉRÉMONIES

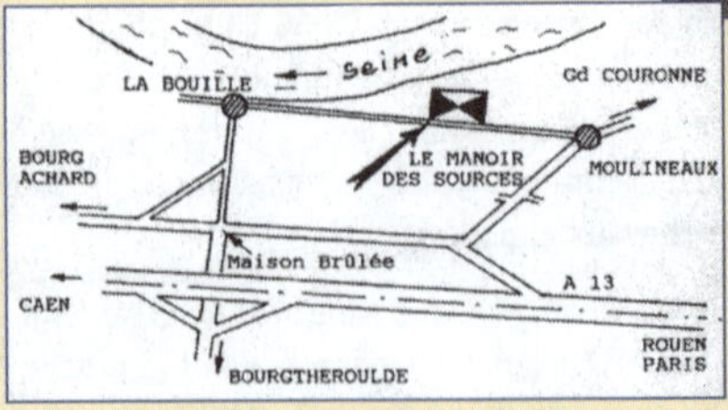

Route de la Bouille
76530 MOULINEAUX
✆ **02 35 18 08 98** + fax

Le restaurant est fermé le mardi, le mercredi et le dimanche soir

OU MANGER ?

MANOIR DES SOURCES Route de la Bouille © 02 35 18 08 98. *Ouvert tous les jours, sauf mardi soir et mercredi. Menus à 90 F, 145 F et 150 F (vin compris). Salle de 100 couverts pour réceptions, séminaires...* Rien qu'au nom, on a envie d'y aller. Et le cadre est effectivement, joliment champêtre, sur la petite route qui mène à la Bouille, à proximité des sources (d'où le nom !) et d'un agréable parc planté d'arbres (dont un impressionnant platane vieux de plus de 4 siècles !). Le restaurant est surtout réputé pour ses spécialités de poisson.

MUCHEDENT

130 Muchedentais. Altitude : 60 m. Mairie : 02 35 84 40 33. Permanence le jeudi de 14h30 à 19h30.

A VOIR ET A VISITER

EGLISE SAINT-PIERRE. Typique avec son clocher décentré, elle renferme une belle fresque du XIIIe siècle et des statues en bois (XVe-XVIIe) représentant les saints. Dalles tumulaires du XVIe siècle. Pour la visiter, contacter le maire (02 35 83 44 87).

REVE DE BISONS –LE PRIEURE DU BOIS DE LA BELLE © 02 35 04 15 04. *Ouvert tous les jours en été. Téléphoner pour les horaires de printemps et d'automne. Tarif (visite guidée) : 25 F. Départ des visites à 15h30, les mercredis, samedis et dimanches du 15 juin au 15 septembre et les dimanches du 15 mars au 15 juin et du 15 septembre au 15 novembre.* Inattendu en pays de Bray, cet élevage (1er élevage français) de bisons canadiens ouvre ses portes pour une visite guidée de 1h sur le pourquoi et le comment, on élève ces impressionnantes bestioles. Mais ce n'est pas tout. A peine franchies les palissades en bois, on a déjà les plumes qui vous poussent sur la tête et l'envie des grands espaces. On apprendra comment on construit et on utilise un tipi indien (possibilité de location pour la nuit) et pour 60 F par personne (50 F pour les enfants), on peut s'offrir une randonnée 4x4 dans la forêt d'Eawy pour pister les cervidés et les bisons. On peut aussi manger sur place avec au menu bien sûr : de la viande de bison ! Et en fonction du programme, terminer la journée sur une soirée country... Non, ce n'était pas qu'un rêve...

NEUFCHÂTEL-EN-BRAY

Une halte gastronomique

• Son église Notre-Dame construite en 1130, classée monument historique, avec son chœur du XIIIe siècle.

• Son musée Mathon-Durand dit musée du pays de Bray, aménagé dans une demeure bourgeoise du XVIIe. Musée d'art régional et de traditions populaires : on y découvre des objets de la vie courante, un atelier de sabotier, de tonnelier, un salon d'époque Louis XV, des coiffes brayonnes, une bible manuscrite du XIIIe enluminée et une croix professionnelle du XIIe siècle...

• Rives de la Béthune avec une promenade aménagée au bord de l'eau et une aire de pique-nique

Ses nombreuses activités culturelles et sportives toute l'année.

Renseignements :

Office de tourisme - 6, place Notre-Dame
76270 NEUFCHÂTEL
Tél. 02 35 93 22 96 fax 02 32 97 00 62

Office de Tourisme
Syndicat d'Initiative

LE FROMAGE DE NEUFCHATEL AOC

Produit au lait de vache en Haute-Normandie

6 formes

Poids : 100 g
briquette, carré, bonde
Poids : 200 g
Cœur, double bonde
Poids : 600 g
Gros Cœur

NEUFCHATEL-EN-BRAY

5 130 Neufchâtelois. Altitude : 90 m. Mairie : 02 32 97 53 00. Marché tous les samedis matin. Marché aux bestiaux les mercredis matin de 7h à 10h. Du vieux Neufchâtel, il ne reste plus grand chose aujourd'hui, 80 % de la ville ayant été anéantie en l'espace de deux jours les 7 et 10 juin 1940. Mais malgré ce désastre, la ville a su repartir. Son principal atout, c'est sa situation. Au croisement de deux grands axes : entre la route touristique qui va de Paris à Dieppe et la liaison vers le Nord (devenue l'A28). Mais la ville porte aussi dans sa dénomination sa qualité de capitale brayonne. Au cœur d'une région d'élevage, elle a vu naître aussi l'un des fromages de Normandie les plus appréciés.

Le fromage de Neufchâtel

Ce serait le plus vieux des fromages normands, dit-on (son origine remonterait au XIe siècle) c'est en tout cas le plus romantique. Avec sa forme en cœur, on ne peut pas s'empêcher de l'aimer ! Dans certains cas, c'est même un gros cœur (600 g). Mais le neufchâtel existe aussi en bonde (sorte de bûche de 100 g), en double bonde (200 g) ou en briquette (encore appelée "carré", même s'il a la forme d'un rectangle !). Depuis 1969, le fromage de Neufchâtel est une appellation contrôlée qui fixe la zone de production dans un rayon d'environ 30 km autour de Neufchâtel (une trentaine de producteurs dont 28 fermiers). Les spécialistes le diagnostiquent comme étant un fromage à pâte molle recouvert d'une croûte fleurie. Ou si vous préférez, un peu comme le camembert. Mais le neufchâtel a son goût bien à lui. Une fois fabriqué (exclusivement au lait de vache), il doit rester pendant au moins 10 jours dans un hâloir avant d'être consommé mais un délai d'affinage d'un mois supplémentaire est nécessaire pour avoir un bon fromage et pour les gens du cru, il faudra ajouter au moins trois à quatre mois de plus pour avoir un vrai fromage "qui arrache" ! Pour tout savoir sur le fromage de Neufchâtel, le mieux est encore d'aller voir sur place les producteurs. Plusieurs circuits existent. Renseignements à l'Office de tourisme.

OFFICE DE TOURISME 6, place Notre-Dame © 02 35 93 22 96
Ouvert du mardi au samedi de 9h à 12h30 et de 14h à 18h30.

A VOIR ET A VISITER

EGLISE NOTRE-DAME. C'est l'un des rares édifices qui ait subsisté après les destructions de la guerre. Solide comme un roc (mais surtout minutieusement restaurée), elle remonte pour sa partie la plus ancienne au XIIIe siècle (le chœur). La nef, elle, date du début du XVIe siècle. Quant au clocher (détruit en 1940), il a été reconstruit il y a 20 ans et c'est plutôt une réussite. A l'intérieur, on peut voir aussi une belle mise au tombeau du XVIe siècle en pierre polychrome (classée).

MUSEE MATHON-DURAND Pont Route – Grand-Rue Saint-Pierre © 2 35 93 06 55. *Ouvert toute l'année, le samedi et le dimanche de 15h à 18h, en juillet et août tous les jours de 15h à 18h (sauf le lundi). Tarifs : 15 F, tarif réduit : 5 F (enfants de moins de 16 ans).* Miraculeusement épargnée par la guerre, une maison bourgeoise du XVIe siècle abrite une collection d'objets locaux et notamment des poteries, des meubles, des verreries, des coiffes brayonnes, une bible du XIIIe siècle de l'abbaye de Foucarmont… Y sont évoquées également les traditions locales avec un pressoir de 1873 en exposition.. Cette collection a été réunie durant le premier quart du XIXe siècle, à l'initiative d'un bibliothécaire de la ville, M. Mathon-Durand. Bien lui en a pris…

LE MARAIS DES FESQUES. Située à une dizaine de kilomètres au nord de Neufchâtel, cette zone humide est particulièrement intéressante pour sa faune et sa flore. Des visites sont organisées pour les groupes sur réservation. Renseignements à l'Office de tourisme : 02 35 94 38 54.

SARCOPHAGE MEROVINGIEN Square Marquézy (musée Mathon-Durand). C'est en labourant tout simplement son champ qu'un agriculteur du village voisin de Fallencourt est tombé sur ce sarcophage de pierre (imaginez la surprise !).

OU MANGER ET DORMIR ?

LES AIRELLES 2, passage Michu © 02 35 93 14 60. *Menus : 95 F, 125 F (menu Terroir), 158 F, 180 F et 225 F. Hôtel 2 étoiles de 14 chambres de 220 F à 280 F.* Donnant sur un passage de la Grande-Rue Fausse-Porte, l'hôtel-restaurant classé Logis de France est plutôt sympathique. Au calme, avec un intérieur très cosy (l'hôtel vient d'être entièrement rénové), la cuisine est goûteuse et raffinée. On peut tester sans crainte l'émincé d'autruche au poivre et légumes variés mais à condition de garder une petite faim pour le Neufchâtel rôti au caramel poivré ! Bon appétit…

HOSTELLERIE DU GRAND CERF 9, Grande-Rue Fausse-Porte © 02 35 93 00 02. *Fermé le vendredi et le samedi midi. Ouvert tous les jours d'avril à septembre. Fermeture annuelle en décembre. Menus à 45 F (enfant), 77 F, 95 F, 130 F (menu du Terroir), 165 F. Hôtel de 12 chambres de 245 F à 360 F. Petit déjeuner : 35 F.* Une adresse très traditionnelle en pays de Bray. Ambiance rustique, hôtel confortable et table renommée avec toutes les spécialités locales dans le menu du Terroir : salade neufchâteloise, magret de canard au cidre et crêpe aux pommes flambées au calvados... Et bien sûr le civet de cerf Saint-Hubert aux figues reste ici un classique.

CHEZ JEAN-PIERRE 8, Grande-Rue Saint-Jacques © 02 35 93 02 91. *Fermé le lundi. Menus 49 F (entrée plus plat ou plat plus dessert), 105 F et 130 F.* L'ancien propriétaire qui tenait la boutique depuis 33 ans a cédé la place à des jeunes qui ont gardé l'esprit maison. A cette exception près que l'établissement ne fait plus hôtel. Mais on y mange plutôt bien et pour pas cher. Une cuisine simple mais copieuse, faite par madame, tout dans la tradition : la salade neufchâteloise (incontournable !) ou la fameuse escalope de veau à la normande, sauf quelques écarts comme le "délice créole" (banane et tranche de jambon mais tout de même arrosés de crème !).

SE DETENDRE

LA BETHUNE–PECHE. *Ouverture 1re catégorie du 3e dimanche de mars au 1er dimanche d'octobre : pêche autorisée le samedi, dimanche, lundi et fériés.* La vallée de la Béthune offre un potentiel halieutique intéressant : la rivière a une largeur de 8 m à 10 m et un courant soutenu qui plaît aux salmonidés. L'association de pêche locale met à la disposition des pêcheurs un parcours d'environ 12 km (beaux secteurs "à mouche"), où ferrer des truites fario et des poissons blancs. Renseignements et cartes de pêche chez "Colette Bar" - Rue du Moulin-Bleu - 02 35 93 02 05.

PISCINE DE NEUFCHATEL Route de Londinières © 02 35 93 06 61. *Ouvert de février à décembre le lundi et le vendredi de 16h30 à 18h30, le mardi et le jeudi, de 18h30 à 20h, le mercredi de 17h30 à 18h15 et le samedi de 15h à 18h. Entrée : 15 F.* Possibilité de cours d'aquagym.

EMPLETTES

ALLEAUME Nesle-Hodeng © 02 35 93 25 31. *Vente tous les jours à la ferme.*

DUBOIS Neuville-Ferrières © 02 35 93 35 56. *Vente à la ferme tous les jours de 9h à 19h.*

FERME DES FONTAINES-BRIANCHON **Nesle-Hodeng** © **02 32 97 06 46.** *Vente à la ferme tous les jours. Possibilité de visite sur réservation.*

LES HALLES DE NEUFCHATEL **4, Grande-Rue Fausse-Porte** © **02 35 93 00 80.** Pour ramener un petit souvenir gustatif du pays de Bray, c'est là qu'il faut aller ! Bien sûr, on trouve des neufchâtels à point et même "bien faits" pour les amateurs du cru. Et tout ce qui va avec : cidre fermier, poiré, calvados ou miel.

L'ILE AUX TRESORS **5, rue du Général-de-Gaulle** © **02 35 93 13 94.** On n'est pas tout à fait sur une île, mais des trésors, en l'occurrence, il y en a ! Le magasin est surtout spécialisé dans la faïence locale et rentre régulièrement de beaux meubles régionaux (armoires, horloges...).

MONNIER **Route de Gaillefontaine** © **02 35 94 40 42.** *Vente à la ferme du lundi au samedi de 9h30 à 12h et de 14h30 à 18h, le dimanche de 9h30 à 12h.* Rien qu'à voir l'épaisseur des murs, on se dit qu'il doit y mûrir de bons fromages. C'est une ancienne maladrerie (fondée au XIIIe siècle) qui accueille désormais cette fabrique de fromages.

OUIN **Sainte-Geneviève-en-Bray** © **02 35 90 45 72.** *Vente à la ferme tous les jours. Possibilité de visite sur réservation.*

AGENDA

Les 15 et 16 septembre : Fête du formage sur les places de la ville. Au programme : dégustations, marché fermier, exposition, défilé des confréries... Ca va sentir le frometon à plein nez !

Le 11 novembre : Foire Saint-Martin. Exposition nationale d'aviculture, marché artisanal, vente de produits du terroir et fête foraine.

NEUF-MARCHE

648 Novomarquiens. Altitude : 85 m. Mairie : 02 35 90 10 28. Un village très agréable, en bordure de la forêt de Lyons avec sa belle collégiale du XIIe siècle remaniée XIXe et les ruines de son château fort XIIe siècle auquel on ne peut malheureusement pas accéder (propriété privée).

OU MANGER ?

AUBERGE DU PUITS DE CORVAL D915 - Place de Corval © 02 35 09 12 25. *Fermé le mardi et le mercredi soir. Menus : 95 F (le midi en semaine), 125 F, 175 F, 220 F, 275 F. Service traiteur.* L'endroit est calme, en contrebas des ruines du château médiéval. Le cadre plutôt nature et l'auberge donnent envie de se poser pour une petite halte gourmande. La gastronomie du pays est à l'honneur avec des croquettes fondantes au camembert, le fameux douillon à la pomme ou le nougat glacé à la Bénédictine. La terrine de foie gras maison et le saumon fumé à l'auberge marchent bien aussi. Et on peut le comprendre…

AGENDA

1er week-end d'août : Fête du village. Défilé de chars fleuris.

Fin juin : Feux de la Saint-Jean.

NORMANVILLE

A VOIR ET A VISITER

JARDIN D'ART ET D'ESSAI Impasse de la Mare © 02 35 29 62 39. *E-mail : mailto:jadade@aisthesie.com. Internet : www.aisthesie.com. Ouvert du 15 avril au 15 novembre du lundi au vendredi et du 1er juillet au 31 août, tous les jours, de 14h30 au coucher du soleil. Entrée : 30 F, 15 F pour les 7-14 ans. Tarif dégressif pour les groupes à partir de 15 personnes. Visite guidée. Parcours des 5 sens.* Cécile Maitrot et Stanislas Noël ont mis tout leur amour pour créer ce jardin, merveilleusement coloré, incroyablement parfumé, formidablement métissé, un tantinet indiscipliné, juste ce qu'il faut pour rester spontané. Vous l'avez compris, ici, ce n'est pas le parcours du combattant mais bien le parcours des cinq sens ou comme on veut, des cinq plaisirs. On commence toujours par le nez : apprendre à respirer à humer, c'est indispensable avant de partir explorer les quelque 2 000 variétés de plantes (135 espèces de bambous !) sélectionnées dans ce jardin. Après on se laisse bercer par les bruits, surprendre par les coups d'œil, l'envie irrésistible de toucher. C'est une vraie découverte du bonheur d'être dans la nature. Entre deux, un petit break vidéo est proposé aux visiteurs pour donner envie de repartir. Un conseil de la direction : allez-y fin mai, c'est la meilleure saison !

FERME DU CALVAIRE © 02 25 27 60 05. *Fléché à partir de la D50. Chez Jacques et Françoise Leber. Goûter à la ferme : 38 F par personne.* Rien de tel pour se replonger dans son enfance : une bonne tranche de pain au beurre et à la confiture, une tartine au camembert et pour les plus gourmands gâteaux et tartes maison, le tout arrosé de cidre (de lait pour les enfants !) tout cela produit bien sûr de la ferme. On visite aussi le "clos masure", typique du pays de Caux.

NOTRE-DAME-DE-BLIQUETUIT

567 habitants. Dans ce petit village de la rive gauche de la Seine (au niveau du pont de Brotonne) est installée la maison du parc où l'on trouvera toute la documentation nécessaire pour explorer le parc de Brotonne.

SE DETENDRE

LA MAISON DU PARC DE BROTONNE © 02 35 37 23 16. *Ouverte en semaine de 9h à 18h. Le week-end, contacter la Maison du parc.* Dans une ancienne ferme cauchoise (à l'entrée du village à gauche en venant du pont de Brotonne), la maison du parc accueille les visiteurs et les renseigne sur les circuits, les sites à découvrir et les activités du parc. De nombreuses brochures sont à la disposition du public. On peut également avoir accès à un centre de documentation (sur rendez-vous) et à des expositions variées.

LE PARC NATUREL REGIONAL DE BROTONNE. Créé en 1974, et couvrant 60 000 ha de forêts, sur les deux rives de la Seine et à cheval sur les deux départements de l'Eure et de la Seine-Maritime, le parc naturel régional de Brotonne est le poumon vert de la Seine entre les deux pôles industriels de Rouen et du Havre. Avec 63 communes (à l'origine 37), il se caractérise par une grande diversité des paysages (des portes de Rouen à l'estuaire de la Seine), une faune et une flore riches, et sa mission est de les préserver. Il n'est pas rare de rencontrer aux fonds des bois, guettant au milieu des jacinthes sauvages, des lièvres, des chevreuils, des cerfs ou même des blaireaux. Dans les spongieuses tourbières grandissent les linaigrettes ou lin des marais, les aulnes et les saules têtard, les droseras, tout un monde à scruter à la loupe. La forêt de Brotonne occupe quant à elle 6 700 ha, principalement plantée de hêtres et de chênes, entrecoupés de parcelles de pins sylvestres.

DES ROUTES A THEME. Deux routes touristiques traversent le parc de Brotonne. La route des chaumières (53 km) suit les méandres de la Seine jusqu'au marais Vernier et nous fait découvrir ces maisons typiques de l'architecture rurale locale. La route des fruits (28 km) longe les vergers favorisés par le microclimat de la vallée de la Seine. En passant par Heurteauville, elle emprunte la boucle de Jumièges jusqu'à Duclair. On peut profiter de la belle saison pour faire ses emplettes (pommes, prunes et cerises) directement auprès des producteurs (sur les marchés locaux ou au bord des routes en vente à la barrière).

EMPLETTES

FOIE GRAS Hameau Corblin © 02 35 37 18 10. Pour trouver cet éleveur et producteur de foie gras de canard, de magrets et de confits, il faut prendre la D490 après le pont de Brotonne en direction de l'Eure et tourner à droite au panneau "foie gras". Très bon accueil. Magasin de la ferme ouvert tous les jours.

NOTRE-DAME-DE-BONDEVILLE

7 731 Bondevillais. Altitude : 28 m. Mairie : 02 32 82 35 00.

A VOIR ET A VISITER

MUSEE INDUSTRIEL DE LA CORDERIE DE VALOIS 185, route de Dieppe © 02 35 74 35 35. *Ouvert tous les jours de 13h30 à 18h. Mise en marche des machines toutes les heures à partir de 14h. Dernière démonstration à 17h. Entrée : 20 F, tarif réduit : 10 F.* Cette ancienne filature (qui remplaçait déjà un ancien moulin à papier), construite au début des années 1820 a retrouvé vie grâce à une restauration exemplaire. On découvre les chaînes de fabrication des cordes de coton (une entreprise de corderie s'était installée à cet endroit en 1880), on comprend comment l'eau du Cailly actionnait la roue à aubes : une visite passionnante et très pédagogique à faire en famille.

NOTRE-DAME-DE-GRAVENCHON

8 842 Gravenchonnais. Marché le vendredi matin. Dans les années 30, c'était encore un petit village rural des bords de Seine ("Gravenchon" serait le pays du "gravier" qu'on trouvait encore en abondance sur le lit du fleuve). Mais depuis l'implantation des raffineries Esso et Mobil la ville (qu'on surnomme la "Cité du pétrole") est surtout connue comme l'une des principales cités industrielles de la vallée de Seine. Pour autant Notre-Dame-de-Gravenchon reste très soucieuse de son environnement. Classée ville fleurie "3 fleurs", elle a aussi développé un beau parc dans la vallée du Théluet (trophée de l'environnement 1995) qui en fait une ville agréable et digne d'intérêt. Quant aux industries, elles font désormais partie du paysage. On les oublie (on n'est pas trop gêné par les odeurs), ou mieux on leur trouve même un certain charme : grimpez la côte à la nuit tombée et par curiosité, jetez un coup d'œil sur la zone industrielle, avec ses lumières éparpillées et son activité incessante, vous aurez l'impression d'avoir New York sous vos pieds !

ROULEZ JEUNESSE...

Avec la Gravenchonnaise Fany Lecourtois, Notre-Dame-de-Gravenchon est rentrée dans la légende des cycles.

A VOIR ET A VISITER

EGLISE NOTRE-DAME. A deux pas du parc du Théluet, dans un environnement dégagé, cette petite église des XIIe et XIIIe siècles (le clocher est du XVIIe siècle, rehaussé au XIXe siècle) a quelque chose d'inattendu. En fait, c'était l'ancienne paroisse de Saint-Georges-de-Gravenchon, rattachée en 1826 à Notre-Dame-de-Gravenchon. Remarquez les têtes grotesques qui décorent la façade de l'édifice. L'intérieur contient un riche mobilier et notamment une Vierge à l'Enfant du XIVe siècle.

EGLISE SAINT-GEORGES. Edifiée en 1958, elle incarne cette fois la fulgurante prospérité de la nouvelle "Cité du pétrole". L'architecture est sobre, la façade présente une œuvre moderne de Pierre Scrive représentant saint Georges terrassant le dragon. A l'intérieur (mais l'église n'est pas toujours ouverte), des vitraux signés Max Ingrand et une Vierge à l'Enfant du XVe siècle provenant de l'ancienne église Saint-Georges démolie en 1826.

PARC DU THELUET . 20 ha de nature pour s'ébattre et respirer le bon air : qui l'eut cru ? Et bien si, il suffit d'enfourcher son vélo ou de prendre ses jambes à son cou et c'est parti pour une petite randonnée verte à deux pas de la cité industrielle. Avec son jardin aquatique, son jardin anglais, sa roseraie, sa pommeraie (avec pas moins de 280 variétés de pommes anciennes et locales), ses aires de jeux, ses étangs, ses pâtures où paissent des bœufs d'Ecosse, le cadre est charmant et l'on est franchement dépaysé.

RUINES DE LA FONTAINE SAINT-DENIS. Ce site archéologique est actuellement en cours de restauration et devrait prochainement être ouvert au public. D'importants vestiges y ont été mis au jour. On y a relevé notamment les traces d'un château en bois du début du XIe siècle et celles d'une enceinte fortifiée d'un domaine appartenant aux comtes d'Evreux. Après plusieurs années de travaux et de fouilles minutieuses, la municipalité termine donc de valoriser le site.

OU MANGER ET DORMIR ?

LA PRAIRIE © **02 35 38 72 47.** *Ouvert toute l'année.* Camping 2 étoiles de 64 emplacements en plein dans la campagne : preuve que Notre-Dame-de-Gravenchon n'est pas seulement un site industriel !

Dynamisme
Patrimoine
Nature
utant de raisons
our venir à
OTRE-DAME-DE-GRAVENCHON

PASCAL SAUNIER 1, avenue de l'Amiral-Grasset © 02 35 38 60 67. *Restaurant fermé dimanche soir. Menus à 105 F, 170 F et 230 F. Hôtel de 27 chambres de 370 F à 430 F (petit déjeuner inclus). Formule week-end à 300 F (plus petit déjeuner 40 F). Animaux autorisés.* Cette grosse bâtisse des années 30, construite dans le quartier des cadres de l'industrie pétrolière était autrefois "l'Hôtel des Célibataires" qui appartenait à la société Esso et réservé à l'usage exclusif des cadres (hommes !) de l'entreprise. Racheté il y a 7 ans par Pascal Saunier, il est devenu l'hôtel le plus confortable de Notre-Dame-de-Gravenchon (déco à l'italienne, chambres spacieuses) et l'une des bonnes tables du secteur (spécialité de poisson). Une bonne adresse donc pour fuir la foule du littoral, qui reste (le littoral) malgré tout accessible (on est à 30 minutes d'Honfleur, de Fécamp et d'Etretat !).

SE DETENDRE

CENTRE EQUESTRE ET PONEY-CLUB Bois du Parc © 02 35 38 67 96. *Ecole d'équitation. Randonnées l'été à partir de 50 F l'heure.* Notre-Dame-de-Gravenchon est un point de départ intéressant pour de belles randonnées en forêt de Brotonne, de Maulévrier ou vers le marais Vernier.

PISCINE Allée Georges-Winter © 02 35 38 64 37. *Pendant les vacances scolaires : ouverte tous les jours de 10h à 19h (nocturnes l'été jusqu'à 20h le mardi et le jeudi). Tarif : 17 F pour un adulte, 8,40 F pour un enfant.* Une belle piscine avec bassin olympique de 50 mètres découvert, bassin ludique équipé de jets massant, geysers, canon à eau, rivière et cascade, bains bouillonnants, solarium, sauna, salles de squash… cafétéria, après l'effort, le réconfort…

OU SORTIR ?

L'ARCADE 3, rue Jean-Maridor © 02 32 84 47 20. L'association organise des activités en journée, mais propose aussi des expositions, des concerts, un espace bowling et cybercafé…

LES TROIS COLOMBIERS Rue René-Coty © 02 32 84 55 34. Une salle de cinéma qui accueille aussi quelques spectacles (théâtre, variétés...).

OFFRANVILLE

3 798 Offranvillais. Altitude : 80 m. Mairie : 02 35 85 40 42. Marché le vendredi après-midi sur la Grand-Place. Quand on a quitté Offranville, on se demande toujours comment un aussi petit village peut abriter autant de richesses. Le tout étant ramassé dans un petit périmètre, le mieux est encore de se promener à pied.

A VOIR ET A VISITER

L'EGLISE SAINT-OUEN ET SON IF. L'église (XVe-XVIIe) se singularise par son clocher tors, peu courant dans la région. A côté se trouve l'if. Moins connu que le chêne d'Allouville-Bellefosse, il est pourtant avec ce dernier l'arbre le plus remarquable de Seine-Maritime. Non pas par son originalité : beaucoup de cimetières en Seine-Maritime ont leur if qui était, selon la croyance, censé éloigner les microbes des corps ensevelis. Mais par son âge… plus que canonique : plus de mille ans, ça se respecte !

LES COLOMBIERS. On peut dire que c'est une spécialité locale : rien qu'à Offranville on en compte encore 9 ! Autrefois en effet, le village étant divisé en plusieurs fiefs, chaque fief avait son colombier. Amusez-vous à repérer les différentes architectures et motifs.

LE PARC FLORAL WILLIAM FARCY Parc du Colombier © 02 35 85 40 42. *Ouvert tous les jours de 10h à 20h du 1er juin à la rentrée scolaire ainsi que pendant les vacances scolaires toutes zones. Du week-end de Pâques au 1er juin et de la rentrée scolaire au 1er octobre, les samedis, dimanches et jours fériés. Entrée : 18 F.* Sur 2,5 ha, le parc (créé en 1993) se conçoit comme un cheminement végétal, à la découverte des milieux, des espèces et des paysages : du jardin des vivaces, on passe au jardin des senteurs (attardez-vous quelques instants devant la grange restaurée qui abrite le mécanisme d'un moulin fin XVIIIe siècle), puis à celui des fleurs à couper. On poursuit par le potager, le petit pré aux magnolias, l'allée des bouleaux, le jardin des rocailles et sa collection d'iris, la vallée des primevères, le pont japonais, la roseraie, etc. Bref, un beau petit périple pour se détendre en famille.

MUSEE JACQUES-EMILE BLANCHE Parc du Colombier © 02 35 85 40 42. *Ouvert de Pâques à fin septembre les dimanches et jours fériés de 14h30 à 18h30. Entrée : 10 F.* Installé à l'étage de la maison du Parc, un musée est consacré à la vie et à l'œuvre de Jacques-Emile Blanche, peintre et écrivain du siècle passé et enfant du pays.

OU MANGER ET DORMIR ?

LE COLOMBIER Parc du Colombier © 02 35 85 48 50. *Menus 98 F, 130 F, 160 F (2 plats) et 170 F. Fermé dimanche soir et lundi.* Le cadre est campagnard, la maison typiquement normande (elle date de 1509) avec sa grande cheminée qui trône dans la salle et sa rangée d'hortensias en façade. Côté cuisine, on n'est pas déçu avec entre autres spécialités un foie gras chaud poêlé aux noisettes concassées ou une tarte cauchoise avec pommes flambées au calvados. Pour le reste, la carte change tous les trois mois, en fonction de la saison, des arrivages et de l'humeur du chef !

CAMPING DU COLOMBIER © 02 35 85 21 14. *Ouvert du 1er avril au 31 octobre. 103 emplacements. 5 bungalows équipés. Accès pour les handicapés.* Dans le parc du Colombier, un camping luxueux 3 étoiles, à proximité d'un pôle touristique (musée, parc floral, centre équestre, golf, tennis, restaurant…) et à moins de 10 km de Dieppe.

SE DETENDRE

CENTRE EQUESTRE DU COLOMBIER 02 35 04 12 61. *70 F la leçon de cheval, 50 F la leçon de poney. Licence obligatoire. 30 chevaux. 12 poneys.* Dans le cadre verdoyant du parc du Colombier, cette école d'équitation prépare essentiellement aux examens et à la compétition.

RESTAURANT
Le Colombier
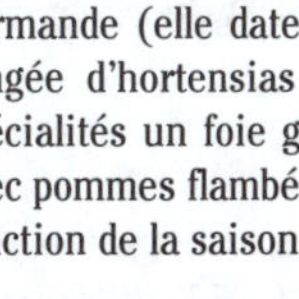

Parc du Colombier
76550
Offranville
©
02 35 85 48 50

PARC DE LOISIRS DU COLOMBIER ✆ **02 35 85 40 42.** Pour les allergiques au sport en chambre : sachez qu'ici au moins, on est au bon air et on se dépense. Et il y en a un peu pour tous les goûts : tennis, minigolf ou cheval (voir centre équestre). On peut aussi louer des vélos 4 places "Rosalies" et pour se récompenser de tous ces efforts terminer en prenant un verre au bar "salon de thé" installé dans une ancienne charreterie du XVIIIe siècle.

AGENDA

9 juin : Offranville en fête.

Juin : Foire à tout.

ORIVAL

1 070 Orivalais. Mairie : 02 35 77 67 25.

A VOIR ET A VISITER

EGLISE SAINT-GEORGES. *Ouverte le mercredi de 10h à 17h et le dimanche matin.* A moitié encastrée dans la falaise, cette église des XVIe et XVIIIe siècles est accessible par une petite route très raide. A l'intérieur, on peut voir une belle pietà du XVe siècle en bois polychrome et un lutrin du XVIIe en forme d'aigle.

OU MANGER ?

AUBERGE DES MARRONNIERS 676, avenue Circuit-des-Essarts ✆ **02 35 77 18 09.** *Fermé le lundi soir, le mardi soir, le dimanche soir et le mercredi. Menus : 70 F, 95 F, 100 F, 150 F, 200 F et 230 F. Terrasse. Parking.* En bas de la côte des Essarts et au seuil de la très belle forêt de la Londe-Rouvray, une étape gourmande s'impose. Au menu, foie gras… de mer ! (fait avec de la lotte), caille au monstrueux d'Elbeuf (sorte de poireau) et, en dessert, l'aumônière des marronniers, crêpe fourrée à la crème de marron, glace à la pistache et arrosée de chocolat chaud… On en salive d'avance !

PALUEL

426 habitants. Paluel vient de Palus qui veut dire marais : il suffit de regarder autour les prairies gorgées d'eau et on a tout compris. Mais Paluel est surtout connu en France pour sa centrale nucléaire (qui heureusement n'est pas visible du village car nichée au creux d'une valleuse).

A VOIR ET A VISITER

CENTRALE NUCLEAIRE ✆ **02 35 57 69 99.** *Visite gratuite sur réservation 24h à l'avance (sauf dimanches et jours fériés) et sur présentation d'une carte d'identité ou d'un passeport. Age minimum : 10 ans. Espace info ouvert tous les jours : du 1er octobre au 30 avril, du lundi au vendredi de 10h à 12h et de 14h à 18h, les samedis, dimanches et jours fériés (sauf 1er janvier, 1er mai et 25 décembre) de 14h à 18h. Du 1er mai au 30 septembre, du lundi au samedi de 10h à 13h et de 14h à 19h, les dimanches et jours fériés de 14h à 19h.* On y accède en longeant les barbelés mais pas de panique aucun risque de contamination. D'ailleurs on ne visite pas le cœur de la centrale mais seulement la salle des machines où se trouvent les turbines. La centrale attire chaque année environ 20 000 visiteurs. La visite dure 2h (dont 1h de conférence en salle).

OU MANGER ?

L'ASSIETTE GOURMANDE © **02 35 97 18 84.** *Menus : 115 F, 180 F.* Situé près de l'église, dans une ancienne maison, vous ne pouvez pas le manquer. C'est une des tables réputées de la région. L'ambiance est printanière (vert et saumon), le service raffiné et la cuisine à la hauteur de son nom. Salade de magret de canard et bloc de foie gras aux pommes caramélisées, lotte rôtie aux Saint-Jacques ou filet de dorade concassé de tomates crème provençales. Avec une telle carte, on se met vite en appétit.

PENLY

355 Penlyais. Altitude : 114 m. Mairie : 02 35 83 63 63.

A VOIR ET A VISITER

CENTRALE ELECTRONUCLEAIRE © **02 35 40 60 30.** *Visite gratuite du lundi au samedi (prendre rendez-vous 24h à l'avance et se munir d'une pièce d'identité). Centre d'information du public ouvert en juin et juillet et août du lundi au vendredi de 9h à 19h, samedi de 10h à 19h, dimanche de 14hà 19h. le reste de l'année du lundi au vendredi de 9h à 12h30 et de 13h30 à 18h, samedi de 10h à 18h et dimanche de 14h à 18h.* 15 000 visiteurs se rendent chaque année sur le site : un peu plus récente que celle de Paluel (mise en fonctionnement de la première tranche en 1990) mais un peu plus petite (2 réacteurs au lieu de 4). Pour le reste, c'est la même chose. Après la visite, qui dure 2h30, (projection d'un film suivi d'une visite de la salle des turboalternateurs) on a tout compris, pourquoi et comment ça marche…

QUIBERVILLE-SUR-MER

483 habitants. A l'embouchure de la Saâne, Quiberville était un port au Moyen Age. Quelques curiosités : le château fin XIXe, de beaux corps de ferme, une sculpture provenant d'un bateau échoué sous les falaises de l'Ailly en 1870, un vieux puits à margelle qui vient de fêter ses 350 ans !, et l'église Saint-Valéry (XIIe remaniée XVIe).

OFFICE DE TOURISME Rue de l'Eglise © **02 35 04 08 32**

En dehors de la saison touristique, s'adresser à la mairie au 02 35 04 21 33.

OU DORMIR ?

CAMPING LA PLAGE © **02 35 83 01 04.** *Ouvert d'avril à novembre. 202 emplacements.* Situé à proximité de la plage de Quiberville, camping 2 étoiles bien ombragé.

LES VERGERS © **02 35 83 16 10.** *Chez Marie-France et Christian Auclert. 6 chambres d'hôtes. 3 épis. De 330 F à 350 F pour 2 personnes.* Dans un joli château entouré de verdure, des chambres spacieuses et tout confort.

PETIT-COURONNE

A VOIR ET A VISITER

LE MUSEE PIERRE CORNEILLE 502, rue Pierre-Corneille © **02 35 68 13 89.** *Ouvert tous les jours de 10hà 12h30 et de 14h à 18h (17h du 1er octobre au 31 mars). Le dimanche de 14h à 18h30 (17h30 du 1er octobre au 31 mars). Fermé le mardi.* De son père, Pierre Corneille avait hérité cette maison en bois sans savoir qu'elle abriterait un jour un musée le concernant. Ainsi va la vie… Et aujourd'hui on a plaisir à fouler le sol de cette belle demeure bourgeoise et son mobilier normand restituant le cadre de vie qui aurait pu être celui de l'écrivain.

ROGERVILLE

1 254 habitants.

A VOIR ET A VISITER

VALLON DE ROGERVILLE Parking à côté du viaduc de la Roselière – D982. Visite commentée possible : prendre contact avec Stéphane Lemonnier au conservatoire des sites naturels de Haute-Normandie (02 35 32 38 08). Cette Zone Naturelle d'Intérêt Ecologique, Faunistique et Floristique... ouf !, ou ZNIEFF regroupe des paysages variés : prairie humide, roselière, rivière, marais, cressonnière, forêt, bois tourbeux. Un sentier de découverte mis en place par la SAPN sillonne le vallon avec des panneaux explicatifs des différents milieux naturels.

ROSAY

281 habitants. Altitude : 86 m. Mairie : 02 35 93 58 83.

A VOIR ET A VISITER

MUSEE DE LA POMME, DU CIDRE ET DES METIERS TRADITIONNELS ✆ 02 35 94 31 66. *Ouvert les dimanches et jours fériés de 14h30 à 18h30 de Pâques à la Toussaint, tous les jours du 14 juillet au 15 août. Tarif : 22 F, tarif réduit : 15 F (enfant de 5 à 14 ans).* En Normandie, on ne fait pas que ramasser et manger les pommes, on en fait aussi du cidre et du calvados bien sûr. Au musée, on apprend tout du métier, on découvre aussi avec une certaine nostalgie, le quotidien de la campagne et des fermiers au XIXe siècle, les métiers anciens : forgeron, lavandière, matelassière, laitière, bourrelier... à travers une collection d'outils, de matériels, d'affiches, de carte postales, etc. Reconstitution d'une classe de l'époque. Fabrication de cidre artisanal et de jus de pomme : vente et dégustation.

ROUEN

108 702 Rouennais. Altitude : 10 m. Mairie : 02 35 08 69 00.

Depuis quelques années, la ville aux cent clochers est gagnée par la fièvre du changement. En proie à un relookage complet pour en faire une ville résolument moderne, fière de ses vieilles pierres, certes, mais partante pour un nouveau millénaire. Installation de la faculté de droit en centre-ville et réfection du quartier Pasteur, piétonisation du quartier ancien et refonte du mobilier urbain, création d'un zénith, projet d'un jardin promenade le long des quais, nouvelle gare routière... les Rouennais eux-mêmes ne savent plus où donner de la tête. Mais la grande affaire ici c'est surtout TEOR, le nouveau Métrobus ultramoderne qui va enfin décharger le Mont-Riboudet (quais de Seine, rive droite) que les Rouennais connaissent surtout pour ses embouteillages ! On peut espérer aussi (mais il faudra encore attendre quelques années...) un contournement autoroutier de la ville raccordé au futur 6e pont. Une curiosité locale en effet : Rouen est peut-être l'une des dernières grandes villes de province où l'on croise encore des semi-remorques à 200 m de la cathédrale !

ADRESSES UTILES

ESPACE INFORMATION DU CONSEIL GENERAL Cours Clemenceau ✆ 02 35 03 53 76. *Ouvert du lundi au vendredi de 9h à 18h.* Toute la documentation nécessaire pour découvrir le département, les visites, les spectacles, les circuits touristiques à disposition du public. Des expositions y sont également, régulièrement organisées.

OFFICE DE TOURISME – SYNDICAT D'INITIATIVE DE ROUEN ET DE SA REGION 25, place de la Cathédrale © 02 32 08 32 40. *Ouvert de mai à septembre : du lundi au samedi de 9h à 19h et dimanches et jours fériés de 9h30 à 12h30 et de 14h à 18h. Le reste de l'année : du lundi au samedi de 9h à 18h et dimanches et jours fériés de 10h à 13h. Bureau de change.*

Face à la cathédrale, installé dans l'ancien hôtel des généraux des finances (un petit bijou de la Renaissance) l'Office du tourisme, entièrement rénové accueille le public.

COMITE DEPARTEMENTAL DU TOURISME DE SEINE-MARITIME 6, rue Couronne – BIHOREL © 02 35 12 10 10. Une adresse complémentaire pour récupérer de la documentation sur le département : dépliants et calendrier des manifestations.

GARE ROUTIERE 9, rue Jeanne-d'Arc © 02 35 52 92 00. Installée provisoirement à l'Espace Metrobus en attendant la construction de la nouvelle gare routière (d'ici 3 ans environ). Les cars de la CNA desservent 14 lignes régulières sur tout le département. Départ quai du Havre et quai de la Bourse. Possibilité de location de véhicule pour les groupes. Renseignements au service tourisme au 02 32 18 40 22.

GARE SNCF ROUEN RIVE DROITE Place Bernard-Tissot © 08 36 35 35 35. *Ligne directe pour information et vente de 7h à 22h et ligne vocale (horaires) 24h/24. Bagages, consignes, colis express : 0 803 845 845. Minitel : 3615 SNCF (1,29 F/mn). Internet : www.sncf.fr.*

A VOIR ET A VISITER

PETIT TRAIN TOURISTIQUE. Pour les jambes fatiguées et les familles nombreuses, le petit train touristique organise un circuit de 40 mn à travers la ville et ses principaux monuments. Le départ se fait toutes les heures, place de la Cathédrale. D'avril à octobre de 9h à 12h et de 14h à 17h. Juillet et août de 10h à 13h et de 14h à 18h. Billetterie auprès du chauffeur. Tarifs : 32 F, tarif réduit : 15 F pour les moins de 13 ans. Groupes : 27 F, tarif réduit : 13 F.

VISITE DU PORT © 02 32 08 32 40. *Tarifs : 41 F, tarif réduit : 30 F pour les moins de 12 ans, gratuit pour les moins de 3 ans.* Organisées par le port autonome de Rouen, ces visites se font à bord de la vedette Cavelier de la Salle, de l'île Lacroix jusqu'à Grand-Quevilly (durée 1h15). On découvre les différents ponts de Rouen et, en aval, le port maritime. Départ quai de Boisguilbert, à l'embarcadère Jean Ango, rive droite (à la hauteur de la direction du port autonome). Renseignements et billetterie à l'Office de tourisme. Pour une première visite (virtuelle) du port, on peut aussi se connecter sur le site Internet : www.rouen.port.fr/

ABBATIALE SAINT-OUEN Place du Général-de-Gaulle. *Ouvert du 16 janvier au 14 mars et du 1er novembre au 14 décembre, les mercredis, samedis et dimanches de 10h à 12h30 et de 14h à 16h30, du 15 mars au 31 octobre tous les jours, sauf le mardi de 10h à 12h30 et de 14 à 18h.* Certains croient que c'est la cathédrale et il est vrai qu'elle a de quoi rivaliser. Si l'on fait abstraction de sa façade néo-gothique plutôt lourde, l'abbatiale (fondée au VIIe siècle) fait incontestablement partie des chefs-d'œuvre du genre, remarquable par son unité de style (sa construction débuta en 1318 pour s'achever en 1549). Ne repartez pas sans avoir visité l'intérieur : la collection unique de vitraux du XIVe au XVIe siècle à dominante jaune forme un ensemble exceptionnel et la forte luminosité qui inonde la nef contribue à la mettre en valeur (bien que la tour lanterne n'ait jamais été ouverte). Saint-Ouen est aussi réputée pour la qualité de ses orgues et accueille de nombreux concerts pour des représentations publiques ou des enregistrements. A l'entrée ouest, on remarque une réplique d'une stèle runique du Xe siècle offerte par les Danois à la France à l'occasion du millénaire normand et un peu plus loin la statue de Rollon. L'accès de l'abbatiale étant bien dégagé, on peut faire le tour et admirer la perspective de la rue des Faulx avec ses minuscules maisons à colombages.

JARDIN DES PLANTES 11ter, avenue des Martyrs-de-la-Résistance © 02 32 18 21 30. *Ouvert tous les jours de 8h à la tombée de la nuit (20h en été, 17h30 en hiver). Serres ouvertes de 8h30 à 11h30 et de 13h30 à 16h30. Entrée libre.* 10 ha de verdure au cœur de la ville, pour laisser son imagination vagabonder ou pour approfondir ses connaissances en botanique. De nombreuses variétés de plantes florales ou ornementales qui suivent les saisons sont à découvrir : rhododendrons et camélias, iris (plus de 200 variétés), une très belle roseraie, la rocaille de plantes alpines et le carré des médicinales, enfin, la collection de fuchsias (800 espèces). Les serres (dont le pavillon botanique de 1842) accueillent les collections de plantes tropicales. Un lieu de détente donc ou petits et grands trouveront leur compte : jeux de plein air pour les enfants, bassins pour faire voguer les petits bateaux, volières et paons en liberté.

AITRE SAINT-MACLOU 186, rue Martainville. *Ouvert tous les jours de 8h à 20h. Entrée libre.* Ce n'est pas le train fantôme mais presque. Le lieu est tranquille, ombragé, plutôt avenant, mais ce n'est qu'une apparence. Il suffit de s'approcher un peu du mur pour se sentir déjà nettement moins à l'aise : le décor des colombages est pour le moins macabre : crânes, tibias entrecroisés, pelles de fossoyeurs… Sur les piliers, des représentations de la mort emportant les vivants : digne d'un film d'horreur ! Pas étonnant, vous êtes dans un ancien charnier construit à partir de 1526 pour enterrer les victimes d'une nouvelle épidémie de peste. Entassés au départ au centre du cimetière, les ossements furent déménagés ensuite dans les galeries supérieures pour gagner de la place et c'est en voulant mettre un peu d'ordre à l'intérieur qu'on tomba un jour sur un squelette de chat, emmuré à l'époque, vraisemblablement pour conjurer le mauvais sort. On peut toujours le voir dans une vitrine à droite en entrant. Et avec ça, si vous ne faites pas de cauchemar cette nuit !

BEFFROI DU GROS-HORLOGE Rue du Gros-Horloge. L'édifice est actuellement fermé pour sa rénovation.Conscients de leur petite merveille, les Rouennais ont préféré le mettre au masculin (Le Gros-Horloge, c'est tout de même mieux que la Grosse-Horloge…). Emblème de la ville, “Le Gros” comme on dit ici est une des plus anciennes en fonctionnement en Europe (le cadran est du XVIe siècle mais le mécanisme du XIVe siècle). Niché dans son arc (également du XVIe siècle), il surplombe l'artère la plus animée de la ville avec son beffroi de la fin du XIVe siècle, et il fut une époque où tous les Rouennais avaient coutume de régler leur montre sur Le Gros. Une halte s'impose pour admirer la voûte sculptée : on y évoque la bergerie et son "bon pasteur" avec cette légende évangélique : "Bonus pastor animam suam donat pro ovibus suis", traduisez : "le bon pasteur donne son âme pour ses brebis". A l'époque, la rue principale était occupée par la corporation des marchands drapiers (qui élevaient leurs moutons dont ils tiraient la laine), très puissante à Rouen, ils se sont cotisé pour nous offrir ce monument. Rénové récemment, le beffroi doit accueillir à terme un "musée de la Ville".

CATHEDRALE NOTRE-DAME Place de la Cathédrale. *Ouvert tous les jours de 8h à 18h sauf jours fériés et lundi matin (ouverture à 14h). La cathédrale ne se visite pas pendant les offices (notamment le dimanche matin jusqu'à 13h).* Un vrai patchwork de l'histoire cette cathédrale ou, au choix, une encyclopédie des styles : commencée vers 1150, la construction se poursuit jusqu'au XVIe siècle et même au-delà en ce qui concerne la flèche (la plus haute de France avec ses 150 m) réédifiée au XIXe siècle après que la précédente ait été foudroyée. Allez savoir ensuite comment avec un échantillon de toutes ces époques, elle a su garder son harmonie, cela tient du miracle… Monet, on le sait, en était tombé amoureux et il n'est pas le seul. Toute de dentelle, bordée d'un côté par la tour Saint-Romain et de l'autre par la tour de Beurre (ainsi dénommée car édifiée en partie grâce aux deniers des fidèles en échange du droit de manger du beurre pendant carême !), la cathédrale dégage un charme qui lui est propre. A condition d'être enfin déchargée de ses échafaudages…

GRAND
CASINO
FORGES-LES-EAUX
LE CASINO DE FORGES-LES-EAUX est situé à 45 km de ROUEN - 20mn et à 110 km de PARIS - 1h15 mn
GRAND CASINO
Club Med
0 machines
sous
Salle de jeux traditionnels (Roulette française, anglaise, Black Jack, Stud Poker, Baccara)
Golf 18 trous
Balnéothérapie
Espace beauté, forme
Folie du Bois des Fontaines
Hôtel - Restaurant gastronomique
DES MOMENTS INOUBLIABLES
.A. FORGES-THERMAL - Avenue des Sources - BP. 1 - 76440 FORGES-LES-EAUX - TÉL. 02 32 89 50 50 - FAX 02 35 09 61 15 - 3615 Casino Forges-les-Eaux
GROUPE
PARTOUCHE

Europe 2

104.1
Simply
the
best*
www.europe2.fr

* Tout simplement le meilleur.

EUROPE 2 ROUEN - 127 BD. DE L'EUROPE - 76000 ROUEN
TÉL. 02 32 18 41 10 - FAX 02 32 18 41 11

EGLISE JEANNE D'ARC Place du Vieux-Marché. *Ouvert de 10h à 12h15 et de 14h à 18h, sauf vendredi matin, dimanche matin et pendant les offices.* Le premier scandale du Rouen moderne. Quand l'architecte Louis Arrechte proposa son projet, on en entendit longtemps parler dans les chaumières... Et pourquoi une église ? C'était tout simplement la condition pour toucher les dommages de guerre versés pour la destruction dans les bombardements de l'église Saint-Vincent (la boucle est bouclée). Elle en a profité pour récupérer aussi ses vitraux du XVe siècle magnifiquement mis en valeur. Aujourd'hui, la plupart des gens s'accordent pour considérer l'église Jeanne d'Arc comme un des monuments phare de la ville.

EGLISE SAINT-MACLOU Place Barthélemy. *Ouvert du lundi au samedi de 10h à 12h et de 14h à 18h (17h30 en hiver), le dimanche de 15h à 18h. Entrée libre.* La troisième église de Rouen et un chef-d'œuvre du gothique tardif, malheureusement, fortement éprouvé par les derniers bombardements qui ont percé le chœur et ébranlé sa flèche néo-gothique (on peut remarquer qu'elle est toujours désaxée). A voir surtout, le remarquable portail à cinq porches et ses portes en bois sculpté par Jean Goujon.

HOTEL DE BOURGTHEROULDE 15, place de la Pucelle. *Cour intérieure ouverte du lundi au vendredi de 9h à 12h30 et de 13h30 à 18h, le samedi de 14h à 18h.* Le plus ancien (XVIe) et le plus bel hôtel particulier de la ville. Il faut surtout franchir le porche d'entrée et s'arrêter devant la galerie d'Aumale. Ses bas-reliefs représentent les triomphes de Pétrarque (eu haut) et l'entrevue du camp du Drap d'Or (1520) entre François Ier et Henri VIII d'Angleterre (en bas). Le propriétaire du monument (le CIN) y organise régulièrement des expositions d'art contemporain, avec entrée libre.

MAISON NATALE DE PIERRE CORNEILLE 4, rue de la Pie © 02 35 71 63 92. *Ouvert de 10h à 12h et de 14h à 18h, sauf mardi, mercredi matin et jours fériés. Tarif : 5 F. Gratuit pour les étudiants et le 3e âge.* Qui s'est jamais demandé où avait bien pu naître Le Cid ! Eh bien, précisément, c'est ici. La maison où naquit en 1606 le petit (avant de devenir le grand) Corneille. Installé au premier étage, le musée présente la reconstruction de son cabinet de travail et une bibliothèque qui renferme quelques éditions originales de ses œuvres ainsi que des portraits de l'écrivain. Intéressante également, une maquette de la place du Vieux-Marché de l'époque (elle a bien changé !). On peut prolonger la visite avec le musée Corneille de Petit-Couronne.

MUSEE DES BEAUX-ARTS Square Verdrel – 26bis, rue Jean-Lecanuet © 02 35 71 28 40. *Ouvert tous les jours, sauf mardi et jours fériés de 10h à 13h et de 14h à 18h. Tarifs : 20 F, tarif réduit : 13 F. Visites commentées pour groupes sur rendez-vous (02 35 52 00 62).* Avec une soixantaine de salles, des œuvres du Caravage, Vélasquez, Poussin, Monet, Modigliani..., le musée des beaux-arts abrite une des plus riches collections de France. A voir et à revoir donc, si on est amateur d'art. Un espace est également réservé aux expositions temporaires.

MUSEE DEPARTEMENTAL DES ANTIQUITES Cloître Sainte-Marie - 198, rue Beauvoisine © 02 35 98 55 10. *Ouvert du lundi au samedi de 10h à 12h15 et de 13h30 à 17h30, le dimanche de 14h à 18h. Fermé le mardi. Tarif : 20 F, tarif réduit : 10 F pour 3e âge, gratuit pour les moins de 18 ans. Visites commentées et animations (02 35 71 78 78).* Il occupe les locaux d'un ancien couvent (XVIIe) qui mérite le déplacement autant que les collections qu'il contient (et notamment de très beaux bijoux mérovingiens, l'exceptionnelle mosaïque de Lillebonne, des objets d'art sacré, des meubles et tapisseries de la Renaissance...). En sortant, n'oubliez pas de faire un tour dans le jardin attenant, il contient quelques vestiges intéressants.

MUSEE DE LA CERAMIQUE Hôtel d'Hocqueville – 1, rue Faucon © 02 35 07 31 74. *Ouvert tous les jours, sauf mardi et jours fériés de 10h à 13h et de 14h à 18h. Tarif : 15 F, tarif réduit : 10 F. Visites commentées pour groupes sur rendez-vous (02 35 52 00 62).* La faïence de Rouen est aujourd'hui mondialement réputée (on parle du style "Vieux Rouen"). Elle se devait donc d'avoir son musée. Installé dans un hôtel particulier XVIIe siècle, il présente une très belle collection de pièces du XVIe au XIXe siècle. On y apprend les techniques mais également l'évolution des styles et des motifs.

MUSEE FLAUBERT ET D'HISTOIRE DE LA MEDECINE Hôtel Dieu - 51, rue de Lecat © 02 35 15 59 95. *Ouvert de 10h à 18h le mardi, de 10h à 12h et de 14h à 18h du mercredi au samedi. Fermé dimanche, lundi et jours fériés. Tarif : 12 F, tarif réduit : 8 F, gratuit pour les enfants et les étudiants.* On imaginait déjà les souvenirs de Madame Bovary, mais non, ici c'est le musée de Flaubert Père ! Achille-Cléophas Flaubert était en effet un chirurgien réputé de Rouen et son logement de fonction a aujourd'hui été transformé en musée de la Médecine... de l'époque ! Car, rien qu'à voir la collection de bistouris et palettes à saignées, cela fait froid dans le dos. Et on comprend que le petit Gustave ait choisi une tout autre vocation... A noter pendant votre visite : un très rare mannequin d'accouchement du XVIIIe siècle.

MUSEE MARITIME FLUVIAL T PORTUAIRE Hangar Portuaire 13 - Boulevard Emile-Duchemin © 02 32 10 15 51. *Ouvert en semaine, l'été tous les jours, sauf le mardi, de 10h à 12h30 et de 14h à 17h30, en semaine du 1er novembre au 1er mars le mercredi de 14h30 à 17h30, toute l'année, les samedis et dimanches de 14h à 17h30. Fermé les 1er janvier, 1er mai et 25 décembre. Tarif : 15 F, tarif réduit : 10 F pour les moins de 12 ans.* L'extérieur ne paye pas de mine, mais on est dans le contexte. Aménagé dans un ancien hangar, à proximité du quai de déchargement, le musée maritime est là pour nous rappeler que la vocation de Rouen est d'abord celle d'un port. On y trouve de tout : des cartes, des instruments de navigation ou de plongée et même des bateaux petits ou grands : une vraie caverne d'Ali Baba !

MUSEE JEANNE D'ARC 33, place du Vieux-Marché © 02 35 88 02 70. *Ouvert du 1er mai au 15 septembre de 9h30 à 19h et le reste de l'année de 10h à 12h et de 14h à 18h30. Fermé les 25 décembre et 1er janvier. Tarif : 25 F, tarif réduit : 13 F pour les enfants et étudiants.* Jeanne aussi a son musée bien sûr, la célèbre pucelle de Rouen. On y retrace sa vie et ses souffrances : son procès, son emprisonnement et son martyr à partir de maquettes, de personnages de cire ou de documents. L'étape obligée (ou presque...), quand on vient à Rouen.

MUSEE NATIONALE DE L'EDUCATION 185, rue Eau-de-Robec © 02 35 75 49 70. Après 3 ans de travaux, la réouverture du musée est prévue dans le courant du dernier trimestre 2001. Les collections très intéressantes de ce musée unique retracent l'histoire de l'éducation (primaire essentiellement) à travers le temps : classes reconstituées, manuels scolaires, etc. Et si le musée n'est pas encore ouvert, on peut au moins aller admirer la magnifique maison à colombages XVe siècle, dite "maison des mariages" qui l'abrite.

MUSEE LE SECQ DES TOURNELLES 2, rue Jacques-Villon © 02 35 88 42 92. *Ouvert tous les jours, sauf mardi et jours fériés de 10h à 13h et de 14h à 18h. Tarif : 15 F, tarif réduit : 10 F. Visites commentées pour groupes sur rendez-vous (02 35 52 00 62).* Si vous voulez visiter à Rouen un musée vraiment étonnant, c'est celui-là qu'il faut choisir. Il contient un ensemble exceptionnel d'objets en ferronnerie du XIVe siècle au XIXe siècle (grilles, rampes d'escalier, enseignes, girouettes, marteaux de portes et serrures mais aussi fers à repasser, ciseaux, bijoux, outils...). Cette collection fut offerte à la ville en 1921 par un certain Henri Le Secq des Tournelles. Il méritait bien en échange un musée qui porte son nom !

LE PALAIS DE JUSTICE Rue aux Juifs. *Pas de visite, sauf lors des journées du patrimoine (fin septembre). Monument juif : visite assurée par des guides "conférenciers" de l'Office de tourisme, le samedi à 14h30 (durée 1h). Inscriptions au plus tard le mercredi précédent (02 32 08 32 46). Tarif : 35 F, tarif réduit (moins de 25 ans, plus de 60 ans et à partir de 3 personnes).* Mélange de gothique flamboyant et de style Renaissance, le palais de justice avait subi de graves dommages durant la dernière guerre. Plus de 40 ans ont été nécessaires pour restaurer sa dentelle de pierre même si la façade côté rue Jeanne-d'Arc en porte toujours les stigmates. En sous-sol, on peut visiter un monument hébraïque d'époque romane, découvert en 1976, au moment de la réfection du pavage. Renseignements à l'Office de tourisme.

LA TOUR JEANNE D'ARC Rue du Donjon © 02 35 98 16 21. *Ouvert du lundi au samedi de 10h à 12h30 et de 14h à 18h (17h en hiver), le dimanche de 14h à 18h30 (17h30 en hiver). Fermé le mardi. Tarif : 10 F, tarif réduit : 5 F.* C'est la seule tour qui reste de l'ancien château de Philippe Auguste construit au début du XIIIe siècle. Contrairement à la légende, ce n'est pas dans cette tour que Jeanne d'Arc fut emprisonnée. En revanche, c'est là qu'elle fut soumise à l'interrogatoire en présence de ses juges en 1431. A l'intérieur du donjon, on peut voir une maquette de la forteresse, une exposition sur l'histoire du château et l'évolution du quartier. Les Allemands y installèrent leur PC pendant la Seconde Guerre mondiale.

OU MANGER ET DORMIR ?

LE BRISTOL 45, rue aux Juifs © 02 35 71 54 21. *Face au palais de justice, cuisine correcte, sans plus. Menu à 59 F. L'hôtel est propre. 9 chambres confortables avec télévision (de 220 F à 275 F). Petit déjeuner : 32 F. Réservation conseillée en saison.*

HOTEL DE DIEPPE Place Bernard-Tissot © 02 35 71 96 00. *Hôtel 3 étoiles. L'hôtel est impeccable et au pied de la gare pour accueillir les voyageurs. 41 chambres de 460 F à 635 F avec un forfait week-end (de 395 F à 430 F). Réseau câblé. Chiens admis.* Une des bonnes tables de Rouen qui a fait du caneton à la Rouennaise sa spécialité. Mais les idées ne manquent pas pour se mettre en appétit : dos de bar et beurre monté au vin rouge, feuilleté de langoustines avec crème provençale et ratatouille...

HOTEL MERCURE - RESTAURANT LE HONFLEUR Champ de Mars - Avenue Aristide-Briand © 02 35 52 42 32. *Hôtel moderne et confortable avec 139 chambres (chaînes câblées) de 450 F à 600 F. Le restaurant est de qualité, dans un cadre contemporain : menus à 45 F (enfant), 95 F (avec plat, dessert, vin et café), 135 F, 165 F. Petit déjeuner 60 F. Salles de réunion. Parking payant. Chiens admis. Autres adresses : MERCURE ROUEN CENTRE - 7, rue Croix-de-Fer 02 35 52 69 52 - M. Aunay Philippe - 45, rue aux Ours 02 35 70 99 68.*

LA GOURMANDINE Impasse des Hauts-Mariages et 236, rue Martainville © 02 35 71 95 13. *Ouvert le midi tous les jours. Fermé le mercredi. Plat du jour, salades froides ou chaudes entre 10 F et 60 F, tartes salées entre 30 F et 45 F. 2 F de supplément pour la terrasse.* Au milieu de l'Impasse (qui prend naissance dans la rue Damiette) à droite, on se sent vraiment au bout du monde. L'endroit est calme, inattendu avec la silhouette de l'église Saint-Maclou en toile de fond, ça donne envie de se poser. D'autant qu'ici, tout est fait maison : tarte au saumon fumé, tourte à la volaille ou tarte Tatin : on mange vite et bien.

LE BISTROT D'ANTOINE 35, rue Jean-Lecanuet © 02 35 71 02 48. *Ouvert du lundi au samedi. Service jusqu'à 20h. Menus 39 F (enfant), 59 F, 82 F, 130 F. Terrasse. Salle à l'étage.* Juste en face du musée des beaux-arts. Enfin un endroit où l'on peut continuer à manger de la viande et de la bonne. Tête de veau, pavé de viande Chateaubriand ou tournedos Rossini (avec foie gras dessus). Espace brasserie avec une formule bistrot à 36 F (sandwich + boisson).

LE BISTROT DU CHEF – GILL EN GARE 26, rue Verte © 02 35 71 41 15. *Premier étage de la gare SCNF. Fermé le samedi midi, le dimanche et le lundi soir. Services : 11h45 à 14h30 et 19h30 à 22h15 (23h le vendredi et le samedi). Animation musicale le week-end. Formule "Vite garçon" : 89 F (entrée + plat).* Un petit creux entre deux trains ? Le chef est en gare : le décor est rétro, l'ambiance ferroviaire et la table excellente... composée par l'un des meilleurs chefs rouennais Gill Tournadre, même s'il laisse les fourneaux à l'un de ses disciples. On peut prendre la formule qui change tous les jours ou rester sur des classiques : andouillette, rognons de veau ou effeuillé de morue et en dessert le riz au lait de ma grand-mère servie à table dans sa grande terrine, comme au bon vieux temps... Réservation conseillée !

LE BISTROT DE PANURGE 91, rue Ecuyère © 02 35 15 97 02. *Fermé le samedi midi, le dimanche et le lundi. Services : 12h à 14h et 19h30 à 22h. Terrasse. Menus : 85 F (le midi), 115 F, 125 F, 155 F.* Décor rétro, musique jazzy et une grande spécialité : le gigot. L'accueil est chaleureux et attire visiblement les célébrités : Bertrand Tavernier, Patrick Cauvin, Axelle Red... Les patrons organisent aussi des séances de dédicaces avec les éditions Albin Michel. Et pour trinquer à la bonne soirée qui se profile, la maison propose un petit coteaux-du-layon qui (il faut le préciser) n'est pas offert par la maison !

DUFOUR 67bis, rue Saint-Nicolas © 02 35 71 90 62. *Fermé le dimanche soir et le lundi. Services : 12h à 14h et 19h à 21h45. Menus : 89 F (midi en semaine : deux plats et un verre de vin), 120 F, 150 F, 230 F. A la carte : 250 F.* Le cadre est superbe : tomettes anciennes, tableaux et ex-voto... La maison du XVIe siècle, tient à la fois du restaurant et du musée. Avec une cuisine raffinée et une spécialité dans les produits de la mer mais aussi le fameux caneton à la Rouennaise. Une très bonne adresse gastronomique.

GOURMAND'GRAIN 3, rue du Petit-Salut © 02 35 98 15 74. *Ouvert tous les midis du mardi au samedi. Menu du jour à 72 F (plat + dessert plus boisson chaude). Formule légère à 48 F (potage et galette de céréales ou galette de céréales et dessert).* A 50 m à vol d'oiseau de la cathédrale, le seul restaurant bio de la ville. On y mange végétarien et toujours des produits frais et naturels (la cuisinière y tient !). Pâtés végétaux, galettes de céréales ou de tofu (fromage de soja pour les non initiés) et crudités... Avec ça pas de risque de sortir de table avec l'estomac plombé !

O'KALLAGHAN'S 13, place du Général-de-Gaulle © 02 35 71 46 55. *Ouvert tous les jours, du lundi au vendredi de 8h à 2h du matin, le samedi de 11h à 2h et le dimanche de 16h à minuit.* Côté resto, on ne peut plus y déguster les plats irlandais, c'est dommage. Juste un espace brasserie avec l'étage réservé pour les moins de 25 ans (on peut manger pour 25 F), billard et Baby-foot. Côté pub, on reste dans la tradition : 11 bières à la pression et plus de 20 whiskies à la carte. Bonne musique typique, parfois en live.

LE PETIT CAUCHOIS 56, rue Cauchoise © 02 35 15 30 96. *Fermé le dimanche et le lundi. Services : 12h à 14h30 et 19h à 22h. Menus : 62 F (plat et café), 69 F (entrée + plat ou plat + dessert et café), 79 F (3 plats, café). A la carte : 80 F.* Ici on ne triche pas avec le client. La petite salle a d'ailleurs vue directe sur la cuisine. On mange suivant les saisons et suivant l'humeur du patron et "ce qu'il a ramené du marché". Mais c'est nettement mieux que la popote maison : jugez plutôt sur pièce : un dos de colin avec émulsion d'huile d'olive aux baies roses, un émincé de bœuf sauce camembert... Et quand on vous apporte du vin en pichet, c'est une AOC ! On peut donc y entrer sans hésitation. Avec un rapport qualité/prix imbattable, une des meilleures adresses du guide.

www.petitfute.com

LES P'TITS BATEAUX 14, rue de l'Ancienne-Prison © 02 35 71 12 01. *Fermé le samedi midi, le dimanche et le lundi midi. Services : 12h à 14h et 19h à 22h30 en semaine, 19h30 à 23h30 en week-end. Menu 135 F. grandes assiettes 75 F et 85 F.* Le restaurant a changé de direction, mais la formule reste la même : juste un petit rajeunissement du décor qui reste dans la veine “vieux loups de mer”. Ici on pêche plutôt dans les mers du Sud : espadon, barracuda, mérou…). Et c'est le patron qui fait l'animation ! Prévoir de réserver pour le week-end.

LA REGALIERE 12, rue Massacre © 02 35 15 33 33. *Fermé le dimanche. Services : 11h45 à 14h30 et 19h à 22h (23h le vendredi et samedi). Menu : 49 F (le midi). Formule breakfast : 55 F. A la carte : 75 F.* Crêpes et galettes à emporter (sur commande). Après tout la Bretagne n'est pas si loin : la preuve. Ce rendez-vous des amateurs de crêpes et galettes avec une spécialité : La Régalière, une galette à la noix de Saint-Jacques et à la fine de Bretagne.

RESTAURANT PHILIPPE 54, rue aux Ours © 02 35 71 36 10. *Fermé le dimanche et le soir, sauf vendredi et samedi soir. Services : 12h à 14h30 et 19h45 à 23h. Menus : 80 F, 150 F (4 plats, café). Plat du jour : 60 F. A la carte : 120 F.* Excellent rapport qualité/prix, avec le sourire en prime. Le midi, ça ne désemplit pas : normal, ici on a le droit de plaisanter (tout haut) et même de parler à son voisin de table. Ambiance assurée donc. Et, ce qui ne gâche rien, la cuisine est bonne et inventive : flan de foie gras et escalope de foie gras poêlée, tarte renversée aux betteraves crues et au filet de rouget à l'huile de noix (sic !)… sans parler des desserts dont la sublime tarte au chocolat. Notre coup de cœur. Réservation conseillée.

LE DANDY* 93, rue Cauchoise © 02 35 07 32 00.** Donnant sur la rue piétonne, un hôtel haut de gamme avec un accueil très sympathique, confortable et d'une propreté exemplaire ! 18 chambres toutes rénovées (de 470 F à 600 F) avec meubles en marqueterie et tous les services : minibar, cafetière individuelle, réveil automatique, prise modem/fax, etc. Petit déjeuner buffet à 50 F. Egalement en annexe, un appartement à louer (700 F) 35 m^2 à 40 m^2 dans une maison traditionnelle en colombages.

HOTEL CARDINAL ** 1, place de la Cathédrale © 02 35 70 24 42. L'adresse est simple à trouver et la vue est imprenable sur la cathédrale. Mais n'en demandez pas beaucoup plus, ici, on ne court manifestement pas après le client. L'hôtel comporte 18 chambres de 260 F à 410 F dont 3 avec terrasse. Petit déjeuner à 38 F.

HOTEL DES CARMES ** 33, place des Carmes © 02 35 71 92 31. La façade ne paye pas de mine, mais c'est le style d'hôtel où l'on se sent bien d'emblée : genre “faites comme chez vous”. Au calme, donnant sur la paisible place des Carmes et déco sympa. 12 chambres de 230 F à 270 F. Petit déjeuner à 34 F. Animaux admis.

HOTEL TULIP INN * 15, rue de la Pie et 33, rue du Vieux-Palais © 02 35 71 00 88.** A deux pas de la place du Vieux-Marché et de sa brochette de restaurants. En fond de cour, l'établissement est moderne et confortable, sans surprise mais aussi sans charme particulier. 48 chambres de 440 F à 510 F. Facilités pour les handicapés. Parking en surface et souterrain. Chiens admis.

HÔTEL
DES ARCADES

52, rue des Carmes
76000 ROUEN
© 02 35 70 10 30
fax : 02 35 70 08 91
www.normandy-rouen-hotel.com/arcades

HOTEL DES FAMILLES 4, rue Pouchet © 02 35 71 88 51. On y descend comme si on allait rendre visite à une amie. L'hôtel ressemble à une maison particulière (XIXe) avec son escalier central en parquet desservant 15 chambres (de 190 F à 300 F) à la déco 100 % naturelle : tapis coco, couleurs claires, mobilier traditionnel et cheminées anciennes. Tout est soigné dans ses moindres détails jusqu'aux couronnes de pommes de pin ou de baies sauvages confectionnées par la maîtresse de maison en personne.. Accueil personnalisé mais réserver à l'avance. Notre coup de cœur.

HOTEL DES FLANDRES 5, rue des Bons-Enfants © 02 35 71 56 88. Un petit hôtel discret mais tranquille, derrière la place du Vieux-Marché et pour un prix tout ce qu'il y a de plus raisonnable : 15 chambres de 95 F à 180 F (avec douche et double W.-C.).

CHAMBRE D'HOTES Philippe Aunay - 45, rue aux Ours © 02 35 70 99 68. *Chambres d'hôtes 3 épis. Ouvert toute l'année.* 3 chambres à réserver impérativement à l'avance (1 personne : 215 F, 2 personnes : 300 F, petit déjeuner compris). La famille est attachée à cette maison (XVe et XVIIe) depuis 6 générations ! Et vous accueille dans un cadre typiquement normand. Parking à proximité. Chiens admis.

HOTEL VERSAN ** 3, rue Jean-Lecanuet © 02 35 07 77 07. Bien placé (à deux pas de l'hôtel de ville), l'hôtel est confortable et offre toutes les commodités : salle de réunion, téléphone-fax, ascenseur, Canal + et Canal numérique, bar pour la clientèle. Calme (fenêtres avec doubles vitrages) et spacieux.. 34 chambres de 310 F à 355 F. Accueil agréable.

SE DETENDRE

ATELIER DU CYCLE ROUENNAIS 47, rue d'Elbeuf © 02 35 63 57 72. *Découvrez la ville à vélo pour 90 F/jour, 160 F/week-end, 390 F/semaine. Egalement location de scooters : 220 F/jour, 1 200 F/semaine et 3 600 F/mois (pour les retraits de permis !).*

CENTRE SPORTIF DE L'ILE LACROIX. *Piscine ouverte tous les jours de 10h à 21h30 (19h30 le week-end) pendant les vacances scolaires. Tarif : 17 F, tarif réduit : 13 F. Bassin olympique extérieur, fosse à plongeon et deux bassins intérieurs. Patinoire ouverte pendant les vacances scolaires toutes les après-midi de 13h30 à 17h30 et les mardis, jeudis, vendredis et samedis de 20h à 23h. Tarif : 23 F, tarif réduit : 18 F. Location de patins : 15 F.*

CYCLES LATOUR 11, rue Alsace-Lorraine © 02 35 71 52 69. *Location de vélo et de VTT : 70 F/1/2 journée, 120 F/jour, 200 F/week-end et 320 F/ semaine.*

FLASH 76 4, avenue Jean Rondeaux © 02 35 73 42 22. *Location de scooters 50 cm³ et de motos 125 cm³ (routière ou enduro selon disponibilité), assurance au tiers comprise. Scooter 50 : 345 F le week-end, 1 295 F la semaine. Moto 125 : 695 F le week-end, 1 495 F la semaine. Casque non fourni.*

GOLF DE ROUEN Mont-Saint-Aignan © 02 35 76 38 65

LE GUILLAUME LE CONQUERANT Rives de Seine Croisières - 72, rue Scheurer-Kestner - CAUDEBEC-LES-ELBEUF © 02 35 78 31 70. Organise des croisières sur la Seine entre Rouen et Vernon. Capacité 140 passagers et restaurant pour 115 convives.

MULTI PECHE NORMANDIE 117, route du Havre © 02 32 10 10 92. Vente de cartes de pêche des associations de la Belle Gaule de Rouen et du Gardon de Oissel. Permis à la journée.

PECHE ET CHASSE 272, route de Dieppe –DEVILLE © 02 35 74 82 97. Vente de cartes de pêche des associations de la Belle Gaule de Rouen et de la vallée du Cailly.

OU SORTIR ?

Vous trouverez toutes sortes de bonnes adresses dans le Petit Futé Rouen. Si Reporter ! Les salles sont nombreuses à Rouen et la programmation riche et variée. Voici une petite sélection de bars et discothèques.

LE BAROQUE 51, rue Saint-Nicolas © 02 35 89 44 43. *Fermé le dimanche et le lundi.* Un bar branché où se donne rendez-vous la jeunesse rouennaise dans une ambiance rouge et noire et sur fond de musique groove, funk ou techno. Baroque quoi !

LE BATEAU IVRE 17, rue des Sapins © 02 35 70 09 05. Monsieur Rimbaud ne l'aurait pas renié. Parfait pour la deuxième partie de soirée, on y écoute (en live bien sûr) toutes les sortes de musiques : blues, jazz, rock, reggae ou chanson française. Et tout le monde y trouve son compte.

LE BIG BEN 30, rue des Vergetiers © 02 35 88 44 50. *Karaoké du mardi au samedi.* Une institution à Rouen. Au pied du Gros Horloge, un vrai pub anglais et il y a du monde à tous les étages ! Idéal pour draguer, mais pour les moins de 30 ans !

LE BISTROT SAINT-MACLOU 246, rue de Martainville © 02 35 71 76 70. *Ouvert de 11h30 à 2h du matin.* Face à l'église du même nom, ce bar bien établi diffuse en boucle tous les vieux tubes français. Ambiance chaleureuse et tout public.

LA BOHEME 12-18, place Saint-Amand © 02 35 71 53 99. Une institution pour les quadras qui ont envie d'aller draguer sur des slows langoureux…

LE COCONUT'S CLUB 9, rue de Malherbe © 02 35 73 45 88. Pour entrer, il faut montrer patte blanche, mais une fois à l'intérieur, ça zouk à fond sur les musiques antillaises. Il fait chaud sous les palmiers et sur la piste de danse…

LE CROONER 73, avenue du Mont-Riboudet © 02 32 10 34 34. Les grands classiques des années 80 : Donna Summer, Michael Jackson… Clientèle ciblée : les 30-40 ans.

AU P'TIT BAR 5bis, rue Damiette © 02 35 88 88 86. Quand on dit que les Rouennais sont moroses, ici, c'est toujours plein à craquer. Une fois passée la petite devanture bleue, mieux vaut ne pas être claustrophobe !

LE PUB YESTERDAY 3, rue Moulinet © 02 35 70 43 98. Un vrai pub irlandais avec la bière qui mousse à gogo et une musique qui vous donne envie de bouger.

LA TAVERNE SAINT-AMAND 11, rue Saint-Amand © 02 35 88 51 34. Ici on boit, mais aussi on discute, de tout, de rien, mais toujours avec passion. C'est le rendez-vous des artistes et des intellectuels. On peut y manger tard (jusqu'à 12h30).

LE TRAXX 4bis, quai Ferdinand-de-Lesseps © 02 32 10 12 02. L'un des temples de la techno avec déco industrielle et débauche de lumières pour terminer la soirée, déchaîné ! La spécialité de la maison : les soirées mousse…

EMPLETTES

AUZOU 163, rue du Gros-Horloge © 02 35 70 59 31. *Ouvert le dimanche matin.* Un des grands noms du chocolat à Rouen et ça se sent en arrivant ! Nombreuses spécialités à déguster dont les fameuses "Larmes de Jeanne d'Arc".

CAVES JEANNE D'ARC 31, rue Jeanne-d'Arc © 02 35 71 28 92. Enfin un caviste avec une vraie cave : en surface, le magasin paraît petit, mais vous n'avez encore rien vu ! 400 m^2 de caves voûtées sont sous vos pieds avec des vins sélectionnés et qui ont eu le temps de se bonifier ! (le plus vieux : un Pétrus 1943…). Les prix ne sont pas donnés, mais on est sûr de la qualité. Soirées dégustation à thème. *Autre adresse : 8, quai de Danemar - DIEPPEDALLE-CROISSET 02 35 36 17 80.*

CAVES PIERRE NOBLE 1, rue des Faulx © 02 35 88 56 40. *Ouvert du mardi au samedi de 10h30 à 12h30 et de 15h30 à 20h.* 250 passionnés se sont regroupés pour monter leur cave et voilà ce que ça donne : des petits et des grands vins (et même quelques exclusivités !) choisis et goûtés par la maison, à des prix tout ce qu'il y a de plus raisonnables (beaucoup de très bons vins à 50 F). Et si avec ça vous n'avez pas encore assez confiance, sachez qu'il y a à tout moment 3 ou 4 bouteilles débouchées sur la table, histoire d'avoir votre avis (plus des soirées dégustations).

LA CHOCOLATIERE 18, rue Guillaume-le-Conquérant © 02 35 71 00 79. *Ouvert le dimanche de 7h30 à 20h.* La spécialité de la maison, ce sont "les Paillardises", un bonbon feuilleté au praliné qu'on fabrique depuis plus de 40 ans à Rouen. Grand choix de chocolats avec "les Pavés Gros Horloge" (truffé chocolat et parfum caramel) ou "les Pavés Vieux Marché" (praliné nougatine friable, enrobé de chocolat). Salon de thé du lundi au dimanche de 8h à 19h et du lundi au samedi formule midi à 41 F (tarte salée plus pâtisserie plus café).

LA FROMAGERIE DU VIEUX MARCHE 18, rue Rollon © 02 35 71 11 00. *Ouvert le dimanche matin.* Un vrai fromager affineur qui va vous dénicher exactement le morceau qu'il vous faut. Tous les fromages sont au lait cru, cela va sans dire. Un bon neufchâtel fermier, camemberts natures ou ensemencés au calvados (hum !), petits chèvres à point en saison. De quoi se concocter un vrai bon plateau de fromages !

JOLLIT Les Hallettes du Vieux Marché © 02 35 88 72 13. *Ouvert le dimanche matin.* Plus de 130 variétés et que du bon frometon et de la vraie tradition fermière. A fortiori pour les produits normands.

LE LUTIN BRASSEUR 62, rue Ganterie © 02 35 89 36 82. La bonne adresse pour les amateurs de bières en tout genre et accessoires (verres à bière, sous-bocks, tee-shirts, mètres de bières...) y compris les bières normandes (car il y en a !). Le maître des lieux est incollable et partage son enthousiasme. On peut lui demander conseil.

AGENDA

12 et 13 mai : Marché africain place de la Pucelle.

Du 21 au 27 mai : Fêtes Jeanne d'Arc (cérémonies officielles, marché médiéval).

Du 31 mai au 4 juin : Festival Voix de fête.

Du 14 au 16 septembre : Les puces rouennaises d'automne au parc des Expositions.

Septembre : Les Index, 5e Festival des éditions indépendantes (La Petite Fabrique d'Images).

Du 16 au 23 septembre : Festival "Ecoute s'il pleut" 6e Festival du jazz " qui se mouille..." (Tous dehors).

Fin septembre : Octobre en Normandie : un mois de concerts en Normandie.

Octobre et novembre : Foire Saint-Romain sur les quais bas rive sud.

Du 30 novembre au 2 décembre : 19e Festival du livre Enfant-Jeunesse – Quai bas Jean-Moulin.

Décembre : Marché de Noël, place de la cathédrale.

Janvier : Regards sur les cinémas africains et de l'hémisphère sud.

Janvier : Salon des artistes indépendants à la Halle aux toiles.

Janvier : Festival Tranches d'Europe Express.

Février : Les Puces rouennaises de printemps au parc des expositions./

Mars : Festival du cinéma nordique.

Avril : Foire internationale de Rouen au parc des expositions.

Avril : 24 heures motonautiques en Seine.

Et tous les 4 ans bien sûr, l'Armada, grand rassemblement international de voiliers.

RY

615 Ryais. Altitude : 75 m. Mairie : 02 35 23 60 61. Marché le samedi matin. Difficile ici de passer à côté du souvenir de Madame Bovary. Ry c'est le "Yonville l'Abbaye" du roman de Flaubert qui se serait inspiré en l'occurrence d'un fait divers : les amours malheureuses et scandaleuses d'une certaine Delphine Delamare. Signalons en passant que le docteur Eugène Delamare (qu'on peut deviner derrière le personnage de Charles Bovary) avait été en son temps l'élève de Flaubert père, alors chirurgien en chef à Rouen. Le monde est petit… Bref, on ne coupera pas à la traditionnelle petite flânerie littéraire ou au choix, à une visite "saute-mouton" du village autour des principaux lieux décrits par Flaubert dans son roman : la pharmacie Homais, l'étude de maître Guillaumin, la ferme Rollet, etc. Une bonne occasion de lire ou de relire ses classiques. Renseignements auprès du syndicat d'initiative.

SYNDICAT D'INITIATIVE DES TROIS VALLEES Maison de l'Abreuvoir © 02 35 23 19 90

Ouvert hors saison le samedi matin de 11h à 12h et de Pâques à octobre tous les jours de 10h à 12h et de 14h à 18h.

A VOIR ET A VISITER

LES ANCIENNES HALLES. Au pied de la mairie, elles sont devenues assez rares pour être mentionnées. On peut encore voir les crochets des bouchers et les vieux étals en bois alignés entre les piliers en fonte. Elles servent toujours pour le marché qui anime le village chaque samedi matin.

EGLISE SAINT-SULPICE. *Ouvert de 8h à 18h30 (17h en hiver).* Légèrement en retrait sur la hauteur, l'église (construite à partir du XIIe siècle) est surtout remarquable pour son très beau porche Renaissance en chêne et sa décoration d'inspiration italienne. On peut s'amuser à détailler les très fines sculptures des motifs religieux ou profanes : figures de saints, ornements stylisés, évocations de la vie militaire ou de la vie à la cour, etc. On admirera également la charpente, en carène de bateau renversée, et sa clé de voûte symbolisant Dieu le Père. L'église est couronnée d'une belle tour romane. A gauche de l'église en remontant, on peut voir la tombe de Delphine Delamare qui aurait inspiré le personnage de madame Bovary.

GALERY BOVARY - MUSEE D'AUTOMATES Place Gustave-Flaubert © 02 35 23 61 44. *Ouvert de Pâques à fin octobre, les samedis, dimanches, lundis et jours fériés de 11h à 12h et de 14h à 19h, en juillet et août, tous les autres jours de 15h à 18h. Tarifs : 30 F, étudiants 25 F et enfant 20 F.* Pour se rafraîchir la mémoire, ou pour ceux qui n'auraient pas lu le roman, voici mis en son et lumière les grands moments de la vie tragique d'Emma Bovary. Près de 500 automates ont servi à évoquer les principales scènes du roman. Et pour se mettre tout de suite dans l'ambiance : une reconstitution grandeur nature de l'ancienne pharmacie du village avec son comptoir. A noter : le bâtiment qui abrite le musée est un ancien pressoir du XVIIIe siècle.

AVIS
Plus de 500 agences à votre service
Informations et réservations N° Indigo 0 820 05 05 05 ou www.avis.fr
0,79 F TTC / MN

OU MANGER ET DORMIR ?

LE BOVARY Grand-Rue © 02 35 23 61 46. *Fermé le lundi soir et le mardi soir. Menus : 60 F (le midi en semaine), 95 F, 115 F, 135 F et 170 F. Service traiteur.* Une bonne adresse gastronomique avec en spécialités Tête de veau ou Saint-Jacques et toute la panoplie des desserts classiques.

L'HIRONDELLE Grande-Rue © 02 35 02 01 46. *Fermé le dimanche soir et le lundi. Menus 45 F (enfant), 65 F (2 plats + boisson, le midi en semaine), 85 F, 120 F, 155 F. Terrasse.* Thierry a apporté dans les brumes normandes un peu de son Sud-Ouest natal. Ici, on mange plutôt du cassoulet, de la salade landaise, du magret de canard sauce aux ceps ou du foie gras, des plats qui lui tiennent à cœur et qui vous tiennent bien au corps. L'ambiance est chaleureuse à souhait (cadre traditionnel avec cheminée), surtout les soirs de concert ou de café-théâtre (organisés une fois par mois, en général en début de mois).

AGENDA

Dernier dimanche d'août : Foire à tout.

Dernier week-end d'avril : Exposition avicole et fête foraine.

SAINT-AUBIN-SUR-SCIE

1 245 Saint-Aubinois. Altitude : 20 m. Mairie : 02 35 04 11 60.

OU MANGER ET DORMIR ?

AUBERGE DE LA BUCHERIE Hameau les Vertus © 02 35 84 83 10. *Fermé dimanche soir, lundi et mardi soir. Menus 95 F (en semaine), 140 F, 170 F.* Le Hameau des vertus se situe à environ 1 km après la sortie de Saint-Aubin en direction de Dieppe. Toute la déco vient d'être refaite dans ce restaurant plutôt cossu : couleurs gaies (rouge et jaune) très fleurie et terrasse pour l'été. Nous avons relevé sur la carte : une spécialité de foie gras (vient de la région), la marmite spéciale Bûcherie au safran, le tartare de biche et carpaccio de magret à l'huile de noisette et un bon choix de whiskies pour les amateurs.

V. ET G. LULAGUE D915 – Rouxmesnil-le-Haut © 02 35 84 14 89. *Ouvert toute l'année. 3 épis.* Dans une ancienne ferme, 5 chambres d'hôtes pouvant accueillir jusqu'à 14 personnes (1personne : 180 F, 2 personnes : 230 F à 250 F, 3 personnes : 300 F et 4 personnes : 350 F) avec séjour, jardin aménagé, portique et table de ping-pong.

SE DETENDRE

AERODROME DE SAINT-AUBIN-SUR-SCIE © 02 35 84 86 55. Parachutisme, baptêmes de l'air : une bonne adresse pour les adeptes des sports aériens.

HARAS DES VERTUS Hameau des Vertus © 02 35 82 55 31. *120 F la leçon de cheval. 110 F la leçon de poney.* Le centre organise aussi des stages d'initiation et de perfectionnement.

EMPLETTES

ANTIQUITE-BROCANTE DES VERTUS © 02 35 84 47 53. *Ouvert tous les jours de 14h30 à 19h.* Situé à l'entrée du hameau des Vertus à droite sur la hauteur. Beaucoup de meubles régionaux et en particulier de très belles armoires normandes.

PISCICULTURE VOUGA © 02 35 85 42 88. En sortant de Saint-Aubin, direction Offranville, sur la gauche. Pour ramener de belles truites vivantes ou fumées, rillettes de poisson, etc.

SAINTE-MARGUERITE-SUR-MER

506 habitants. Mairie : 02 35 85 12 34. La commune touche celle de Varengeville et c'est à peine si on s'aperçoit qu'on a changé de village : mêmes villas plongées dans la végétation, mêmes routes sinueuses, mêmes valleuses pour casser le rythme des falaises et des paysages à vous couper le souffle. On comprend que le coin soit recherché pour les résidences secondaires…

A VOIR ET A VISITER

L'EGLISE. C'est une jolie petite église romane qui renferme notamment un autel en pierre considéré comme le plus ancien du département (XIe). L'intérieur est intéressant aussi pour ses vitraux très colorés de Max Ingrand.

JARDIN LE VASTERIVAL © 02 35 85 12 05. *Ouvert tous les jours sur rendez-vous pour les groupes de 15 personnes minimum (s'y prendre plusieurs semaines à l'avance). Entrée : 130 F à 140 F. Visite guidée de 2h30.* Difficile de quitter Sainte-Marguerite-sur-Mer sans avoir visité Le Vastérival. La princesse Sturdza a consacré toute sa vie à la réalisation de ce jardin extraordinaire qui recèle une variété de plantes exceptionnelle, fruit de nombreuses recherches botaniques à travers le monde et entre autres hydrangeas, rhododendrons et hellébores... Le parc est fleuri toute l'année.

LE PHARE D'AILLY. Construit dans les années 50 à l'emplacement de l'ancien phare dynamité par les Allemands à la fin de la guerre, il est surtout intéressant pour le paysage exceptionnel qu'on peut embrasser du haut de ses 91 marches (le phare culmine à 105 m, au-dessus du niveau de la mer).

LE SENTIER DE NATURE . Près du phare, une promenade d'une heure pour découvrir cette partie de la réserve naturelle du bois de l'Ailly. On parcourt feuillus, conifères, lande à bruyères et mare de l'Ailly. Des petites pyramides en bois informent sur la faune et la flore. Attention à l'humidité du sol, il vaut mieux être bien chaussé.

OU MANGER ?

LA BUISSONIERE © 02 35 83 17 13. *Menus 175 F et 245 F.* A la sortie de Varengeville, le restaurant est fléché. Au bout de son allée d'hortensias, il ressemble plus à une demeure particulière et la maîtresse de maison s'empresse de nous accueillir. C'est elle qui a réalisé la déco, tout à son image : féminine, chaleureuse, en douceur. Plafond blanc, tissus fleuris, nappes printanières… En cuisine, on aime les herbes avec d'heureux mariages : filet de sole au saumon fumé, pâtes fraîches et basilic, noisette d'agneau rôtie à la fleur de thym. Bref, le genre de restaurant où l'on est aux petits soins…

EMPLETTES

LIN ET L'AUTRE Route du phare d'Ailly © 02 35 04 93 37. *Ouvert tous les jours, sauf mercredi et jeudi de 14h à 18h.* Tenue par un jeune couple, cette petite cabane au fonds des bois… propose tout un choix d'articles en lin : linge de table et linge de lit, prêt à porter, tabliers de jardins…

RETROUVEZ-NOUS SUR LE NET
www.petitfute.com

SAINT-LEONARD

OU MANGER ?

AUBERGE DU FOND PITRON RD940 © 02 35 27 33 53. *Fermée le mardi. Menus à 75 F (en semaine), 95 F, 135 F et 190 F.* En fond de vallée, en plein virage, l'auberge a un petit cachet bien à elle qui fait qu'on a envie de s'arrêter. L'endroit est convivial et on y fait comme nulle part ailleurs les côtes de veau cauchoises. Reste à savoir si l'auberge qui doit changer de propriétaire continuera sur cette lancée…

AUBERGE DE LA ROUGE Route du Havre © 02 35 28 07 59. *Menus à 105 F, 165 F, 198 F, 300 F (menu gastronomique). Salles et salons particuliers pour réceptions et séminaires. Restaurant fermé le dimanche soir et les lundis non fériés. Hôtel de 8 chambres de 350 F à 400 F. Petit déjeuner : 40 F.* Par le passé, le restaurant aurait été tenu par une dame à la chevelure flamboyante qui aurait donné à l'auberge son nom et sa couleur. Le cadre est feutré, douillet, le service très souriant et la cuisine de Thierry Enderlin (élève d'Alain Ducasse…) de main de maître ! Variations sur un produit de la pêche locale, huîtres au kilo ou canard à la rouennaise : on peut se laisser aller à quelques petits excès…

SAINT-MACLOU-LA-BRIERE

A VOIR ET A VISITER

ECOMUSEE DE LA POMME ET DU CIDRE Domaine de la Brière © 02 35 27 70 30. *Ouvert en juillet et août de 10h à 12h et de 14h à 18h, les week-ends et vacances scolaires de 14h à 18h, le reste de l'année sur rendez-vous (groupes). Fermeture annuelle en janvier. Accessible aux handicapés. Tarif : 20 F, tarif réduit : 15 F. Une dégustation de cidre ou de jus de pommes est comprise dans le prix. Possibilité de louer sur place un gîte pour 4 personnes de 900 F à 1 650 F la semaine.* De la pomme au cidre, on découvre toute la chaîne de fabrication (les enfants pourront même mettre les bouchons !) et le matériel qui va avec (pressoir, alambics, ramasseuses de pommes, mais aussi tire-bouchons, pichets en grès, bouteilles...). De mai à septembre, on peut en profiter aussi pour visiter le verger et entre le 15 octobre et le 15 décembre (du lundi au vendredi) pour assister au brassage des pommes. A la fin du parcours, une boutique propose une quinzaine de produits à base de pomme (bonbons, cidre, eau-de-vie de cidre, vinaigre de cidre…).

SAINT-MARTIN-DE-BOSCHERVILLE

1 524 Boschervillais. Altitude : 26 m. Mairie : 02 35 32 00 08. Marché le samedi matin place de l'abbaye. Dans son écrin de verdure, ce très joli petit village, dominé par son imposante abbaye mérite le détour. Une agréable promenade d'environ 2 km permet de rejoindre les berges de la Seine depuis l'abbaye par la chaussée Saint-Georges.

A VOIR ET A VISITER

ABBAYE SAINT-GEORGES DE BOSCHERVILLE. *Ouvert tous les jours, sauf le 25 décembre et le 1er janvier, du 1er octobre au 31 mars de 14h à 17h, du 1er avril au 31 mai de 9h30 à 12h et de 14h à 19h, du 1er juin au 30 septembre de 9h à 19h. Visite libre. Tarif : 25 F (jardin et abbaye), tarif réduit : 20 F, gratuit pour les moins de 12 ans.* Sa sobriété, ses proportions harmonieuses en font l'une des étapes les plus remarquables sur la route des abbayes du val de Seine. Elle avait été construite au XIIe siècle (à l'emplacement d'une ancienne collégiale) pour l'arrivée d'une nouvelle communauté bénédictine selon un plan classique avec une nef à trois niveaux et une tour lanterne. On peut visiter librement l'abbatiale mais l'achat d'un billet d'entrée donne accès à la salle capitulaire (fin XIIe) dont on peut détailler l'architecture remarquable et les très beaux chapiteaux historiés récemment restaurés (on remarquera au passage la tombe de Jean Lecanuet, trente ans maire de Rouen, qui a eu le privilège d'y être inhumé !) ainsi qu'au bâtiment conventuel de la fin du XVIIe siècle et aux jardins à la française. Après plus de dix ans de travail, ces derniers sont désormais parfaitement restitués (l'inauguration est prévue pour 2002) avec leurs terrasses, leurs potagers, leurs vergers, le jardin des plantes médicinales et les murs d'enceinte et au sommet : le pavillon des vents, d'où la vue sur la vallée est superbe, mais comme son nom l'indique, il y fait l'hiver un froid glacial !

MANOIR DES TEMPLIERS Le Génétey © 02 35 32 02 71. *Ouvert 2 week-ends de septembre (les 8 et 9 et 15 et 16 septembre) avec animations, visites "promenades" commentées, contes, distribution gratuite de boutures... Tarif 25 F. Sur rendez-vous toute l'année pour les groupes. Accès libre pour le parc de Pâques à la Toussaint.* Situé au sud-est de l'abbaye (accès possible à pied par le GR2), cet ancien manoir templier du XIIe siècle était mentionné en 1449 comme étant une dépendance de l'aumônerie de l'abbaye de Saint-Georges. Très bien conservé et restauré, c'est un beau et rare témoin de l'architecture civile gothique.

OU MANGER ?

LA VIEILLE AUBERGE 81, route de Duclair © 02 35 32 00 01. *Fermé le dimanche soir, le lundi et le mercredi soir. Menus : 100 F (le midi, en semaine), 149 F, 215 F, 295 F.* Une bonne table des environs de Rouen où se massent les habitués. L'ambiance est cossue, style “vieille France” avec le vaisselier et sa rangée d'assiettes anciennes qui trône dans l'entrée. Le restaurant s'est surtout fait une réputation pour la préparation des poissons mais aussi pour sa fameuse tarte normande chaude sur la carte depuis 20 ans ! Enfin, c'est un des très rares endroits où l'on apporte encore le café avec la cafetière ! Pour ceux qui voudraient un peu de rab...

EMPLETTES

LE MARCHE DE NICOLAS © 02 35 32 00 20. *Ouvert le jeudi et le vendredi de 16h à 19h30, le samedi de 9h à 13h et de 15h à 19h, le dimanche de 9h à 12h30.* Ce maraîcher propose un large choix de légumes de saisons. Pour ceux qui aiment les produits 100 % naturels.

LA MAROTTE Place de l'Abbaye © 02 35 32 10 01. *Ouvert du mardi au vendredi de 10h à 12h et de 14h30 à 17h, le samedi et le dimanche de 14h30 à 19h.* On entre dans le magasin comme dans un petit chez soi, une belle maison normande envahie de bibelots et ça donne envie de tout acheter ! D'un côté la partie déco avec ses objets en fer forgé, ses tissus de maison, ses lampes néo-rustiques, de l'autre la partie brocante où l'on peut dénicher quelques beaux meubles anciens. On y va pour se faire plaisir et on ressort rarement les mains vides. De plus, le magasin n'est pas difficile à trouver : juste au pied de l'abbaye !

AGENDA

5 et 6 mai : Salon de peinture.
8 et 9 novembre : Fête d'automne avec marché fermier et Journée de la Randonnée.
Dernier dimanche de novembre : Marché de Noël.

SAINT-MARTIN-DU-BEC

619 habitants. Mairie : 02 35 20 21 89. Un charmant petit village qui s'étire dans la campagne. "Bec", c'est le ruisseau en vieux normand : la Lézarde prenant sa source à et endroit, au pied du château exactement. On peut aller jeter un coup d'œil à l'église Saint-Martin de la fin du XIe, début XIIe siècle (et ses fonts baptismaux de la fin du XIIe siècle) ainsi qu'à la ferme des Indes (route des Indes) dotée d'un rare colombier carré.

A VOIR ET A VISITER

ASSOR BD – LES EDITIONS DU BEC 3, clos du Parc © 02 35 55 79 06. Pour les fondus de BD, c'est une adresse à retenir. Non seulement ici on aime les bulles mais aussi l'histoire, et pour être précis l'histoire de la Normandie. Dernière sortie en date une BD sur Guillaume le Conquérant et à l'automne une autre sur Richard Cœur de Lion et le tome 3 de Svein-Compagnon d'Hasting.

LE CHATEAU DU BEC. Au bord de la route, ce château très imposant avec son châtelet d'entrée Renaissance est typique du style cauchois Louis XIII avec ses façades en damiers de pierre et silex en blanc et noir et briques rouges. L'origine de la forteresse remonterait au XIe siècle (on remarquera les douves). Le château (privé) est classé à l'inventaire des monuments historiques.

L'OBSERVATOIRE. *Permanence les samedis après-midi.* En bordure du village se trouve l'observatoire qui appartient à la société astronomique du Havre. Et depuis peu, on peut flâner dans le village, la tête dans le ciel : La grande promenade du système solaire est un parcours pédestre qui consiste à passer de planète en planète (matérialisées sur le terrain avec panneau explicatif) à l'échelle d'un milliardième (exemple : entre le soleil, point de départ de la promenade et Mercure : on aura parcouru un milliardième de la distance réelle !). Avec un peu de courage, on poussera jusqu'à Pluton…

SAINT-MARTIN-EN-CAMPAGNE

1 113 Saint-Martinais. Altitude : 118 m

DISTRICT DU PETIT CAUX Rue du Val-des-Comtes © 02 35 83 17 57. Ce district, créé en 1982, regroupe 18 communes qui mettent en commun leurs compétences dans le domaine de la vie quotidienne. C'est le district qui gère notamment le complexe de Ludibulle.

SE DETENDRE

LUDIBULLE Rue de l'ancienne foire © 02 35 85 84 84. Un complexe de loisirs regroupant une piscine avec toboggan, bains bouillonnants et saunas. Tarifs : 28 F, TR 18 F pour les moins de 15 ans. Gratuit pour les moins de 5 ans. Une patinoire avec disc-jockey et un centre de remise en forme proposant musculation, squash et fitness solarium.

SAINT-MARTIN-OSMONVILLE

778 habitants. Altitude : 176 m.

OU MANGER ?

AUBERGE DE LA VARENNE 2, route de la Libération © 02 35 34 13 80. *Fermé le dimanche soir. Menus 105 F, 125 F, 145 F, 175 F, 220 F.* Plus tranquille dans le petit village de St-Martin-Osmonville mais le même standing et la même carte qu'au restaurant du Roy à Yvetot : c'est la même maison. D'ailleurs on ne se lasse pas des bonnes choses…

SAINT-MAURICE-D'ETELAN

211 habitants

CHATEAU D'ETELAN © 02 35 39 91 27. *Ouvert du 15 juillet au 31 août tous les jours de 14h30 à 18h30 sauf le mardi. Entrée : 25 F, gratuit pour les enfants de moins de 10 ans. Visite de la chapelle et du parc de 10h30 à 12h30 (sauf le mardi). Entrée : 15 F. De Pâques à La Toussaint, uniquement sur rendez-vous.* En briques rouges et pierres blanches, le château de style gothique flamboyant XVe siècle est d'une rare élégance. Il est doté d'une remarquable tour d'escalier Renaissance et possède dans sa chapelle un ensemble unique de vitraux, statues et peintures.

OU MANGER ?

LA CHAUMIERE 10, rue du Village © 02 35 39 91 28 *Menus à 135 F et 190 F. Fermé dimanche soir et lundi.* La maison est charmante avec son lourd toit de chaume et son crépi ocre, on la croirait tout droit sortie d'un conte de Blanche-Neige… En tout cas, ça donne envie d'aller se mettre au chaud et les pieds sous la table, déguster une bonne choucroute de poisson ou un petit filet de canard aux copeaux de foie gras frais… Très bon accueil.

SAINT-PIERRE-DE-MANNEVILLE

789 Mannevillais. Mairie : 02 35 32 07 07.

A VOIR ET A VISITER

EGLISE SAINT-PIERRE. Bel édifice du XVIe siècle. A l'intérieur, on peut signaler une poutre de gloire du XVIIe siècle ainsi que des fonds baptismaux et un retable de bois polychrome datant de la même époque.

MANOIR DE VILLERS 30, route de Sahurs © 02 35 32 07 02. *Tarif : 30 F, tarif réduit : 15 F (enfants et handicapés). Manoir : visite guidée d'avril à octobre, le samedi de 14h30 à 17h30, le dimanche et jours fériés de 15h à 18h30. Parc : ouvert tous les jours du 1er mai au 30 septembre (sauf jeudi et vendredi), de 14h30 à 17h30. Expositions régulières.* C'est une ancienne maison de maître construite vers 1580, transformée et agrandie au XIXe siècle pour donner ce grand manoir néo-normand. Il appartient à la même famille depuis la seconde moitié du XVIIIe siècle. On peut en visiter quelques pièces avec une intéressante collection de vases, vaisselle, mobilier familial qui racontent l'art de vivre au fil du temps. On apprend ainsi ce qu'était autrefois un pot pourri, un bouillon d'accouchée ou un meuble de curiosité (un exemplaire unique), ou comment on disposait les couverts à l'envers pour mettre en valeur les armoiries. La maîtresse des lieux accueille elle-même ses visiteurs et les invite ensuite à passer au jardin. Sur 4 ha de verdure, on peut humer l'air librement, se perdre dans le jardin des secrets, fouler du pied les boulingrins (bassins décaissés où l'on jouait autrefois à la boule : le bowling-green), flâner autour de la pièce d'eau et de ses massifs d'hydrangeas, découvrir le tout nouveau jardin des camélias ou pousser jusqu'au petit chalet où sont régulièrement organisées des expositions. Enfin, la Seine n'est pas loin, au bout du parc exactement et avec un peu de chance, on pourra voir les bateaux passer… comme s'ils glissaient sur les pelouses…

OU DORMIR ?

E. & J. BERNARD 78, rue Bas © 02 35 32 07 13. *Chambres d'hôtes. 2 épis. Ouvert toute l'année. 4 chambres et jusqu'à 9 personnes (1 personne : 160 F, 2 personnes : 210 F, 3 personnes : 300 F, 4 personnes : 400 F et 5 personnes : 500 F).* Au calme dans une ferme typique à colombages. On peut profiter du jardin et de la bibliothèque. Goûters à la ferme et visites de l'exploitation à partir de 15 personnes.

SAINT-SAENS

2 584 Saint-Saënnais. Altitude : 110 m. Mairie : 02 35 34 51 19. Marché le jeudi matin. Un petit bourg coquet, avec ses maisons en briques et sa place centrale où bat le cœur des habitants. Le genre de petite ville où il fait bon flâner, au fil des rues et sur les bords de la Varenne… Mais aussi une ville active et qui n'a pas peur de prendre des initiatives (spectacles culturels, retransmission de concerts en vidéo grand écran, cinéma…). Saint-Saëns viendrait du nom d'un moine irlandais Saen qu'on peut traduire aujourd'hui par Jean. C'est lui qui en l'an 675 fonda un monastère sur les rives de la Varenne, en lisière de la forêt d'Eawy. Peu à peu le monastère attira la population et les habitations qui finirent par constituer le bourg. Et dans la foulée, au XVIIe siècle exactement, on décida d'ajouter un "S", à la fin de Saint-Saen, pour faire plus joli sans doute…

LA FORET D'EAWY

L'une des plus majestueuses forêts de Seine-Maritime avec plus de 7 000 ha de hêtraie. De Saint-Saëns, on peut s'y enfoncer à partir du nord de la ville, en suivant le sentier de grande randonnée du pays de Bray (prendre la rue Pierre-Brossolette puis le chemin aux galets).

SYNDICAT D'INITIATIVE Place Maintenon ✆ 02 35 34 57 75/02 35 34 51 19

Ouvert du lundi au samedi de 9h à 12h30 et de 14h à 17h30. N'hésitez pas à pousser la porte, vous trouverez ici des dépliants sur la ville mais aussi sur les randonnées à faire en forêt d'Eawy.

A VOIR ET A VISITER

EGLISE SAINT-SAENS. On croirait presque l'abbatiale Saint-Georges-de-Boscherville mais… pas tout à fait quand même. Non, ce n'est pas une illusion, l'église de Saint-Saëns, construite à la fin du XIXe siècle, a bien été copiée sur l'abbatiale. Certes, on pourra dire qu'il s'agit d'une pâle copie ou comme on voudra, d'une mignonne petite église parfaitement intégrée au bourg. Curieusement, on peut y admirer de superbes vitraux XIVe et XVIe. Ceux-ci ont été récupérés de l'ancienne église romane qui existait à cet emplacement.

LA FONTAINE DILLARD. De la place de Saint-Saëns, on se souvient en général de deux choses. Des cabines téléphoniques anglaises et… bien sûr de la fontaine Dillard. Installée ici en 1900, elle doit son existence à un certain Louis-François Dillard, maire de la commune à la fin du XIXe siècle.

MAISON DES XVE et XVIE SIECLES 27, rue des Tanneurs. Devant l'avancée des troupes espagnoles qui menaçaient de s'emparer de la ville, Henri IV n'avait rien trouvé de mieux que d'allumer en 1592 un grand incendie, livrant ainsi au feu beaucoup de témoignages qui auraient pu être conservés de cette époque. Cette maison rescapée est donc assez rare pour être signalée. Et de plus la promenade pour y aller, longeant la Varenne est un véritable délice. Mieux, on peut même y faire étape, la maison abritant aujourd'hui des chambres d'hôtes.

MOULIN Rue du Docteur-Vassaux. Comme beaucoup de cours d'eau de la région, la Varenne était autrefois parsemée de moulins. Et comme beaucoup de cours d'eau aujourd'hui, elle les a vus, tous disparaître les uns après les autres, sauf… un, et le voici. Il est daté de 1779 et doté d'une belle roue à aubes.

PRESSOIR A POMMES - ESPACE LE GARAGE Rue du Général-de-Gaulle. On n'est plus étonné d'en voir dans la région ! Mais ce pressoir en bois des XVIIe et XVIIIe siècles est très bien conservé. A proximité se trouve l'espace culturel le Garage qui accueille régulièrement des expositions. Pour le programme se renseigner auprès de l'Office de tourisme (02 35 34 57 75).

OU MANGER ?

LA MARMITE DE SAINT-SAENS 23, place Maintenon ✆ 02 35 34 38 93. *Fermé les lundis et mardis. Menus : 65 F (entrée + plat), 79 F (entrée, plat et dessert). Terrasse. Parking sur place.* Sur la place centrale du village, dans une belle maison du XVIIe siècle, La Marmite vous accueille pour une petite halte terroir. Ici on peut manger copieusement sans vider son portefeuille. Commencer par une bonne tartine de foie gras ou de saumon fumé et enchaîner sur des plats traditionnels à base de pommes, de crème et de neufchâtel. Et le chef cuisine directement devant vous… comme à la maison !

RESTAURANT DU GOLF Golf - Hameau du Vaudichon © 02 35 34 25 24. *Ouvert tous les midis et le soir sur réservation. Groupes séminaires. Menu complet à 80 F.* Très bien situé, avec une vue imprenable sur les greens, le domaine (beau colombier en brique) et la forêt d'Eawy, le restaurant (aménagé dans le manoir du Vaudichon) n'est pas seulement réservé aux golfeurs ! Bonne cuisine traditionnelle (c'est la même maison que la Marmite) et accueil sympathique.

EMPLETTES

FLEURISTE GERARD MALLET 15, place Maintenon © 02 35 34 51 35. *Ouvert de 9h à 19h30. Fermé le lundi.* C'est une figure locale. Et quand on entre dans sa boutique, et qu'on le voit sur une photo, poussant dans une brouette un énorme chou, on a tout compris ! Le voilà, le grand sauveur du chou de Saint-Saëns, sans qui cette espèce rustique et au goût si caractéristique, ce monstre qui peut atteindre 1,30 m d'envergure aurait depuis été rayé de la terre. Rien que par curiosité, entrez voir et pourquoi pas demandez-lui en un… mais vous êtes sûr d'en manger toute la semaine !

LE VERGER DE LA VARENNE 2, rue Raymond-Poincaré © 02 35 34 52 31. En fait de verger, on n'y trouve pas que des produits du jardin, mais tout ce qui se fait de bon sur le coin : des neufchâtel bien sûr mais aussi de la bière normande, du sucre de pomme de Rouen, des confitures de Saint-Wandrille et des bonnes petites conserves de lapin… pour composer à la carte son panier.

SE DETENDRE

CANOE-NATURE 12, rue des Tanneurs © 02 35 34 87 40. Pour louer un canoë-kayak et descendre les rivières, avec des parcours de durées diverses, sur les eaux calmes ou vives de la Varenne, de la Béthune, de la Scie, de l'Eaulne ou de l'Yères. Demandez le programme…

ECOLE D'EQUITATION C.DAGICOUR-CUVILLIEZ Rue Pierre-Brossolette © 02 35 32 07 89. A la sortie de la ville, juste à la lisière de la forêt d'Eawy, une très belle école d'équitation pour apprendre à monter, depuis l'initiation jusqu'à la compétition.

GOLF DE SAINT-SAENS Hameau du Vaudichon © 02 35 34 25 24. Au pied de la forêt d'Eawy, ce golf 18 trous s'étend sur 85 ha. Il organise des stages d'initiation et de perfectionnement. Compter 220 F le green-fee en semaine (300 F le week-end). Bar et restaurant sur place avec une salle de billard américain et un club-house.

AGENDA

20 mai : Peintres en liberté : les artistes sont dans la rue, animations de rue, remises de récompense, etc.

Jeudi de l'Ascension : promenade découverte de Saint-Saëns, sous la conduite de Claude Fournier, le monsieur "histoire locale".

16 et 17 juin : Biennale de la sculpture. Installations d'artistes dans la rivière de la Varenne.

Marchés de nuit (les vendredis 22 juin avec la fête de la musique, 13 juillet et 3 août avec théâtre de rue).

Le 26 août : Marché artisanal au Vivier.

Dernier week-end de septembre : Exposition Plantes et fruits brayons.

Dimanche 14 octobre : Fête du livre.

Week-end de Pâques : Exposition de peinture au Vivier.

SAINT-VALERY-EN-CAUX

4 595 Valériquais. Chef-lieu de canton. Marchés le vendredi et le dimanche de juin à septembre. Ce charmant petit port a une histoire déjà ancienne. Elle remonte au VIIe siècle avec la fondation d'un premier monastère par saint Valéry. Peu à peu le bourg se constitue et en 990 la paroisse est apportée en donation par Richard Ier aux moines bénédictins de Fécamp qui entament la construction du port. La suite sera une longue série de transformations et d'améliorations qui permettent son essor économique. On pêche ici le hareng, le maquereau et la morue. En même temps, d'autres activités se développent et en particulier la filature. Puis le tourisme. Niché au creux de ses falaises monumentales, le village ramassé autour se son bassin vaut le coup d'œil. Beaucoup d'écrivains, de peintres viennent et viendront battre son pavé : Victor Hugo, Gustave Flaubert, Sacha Guitry, etc. Malheureusement la Seconde Guerre mondiale a frappé très durement la ville qu'on a appelée parfois le "Dunkerque normand", c'est dire... L'année 40 voit la destruction par les troupes allemandes de plus des deux tiers de la ville qui mettra des années à s'en remettre. Aujourd'hui Saint-Valéry-en-Caux est devenue la station familiale par excellence. Au cœur du Caux maritime, elle sert de point de départ à de nombreux circuits. Vite dépassée par la concurrence de ports plus dynamiques comme Dieppe ou Fécamp, Saint-Valéry-en-Caux a très tôt délaissé la pêche pour privilégier son port de plaisance bien situé et bien équipé (avec 600 anneaux). Une étape qu'il ne faut pas négliger donc.

i OFFICE DE TOURISME Maison Henri IV – Quai de la Batellerie (face à la capitainerie) © 02 35 97 00 63

Ouvert tous les jours du 1er mai au 15 septembre et pendant les vacances scolaires de 10h à 13h et de 15h à 19h. Le reste de l'année, du mercredi au dimanche de 10h à 12h30 et de 14h30 à 18h30. Face au port, installé dans la plus ancienne maison de Saint-Valéry-en-Caux, on ne peut pas le manquer.

PAYS D'ACCUEIL DU CAUX MARITIME © 02 35 97 00 10. Pour avoir une information complémentaire sur les circuits "découverte" du Caux maritime et les manifestations.

A VOIR ET A VISITER

MUSEE-MAISON HENRI IV. *Ouvert du 1er juillet au 31 août, tous les jours de 11h à 13h et de 15h à 19h. En juin et septembre, du mercredi au dimanche. Le reste de l'année, les week-ends, jours fériés et vacances scolaires. Pour les groupes (minimum 15 personnes), ouverture sur réservation. Fermé en janvier et février. Entrée : 10 F. Visite guidée : 20 F (donnant accès aux expositions). Visite guidée prolongée par le quartier Saint-Léger : 25 F. Gratuit pour les enfants de moins de 10 ans accompagnant leurs parents. Accès libre pour le mémorial de la Seconde Guerre mondiale et les expositions artistiques.* Face au port, la maison Renaissance est un petit bijou de l'architecture locale. Une inscription de 1540 sur son linteau rappelle qu'elle fut construite par l'armateur Guillaume Ladiré. De ses voyages, notamment en Amérique du Sud, il a rapporté de nombreux souvenirs qu'il a tenté de fixer dans le bois de la façade. Ainsi, on voit par exemple un homme en train d'abattre un arbre ou un autre agenouillé contemplant le soleil. La maison a été baptisée maison Henri IV sans doute par erreur puisque c'est plus vraisemblablement Henri II qui y aurait fait un court séjour en 1550. L'étage est consacré au musée d'histoire locale. Cinq salles sont dédiées au premier propriétaire de la demeure et exposent une collection d'objets et meubles traditionnels évoquant le Saint-Valéry d'autrefois. La salle marine retrace comme son nom l'indique le passé maritime de la ville. Enfin, en redescendant, on peut compléter la visite par le mémorial de la Seconde Guerre mondiale qui rappelle une époque plus troublée de l'histoire de Saint-Valéry.

LA CHAPELLE NOTRE-DAME-DU-BON-PORT. Cette chapelle de construction récente (1963) est intéressante surtout pour sa partie intérieure. Décorée de vitraux d'André-Louis Pierre, elle abrite aussi des ex-voto marins. Remarquez aussi la toiture en forme de coque de bateau renversée, inspirée de l'architecture norvégienne.

LE CLOITRE DES PENITENTS ET SA CHAPELLE. Toujours derrière la maison Henri IV, une petite ruelle débouche sur l'ancien couvent des Pénitents (XVIIe) transformé en hospice. Le cloître a été en partie détruit pendant la Révolution et il ne reste plus aujourd'hui que 14 arches.

L'EGLISE PAROISSIALE. Au cœur de l'ancienne cité, l'église de Saint-Valéry édifiée au XIIIe siècle et reconstruite au XVIe siècle abrite le vitrail dit de "la 51e" offert par l'Ecosse aux Valeriquais. Il commémore ce mois de juin 1940 lorsque les troupes franco-britanniques (dont la 51e Higland Division) se trouvèrent encerclées par les unités allemandes.

PANORAMA. Au pied du casino, un escalier monte jusqu'aux falaises. Les marches ont l'air raides vues d'en bas, mais la petite grimpette sportive terminera la visite de Saint-Valéry en beauté. Là-haut c'est la campagne, les prairies, les chemins de terre et la mer absorbe les lumières du ciel. Si l'ascension n'a pas été trop éprouvante, on peut continuer la balade en surplomb des falaises par le GR21. Sinon, contentez-vous d'aller voir le monument de Costes et Bellonte commémorant le passage au-dessus de Saint-Valéry du premier vol Paris-New York.

LE QUARTIER SAINT-LEGER. Derrière la maison Henri IV s'ouvre le quartier des pêcheurs. Réhabilité il y a une dizaine d'années, c'est encore là que bat l'âme des Valeriquais. On ne saurait donc trop vous recommander d'aller y jeter un coup d'œil. C'est l'endroit idéal pour flâner, se perdre dans ses petites ruelles et faire des découvertes.

OU MANGER ET DORMIR ?

L'EDEN Place du marché © 02 35 97 11 44. *Hôtel 7 chambres de 170 F à 290 F. Petit déjeuner : 27 F. Demi-pension : 225 F. Animaux acceptés. Restaurant ouvert d'avril à octobre et tous les week-ends. Menus 78 F (semaine), 98 F et 138 F.* Pour avoir du soleil, c'est là qu'il faut descendre ! L'hôtel, qui porte bien son nom, est tenu par un Arlésien (avè l'accent !) et ça se voit ! L'intérieur est clair, le restau aux couleurs de la Provence et on y mange des moules délicieuses (demandez les moules crème et oignons). De plus, l'hôtel est très facile à trouver : sur la place centrale de Saint-Valéry.

LA MARINE 113, rue Saint-Léger © 02 35 97 05 09. *Ouvert du 15 février au 15 novembre. Menus : 67 F (sauf samedi soir, dimanche et jours fériés) 97 F, 137 F et 180 F. Hôtel de 7 chambres de 185 F à 255 F. Petit déjeuner : 30 F.* Un endroit calme situé dans une petite rue de la vieille ville, derrière la maison Henri IV. Les chambres sont propres, meublées en style normand et bien équipées. Les salles du restaurant viennent d'être rénovées. A l'honneur sur le menu : la raie au cidre, les bulots farcis à l'ail et en dessert, les crêpes à la confiture de cidre.

LES REMPARTS 4, rue des Bains © 02 35 97 16 13. *19 chambres de 185 F à 350 F. Petit déjeuner : 35 F. Animaux acceptés. Restaurant ouvert du 1er avril au 1er novembre. Menus 70 F (en semaine), 105 F et 170 F.* Ne cherchez pas les remparts dans la ville : il n'y en a pas. C'est juste une métaphore, les remparts, ce sont tout simplement les falaises ! L'accueil est familial. Les chambres douillettes sont meublées rustiques (demandez le ciel de lit !). Et le restaurant est maison. On n'en demande pas plus.

Pays d'Accueil Touristique du

CAUX MARITIME

A mi-chemin entre Dieppe et Fécamp, le Caux Maritime vous accueille et propose pour votre séjour :

des hébergements, des restaurants , des lieux de visite,

des itinéraires à la découverte du patrimoine naturel et culturel

des loisirs variés sur la Côte d'Albâtre et en Pays de Caux

Demandez notre guide d'accueil et notre calendrier d'animation à :

OFFICE DE TOURISME DE POLE DU CAUX MARITIME Maison Henri IV - BP 27
76460 Saint-Valery-en -Caux
Téléphone 02 35 97 00 63
Fax 02 35 97 32 65

E-mail : OTSI.ST.VALERY.EN.CAUX@wanadoo.fr

CAUX MARITIME VAGUES ET VERDURE

LES TERRASSES 22, rue Le-Perrey © 02 35 97 11 22. *Hôtel 2 étoiles. 12 chambres de 220 F (1 personne) à 350 F (2 personnes).Petit déjeuner 35 F. Demi-pension : 650 F (pour 2 personnes). Restaurant : menus à 90 F, 130 F et 198 F. Fermé au mois de janvier.* Il ne faut pas s'arrêter à la façade, franchement peu avenante, il est vrai ! Mais l'hôtel est l'un des mieux situés, avec vue sur la mer. La déco est un peu tristounette, mais les chambres sont confortables. Et le restaurant s'inscrit dans une bonne tradition maritime avec des produits frais, spécialités de poisson, saumon rôti, maquereau sauce moutarde ou cabillaud à la normande.

LA PASSERELLE © 02 35 57 84 11. *Restaurant du Casino. Ouvert toute l'année. Menus : 85 F (midi), 115 F et 150 F.* Ambiance paquebot pour ce restaurant spécialisé (on s'en serait douté) dans les produits de la mer : bouillabaisse, filet de bar au basilic et bon choix d'huîtres. Avec en prime la vue panoramique sur la mer pour sentir l'air du large. Ce qui est dans l'assiette est bon mais on paye aussi le cadre.

FALAISE D'AMONT © 02 35 97 05 07. *Ouvert du 15 mars au 15 novembre. 60 emplacements.* Agréable camping municipal surplombant la plage.

HENRI IV 16, route du Havre © 02 35 97 19 62. *Hôtel 2 étoiles. 19 chambres de 185 F à 295 F. Petit déjeuner : 37 F. Animaux acceptés.* Petit hôtel très sympathique dans une maison de caractère en brique (aux beaux jours, on peut prendre son petit déjeuner dans le patio...). La gérante de l'hôtel est un vrai boute-en-train. C'est aussi une passionnée d'aviation : elle peut donner des tuyaux à ses clients qui voudraient découvrir la région… d'en haut. Entre nous, il paraît qu'ils reviennent subjugués !

ETENNEMARE © 02 35 97 15 79. *Camping. Ouvert toute l'année. 116 emplacements. Forfait journalier pour 2 personnes : 78 F. Personnes supplémentaires : 16 F adulte, 10 F enfant. Bungalows en saison, 1 950 F à 2 200 F la semaine. Hors saison, 1 680 F à 2 000 F.* Superbe camping municipal luxueux (4 étoiles) avec commerces et loisirs à proximité, à 1 km de la ville et près des bois d'Etennemare. Sur place, salle de réunion, animations pour enfants et épicerie l'été.

PORCHER © 02 35 97 88 05. *Chambres d'hôtes. 2 épis. Propose 3 chambres pouvant accueillir 9 personnes. 1 personne : 200 F, 2 personnes : 270 F et 3 personnes : 330 F.*

SE DETENDRE

CROISIERES SUR L'ALBARQUEL © 02 35 57 21 58/06 11 97 56 50. Hissez les voiles en embarquant sur ce vieux gréement portugais de 25 mètres : la petite virée peut aller de 1h30 à une journée, voire des mini-croisières sur 2 jours. Il faut compter de 80 F à 250 F par adulte pour une sortie en mer et à partir de 900 F pour une croisière. Alors, si l'aventure vous tente... Prévoir de réserver au minimum une semaine à l'avance.

PORT DE PLAISANCE Capitainerie du port © 02 35 97 01 30. Les propriétaires de bateaux peuvent accoster au port de plaisance. Bien abrité, il offre 600 places sur pontons flottants avec tous les services à disposition (électricité, sanitaires, téléphone, eau douce...). Les tarifs sont fixés selon la taille du bateau et la saison.

VTT Station Saint-Michel © 02 35 97 00 55. *La station BP Saint-Michel loue des VTT adultes. Il est conseillé de réserver. Tarif : 50 F la 1/2 journée. 80 F/jour.*

OU SORTIR ?

LE CASINO. *Ouvert tous les jours à partir de 10h pour les machines à sous et 22h pour la boule. Fermeture à 2h du matin (en hiver) et 3h (en été), 4h le week-end en toutes saisons.* Ce grand bâtiment à la forme d'un paquebot échoué sur la plage a remplacé l'ancien casino détruit par la guerre. L'intérieur est moderne, confortable, ambiance marine et réputé sur la côte. En saison, le public envahit la salle des machines à sous et termine la soirée autour d'un verre au bar Le Newport (karaoké le vendredi soir).

OUVERT
A PARTIR DE
10 H
TÉL. 02 35 57 84 10
CASINO
Saint Valery
CASINO
MACHINES
A
SOUS
DISCOTHEQUE
VENDREDI
SAMEDI
22H30
BOULE
A PARTIR DE 22 H
DIMANCHE EN MATINÉE
B A R
LE NEWPORT
KARAOKÉ ORCHESTRE
PIANO BAR
CINEMA TOUTE L'ANNEE
RESTAURANT
La Passerelle
OUVERT
MIDI ET SOIR
TÉL : 02 35 57 84 11

LE PUB CLUB. *Ouvert vendredi, samedi et veilles de fêtes à partir de 23h. Soirées à thème tous les 1er vendredis du mois. Entrée 50 F.* C'est la discothèque du casino qui sert de repaire à tout ce que la côte compte de "branchés".

LE RAYON VERT 14, rue de la Grâce-de-Dieu © 02 35 97 25 41. La programmation très éclectique de ce centre culturel témoigne de son dynamisme. Danse, théâtre, chanson, musique, spectacles jeune public : chacun y trouvera son compte. La salle peut accueillir plus de 300 personnes.

EMPLETTES

Comme tous les ports de la côte, Saint-Valéry a ses pêcheurs qui viennent, après la marée, écouler une partie de leur production directement sur le quai. Un bon truc pour avoir un poisson excellent à prix d'or.

AU GOUT NORMAND 5, place du Marché © 02 35 97 05 31. *Ouvert du mardi au dimanche jusqu'à 20h.* La petite boutique est spécialisée dans les produits fermiers et biologiques avec une mention particulière pour les produits normands : cresson, en soupe, en crème, en fondue ou en coulis, petits chèvres fermiers, produits laitiers, cidre et confitures de Saint-Wandrille. L'adresse idéale pour se confectionner son panier souvenir.

AGENDA

19 mai : Etape à Saint-Valéry-en-Caux du Paris-Londres-Paris en zodiak.

Fin juillet et août : Fête de la mer.

27 novembre : Fête du hareng (vente de harengs et fanfare).

SAINT-WANDRILLE

1 181 Wandrés. Mairie : 02 35 96 10 89

A VOIR ET A VISITER

ABBAYE DE SAINT-WANDRILLE. *Offices en grégorien la semaine à 9h45 et 17h30. Les dimanches et jours de fête à 10h et 17h. Visites guidées de l'abbaye de La Toussaint à Pâques le samedi à 15h30, les dimanches et fêtes à 11h30 et 15h30 et de Pâques à La Toussaint tous les jours sauf lundi à 15h30. Entrée : 20 F.* Fondée en 649, l'abbaye de Saint-Wandrille est l'un des plus anciens témoins de l'implantation religieuse en vallée de Seine. Et comme beaucoup d'abbayes, son destin sera fait de périodes heureuses ou moins heureuses. Vendue comme bien national à la Révolution, elle ne sera pas désertée par ses moines qui occupent toujours l'abbaye. La communauté actuelle appartient à la congrégation de Solesmes et

s'est imposé la règle de saint-Benoît, à savoir " vivre du travail de ses mains ". Profitez donc de la visite pour aller faire un tour à la boutique qui propose à la vente les produits de l'abbaye ou des environs : cire d'abeille, confitures et un délicieux pain d'épices. Mais l'abbaye s'est également spécialisée dans une autre activité : l'archivage de documents sur microfilms et supports magnétiques ! Signe des temps…

OU MANGER ?

LES DEUX COURONNES Place de l'Eglise 02 35 96 11 44. *Fermé le dimanche soir et le lundi. Menus 90 F (en semaine), 135 F et 165 F (menu complet plus deux entrées).* A deux pas de l'abbaye, dans une maison normande du XVIIe siècle, ce restaurant a désormais acquis une solide réputation auprès des gourmets. Coquilles St-Jacques poêlées aux girolles, filet de caille à la sauge ou gibier préparé par un maître-rotisseur : la composition de la carte varie en fonction des saisons. Surtout on ne sautera pas le fromage pour goûter à la tête de moines : un fromage suisse dont on vous laisse découvrir la présentation originale. Et que le bon dieu nous pardonne…

CREPERIE DE LA CAILLOUVILLE 02 35 96 22 94. *Fermé le mercredi.* Le service est simple et rapide, la carte irréprochable et on est à deux pas de l'abbaye. A l'intérieur la tendance est plutôt chalet avec en suggestion fondue (65 F) ou tartiflette (58 F). On peut aussi opter pour la galette et la crêpe du jour ou pour la traditionnelle pizza. Il ne faut pas s'attendre à de la grande cuisine mais l'assiette est bien garnie et les glaces sont énormes (surtout les profiteroles !). L'accueil est sympathique et l'été, on peut aussi profiter de la terrasse ombragée. Donc rien à redire.

HAMEAU DE GAUVILLE 02 35 37 45 11. *Chez Monique Delamare. Un épi.* Deux gîtes ruraux de 5 et 7 personnes sont à louer (entre 1 000 F et 1 300 F la semaine) dans une ancienne maison à colombages, avec… vue sur Seine.

SAINTE-ADRESSE

8 219 Dyonisiens. Située à proximité immédiate du Havre. Mairie 02 35 54 05 07. Marché le mardi et le vendredi. Autrefois appelée Saint-Denis-Chef-de-Caux, cette ville abrite un port. Aujourd'hui, c'est surtout pour le tourisme que l'on connaît Sainte-Adresse.

A VOIR ET A VISITER

CHAPELLE NOTRE-DAME-DES-FLOTS Rue Charles-Alexandre-Lesueur - SAINTE-ADRESSE. Comme dans beaucoup de ville côtière, cette chapelle est édifiée pour rendre à la Vierge protectrice des marins ses bienfaits. Cette chapelle néo-gothique du XIXe siècle est un lieu de pèlerinage où venaient prier les pêcheurs et leur famille. On peut y voir une quantité impressionnante d'ex-voto sur les murs, et quelques statues vénérées par les croyants. Elle a été rénovée récemment et accueille les visiteurs avec ses deux tours étonnantes.

IMMEUBLE DUFAYEL Place Frédéric-Sauvage - SAINTE-ADRESSE. Cet immeuble monumental en briques de style classique est reconverti aujourd'hui en appartements pour particuliers. Il est construit sur quatre étages. C'est ici que les Belges ont installé leur gouvernement pendant le premier conflit mondial. Une boîte aux lettres belge qui date de 1914-1918 est implantée au pied du bâtiment et rappelle cette triste période. Il abrita de 1944 à 1946 le siège de l'armée américaine pour la reconstruction de la ville dévastée par les bombardements de 1944.

LE PAIN DE SUCRE Rue Charles-Alexandre-Lesueur - SAINTE-ADRESSE. Le comte Charles Lefebvre-Desnouettes (1773-1822), général au service de l'empereur Napoléon dont il épousa la cousine, partit pour des cieux plus cléments. Louis XVIII voulait sa tête. De retour, après avoir bénéficié d'une grâce, il périt noyé dans le naufrage du bateau qui le ramenait. Alors sa veuve au désespoir fit construire ce surprenant édifice blanc en forme de cône qui rappelle un pain de sucre. Elle y est enterrée. Mais cet édifice se remarque de la mer et avait aussi pour fonction de guider les marins en difficulté vers des eaux clémentes.

OU MANGER ET DORMIR ?

Les adresses des restaurants et hôtels de la commune limitrophe du Havre ont été répertoriées dans les rubriques du Havre. Les noms de ces établissements suivent :

L'HOTEL DES BAINS • L'HOTEL DES PHARES • LA PETITE RADE • PIZZERIA GEPPETO • LE ROI LEOPOLD.

EMPLETTES

BASIRE 1, rue du Manoir - SAINTE-ADRESSE ✆ 02 35 44 86 85. Pour les accros du baba, les mordus de la religieuse et les fous du chou à la crème, l'endroit est un pèlerinage connu des habitants du Havre qui font volontiers le déplacement pour s'approvisionner. Dans une rue étroite de la commune, les embouteillages et la file d'attente n'ont qu'une seule justification : cette pâtisserie. Le savoir-faire du pâtissier est doublé d'un don de création puisqu'il invente régulièrement de nouveaux desserts comme la patte d'ours (chocolat, feuilleté praliné et croquant) ou "le baiser d'ange" (carré de chocolat noir fourré praliné). Une adresse à ne pas oublier.

PAVILLON DE LA BROCANTE 36, route d'Octeville ✆ 02 35 46 05 81. On trouve des objets de qualité comme des meubles, des bibelots et d'autres petites choses intéressantes. Aménagé dans une habitation, on se croirait dans une machine à remonter le temps. Pour le plaisir de dénicher une merveille.

AGENDA

Festival de Jazz les 2, 3, 4 juin avec concours d'orchestre de jazz traditionnel, rencontre de big band et animations de rue.

SASSETOT-LE-MAUCONDUIT

980 Sassetotais. Mairie : 02 35 27 42 24.

A VOIR ET A VISITER

PARC DU CHATEAU © 02 35 28 00 11. *Ouvert tous les jours de 10h à 19h.* Ce parc d'une dizaine d'hectares est ouvert à la visite et permet de jeter un coup d'œil au château XVIIIe et qui a eu la chance d'accueillir dans ses murs en 1875 l'impératrice Elizabeth d'Autriche, plus connue sous le nom de Sissi.

OU MANGER ET DORMIR ?

CHATEAU DE SASSETOT © 02 35 29 20 21. *Menus 110 F (en semaine le midi), 160 F, 190 F, 230 F. Hôtel de 29 chambres de 470 F à 950 F. Petit déjeuner : 60 F.* Si vous cherchez un endroit où passer votre lune de miel, le lieu est approprié. Sur les traces de Sissi l'impératrice qui était venue respirer le bon air du pays de Caux, on peut s'arrêter ici pour le cadre et/ou pour la table- plutôt luxueuse- mais qui vous laissera un souvenir inoubliable. Filet de bar au poiré, suprême de colvert au vin d'orange, terrine de foie gras de canard et sa gelée de pommes : on dit que l'appétit vient en mangeant, ici, il suffit simplement de lire la carte. Dans le même esprit, les chambres du château bénéficient de tout le confort avec lit à baldaquin, balnéo etc.

CAMPING MUNICIPAL © 02 35 27 48 89. *Ouvert du 1er avril au 30 septembre. 140 emplacements.* Un camping agréable, dans la campagne cauchoise.

LES TROIS PLAGES © 02 35 27 40 11. *Ouvert du 20 avril au 15 septembre. 94 emplacements.* Tout le confort d'un camping trois étoiles avec de beaux emplacements ombragés.

MARYSE ET ERIC MOREL Ferme d'Anneville © 02 35 27 43 08. *Deux gîtes à louer dans un corps de ferme 10 pers. (2 600 F à 3 000 F la semaine) et 12 pers. (3 000 F à 3 600 F). 5 chambres de 220 F à 250 F.*

SE DETENDRE

ADI SHAKTI Anneville © 02 35 29 20 21. Pour ceux qui ont un besoin urgent de faire un break, de se déstresser et de se vider la tête ! c'est une bonne adresse à retenir. Une rencontre avec la culture traditionnelle indienne et sa science du bien être. Ce centre d'ayurveda (dont la maison mère Tapovan se situe à Paris) organise des séances de massage, de relaxation, des cures d'alimentation biologique… D'avril à octobre.

SOMMERY

649 Sommerois. Altitude : 140 m. Mairie : 02 35 90 57 03.

A VOIR ET A VISITER

FERME DE BRAY © 02 35 90 57 27. *Ouvert du 15 avril au 11 novembre, les week-ends et jours fériés de 14h à 18h. Ouvert tous les après-midi en juillet et août. Toute l'année pour les groupes sur rendez-vous. Tarif : 30 F. Gratuit pour les moins de 15 ans. Vente de produits fermiers (cidre, fromage). Expositions thématiques et animations en période estivale.* Une très belle ferme XVIe et XVIIe remaniée au XIXe siècle avec sa cave à cidre et son vieux puits, son colombier à pans de bois, son four à pain, son pressoir, etc. Et depuis peu un conservatoire des vieux outils agricoles et artisanaux et un jardin d'agrément avec son bassin aquatique. L'Association des Amis de la vallée du Sorson gère les animations qui sont nombreuses en saison (notamment des randonnées).

OU MANGER ET DORMIR ?

LE RELAIS DU BEC FIN Route nationale de Dieppe – La Cavée © 02 35 09 61 30. *Fermé le lundi. Menus à 62 F (le midi en semaine), 75 F (jusqu'à 21h, sauf fériés), 98 F, 125 F.* Oui, c'est le même Bec Fin que celui de Mesnières (ou si vous préférez la même maison) avec une cuisine traditionnelle où l'on retrouve quelques spécialités du pays comme la cassolette d'escargots au jus de veau et lardons. En dessert, une délicieuse tarte fine aux poires caramélisées avec boule glacée vanille : on se laisse tenter.

FERME DE BRAY © 02 35 90 57 27. *3 épis. Ouvert toute l'année.* Une étape de caractère pour prolonger la visite de la ferme de Bray. 5 chambres d'hôtes dans une belle maison de maître (1 personne : 200 F, 2 personnes : 260 F, 3 personnes : 320 F et 4 personnes : 380 F petit déjeuner compris). Une salle à louer jusqu'à 100 couverts.

SE DETENDRE

PECHE A LA TRUITE Ferme de Bray © 02 35 90 57 27. *Ouvert du 15 février au 7 décembre de 7h à 19h.* Au milieu des prés, sept bassins pour s'adonner au plaisir de la pêche. A la journée ou à la demi-journée, location de matériel aire de pique-nique et snack-frites sur place. En saison, animations et organisation de concours.

EMPLETTES

L'ESCARGOT DE MONT-FOSSE Route de Beaubec © 02 35 90 19 41. *Visite (gratuite) de l'élevage du 1er avril au 1er octobre, de 14h à 19h du mercredi au samedi et le dimanche sur réservation.* Cela fait plus de 9 ans que Christophe Lamy regarde les escargots évoluer dans son jardin. Sauf qu'ici ils ne sortent pas seulement les jours de pluie et qu'ils vivent en colonie : environ 180 000 ! Réputé en pays de Bray, il a fait de l'escargot sa spécialité : vente à la douzaine, minibouchées, frais ou surgelé... Pour mieux apprécier sa production, on peut se rendre directement à l'exploitation ou le rencontrer sur les marchés : tous les samedis matins à Neufchâtel-en-Bray.

TANCARVILLE

1 253 habitants. Mairie : 02 35 39 77 51. Surtout connu pour son pont sur la Seine, Tancarville est aussi une ancienne place forte. A la demande des ducs de Normandie et pour défendre la vallée de la Seine, les sires de Tancarville ont fondé au XIe siècle le château qui porte leur nom.

A VOIR ET A VISITER

LE PONT. Achevé en juillet 1959, on peut dire que c'était à l'époque une prouesse technique ! Même si aujourd'hui il fait figure de nain à côté du majestueux pont de Normandie, son tablier long de 1 418 m et ses pylônes culminant à 123 m de hauteur en faisaient tout de même le plus grand pont suspendu en Europe. Jusqu'à sa construction, il n'y avait que le bac pour passer sur l'autre rive, on imagine donc sans peine la Révolution...

LE CHATEAU. Emprunter la D39 depuis Tancarville-Haut, on a une superbe vue sur la vallée de la Seine et l'arrivée sur le château est impressionnante. On comprend mieux aussi la position stratégique de cette forteresse féodale, accrochée à sa falaise et verrouillant la vallée. On distingue le château vieux des XIIe et XVIe siècles et le château neuf construit entre 1709 et 1717. Maurice Leblanc qui y vécut y puisa l'inspiration de son Arsène Lupin et nombre d'illustres artistes ont peint ou chanté ses ruines (Fragonard, Turner, Victor Hugo, Chateaubriand, Stendhal, Maeterlinck...).

MARAIS DU HODE. Quatrième réserve naturelle de France, le marais du Hode est une jolie balade qui ravira les amoureux de la vie sauvage. On y croise des hiboux, des cygnes sauvages, des campagnols, des cormorans… dans les prairies humides, les roselières les vasières… Le parcours commence sous le pont de Tancarville et se prolonge le long de la Seine jusqu'à l'estuaire.

VALLON DU VIVIER. Pour se prendre un peu de bon temps, un sentier en boucle file à travers les marais d'une zone humide classée réserve naturelle. On a quitté les relents pétrolifères de Notre-Dame-de-Gravenchon pour plonger dans un vrai petit havre de verdure où baignent les aulnes et prospèrent les fougères de marais. Le ministère de l'environnement s'en est rendu propriétaire il y a 20 ans en a confié la gestion au parc de Brotonne qui veille scrupuleusement à sa préservation.

LE TILLEUL

580 habitants. Situé à quelques kilomètres au sud d'Etretat, ce village de campagne vaut bien un petit crochet. Ramassé autour de son église (XVIe-XVIIe), encerclé par la campagne, il donne une apparence bien tranquille. Il faut aller voir sa plage (on y accède par la valleuse d'Antifer mais uniquement à pied), un des endroits les plus préservés de la Côte d'Albâtre. Si vous avez 5 minutes, et même si vous n'êtes pas un accro du cheval, un conseil : poussez jusqu'à la Sauvagère. Pour deux raisons au moins : un, le site est superbe. Deux : vous y verrez les plus beaux graffitis de Normandie. Rien à voir avec ces hiéroglyphes sibyllins projetés à la bombe de peinture. Il s'agit en l'occurrence de graffitis “d'époque” : XVIIIe siècle. Ils auraient été réalisés par les canonniers garde-côtes qui assuraient la défense du littoral. Ce qui explique qu'ils représentent pour l'essentiel des navires. Enfin, sur la route d'Etretat, ne manquez pas le château de Fréfossé. Le château (qui en impose) date de 1775. Racheté par un Allemand qui l'a entièrement rénové, il n'est plus ouvert aujourd'hui à la visite, malheureusement. En bordure de route, on remarquera une belle tour lanterne (ou ce qu'il en reste…). Elle fut autrefois utilisée comme salon de thé.

OU DORMIR ?

MADAME HAUDRECHY L'Ermitage - Les Tilleuls © 02 35 29 25 59. *2 chambres d'hôtes à 220 F pour 2 personnes, 50 F par lit supplémentaire.* L'accueil est très aimable et la maison bien située sur la route de la plage est entourée de prés.

SE DETENDRE

LA SAUVAGERE © 02 35 27 04 22. *100 F l'heure (cheval ou poney). 63 F l'heure (cartes de 10h). 2 calèches pour 8 à 10 personnes 50 F l'heure par personne. 6 chambres d'hôtes bien équipées (pour 1 à 3 personnes avec salle de bains). 2 dortoirs de 8 lits avec sanitaires pour les groupes. Salle de réception en location. Bar à l'accueil.* C'est l'écurie normande telle qu'on l'a toujours rêvé. Avec son bâtiment à colombages, ses écuries et sa grande prairie. Frédérique, Gilles et Hélène accompagnent leurs visiteurs pour des randonnées sur les falaises à vous couper le souffle. Ceux qui ne montent pas pourront toujours se rabattre avec les enfants sur les calèches et pour les plus chevronnés, sachez que le centre possède également une calèche marathon ! Mais après tout, les vacances, c'est aussi pour prendre le temps…

TOURVILLE-LES-IFS

NELLY DAUBEUF © **02 35 29 15 19.** A six kilomètres de la mer (de Fécamp), dans une ancienne étable rénovée, vous attend une chambre indépendante avec SdB et WC privatifs, pouvant recevoir deux adultes plus un à deux enfants, accessible par un escalier de meunier. En sus, vous bénéficierez d'une terrasse et d'un salon de jardin, au calme d'une lisière de bois dans un espace planté de pommiers. Le tarrif (petit déjeuner compris) est de 250 F pour deux personnes, avec un supplément pour les enfants selon l'âge. Les chèques vacances sont acceptés.

TOURVILLE-SUR-ARQUES

1 104 Tourvillais. Altitude : 105 m. Mairie : 02 35 04 40 41.

A VOIR ET A VISITER

CHATEAU DE MIROMESNIL © **02 35 85 02 80.** *Ouvert du 1er mai au 15 octobre tous les jours sauf le mardi, de 14h à 18h. Entrée : 35 F. TR pour les 10-17 ans : 25 F.* N'y allez pas pour vous arrêter à la grille : le château est perdu au milieu des arbres et vous ne verrez rien ! Persévérez donc sans crainte, la visite est passionnante. Si le château (début XVIIe) est connu pour avoir été la première demeure du petit Guy de Maupassant (qui n'y resta que jusqu'à l'âge de 3 ans !), il est aussi intéressant pour son bel agencement de façade. Quelques lettres, manuscrits et autres objets personnels de l'écrivain ont été rassemblés ici et présentés au public dans les salons et le cabinet de travail du marquis de Miromesnil. En sortant, faites le tour du parc qui comprend notamment une belle collection de clématites, une futaie de hêtres et un jardin potager traditionnel où l'on cultive des gros choux de Saint-Saëns.

TROUVILLE ALLIQUERVILLE

AU MOULIN A GRAINS © **02 35 38 04 46.** Charmante auberge bien située dans le Pays de Caux à quelques lieux de Bolbec. Intérieur camapagnard rustique et de bon goût. Le restaurant organise aussi des soirées à thème. On peut y aller les yeux fermés.

VAL-DE-LA-HAYE

789 Vaudésiens. Altitude : 15 m. Mairie : 02 35 32 41 58.

A VOIR ET A VISITER

ANCIENNE EGLISE SAINT-JEAN-BAPTISTE. Au niveau de l'ancienne Hostellerie, tourner à droite et monter tout droit. Arrivé au niveau d'un cul-de-sac, tourner à gauche (cavée du May) et continuer la route jusqu'à une église et son cimetière attenant. Le lieu est paisible avec une vue imprenable sur le port, Grand-Couronne et ses fumées d'usine (mais on est à 110 m d'altitude et on respire !). L'église que vous voyez n'est en fait que le chœur (rénové au XVIe siècle) d'un ancien édifice fondé au XIIIe siècle. On remarque sur le mur des anciens graffitis de marins.

ANCIENNE HOSTELLERIE LE MERIDIEN. Au deuxième stop (sur la droite), on aperçoit un ancien manoir en pierre et pan de bois du XVIIe siècle. C'était jusqu'à la Seconde Guerre mondiale un hôtel-restaurant réputé. Un peintre de l'école de Rouen, Georges Conrad y avait installé son atelier sous les combles. On remarque sur la façade un ancien cadran solaire avec cette inscription “hora fuit” “le temps fuit”. Le fait est que la demeure est aujourd'hui en bien mauvais état et un petit coup de jeunesse ne lui ferait pas de mal.

COLONNE NAPOLEON Quai de Sainte-Vaubourg. A la sortie du village (en venant de Rouen) à gauche, un monument se dresse face à la Seine. C'est une colonne commémorative du dernier voyage de Napoléon pour Paris, à l'automne… 1840 ! Ou plus exactement de ses cendres, rapatriées de Sainte-Hélène, 19 ans après sa mort et acheminées jusqu'à la capitale à bord de la frégate Belle Poule. Au Val-de-la-Haye, elles auraient été transférées sur un bateau plus petit (La Dorade) pour faciliter son cheminement sous les ponts de la Seine. Une maquette réalisée il y a 10 ans, remisée dans la salle de la mairie, illustre ce transbordement.

SE DETENDRE

FORET DE ROUMARE – PARC ANIMALIER. Le village est un bon point de départ pour des balades en forêt de Roumare. La forêt est superbe et réputée pour les chasseurs car le gibier y abonde. En outre, un parc animalier de 15 ha où vivent en liberté sangliers, chevreuils, cerfs et daims, accueille le public au carrefour du Hêtre des Gardes (route de Canteleu à Sahurs). On y approche de très près les animaux. Renseignements à l'ONF (02 35 12 24 24) qui organise régulièrement des visites guidées (brame du cerf en novembre, découverte des arbres, des traditions…).

NORMANDIE KART-IN (à côté du bac de Petit-Couronne) © 02 35 34 98 16. *Fermé le lundi. Ouvert le mardi de 17h à 22h, le mercredi de 14h à 22h, le jeudi de 17h à 22h, le vendredi et le samedi de 14h à 23h, le dimanche et jours fériés de 14h à 19h. Tarif : 75 F les 10 mn.* Ce karting couvert (qui offre toutefois un circuit en partie à l'air libre à la belle saison) est idéal pour ceux qui recherchent les sensations fortes au ras du sol, avec des karts puissants équipés de moteurs 200 cm^3. Le circuit est sympa et permet de bien s'amuser en enchaînant des virages bien serrés et un chronométrage électronique vous permettra de repartir avec vos temps pour les améliorer les fois d'après.

VARENGEVILLE-SUR-MER

1 179 Varengevillais. Mairie : 02 35 85 12 46. On ne peut pas venir ici sans avoir le coup de foudre. Et tous les peintres ou les écrivains (et Dieu sait s'ils sont nombreux) qui se sont aventurés sur la Côte d'Albâtre ont posé un jour ici leur chevalet ou leur cahier d'écriture pour s'imprégner du lieu, de ses couleurs, de son équilibre fragile en surplomb de la falaise. Claude Monet, Georges Braque, Raymond Queneau, Guy de Maupassant et bien d'autres visiteurs prestigieux. Et ce n'est pas un hasard si depuis quelques années les résidences secondaires se sont multipliées dans la région. Tous ceux qui fuient la côte normande et sa cohue ont atterri dans cet endroit admirablement préservé.

MAISON DU TOURISME DE POURVILLE ET VARENGEVILLE Rue des Verts-Bois - POURVILLE ✆ 02 35 84 71 06

Fonctionne en saison. Hors saison s'adresser à la mairie de Hautot-sur-Mer.

A VOIR ET A VISITER

L'EGLISE ET SON CIMETIERE MARIN. Pour une âme romantique, la situation est idéale bien qu'un peu scabreuse pour qui a les pieds sur terre, ou plus exactement… sur la falaise, inexorablement grignotée par la mer. C'est peut-être l'endroit le plus tranquille de toute la côte. Plantée fièrement dans la campagne, comme la proue qui se dresse sur le bateau en perdition, la petite église du XIIe siècle et son cimetière marin sont un vrai havre de paix pour le repos des âmes. Celle de Georges Braque en particulier qui après être tombé amoureux du village l'a choisi pour dernière demeure (allez voir sa tombe dans le cimetière et surtout dans l'église son dernier vitrail, un arbre de Jessé aux bleus éclatants).

LE MANOIR D'ANGO ✆ 02 35 85 14 80. *Ouvert tous les jours de mars à novembre de 10h à 12h30 et de 14h à 18h30. Entrée : 30 F, étudiant : 15 F, gratuit pour les moins de 12 ans.* Qui ne connaît pas Jean Ango (ou plus exactement Jehan !) n'est pas du pays. C'est la grande figure locale. Puissant armateur et conseiller de François Ier, il fit appel à des artistes italiens pour construire son manoir Renaissance, incontestablement aujourd'hui le plus beau de toute la région. Il est donc fortement conseillé de le visiter. Au moins pour sa galerie et son colombier de 1535 avec son décor polychrome et ses quelque 3 000 boulins. Deux petits chefs-d'œuvre.

PARC FLORAL DU BOIS DES MOUTIERS ✆ 02 35 85 10 02. *Ouvert tous les jours du 15 mars au 15 novembre. Accès billetterie de 10h à 12h et de 14h à 18h. Parc ouvert sans interruption de 10h à 19h30. Entrée : 40 F en mai et juin. 35 F le reste du temps. Enfants de 6 à 12 ans : 15 F.* Réputé pour ses somptueux rhododendrons (certains vont jusqu'à 10 m de haut). Mais encore faut-il y aller en saison (mai-juin) ! De toute façon, le jardin vaut le détour (chaque année il attire environ 50 000 visiteurs). Il appartient toujours à la famille Mallet, héritiers de Guillaume Mallet (1859-1945) qui fit construire la maison (dessinée par l'architecte britannique Edwin Lutyens et inspirée du mouvement Arts & Crafts marqué par un retour à l'artisanal en réaction à l'industrialisation) et commença à planter le jardin au début de ce siècle (sous la conduite de la paysagiste Gertrude Jekyll). Depuis les espèces venant souvent de contrées lointaines (azalées de Chine, Eucryphias du Chili…) ont prospéré grâce en particulier à la nature très acide du sol, formant un ensemble de 12 ha plongeant dans la valleuse jusqu'à la mer. Le vrai paradis sur terre !

SHAMROCK Route du manoir d'Ango ✆ 02 35 04 02 33. *Ouvert du 15 juin au 15 septembre tous les jours, sauf le mardi de 10h à 12h et de 14h30 à 18h. Entrée : 30 F, tarif réduit : 20 F. Gratuit pour les moins de 15 ans.* Cette année, le jardin rouvre ses portes, agrandi de 4 000 m^2, il passe à 2 ha avec toujours sa magnifique collection d'hydrangeas qui fait sa singularité.

Parc du Bois des Moutiers

Un parc, des jardins et une demeure uniques en France

Tél. 02 35 85 10 02 - Fax 02 35 85 46 98

Tarif : Mars / Avril / Juillet / Août / Sept. / Oct. / Nov. : **35 F** • Mai / Juin : **40 F**

Visite groupes sur rendez-vous

Route de l'Eglise - 76119 VARENGEVILLE-SUR-MER

OU DORMIR ?

HOTEL-RESTAURANT DE LA TERRASSE © **02 35 85 12 54.** *Menus à 98 F, 150 F, 180 F. 22 chambres de 285 F à 330 F. Petit déjeuner : 40 F. Demi-pension : 290 F à 320 F. Fermé de mi-octobre à mi-mars.* C'est surtout à la belle saison qu'on a envie de profiter de cet hôtel avec bien sûr… une terrasse, tennis privé et un petit escalier qui descend à la mer pour se baigner après la sieste ! Côté restaurant, on apprécie les spécialités de poisson, marmite et sole dieppoise et en dessert, une petite tarte normande…

SE DETENDRE

SENTIER ECOLOGIQUE "LES BRUYERES". *Balisé depuis Varengeville.* Il fait le tour du bois des communes, une lande tourbeuse qui s'étend sur environ 15 ha. Restaurée il y a 6 ans, elle abrite une flore particulière (plusieurs espèces de bruyères et d'ajoncs, des droséras ou plantes carnivores, des plantes typiques de milieux humides comme les laîches…) et une très riche faune d'insectes et notamment quelques espèces rares de papillons.

EMPLETTES

ARTISANAT BOUGIES © **02 35 85 10 37.** Dans une cabane au fond de son jardin, Michel-Edouard Dubrulle pétri, façonne depuis 20 ans la cire avec l'aide et la complicité de Maddy son épouse. Il y en a de toutes les tailles, de toutes les couleurs et de toutes les formes, moulées ou modelées à la main, parfumées, d'intérieur ou d'extérieur, de vraies bougies décoratives à allumer autant qu'à conserver. Pour être sûr que l'atelier soit ouvert, il est conseillé d'appeler avant de venir et avec de la chance, on pourra voir M. Dubrulle au travail.

VATTEVILLE-LA-RUE

911 Vatevillais. Mairie : 02 35 96 22 76. En fait de rue, il y en a dans tous les sens : Vatteville est d'ailleurs réputée pour être la commune rurale la plus étendue de Seine-Maritime. L'air de rien, le village était très actif autrefois (encore aujourd'hui d'ailleurs !) comme en attestent les nombreux vestiges archéologiques qui y ont été retrouvés (dont une mosaïque d'Orphée actuellement au musée de Rouen). Au XVIe siècle, c'était un port assez pourvu en navires (le fleuve arrivait autrefois au pied de l'église !) qui attirait les familles d'armateurs. Et François Ier, séduit par sa forêt réputée giboyeuse, y entreprit de nombreux séjours (on peut encore voir la maison qu'il aurait habitée). La petite église Saint-Martin est intéressante pour ses vitraux, ses ex-voto et ses graffitis marins (qui témoignent de l'ancienne activité maritime du village). Le chœur et le transept sont de style gothique flamboyant, la nef et les bas-côtés Renaissance (ainsi que la belle tribune d'orgue). Il reste aussi dans le village quelques belles chaumières typiques et un château médiéval avec sa motte et sa tour du XIIe siècle.

OU DORMIR ?

HAMEAU DE L'ANGLE © **02 35 96 31 72.** *Chez Jacqueline Sautreuil. 3 épis.* 250 F pour 2 personnes, 2 chambres d'hôtes dans une belle maison normande au toit de chaume et dans un environnement boisé.

MME LAURENT Route de Caudebec © **02 35 95 79 78.** A l'entrée du village en venant du pont de Brotonne. Dans une belle maison bourgeoise.

SE DETENDRE

LES ECURIES D'ARELAUNE © **02 35 96 31 07.** *Location de box pour attelage : 50 F la nuit.* Une adresse qui peut être utile si vous vous déplacez en attelage.

AGENDA

28 octobre : 15 km du pont. Départ de la course, rive droite, avant le pont de Brotonne.

25 novembre : Foire aux arbres (stands de pépiniéristes, artisanat autour de l'arbre).

1er mai : Fête villageoise avec messe en plein air.

VEULES-LES-ROSES

691 Veulais. Une petite station pleine de charme avec sa grande rue descendant vers la mer, sa plage familiale, ses maisons typiques. L'été Veules attire en grand nombre les touristes.

OFFICE DE TOURISME 12, rue du Marché © 02 35 97 63 05
Ouvert toute l'année : en saison tous les jours de 10h à 13h et de 14h à 19h, hors saison les mercredis, vendredis et samedis de 10h à 13h et de 14h à 18h (18h30 le samedi) et le dimanche de 14h30 à 18h30.

A VOIR ET A VISITER

LE PLUS PETIT FLEUVE DE FRANCE . Ce qui fait le charme de la station, c'est aussi son petit cours d'eau qui coule à l'ombre des maisons. Les amateurs de géographie apprendront que la veule est le plus petit fleuve de France. Une visite guidée est organisée par la mairie en juillet et août les mercredis, vendredis et samedis à partir de 15h (rendez-vous à la mairie) et toute l'année pour les groupes sur réservation. On part des sources de la Veule aux Cressonnières et on descend jusqu'à la plage. La balade dure environ 1h30 à 2h. (Renseignements au 02 35 97 13 40).

OU MANGER ET DORMIR ?

L'ASSIETTE 13, rue du Docteur-Pierre-Girard © 02 35 57 85 30. *Menus 95 F, 165 F et 280 F.* Charmant restaurant, au calme, donnant sur sa petite cour. Ici on travaille les produits frais et même "maison" puisque le chef fait lui-même son saumon fumé. La carte met surtout à l'honneur les spécialités de la mer et le canard (à noter également un très bon foie gras). L'hiver, le cadre est typique et chaleureux. Et l'été, on peut manger dehors, au bord de la Veule.

LES GALETS 3, rue Victor-Hugo © 02 35 97 61 33. *Ouvert tous les jours, sauf mardi soir et mercredi. Menus : 165 F, 275 F et 420 F (menu dégustation).* Si on s'arrête au prix, ce n'est pas le genre de restaurant où l'on va tous les jours, certes. Mais tout est relatif. D'emblée on peut le classer parmi les tous meilleurs du département. Chaque assiette est en elle-même un festival de couleurs et de saveurs (à consommer sans modération…) et il y a de la recherche ! Jugez-en plutôt avec ce foie gras poêlé en feuillantine de pommes cristallisées cuites à l'hydromel que nous avons testé pour vous. Spécialité en produits de la mer et homard, mais la carte change tous les deux mois. Les gourmets peuvent y aller les yeux fermés.

LA MARINE 13, rue Victor-Hugo © 02 35 97 64 75. *Fermé le dimanche soir et lundi, hors saison. Menus 89 F, 110 F, 145 F et 195 F.* N'y allez pas pour le cadre, très ordinaire. En revanche on y mange bien et pour pas cher. Des plats simples mais sains. Beaucoup de produits de la mer (qui est à deux pas du restaurant) et le chef fait lui-même son foie gras et tous ses desserts.

RELAIS DOUCE FRANCE 13, rue du Docteur-Girard ✆ 02 35 57 85 30. *Ouvert toute l'année (sauf 15 jours en novembre, et 3 semaines en janvier). Hôtel 3 étoiles avec 13 suites pour 2 à 3 personnes à 420 F, 490 F et 590 F. Petit déjeuner : 55 F.* Installé dans un ancien relais de poste du XVIIe siècle, cet hôtel luxueux propose de véritables appartements avec chambre, salle de bains et petit salon. Un salon de lecture et une salle de réunion sont à la disposition des clients.

CAMPING LES MOUETTES. *Ouvert du 15 février au 15 novembre. 150 emplacements. Camping 3 étoiles, agréable et fleuri avec épicerie et salle de jeux.*

OU SORTIR ?

LE CHANNEL ✆ 02 35 97 64 33. *Ouvert chaque samedi soir à partir de 22h30. Entrée : 60 F avec conso.* En attendant la réouverture du casino, on peut profiter de sa discothèque et depuis peu d'un restaurant brasserie ouvert tous les jours.

EMPLETTES

LE CRESSON DE VEULES Les Cressonnières de Veules ✆ 02 35 96 50 89. Si vous avez une envie de soupe au cresson, c'est le moment ou jamais. Ce cressiculteur vend sa récolte au marché de Veules tous les mercredis matin ou en direct à la cressiculture le samedi de 15h à 18h.

AGENDA

Début août : Marché aux étoiles. Marché artisanal de nuit (extinction des feux à minuit). Tous les savoir-faire locaux sont au rendez-vous.

VEULETTES-SUR-MER

299 habitants. Mais 2000 en saison ! Etirée le long du front de mer, la station est agréable l'été et attire par ses animations. Tournois de tennis, parties d'échecs sur la plage, radio crochet, terrasses de café qui envahissent la digue… Et tout le monde est le bienvenu avec de gros ou de petits moyens. C'est pour cette seconde catégorie d'ailleurs qu'ont été construites les petites cabanes blanches qui attirent l'œil dès que l'on a franchi le pont rouge. Non, ce ne sont pas des paillotes mais un vrai village de bungalows appartenant ou loués à des familles modestes qui viennent passer l'été ici et profiter du bon air de la mer, quitte à y sacrifier un peu de son confort. Elles ont tellement de succès que l'association qui les gère "l'Association du pont rouge" ne souhaite plus donner ses coordonnées. Alors…

OFFICE DU TOURISME Maison de la Mer ✆ 02 35 97 51 33
(Hors saison s'adresser à l'Office de tourisme de Saint-Valéry-en-Caux).

OU MANGER ET DORMIR ?

HOTEL LES FREGATES Rue de la plage ✆ 02 35 97 51 22. *Hôtel 2 étoiles avec 16 chambres de 270 F à 290 F. Petit déjeuner 35 F. Animaux acceptés. Restaurant : menus à 85 F, 130 F et 160 F. Forfait demi-pension à 290 F par personne (supplément single de 85 F).* Au calme et face à la mer, c'est le repos assuré ! Et l'été, on peut déguster son plateau de fruits de mer en terrasse. Possibilité de louer des VTT (une journée environ 50 F) pour se faire de belles balades dans la région. A noter, le gérant de l'hôtel est également propriétaire de l'Hôtel des Bains situé près du minigolf. Même formule sans la vue mais plus familial.

LA TAVERNE. *Restaurant du Casino. Menus 73 F et 110 F.* Ce ne sont pas franchement des spécialités locales, plutôt choucroute brasserie mais les prix sont abordables et ici les restaurants ne courent pas les rues… Soirées à thème en saison (soirées : espagnole, russe, guinguette…).

CAMPING MUNICIPAL © **02 35 97 53 44.** *Ouvert du 1er avril au 31 octobre. 116 emplacements.* A deux pas de la plage, on peut sans hésiter planter la tente dans ce camping 2 étoiles. Ce n'est pas le grand luxe, mais le site est bien entretenu et offre toutes les commodités : salle de réunion, jeux pour enfants, jeux de boules, accessibilité handicapés.

SE DETENDRE

CENTRE NAUTIQUE DU LITTORAL DE CAUX 39, digue Jean-Corruble © **02 35 57 97 00.** *Ouvert toute l'année, tous les jours de Pâques à Novembre, hors saison, le mercredi et le week-end.* Mis en place par le district de la région de Paluel, le centre nautique est le rendez-vous des amateurs de voiles : organisation de stages tous publics et tous niveaux (dériveurs, catamarans, planches à voile, kayak de mer), cours particuliers, location de matériel, parc à bateaux, animations nautiques en tout genre. Il ne reste plus qu'à enfiler la combinaison.

MINI-GOLF. *Ouvert tous les week-ends d'avril à septembre et tous les jours du 1er juillet au 30 août de 10h à 12h et de 14h30 à 19h. Adulte : 20 F, enfant : 13 F la partie.* Pas besoin de se prendre trop la tête pour se piquer au jeu. C'est à celui qui fera preuve d'adresse : au-dessus, en dessous, jusqu'au trou et c'est gagné. Les enfants adorent !

OU SORTIR ?

LE RENDEZ-VOUS DES PECHEURS Front de Mer © **02 35 97 19 00.** *Ouvert toute l'année le week-end et à partir de début juin jusqu'au 15 septembre 7j/7, de 9h30 à 3h du matin.* Comme toutes les stations de la côte, Veulettes a aussi son rendez-vous des pêcheurs : la déco des années 50, les faux crabes et les filets au mur. Tout y est ! Mais pour boire un verre et trouver de l'ambiance le soir, c'est ici qu'il faut aller. Pour faire rentrer tout ce petit monde dans un mouchoir de poche, on pousse les tables et on s'accoude au bar. D'autant que la bière (une vingtaine en bouteille et quatre à la pression) coule à flots. En saison, on arrive même à caser un orchestre, country, blues, chanson française. La gérante du café a déjà fixé son programme et l'on peut lui faire confiance…

CASINO © **02 35 57 93 00.** *Ouvert tous les jours de 11h à 3h du matin et le samedi jusqu'à 4h.* Sur la route des casinos (les joueurs font en général la tournée), celui de Veulettes (qui appartient à la même société que celui d'Etretat) est plutôt bien placé. 30 machines à sous, roulette, black-jack, boule. Ponctuées d'animations : tombolas, etc.

EMPLETTES

PATRICK CHALANDO Digue Jean-Corruble © **02 35 97 12 38.** Le dernier artisan pêcheur de Veulettes vend son poisson et ses crustacés tous les jours à partir de 10h30 sur la digue (en fonction de la météo).

AGENDA

Le 12 août : fête de la mer : feu d'artifice, concours de pêche et de pétanque, tir à la corde…

VILLEQUIER

822 habitants. Mairie : 02 35 56 78 25. Pour des générations d'écoliers, Villequier c'est la ville d'un poème. Maintes fois rabâché, rangé au rayon des classiques, on en finit par oublier la tragédie qui l'aura inspiré. "Je ne regarderai ni l'or du soir qui tombe/Ni les voiles au loin descendant vers Harfleur/Et quand j'arriverai, je mettrai sur ta tombe/Un bouquet de houx vert et de bruyère en fleur. La tombe, c'est bien sûr celle de Léopoldine, sa fille chérie, morte noyée dans les eaux de la Seine avec son mari Charles Vacquerie (frère d'Auguste Vacquerie, écrivain et grand admirateur de Hugo) quelques mois seulement après leur mariage. C'était le 4 septembre 1843. Victor Hugo se trouve alors à Rochefort et c'est en feuilletant le journal Le Siècle qu'il apprend la terrible nouvelle. Mais ce n'est que trois ans seulement après le drame qu'il se rendra à son tour à Villequier qui incarne désormais pour lui une douleur qu'il n'arrivera jamais véritablement à surmonter. Chaque maison, chaque rue semblent aujourd'hui imprégnées du souvenir de la famille Hugo, mais Villequier c'est aussi un petit village typique de ces bords de Seine, cramponné à sa falaise pour échapper au fleuve. Ses rues tranquilles, ses belles demeures bourgeoises qui regardent l'eau et son splendide château, hissé sur le plateau. Villequier est aussi un point de départ pour d'innombrables promenades.

A VOIR ET A VISITER

EGLISE SAINT-MARTIN. A mi-hauteur, la petite église (XVe et XVIe) domine le village. Si vous avez la chance de pouvoir y pénétrer, elle contient de beaux vitraux du XVIe siècle et une voûte en bois, œuvre vraisemblablement des charpentiers navals. Elle est entourée de son cimetière où reposent Léopoldine et son mari Charles Vacquerie mais également Adèle Foucher, la femme de Victor Hugo et Adèle, sa fille ainsi que plusieurs membres de la famille Vacquerie.

MUSEE VICTOR HUGO © **02 35 56 78 31.** *Ouvert de mars à octobre de 10h à 12h et de 14h à 18h. De novembre à février de 10h à 12h et de 14h à 17h. Fermé le mardi et le dimanche matin. Entrée : 20 F. Gratuit pour les enfants et étudiants.* Le musée est installé dans l'ancienne maison de la famille Vacquerie, acquise en 1951 par le département de la Seine-Maritime. Il rassemble des souvenirs communs aux deux familles Hugo et Vacquerie avec des lettres, des photographies, des dessins de Victor Hugo, des éditions originales ainsi que du mobilier et bien sûr honore la mémoire de Léopoldine qui charge la maison d'émotion. Des manifestations sont prévues dans le cadre du 2e centenaire de la naissance de Victor Hugo en 2002.

Château de Villequier

Un cadre d'exception
au cœur du parc naturel de Brotonne

800 m2 de salles et salons modulables
29 chambres confortables et spacieuses
Parc de 17 hectares • Parking 400 places
Séminaires à partir de 10 participants
Cérémonies jusqu'à 500 convives
Concerts, spectacles...

Renseignements et réservations :
Claudie Castellane 76490 Villequier Haut
© 02 35 95 94 10 - Fax 02 35 56 56 36

CHATEAU "DOMAINE DE VILLEQUIER". Le lieu est prestigieux, la façade en brique et pierre du XVIIIe, éblouissante, au bout de son allée solennelle. Malheureusement, il faudra le contempler de loin, le château ne se visite pas. Mais on imagine sans peine la vue imprenable qu'on doit avoir de ce promontoire sur toute la vallée de la Seine. A moins que vous n'ayez la chance de vous y rendre pour un mariage ou mieux... pour votre nuit de noces. Car le château (somptueusement éclairé la nuit) peut être loué pour des réceptions, cérémonies. Un vrai havre de paix ce château... ou plus exactement le "domaine de Villequier", car autour du monument s'étend le parc de 17 ha, soigneusement entretenu et ratissé, taillé de près avec ses ifs, ses cèdres, ses serres et son potager. On plonge dans le grand siècle.

CHATEAU DE LA GUERCHE. Au bout du hameau de la Guerche, un plaisant petit manoir XIXe domine, lui aussi la vallée de la Seine. Il est géré aujourd'hui par l'Association culturelle Gédéon qui loue certaines salles et accueille des classes vertes.

OU DORMIR ?

DOMAINE DE VILLEQUIER © 02 35 95 94 10. *Salons pour réceptions jusqu'à 350 personnes, séminaires, 29 chambres de 350 F à 400 F, petit déjeuner 55 F.* A occasions exceptionnelles, site exceptionnel. On peut louer le château pour y recevoir ses amis ou simplement passer une nuit (à noter cependant, les chambres ne sont pas situées dans le château mais dans une annexe récente, avec bien sûr en contrepartie tout le confort moderne). Notre adresse futée.

JANINE ET VINCENT ANDRIEU La Mare à Bâche © 02 35 56 82 60. *2 chambres d'hôtes pour 5 personnes. 1 personne : 190 F, 2 personnes : 250 F, 3 personnes : 300 F, lit d'appoint : 40 F. Dans le haut de Villequier.*

SE DETENDRE

LA FORET DE VILLEQUIER. 94 ha de forêt entourent le village : de quoi sillonner les coteaux et apprécier la vue panoramique et les doux paysages des bords de Seine. Au programme : plutôt grimpette ou détente en famille, plusieurs parcours sont indiqués à adapter selon affinités (le GR2 passe aussi par là). Mais ne vous aventurez pas hors des sentiers balisés, c'est pentu et c'est glissant ! Un panneau explicatif est à votre disposition le long de la route qui grimpe au château. On peut également se procurer un dépliant à l'Office de tourisme de Caudebec-en-Caux.

EMPLETTES

CAVE LES ETELLES 3, rue Naguet-de-Saint-Vulfran © 02 35 96 96 89. *Ouvert tous les jours de 9h30 à 12h30 et de 15h à 19h30.* A 50 m de l'église, une bonne adresse pour ceux qui sont allergiques à l'eau ! On y ressort toujours avec une bonne bouteille sous le bras. Le couple qui tient la boutique est visiblement passionné par le métier et aux périodes creuses, monsieur part sillonner la France pour dégotter de nouvelles adresses de petits vignerons avec un bon rapport qualité/prix. Le magasin travaille avec une soixantaine de caves particulières et propose à la vente plus de 300 étiquettes différentes. Et en plus, il est ouvert 7j/7 !

JEAN-PAUL LECOURT La Guerche © 02 35 56 75 55. On peut venir ici acheter de belles volailles bien fermes et bien dodues et on est sûr qu'elles auront couru dehors. Mais précisons tout de même pour les âmes sensibles que les animaux sont vendus vivants ! (la ferme ne possède pas d'abattoir).

YPORT

1 032 Yportais. Marché le mercredi matin. On ne peut pas venir à Yport sans tomber éperdument amoureux de cette jolie cité balnéaire, ses ruelles tranquilles bordées de villas, sa petite plage ramassée entre deux falaises, ses vieilles barques qui sèchent au soleil et ses casiers de pêcheurs échafaudés pêle-mêle sur les galets. Les Yportais sont fiers de leurs traditions et ils ont raison. Jusque dans les années70, ils partaient encore pêcher le hareng avec leurs caïques, ces bateaux plats (avec un tirant d'eau de 50 cm au maximum à l'avant !) et ventrus, ainsi conçus pour pouvoir être tirés sur les galets. Une association de passionnés a remis en état le dernier caïque aujourd'hui capable de naviguer. Et régulièrement, le caïque "Vierge de Lourdes" puisque tel est son nom vient mouiller dans les eaux d'Yport (ceux qui seraient intéressés par l'association basée à Fécamp, peuvent contacter M. Prouveur 02 35 29 18 69). Encore chaque 15 août, les Yportais manifestent leur attachement à la mer. Une cérémonie pleine d'émotion à ne pas manquer.

OFFICE DE TOURISME © 02 35 29 77 31

Ouvert hors saison du mardi au samedi de 10h à 12h et de 15h à 18h et en saison, du lundi au dimanche de 10h à 12h et de 15h à 19h.

OU DORMIR ?

ALAIN LEFEBVRE Rue Hottière © 02 35 27 35 49. *5 chambres pour 2 personnes de 200 F (avec douche et lavabo) à 230 F (douche, lavabo et W.-C.) petit déjeuner compris.* Situées dans une rue tranquille sur les hauteurs d'Yport.

CAMPING NATURISTE © 02 35 27 30 64. Pour les adeptes du genre (ayant une carte d'adhérent à jour à la fédération française de Naturisme). Camping bien équipé et surplombant la mer.

LE RIVAGE Rue Hottières © 02 35 27 33 78. *Camping ouvert de fin juin à fin août. 90 emplacements.* Bien situé sur les hauteurs d'Yport, avec vue sur la mer. Possibilité de louer des chambres d'hôtes sur place. 11 chambres rénovées. Uniquement le week-end hors saison (210 F la nuit plus petit déjeuner : 26 F). En saison la semaine : 1 260 F.

AGENDA

Avril : Festival de Jazz sur 2 jours.

Le 15 août : Fête de la mer. Messe solenelle avec des chants religieux et des chants marins. Processions et ex-voto (les habitants s'habillent en marins). En même temps : fête de la peinture (les peintres sont dans les rues). Vente aux enchères le soir.

YVETOT

11 038 Yvetotais. Marché le mercredi matin (traditionnel) et le samedi matin. On la considère aujourd'hui comme la capitale du pays de Caux. Mais hier, c'était un royaume, indépendant du royaume de France (jusqu'en 1789 !). La terre avait été concédée par Rollon à l'un de ses compagnons d'armes, "Yvar" de Suède, d'où sans doute le nom de Yvetot. Au XIVe siècle, elle drainait du monde grâce à ses grandes foires annuelles et même si la ville connaîtra par la suite des périodes plus ou moins prospères, elle conservera toujours son pouvoir attractif dans la région. En juin 1940, les troupes allemandes brûleront tout le centre-ville qui sera reconstruit après guerre. D'où cet aspect de ville moderne, aux allées larges, parfois un peu trop rectilignes. Mais cette première impression un peu austère est vite compensée par la forte animation qui règne dans la ville (surtout le mercredi matin, jour de marché !).

OFFICE DE TOURISME PLACE JOFFRE ✆ 02 35 95 08 40

Ouvert du mardi au samedi de 10h à 12h et de 14h à 18h, en juillet et août 7j/7, le lundi de 14h à 18h, du mardi au samedi de 10h à 12h et de 14h à 18h et le dimanche de 10h à 12h.

A VOIR ET A VISITER

EGLISE SAINT-PIERRE. Originale par sa forme géométrique (construite en 1956 par l'architecte Yves Marchand, elle remplace l'église XVIIIe anéantie dans les bombardements de 1940) et sa couleur rose saumoné. Elle possède à l'intérieur la plus grande verrière d'Europe (1 046 m^2), signée Max Ingrand aux tons chauds à dominante rouge et jaune, maintenue par 24 pilastres. Le campanile s'élève à 45 m de haut et renferme un carillon de quatre cloches. Sur le fronton, la phrase "Tout ce que tu lieras sur la terre, sera lié dans les Cieux. Tout ce que tu délieras sur la terre sera délié dans les Cieux", pourra être méditée…

MANOIR DU FAY ✆ 02 35 56 24 73. *Ouvert exceptionnellement certains après-midi de juin à octobre. Téléphoner avant.* Construite à partir de 1613 par Pierre Houel de Valleville (un grand-oncle de Pierre Corneille), cette gentilhommière en brique et chaînage de pierre, au cœur d'un des plus vieux quartiers d'Yvetot est aujourd'hui propriété de la commune. Le manoir ne se visite pas en principe (sauf pour les journées du patrimoine) mais il accueille régulièrement des expositions. Il possède un jardin potager à vocation expérimentale et un verger de pommiers de 7 ha entretenu par l'ANETH (association normande d'exposition à thème horticole).

Auberge du Val au Cesne

76190 Yvetot
D5. Yvetot vers Duclair
(à 3 km d'Yvetot)

Tél. 02 35 56 63 06
Fax 02 35 56 92 78

MUSEE MUNICIPAL DES IVOIRES. Avec celle du château-musée de Dieppe, c'est l'une des plus belles collections d'ivoires du département. Statuettes, coquilles, étuis, vases... forment au total un ensemble de plus de 200 pièces en ivoire, céramique et terre cuite. Jusqu'à présent dans l'hôtel de ville, la collection doit être transférée prochainement dans le bâtiment de l'office de tourisme.

OU MANGER ET DORMIR ?

AUBERGE DU VAL AU CESNE © **02 35 56 63 06.** *Fermé le lundi et le mardi. Menu à 150 F 5 chambres à 480 F. Petit déjeuner : 50 F.* Sur la D5, entre Yvetot et Duclair, un endroit vraiment charmant et réputé en pays de Caux. Une tradition ancienne veut que chaque année, les villageois des alentours s'y rendent à Pâques pour manger les œufs durs dont ils étaient privés pendant carême. D'où le nom de val au Cesne qui signifie en latin "val du repas". Et si les raisons ne sont plus tout à fait les mêmes aujourd'hui (on s'en doute…) la coutume persiste. Mais qu'on se rassure : hors le jour de Pâques, on peut avoir autre chose que des œufs durs ! Une bonne cuisine de terroir avec en spécialités "le gigot du roy d'Yvetot" et le feuilleté aux pommes. Très belles chambres douillettes et capitonnées.

LE RESTAURANT DU ROY RN15 © **02 35 95 08 13.** *Fermé le dimanche soir. Menus 105 F, 125 F, 145 F, 175 F et menu surprise à 220 F.* Au bord de la route nationale, l'environnement est sans charme, mais l'accès pratique et la cuisine gastronomique. On n'est pas étonné de savoir que le propriétaire des lieux détient aussi l'auberge de la Varenne au cœur du pays de Bray (Saint-Martin-Osmonville), car le neufchâtel est ici mis à l'honneur outre que l'accueil est aussi soigné... On aura particulièrement apprécié la quiche de boudin noir aux pommes et en dessert, la tarte fine aux poires.

LE CLOS NORMAND © **02 35 95 37 01.** *Camping. Ouvert d'avril à octobre. 25 emplacements.* Camping 2 étoiles, assez petit et vite complet, mais qui a l'avantage d'être situé à quelques mètres du centre-ville, de la piscine, des tennis et du centre culturel des Vikings. Une aire existe pour les camping-cars.

AUBERGE DU SAINT-BERNARD 1, avenue Foch © **02 35 95 06 75.** *Menus à 95 F, 130 F, 160 F et 190 F. Formules table d'hôte à 65 F et 78 F (boisson et café compris).* Quand on dit que les Cauchois ne sont pas accueillants, ici on entend bien démontrer que c'est plutôt le contraire… Entre l'ambiance western et le pub des petits villages reculés d'Irlande (mais attention pas le pub standard et clef en main qu'on voit partout…), le restaurant est un vrai lieu de convivialité (coin pub avec fauteuils canapés pour se boire une petite bière avant le repas). Et la cuisine, inventive : "une cuisine de terroir, réactualisée", traduisez : bonne mais avec un tout petit peu moins de crème que d'habitude… Jugez–en en testant les huîtres chaudes à la crème d'ail confite ou la souris d'agneau à la Guiness servie avec des morilles et de la crème légère… Et pour tordre le cou aux régimes, offrez-vous un petit extra en dessert : le moelleux au chocolat coulant. Ca vaut le coup.

SE DETENDRE

CERCLE NAUTIQUE Rue Claude-Monet © **02 35 50 93 04.** Pour une fois que l'on prend plaisir à ramer : le grand lieu de rendez-vous des amateurs de canoë-kayak.

L'ETRIER DE MEZERVILLE 20, rue des Moutons © **02 35 56 59 12.** *Equitation.* Un club très bien équipé avec manèges extérieurs et couverts qui fait école d'équitation (à cheval ou à poneys) mais aussi tourisme équestre. Sur un week-end, M. Van Colen emmène ses groupes (jusqu'à 8 personnes) randonner en Normandie ou ailleurs et la balade est, en général, très appréciée.

PISCINE MUNIICIPALE Rue de l'Etang © **02 35 95 03 22.** *Ouverte tous les jours (sauf le lundi en juillet et août). Nocturne le mardi et le vendredi (de 19h15 à 21h). Entrée adulte : 6 F, enfant : 8 F.*

OU SORTIR ?

LES VIKINGS Rue Pierre-de-Coubertin © **02 35 56 46 51.** La grande salle culturelle d'Yvetot accueille chaque année une programmation variée : concerts, théâtre…

AGENDA

Le lundi de Pâques : Randonnée pédestre et tradition des œufs durs à l'auberge du Val au Cesne.

2e dimanche de septembre : rallye touristique autour d'Yvetot (s'inscrire 15 jours avant à l'Office de tourisme).

1er week-end d'octobre : Braderie.

2e week-end de mars : Foire aux arbres.

Courant mars : Grand concours d'animaux de boucherie.

Courant mars : Course cycliste Paris-Barentin-Yvetot.

AVIS

Plus de 500 agences à votre service

Informations et réservations N° Indigo 0 820 05 05 05 ou www.avis.fr

0,78 F TTC / MN

La Seine-Maritime pratique

TOURISME

Pour récupérer de la documentation touristique :

Comite départemental du tourisme de Seine-Maritime 6, rue Couronne – 76420 BIHOREL ✆ 02 35 12 10 10 • Office de tourisme (syndicat d'initiative de Rouen et de sa région) 25, place de la Cathédrale - 76000 ROUEN ✆ 02 32 08 32 40 • Espace information du conseil général Cours Clemenceau - 76000 ROUEN ✆ 02 35 03 53 76 • Le Pays d'accueil du Caux Maritime Saint-Valery-en-Caux ✆ 02 35 97 00 10 • Le Pays d'accueil Eu-Le Tréport ✆ 02 35 86 25 65 • Syndicat d'initiative des trois vallées Maison de l'Abreuvoir - 76116 RY ✆ 02 35 23 19 90 • Association culturelle et touristique du Pays de Bray 1, place du Général-de-Gaulle - 76440 FORGES-ES-EAUX ✆ 02 35 90 40 45. Edite le guide touristique “Bienvenue en Pays de Bray”.

HEBERGEMENT

Gîtes de France Seine-Maritime/Chambre d'agriculture – Chemin de la Bretèque - BP59 - 76232 Bois-Guillaume Cedex ✆ 02 35 60 73 34

TRANSPORTS

Gare routière de Rouen (cars CNA) 9, rue Jeanne-d'Arc ✆ 02 35 52 92 00. Nombreuses liaisons en Seine-Maritime. **• Gare SNCF Rouen rive droite Place Bernard-Tissot ✆ 08 36 35 35 35 • Aéroport de Rouen Vallée de la Seine route de Rouen 76520 Boos ✆ 02 35 79 41 00 • Aéroport du Havre–Octeville Rue Louis-Blériot ✆ 02 35 54 65 00.**

RANDONNEES

Comité départemental de la Randonnée Pédestre. Président Claude Quimbetz 18, rue Henri-Ferric - 76210 GRUCHET-LE-VALASSE ✆ 02 35 31 05 51 • La maison du parc de Brotonne 76940 Notre-Dame-de-Bliquetuit ✆ 02 35 37 23 16 • Conservatoire des sites naturels de Haute-Normandie Château de la rivière Bourdet - 76840 QUEVILLON ✆ 02 35 32 38 08 • ONF Division de Dieppe ✆ 02 35 84 15 95 • ONF Division de Rouen ✆ 02 35 12 24 24

Tourisme équestre

Association régionale de Tourisme équestre et équitation de loisirs 47, rue de la Fontaine-Bulant - 27380 CHARLEVAL ✆ 02 32 49 20 48. *Président : François Lebaume.*

Pêche

Fédération des APP de Seine-Maritime 10, rue d'Harcourt - 76000 ROUEN ✆ 02 35 07 57 28 • Fédération départementale des chasseurs de Seine-Maritime 216, route de Neufchâtel - 76420 BIBOHEL ✆ 02 35 60 35 97

Vélo

Comité départemental de cyclotourisme-VTT-randonnée 27, place du Mont-Gaillard - 76600 LE HAVRE ✆ 02 35 44 37 07 • Centre VTT Fécamp ✆ 02 35 10 40 95/02 35 28 51 01

LES MEDIAS

Quotidiens

LIBERTE LE HAVRE DIMANCHE 25, rue Jules-Siegfried - LE HAVRE ✆ 02 35 19 17 17. Le matin avec les croissants, on peut lire les dernières petites nouvelles sur Le Havre et ses environs.

PARIS-NORMANDIE 19, place du Général-de-Gaulle - ROUEN ✆ 02 35 14 56 56. Le grand quotidien local et régional qui vient de s'offrir une petite cure de rajeunissement. Supplément "Sortir en Normandie" le mercredi avec 16 pages de manifestations culturelles. Un bon supplément économie sur pages saumon le jeudi.

LE PROGRES DE FECAMP 7, rue Inondation - FECAMP ✆ 02 35 28 00 44. Le quotidien de Fécamp, du groupe de presse Paris-Normandie, avec une forte imprégnation locale.

Hebdomadaires

LE BULLETIN DE L'ARRONDISSEMENT DE ROUEN 17, rue de Longpaon - DARNETAL ✆ 02 35 08 40 49. Un hebdo qui traite l'information micro-locale à travers un bon réseau de correspondants et de journalistes sur l'arrondissement de Rouen : Darnétal, Boi-Guillaume, Boos, Buchy, Clères, Argueil, Saint-Saëns.

LE COURRIER CAUCHOIS 2, rue Edmond-Labbé - YVETOT ✆ 02 35 56 29 64. Tiré à 50 000 exemplaires, c'est le 3e hebdomadaire régional de France et en Seine-Maritime une institution ! Le Courrier Cauchois couvre tout le pays de Caux, de la banlieue du Havre à celle de Rouen, jusqu'à Fontaine-le-Dun avec des pages générales et des pages locales qui passent en revue tous les cantons.

LA DEPECHE 7, rue de Neufchâtel - FORGES-LES-EAUX ✆ 02 35 90 50 37. *Paraît le mercredi.* Le pays de Bray en infos et en images, avec l'actualité des communes, des infos pratiques, le cours des bestiaux…

L'ECLAIREUR BRAYON 4, rue Notre-Dame - GOURNAY-EN-BRAY ✆ 02 35 90 03 99. *Paraît le mardi et le vendredi.* Deux fois par semaine, on y trouve toute l'actualité du pays de Bray.

LES INFORMATIONS DIEPPOISES 8, rue Groulard - DIEPPE ✆ 02 35 84 11 83. Un bihebdomadaire très local qui traite de Dieppe et de ses environs. Beaucoup de petites annonces.

LIBERTE DIMANCHE 37, rue du Bac - ROUEN ✆ 02 35 52 35 35. La forme d'un quotidien mais l'actualité d'un hebdomadaire qui prend le relais de Paris-Normandie le week-end pour traiter de l'actualité locale, nationale et internationale.

PIL POCKET ROUEN AGGLO 4, rue Vauban - NANTES ✆ 02 40 47 74 75. Encore un journal gratuit d'informations sur les sorties cinéma de l'agglomération rouennaise mais écrit… à Nantes !

ROUEN MAGAZINE 63, rue Beauvoisine - ROUEN ✆ 02 35 07 95 69. L'hebdo de la ville de Rouen avec une équipe de journalistes sur le terrain et une maquette plutôt sympa pour savoir tout ce qu'on peut faire ou voir à Rouen.

Mensuels

BAZART LE HAVRE 107, rue du Général-Sarrail ✆ 02 35 43 62 79. L'équivalent de l'agenda rouennais, mais en mensuel et sur Le Havre. Il détaille tous les spectacles, loisirs à faire sur le Havre et sa région. Gratuit à l'office de tourisme ou chez certains commerçants.

Bimestriel

PAYS DE NORMANDIE 20, rue Verte - ROUEN ✆ 02 35 89 21 20. Un beau magazine qu'on a plaisir à garder chez soi : enquêtes, reportages, dossiers-ville… Et plusieurs hors-séries dans l'année.

Index général